Gaspard Kœnig

DAS ENDE DES INDIVIDUUMS

Gaspard Kœnig

DAS ENDE

Reise eines Philosophen

DES INDI-

in die Welt der

VIDUUMS

Künstlichen Intelligenz

Aus dem Französischen
von Tobias Roth

Galiani Berlin

Aus Verantwortung für die Umwelt hat sich der *Verlag Galiani Berlin* zu einer nachhaltigen Buchproduktion verpflichtet. Der bewusste Umgang mit unseren Ressourcen, der Schutz unseres Klimas und der Natur gehören zu unseren obersten Unternehmenszielen.
Gemeinsam mit unseren Partnern und Lieferanten setzen wir uns für eine klimaneutrale Buchproduktion ein, die den Erwerb von Klimazertifikaten zur Kompensation des CO_2-Ausstoßes einschließt.

Weitere Informationen finden Sie unter *www.klimaneutralerverlag.de*

MIX
Papier aus verantwortungsvollen Quellen
FSC® C014496
FSC www.fsc.org

Verlag Kiepenheuer & Witsch, FSC® N001512

1. Auflage 2021

Titel der Originalausgabe
La fin de l'individu – Voyage d'un philosophe au pays de l'intelligence

Aus dem Französischen von Tobias Roth
Verlag Galiani Berlin

Covergestaltung Manja Hellpap und Lisa Neuhalfen, Berlin
Covermotiv © unter Verwendung eines Motivs von Hannah Assouline
Lektorat Wolfgang Hörner
Gesetzt aus der Alegreya und der Lato
Satz Buch-Werkstatt GmbH, Bad Aibling
Druck und Bindung GGP Media GmbH, Pößneck
ISBN 978-3-86971-233-8

Weitere Informationen zu unserem Programm finden Sie unter *www.galiani.de*

INHALT

HOMO DEUS

»Sorry, I can't help you.« Das war die lakonische Antwort von Eliezer Yudkowsky, einem der führenden Forscher zur Künstlichen Intelligenz (KI) im Silicon Valley, auf meine Gesprächsanfrage. Besser kann man die Kluft kaum beschreiben, die sich zwischen den Herren der Technologie und der Öffentlichkeit aufgetan hat, zwischen den Schöpfern der Algorithmen und denen, die unter ihrer Herrschaft leben, zwischen denen, die die Zeilen des Codes schreiben, und denen, die versuchen sie zu verstehen.

Sorry I can't help you. Anders gesagt: Im Grunde würde ich ja gerne, aber ich kann wirklich nicht. Wie sollte ein Barbar, der nie etwas programmiert hat, wie sollte ein Uneingeweihter, der schon seine liebe Mühe mit PowerPoint hat, jemals die Feinheiten des *deep learning* verstehen können? Hier ist das Ziel, *to make the world better.* Es geht nicht darum, Fragen zu stellen, sondern Probleme zu lösen. Philosophische Bedenken, ein Luxus müßiger Köpfe, stehen nicht auf der Tagesordnung. Das ist die Antwort, die Gorgias Sokrates gibt: Die Kindereien müssen aufhören.

Sorry I can't help you. Es würde mich nicht wundern, wenn das eine automatisch von Gmail generierte Nachricht gewesen ist. Herr Yudkowsky erhält gewiss zahlreiche Anfragen dieser Art. Ein Algorithmus muss sie nur als solche erkennen, um sogleich die bevorzugte Antwort vorzuschlagen. Was könnte natürlicher sein, als dass eine KI Anfragen zur KI verwaltet?

Nichtsdestotrotz ist der Gesprächsbedarf groß wie nie. Wir müssen zusammenhalten, um die gewaltige Umwälzung verstehen zu können, die unsere Gesellschaften in Unruhe versetzt, die Karten unserer Wirtschaftssysteme neu mischt, unsere politischen Strukturen erschüttert, in unser Dasein eindringt und uns in den Zwiespalt aus Fortschrittsoptimismus und Zukunftsangst setzt. Kam es in der Vergangenheit zu technologischen Umbrüchen, konnten Denker, Erfinder, Forscher, Investoren und Politiker an gemeinsamen, einheitlichen Orten zusammenkommen, den neuralgischen Punkten der »Weltwirtschaften«, wie sie Fernand Braudel beschrieben hat. Diese Weltstädte waren nicht nur wirtschaftliche Schnittpunkte, sondern auch Orte der Hochkultur. »Pracht, Reichtum und Lebensglück gruppieren sich im Zentrum der Weltwirtschaft, in seinem Kern. Die Sonne der Geschichte lässt dort ihre schönsten Farben leuchten.«[1] So pflanzte Spinoza die Samen einer Philosophie der Immanenz in Amsterdam, der Hauptstadt des Goldenen Zeitalters, so konnte Adam Smith in Edinburgh, dem Herz der industriellen Revolution, den Kapitalismus systematisieren, und so konnte Karl Marx im viktorianischen London den Klassenkampf verstehen. Städte fungierten als Anziehungspunkte und intellektuelle Schmelztiegel. Übersprudelnde Geister versuchten sich dort an fremdartigen, gewagten und teilweise wunderlichen Fusionen. Heute hingegen muss man feststellen, dass die klugen Köpfe viel weiter verstreut sind. Niemand kann das globale Zentrum der KI bezeichnen. Selbst das Silicon Valley mit seinen Schlafstädten kann nicht als ein Ausbund an »Lebensglück« durchgehen; San Francisco ist eine der teuersten Städte der Welt geworden, aus der die jungen Neuerer verdrängt werden; die kalifornische Gegenkultur der 1970er-Jahre hat sich aufgelöst in einer offenkundigen Gleichgültigkeit gegenüber allem, was mit Geisteswissenschaften zu tun hat – als hätte die

Leidenschaft für den Wandel jegliches Nachdenken über den Menschen über Bord geworfen, als ob der Mensch ein formbarer Teig ohne Biologie und ohne Geschichte wäre. Der *Economist* hat übrigens vor einigen Jahren den Anführern der Tech-Branche nahegelegt, sie sollten Philosophieunterricht nehmen, ohne Erfolg.[2] Gibt es keine Weltstädte mehr?

Der Zweck und das Bemühen meiner langen Forschungsreise in die Gefilde der KI war es also, eine Art virtuelle Weltstadt zu rekonstruieren, eine Brücke zwischen dem Aufblitzen der Technologie und dem Dauernden der Metaphysik zu schlagen. Im Laufe mehrerer Monate habe ich mich mit 125 Spezialisten getroffen, die entweder offenherziger waren als Eliezer Yudkowsky oder einfach zermürbt von meinen unaufhörlichen Nachfragen: Forscher, Unternehmer, Investoren, Professoren, Gesetzgeber, Künstler. Ich wollte ihnen dort begegnen, wo sie leben und arbeiten, in ihrem natürlichen Lebensraum aus Computern und verstopften Straßen, und das hat mich dazu gebracht, westwärts einmal die Welt zu umrunden: Cambridge, Oxford, Boston, New York, Washington, San Francisco, Los Angeles, Shanghai, Peking, Tel Aviv, Kopenhagen und schließlich Paris. Auf diesem Weg habe ich lange ernsthaft geglaubt, ich könnte dem Lauf der Sonne einige Stunden stibitzen und meine Existenz um einen Tag verlängern, bis mir beim Überfliegen der Beringstraße klar wurde, dass die Datumsgrenze, die durch den 180. Längengrad verläuft, mir alles wieder weggenommen hat. Ich hatte den gleichen Fehler gemacht wie Phileas Fogg, nur umgekehrt. Damit möchte ich nur sagen, wie wissenschaftlich ich denke.

Die Reise war ganz und gar keine Erholung. Sie begann in den europäischen KI-Laboren von Facebook, wo Grundlagenforschung betrieben wird. Als ich eine junge Frau sah, die in tausenden Zeilen Code auf einem halben Dutzend Bildschirmen vor sich völlig aufging, wurde mir bewusst, dass ich mich unvernünftigerweise in das Heiligtum vorgewagt hatte und dass man die Ikonostase nur unter Gefahren durchschreiten kann. In diesem speziellen Fall hatte sich die Forscherin vorgenommen, die Bewegungen der Objekte in einer Straße ausgehend von einem einfachen Bild automatisiert vorherzusagen: Wird dieses Auto losfahren, wird jener Fußgänger die Straße überqueren, wird dieses Kind seinen Ball fallen lassen? Ich wich instinktiv einen Schritt zurück, vielleicht aus Angst vor dem Erscheinen einer Zeile, die mein eigenes Verhalten beschreiben könnte, als ob diese Millionen und Abermillionen von Einsen und Nullen die Gesamtheit der vergangenen und zukünftigen Realität enthalten könnten.

Das war für mich noch lange nicht das Ende des Schreckens. Einige Tage später nutzte Aurélie Jean, eine junge Informatikern und Absolventin des Massachusetts Institute of Technology (MIT), geradezu tollkühn eine gemeinsame Fahrt mit dem TGV, um mich in Python einzuführen, eine der berühmtesten Programmiersprachen. Was mich schließlich traumatisierte, war der Anblick von Aurélies Bildschirm, wo es nicht nur Ordner und Dateien gab, sondern auch ein einfaches schwarzes Fenster voll kabbalistischer Zeichen. Denn Aurélie ließ sich, wie viele ihrer Kollegen, nicht dazu herab, ganz trivial mit einer Maus auf die allzu bequemen Symbole einer Benutzeroberfläche zu klicken. Sie arbeitet unter der Motorhaube der Maschine, in größerer Nähe zu ihren grundlegenden Funktionen. Sie gibt die Befehle direkt ein. Anstatt beispielsweise einen Ordner zu öffnen, um auf ein Textdokument zuzugreifen, befiehlt sie dem Computer in einer Sprache, die er versteht, das Dokument zu suchen. Sie hat so das Gefühl, auf eine natürlichere Art und Weise mit dem digitalen Werkzeug zu kommunizieren. Wir Uneingeweihten sind demgegenüber wie Kinder, die Kuchenstücke hinzufügen und wegnehmen müssen, um einfache mathematische Aufgaben zu lösen: Wir brauchen eine bildliche Darstellung (genau das war übrigens das Erfolgsrezept von Microsoft und Apple in den 1980er-Jahren). Aurélie hingegen schreibt unmittelbar in die Kommandozeile. Sie kann auf eine ganze symbolische Ebene, die graphische Schnittstelle, verzichten. »Und es geht schneller«, sagt sie mir dann auch noch, während ihre Tastatur wie ein Maschinengewehr rattert.

Die KI vervielfältigt solche Tücken und Fallstricke, die die Neugierigen entmutigen. Sie scheint sich mit Vorliebe in den verstopftesten Städten dieser Welt zu entwickeln; nach dutzenden Stunden im stehenden Verkehr verstehe ich die Leidenschaft der Geeks für die Intelligente Stadt und autonome Autos besser. Vor allem aber ist diese revolutionärste Technologie der letzten Jahrzehnte eingebettet in eine mysteriöse Wissenschaft. Es gibt nur wenige Überblickswerke, die für Uneingeweihte bestimmt sind. Ich werde nicht so tun, als hätte ich es auch nur durch die Einleitung von *Artificial Intelligence* von Stuart Russell und Peter Norvig, der Bibel für Informatikstudenten, geschafft. Kaum hat man eine Handvoll Definitionen und einige historische Bezüge verstanden, wird die Materie extrem technisch, und das rief in mir die freudlose Erinnerung an all die Gründe wach, warum ich in der Oberstufe des Lycée nach einigen Wochen Martyrium den naturwissenschaftlichen Zweig verließ und zum neusprachlichen Zweig wechselte. Dennoch denke ich nun, nach langer Lektüre und vielen Gesprächen über die KI, eine gewisse Ahnung zu haben, eine *teinture,* wie Montaigne sagt, um unsere immerzu unvollständigen Kenntnisse zu bezeichnen. Eine *teinture,* die notwendig ist, wenn auch nie hinreichend, um sich als Philosoph auszugeben. Eine Ahnung, die geprägt ist von Zufällen, Entdeckungen, Obsessionen: einen

Teil Glück und einen Teil Unglück, einen Teil Offenbarung und einen Unwissenheit muss man in einer Reportage akzeptieren. Bei der Ankunft in einer Stadt war mein Terminplan oft zur Hälfte leer und füllte sich mit meinen Begegnungen nach und nach. Zu einer solchen absichtslosen Zufälligkeit, die die KI sicherlich gerne abschaffen würde, habe ich mich auf meinen Erkundungen bekannt.

Während meiner vier Wochen an der amerikanischen Westküste habe ich nur ein einziges Mal ein Büro betreten, in dem sich die Regale unter Klassikern bogen. In der Stiftung von Peter Thiel in Los Angeles hatte ich plötzlich wieder Boden unter den Füßen, in Gestalt der Pléiade-Bände von Saint-Simon und der Werke von René Girard. Zu meiner Überraschung entdeckte ich im Wartezimmer sogar ein Exemplar von Pascals *Discours sur la condition des grands*. Es wäre ganz gewiss sinnvoll für einen Tech-Unternehmer auf der Höhe der Kapitalbeschaffung, sich hin und wieder an die Unterscheidung zwischen *grandeur d'établissement* und *grandeur naturelle* erinnert zu sehen. Erstere ist mit dem sozialen Status verknüpft und impliziert eine völlig legitime Achtung vor den Mächtigen, allerdings kann sie kein vorgreifendes Urteil über die tatsächlichen menschlichen Qualitäten fällen, die mit der letzteren bezeichnet werden. Pascal ist kein Revolutionär. Er empfiehlt uns nicht, die Mächtigen und Großen dieser Welt zu stürzen, sondern lädt uns dazu ein, einen »doppelten Gedanken« wachzuhalten, der zwischen sozialen Konventionen und moralischen Tugenden unterscheiden kann. Das ist genau die richtige Empfehlung für unsere Unternehmer, die sich mit dem falschen Schein der Authentizität, mit Emojis und Selfies umgeben und so tun, als wüssten sie nichts über die Zusammenhänge von Macht und Kapital, die ihre Beziehung zu anderen Menschen bestimmt. Verwechseln auch sie ihre *grandeur d'établissement* mit einer *grandeur naturelle?*

Denn die Etikette im Silicon Valley steht der Etikette an den Höfen von einst um nichts nach. Die Coolness hat ihre eigenen Codes hervorgebracht, an die man sich unbedingt zu halten hat, wenn man in diesem Ökosystem permanenten Wettbewerbs vorankommen oder auch nur schlichtweg existieren will. Ich habe sehr schnell festgestellt, dass eine einzelne, mit Schwung und besten Absichten verschickte E-Mail *(»Hi Mark! I am a French philosopher«)* dem ewigen Schweigen geweiht ist. Wie immer darf man der Werbung nicht glauben: Nichts ist dort horizontal, fließend oder transparent. *Think different,* aber nicht zu sehr. Fast ausnahmslos bekommt man nur nach einem langen Parcours der Kontaktanbahnung einen Termin; um eine Vorstellung anzusuchen, ist eine unverzichtbare Vorstufe, die ihrerseits die tollsten rhetorischen Windungen erfordert. Das Ausrufezeichen oder den Smiley zu vergessen, lässt auf einen unverzeihlichen Mangel an Enthusiasmus schließen. Mal muss man sich ernst geben, mal zu Scherzen aufgelegt, man muss seinen Eifer bezeugen und seine Hingabe zeigen, und alles das in drei *bullet-points*. Saint-Simon ist simpel im Vergleich! Auch in der Welt des *Google Calendar* gibt es noch Armeen von Sekretärinnen und Sekretären, die die Bettler aussortieren. Im Zeitalter des *Posts* funktioniert nichts besser als Mundpropaganda. Ein Franzose, der seit langem in San Francisco lebt, hat übrigens einen treffenden und witzigen Artikel über die strikten Regeln des »Silicon Versailles« geschrieben, vom Zeitmanagement bis zur Höflichkeitsformel.

Man muss sich nur in das Restaurant Madera auf dem Rosewood Sand Hill begeben, das Epizentrum des Risikokapitals, der »Tempel des Deals«, in den Worten des Investors, der mich eingeladen hat, um festzustellen, wie sehr die Welt des Silicon Valley immer noch codifiziert und hierarchisiert ist. Zunächst einmal ist dieses Restaurant unauffindbar, es entzieht sich dem

GPS-Navigationsgerät. »Das ist Absicht«, sagt mein Gastgeber, während er in den teuersten Hamburger der Welt beißt. »Es ist eine Welt der *Insider*. Hier geht es nicht demokratisch zu.« Vor den verglasten Wänden breitet sich das friedliche Panorama des Jasper-Ridge-Naturschutzgebietes aus; unter dem blauen Himmel des kalifornischen Sommers rollen die bewaldeten Hügel dahin. Man erahnt die Sequoias mit ihren rötlichen Stämmen, kräftige Körper, die im Wind wogen. Im Vordergrund glitzern ordentlich aufgereihte Olivenbäume in der Sonne. Einige dutzend Häuschen, die ganz bescheiden aussehen, säumen die schattigen Alleen. »Das sind die weltweit größten Fonds für *venture capital* (Risikokapital): Sequoia Capital, Menlo Ventures, Schlumberger, Makena Capital, Andreessen Horowitz, Coatue Management, Silver Lake Partners, Kleiner Perkins. Das Geld ist da, rings um uns. Mehrere dutzend Milliarden, die nur darauf warten, ausgegeben zu werden.« Das Geld hat sich ins Grüne begeben und überlistet diejenigen, die es immer noch im obersten Stockwerk von Wolkenkratzern aus Glas suchen. Die Unternehmer machen sich zu Fuß auf ihre Pilgerschaft, wie Kinder, die an Halloween von Tür zu Tür ziehen. Sie sind leicht zu erkennen: Sie haben den Aufwand nicht gescheut, ein Sakko anzuziehen, sprechen schnell und lächeln zu viel. Die Investoren auf der anderen Seite, die den Schlüssel zum Erfolg besitzen, empfangen sie betont lässig, möglichst mit neonfarbenen Turnschuhen. Der Kapitalismus in Jeans ist nur eine weitere Variation der schwarzen Gewänder der Fugger oder der tadellosen Anzüge der Rothschild. Egal, wie oft es die Genies der Kurzintervention von der Länge eines TED Talks wiederholen, die Welt verändert sich doch nicht so sehr.

Oder wie Pascal es zusammenfasste: »Ich muss Euch nicht notwendigerweise hochschätzen, weil Ihr ein Herzog seid, aber ich muss Euch mit Ehrerbietung grüßen.« Dasselbe gilt für das

Silicon Valley. Ich muss Sie nicht notwendigerweise lieben, weil Sie ein *venture capitalist* sind, aber ich muss Sie doch *liken*.

Die letzte Lektion, die mir mein Gastgeber mit auf den Weg gibt, bevor er zu einem naturgemäß dringenden *meeting* muss, lautet, dass weder die Unternehmer noch die Investoren auch nur die geringste Vorstellung von den sozialen und politischen Folgen haben, die die neuen Technologien nach sich ziehen. Seiner Ansicht nach geht die Künstliche Intelligenz mit einer stattlichen Portion »oberflächlicher Intelligenz« einher. Um die fundamentale Verbindung von technischer Innovation und philosophischer Reflexion wieder zu stärken, ist auf dem Rosewood Sand Hill mehr Pascal nötig: War er nicht seinerseits Unternehmer und Erfinder des ersten öffentlichen Nahverkehrs, der »carrosses à cinq sols«?

Nichtsdestotrotz muss man der wohlfeilen Versuchung der Technophobie widerstehen. In der Rückschau sehen die Propheten der Apokalypse recht lächerlich aus. So etwa Paul Valéry, der vor gut einem Jahrhundert die »schleichende Vergiftung« des technischen Fortschritts anprangerte und sich (damals schon!) über das Verschwinden der freien Zeit beklagte, über die Neigung, Bücher eher durchzublättern, als sie zu lesen, über die Diktatur der Emotion. »Weder Post noch Telefon haben Platon belästigt«, klagt Valéry.[3] Der arme Dichter, den der Postbote gestört hat! Was hätte er zu Push-Nachrichten und Tweets gesagt! Ich muss mich, und so auch den Leser, zu dem Versuch zwingen, die eigene Epoche zu verstehen, ohne sie zu verfluchen.

Denn ebenso sehr müsste die Künstliche Intelligenz doch der Traum eines jeden Philosophen sein. Wäre es nicht bequem, eine denkende Maschine zu bauen, die uns von fehlerhafter Logik, individuellen Vorurteilen und irrigen Begriffen befreit, einen Algorithmus, der die Wahrheit ausrechnet und uns endlich, nach

Jahrtausenden der immer gleichen Kontroversen, die Antwort auf unsere existentiellsten Fragen gibt? Das begriffliche Denken ist im Grunde nur eine Annäherung, während ein vollständiges Symbolsystem, das nach wissenschaftlichen Gesetzen handelt, sich noch enger an die Wahrheit halten könnte. Als Erster hatte Leibniz, das zugleich mathematische und metaphysische Genie, diesen Traum. Er forschte am Aufbau einer Maschine, die Gedanken ausrechnen kann, eine »Universalsprache«, die richtige Schlüsse zu ziehen vermag. Eine gigantische Kombinatorik, der Leibniz den Namen *calculus ratiocinator* gab, sollte die Chimären des Geistes automatisch aussondern. In dieser vollendet rationalen Welt »werden die Diskussionen zwischen zwei Philosophen nicht mehr länger dauern als die zwischen zwei Mathematikern, es wird genügen, dass sie ihre Schreibfedern zur Hand nehmen, am Rechentisch Platz nehmen und zu sich sagen: Lasst uns rechnen!«[4]

Diese Idealvorstellung findet sich bei allen großen Wegbereitern der Künstlichen Intelligenz: Hilbert, Frege und natürlich Alan Turing, allesamt eng mit der Logik und der analytischen Philosophie verbunden.[5] Wenn es logische Genauigkeit ist, die den menschlichen Geist die Realität besser begreifen lässt, dann könnte die Überführung der Realität in eine Zahlenkombination durchaus vorteilhaft den menschlichen Geist ersetzen. Dem entspricht die urkomische Antwort von Deep Thought, dem Supercomputer aus *Per Anhalter durch die Galaxis,* der mit der Lösung »der letzten Frage des Lebens, des Universums und des ganzen Rests« beauftragt wird: 42. Diese Zahl ist zu einem Mythos geworden und bietet den Geeks weiterhin Gesprächsstoff. Wäre es nicht beruhigend, wenn sich all diese Bedeutungen, die unsere Existenz malträtieren, auflösen würden in eine Zahl, die rein gar nichts bedeutet?

Diese Affinität zwischen Informatik und Logik dauert bis

heute an und verfolgt den Besucher auch in dem wunderlichen Gebäude der Abteilung für *Computer Science* am MIT. Als ich in das Büro von Leslie Kaelbling trat, einer Veteranin der KI-Forschung, fand ich sie umgeben von Büchern zur analytischen Philosophie und begeistert vom Werk Willard Quines. Dieser Ansatz steht der intellektuellen Tradition Kontinentaleuropas einigermaßen fern. Am Ende des letzten Jahrhunderts hat Gilles Deleuze den Gegensatz auf die Spitze getrieben, indem er Philosophie als »Begriffsproduktion« definierte, eine Tätigkeit, die eher für kreative Prozesse eine Rolle spielt als für wissenschaftliche Stringenz. Ein Begriff lässt sich nicht in eine Folge von Einsen und Nullen auflösen: Er lässt unsere ganze Welt in einer neuen Bedeutung, einer ergänzenden Perspektive erscheinen. Momente der Epiphanie sind nicht selten, wenn man bei der zehnten Lektüre einer trockenen metaphysischen Abhandlung plötzlich ihren Sinn »begreift«. Alle Begriffe fügen sich selbstverständlich ineinander und das Auge gleitet mit unerwarteter Leichtigkeit über die Seiten. Argumente, die über Kapitel hinweg entwickelt werden, erscheinen weniger als Etappen auf dem Pfad der Logik, sondern vielmehr als geschliffene Linsen, die nach und nach unsere Wahrnehmung der Dinge beeinflussen. Man rauft sich die Haare, während man die Sätze aus Spinozas *Ethik* zerpflückt, man müht sich ab, um ihre Verknüpfung zu durchdringen, und plötzlich, ohne Vorwarnung, taucht der *Deus sive Natura* in seiner ganzen begrifflichen Tiefe vor uns auf. Dann liest man die Sätze noch einmal, die zuvor so rätselhaft gewesen sind: Sie erscheinen erstaunlich offensichtlich. Dieses Phänomen bringt nicht nur unseren Geist in Bewegung, sondern auch, in einer unklaren Art und Weise, unseren ganzen Körper. »Eine Veränderung in seinen Verhältnissen zu Bewegung und Ruhe«, würde Deleuze sagen.

Auf der anderen Seite erinnere ich mich an die Bestürzung,

die ich als Student der Philosophie an der Columbia University empfand, als wir im Seminar Sätze in Gleichungen zerlegen sollten, um in einem Spiel aus Prämissen und Ableitungen der »Wahrheit« einer Aussage auf die Spur zu kommen. Hatten diese Fleißaufgaben für Streber irgendetwas mit Denken zu tun? Aus ihrer Warte blicken die Amerikaner skeptisch auf das, was sie *French Theory* getauft haben und was sie oft genug als poetische Kraftmeierei abtun. Es ist nicht unwahrscheinlich, dass die Ablehnung der analytischen Philosophie zu einer Erklärung beitragen kann, warum die Europäer instinktiv argwöhnisch gegenüber der KI sind. Wie dem auch sei. Wir sollten uns daran erinnern, dass die KI ein philosophisches Projekt der Welterkenntnis war, bevor eine industrielle Technik aus ihr wurde.

Zugleich hatte ich auch einen persönlicheren Grund, um diese lange Expedition zu unternehmen. Als Liberaler verteidige ich die Idee eines autonomen Individuums, das frei in seinen Entscheidungen ist und verantwortlich für seine Handlungen, das also Gebrauch von einer Art freien Willens macht. Diese Idee bildet mehr oder weniger die Grundlage unserer westlichen Gesellschaften seit der Aufklärung, und sie rechtfertigt gleichermaßen die Rechte des Individuums, die Mechanismen des Marktes, das Wahlrecht und die Strafgerichtsbarkeit. Der Oberste Gerichtshof der Vereinigten Staaten hat sich in dieser Hinsicht nicht geirrt und den freien Willen als die Bedingung des Rechtssystems insgesamt festgeschrieben, da er dem Individuum erlaubt, zwischen dem Guten und dem Bösen, dem Wünschens- und dem Verachtenswerten, dem Erlaubten und dem Verbotenen zu wählen.

Heute wird dieses kunstvolle Gebäude zunichtegemacht. Der Historiker Yuval Harari wagt in seinem Bestseller *Homo deus* eine schwindelerregende Prophezeiung: Die industriellen Anwendungen der Künstlichen Intelligenz werden das Verschwinden des freien Willens, das von den heutigen Wissenschaften theoretisiert wird, in Zukunft noch beschleunigen und konkretisieren. »Zu Beginn des dritten Jahrtausends«, schreibt er, »ist der Liberalismus durch ganz konkrete Technologien bedroht. Wir stehen vor einer wahren Flut äußerst nützlicher Apparate, Instrumete und Strukturen, die auf den freien Willen individueller Menschen keine Rücksicht nehmen. Können Demokratie, der freie Markt und die Menschenrechte diese Flut überleben?« Harari, der zu einer vollständigen Neudefinition unserer Ideologien und Institutionen aufruft, beantwortet diese Frage mit Nein. In diesem Sinne hätte die KI, indem sie unser Verhalten kontrolliert und unseren intimsten Gedanken eine Richtung gibt, das Potential, den liberalen Unterbau unserer Gesellschaften zu sabotieren und das Konzept Individualität selbst zu zerschmettern. Wenn ein Algorithmus mich besser kennt als ich mich selbst und mir Entscheidungen vorschlägt, die rationaler sind, als ich sie je treffen könnte, wenn eine Myriade vernetzter Objekte mein Urteilsvermögen für sich beanspruchen und mir ein determiniertes und gemütliches Leben anbieten, wenn ich weniger und weniger der eigentlich Handelnde in meinen Handlungen bin, wofür brauche ich dann eigentlich noch mein Wahlrecht und warum sollte ich dann auch nur die geringste strafrechtliche Verantwortung auf mich nehmen? Die KI wird dem freien Willen den Gnadenstoß versetzen und mit ihm auch dem kantischen Ideal des autonomen Subjekts. Der Triumph der Bequemlichkeit wird die Abdankungserklärung der Freiheit unterzeichnen: der Freiheit zu wählen, der Freiheit aufzubegehren, der Freiheit, sich zu täuschen, »die Freiheit zu irren«, wie es John Stuart Mill gesagt hätte.[6]

Diese rasende und radikale Schlussfolgerung markiert meinen Ausgangspunkt; und ebenso den Endpunkt, denn meine Reise endete in einer Diskussion mit Harari in seinem Schlupfwinkel in Tel Aviv. Riskiert der Liberalismus nicht, sich selbst zu verlieren, wenn er die Heldentaten der Technologie im Übermaß und ohne Gewissen feiert? Die Beweihräucherer der individuellen Freiheit erscheinen mir derart erschöpft von ihrem jahrhundertelangen Kampf gegen Technikfeinde aller Art und derart verblendet von ihrer Begeisterung für den Fortschritt, dass sie sich weigern, das Risiko abzuschätzen, das die KI für das gesamte Konzept der Individualität darstellt. Eine bemerkenswerte Ausnahme ist Peter Thiel, ein berühmter Unternehmer und erklärter Libertärer, der immer gerne den Satz »Die KI ist kommunistisch« wiederholt, weil die KI zentralisiert und normiert. Wenn die KI mein Verhalten oder meine innersten Gedanken vorwegnimmt, reguliert und beeinflusst, wenn sie in der Lage ist, »menschliche Wesen zu hacken«, wie es sich Yuval Harari vorstellt, dann kann man nicht länger am klassischen Argument des freien Marktes festhalten. Wie sollte der Kunde immer Recht haben, wenn seine Beweggründe ihrerseits Produkte eines Algorithmus sind? Inwiefern sind wir noch verantwortungsvolle Erwachsene, wenn unsere wichtigsten Entscheidungen durch unsere Mitgliedschaft im Netzwerk determiniert werden? Welcher Unterschied besteht zwischen Google und der Kommunistischen Partei Chinas, wenn sie die gleichen *nudge*-Techniken mit den gleichen utilitaristischen Zielen benutzen?

Der Liberalismus hat im Laufe seiner turbulenten Geschichte zahlreiche Krisen gesehen. Am Ende des Börsenkrachs von 1929 musste er die zu radikale Vorstellung des *laissez-faire* aufgeben und die Notwendigkeit staatlicher Regulierung zugestehen.[7] Heute muss uns die KI dazu bewegen, die Vorrangstellung der individuellen Rationalität zu hinterfragen: Vielleicht ist nicht jede freiwillige (nichterzwungene) Handlung auch »frei«. Wenn man sich dieser Frage nicht stellt, könnte das gesamte liberale Gebäude zusammenbrechen, an dem seit dreihundert Jahren gebaut wird.

Droht uns die geplante Obsoleszenz unserer Freiheiten?

I

DER SCHACHTÜRKE

Warum die KI eine Illusion ist

»Das ist Magie.« Mehr bringe ich nicht heraus, als mir der Gründer eines israelischen Start-ups sein Programm zur akustischen Emotionserkennung zeigt. Wir befinden uns nicht in einer Garage im Silicon Valley, die mit einem Kicker und zuckerfreier Limonade ausgestattet ist, sondern in einem beliebigen Viertel von Tel Aviv, zwischen einer Autobahn und einer Baustelle. Man muss den Eingang erst finden, der sich neben einem Geschäft für minderwertige Elektrogeräte versteckt. Der Konferenzraum ist kahl und verstaubt, alte Pappbecher stehen herum, man fühlt sich wie in einer Import-Export-Butze, nicht wie in einem führenden Tech-Unternehmen. Yuval Mor jedoch, der Gründer, hat mir gerade demonstriert, wie seine Algorithmen die ganze Palette der Empfindungen wahrnehmen können, die in einem Satz, einer Stimmlage, einem Murmeln enthalten sind. Proust wird nicht mehr gebraucht: Die App zeigt mir in Echtzeit die Nuancen der Frustration, der Einsamkeit, der verborgenen Lust. Mehr noch, vor kurzem hat ein Experiment den Zusammenhang zwischen der Klangfarbe der Stimme und Symptomen von Herzschwäche aufgezeigt. Nach nur wenigen Lauten informiert Sie die KI über die Geheimnisse der Liebe und das Herzinfarktrisiko. Nebenbei, und weil man schließlich auch Geld verdienen muss, kann die App auch im Telemarketing eingesetzt werden und die Stimmung der Kunden beschreiben. Gibt es bald einen Service, um Heuchelei zu detektieren? Das Zusammenleben droht kompliziert zu werden.

Es ist schwierig, nicht über die Wunder der KI zu staunen. Täglich hören wir davon, dass Roboter die besten Ärzte bei der Tumordiagnose überflügelt haben oder dass ein Zeitungsartikel automatisiert erstellt wurde. Mit Berichten über Berichten, mal mehr mal weniger katastrophisch gestimmt, verkünden uns die Forschungseinrichtungen, dass kein einziges Tätigkeitsfeld vom Ansturm der Technologie verschont bleiben wird.[8] »KI« ist zu einer Zauberformel geworden, mit der man Investoren, die von der rasenden Entwicklung überholt worden sind, jede beliebige Idee unterjubeln kann. Erst vor kurzem ist mir empfohlen worden, die KI in einem philosophischen *(sic)* Forschungsprojekt zu erwähnen, um die Chancen meines Antrags zu erhöhen. Entsprechend gesucht sind die echten Spezialisten, die Meister des *deep learning* und der neuronalen Netze, und ihre Jahresgehälter gehen oft in die Millionen Dollar. In China werden junge Ingenieure von den Gemeindeverwaltungen mit Geld überschüttet. Der Königsweg zum Reichtum bestand vor zwanzig Jahren darin, exotische Finanzprodukte zu entwickeln; heute muss man programmieren können.

In den Vereinigten Staaten ist die KI kein Spezialthema mehr, dem man zu- oder abgeneigt ist, sie ist Teil des Lebens und der Alltagsgespräche geworden, man erwähnt sie nebenbei wie die Elektrizität oder das Internet. Für die Think-Tanks in Washington, die ich besucht habe, ist die KI kein isolierter Gegenstand mehr, sondern beschäftigt und prägt alle Forschungsfelder, von der Ökonomie über die Kriegskunst bis zur Politik. An der Autobahn zwischen dem Silicon Valley und San Francisco preisen Werbetafeln KI-Firmen an, als würde es sich um den neuesten Barbecue-Grill handeln: »Brighterion: Mission Critical Artificial Intelligence«, »Darktrace: World-Leading Cyber AI«. Niemand entkommt der KI-Mode. Shahid, der Uberfahrer, der mich in aller Frühe nach Berkeley, zum Haus eines berühmten Informatikers (Stuart Russell), brachte, erzählte mir, dass er Programmierkurse besucht, denn: »Die KI ist die Zukunft.« Auch Kinder sind schon mit ihr vertraut: In der ersten Folge der Zeichentrickserie *The Incredibles* muss der Held gegen eine selbstlernende Kriegsmaschine kämpfen. Auch die Gastronomie entkommt ihr nicht: In San Francisco habe ich im Restaurant In Situ eine Suppe aus karamellisierten Karotten nach dem Rezept von Nathan Myhrvold verkostet, der früher ein hohes Tier bei Microsoft war und nunmehr die Datenwissenschaft in der Küche anwendet.

Aber es gibt auch einige Intellektuelle, Überbleibsel der kalifornischen Gegenkultur der 1960er-Jahre, die gegen den Technikkapitalismus rebellieren. Ihre Werke finden sich in einer berühmten unabhängigen Buchhandlung in San Francisco namens *City Lights,* in einem charmant altmodischen Ambiente. Hier einige beispielhafte Titel, die im allerersten Regal stehen, eng an eng beieinander wie die letzten Haudegen der alten Garde: *Surveillance Valley. Die geheime Militärgeschichte des Internets*; *New Dark Age. Die Technologie und das Ende der Zukunft*; *Habeas Data. Der Aufschwung der Überwachungstechnologien*; *Die Kerkermeister des Internets* etc. Auf diese Weise blüht weiterhin das oft repetitive Nachdenken über die Überwachung, diesen aus der *French Theory* importierten Begriff Foucaults. Aber der Großteil der amerikanischen Öffentlichkeit scheint die Vorbehalte der progressiven Elite nicht zu teilen. Im De Young Museum, mitten im Golden Gate Park, hängen in einer Ausstellung über den »Maschinenkult« die Gemälde der Präzisionisten der 1930er-Jahre, die die Dampfmaschine verherrlichen, neben den Zitaten der Transhumanisten von heute. Zeitungsartikel aus der Zwischenkriegszeit erinnern daran, dass es die Angst vor der Maschine schon immer gegeben hat: »Herr Roboter übertrifft oft seinen Meister«, befürchtet ein Leitartikelschreiber jener

Tage. Die Botschaft dieser Ausstellung könnte nicht deutlicher sein: Die heutige Furcht vor dem Digitalen ist vergleichbar mit den alten Vorbehalten gegenüber der Mechanisierung, die uns in der Rückschau so lächerlich erscheinen. Die Besucher des De Young Museums haben im Anschluss die Möglichkeit, drei Wörter aus etwa dreißig auszuwählen, um Technologie zu charakterisieren. In den Sinn kommen dabei: Kreativität, revolutionär, Effektivität, Fortschritt. Nicht verwendet werden hingegen: Überwachung, Umweltverschmutzung, Ungleichheit, Entfremdung. Die KI scheint auf dem natürlichen, unwiderstehlichen Pfad der Innovation fortzuschreiten. Schon morgen, wenn sie unser Dasein mit einer Myriade vernetzter Gegenstände umsponnen hat, wird sie für uns vertraut und unsichtbar sein.

So ergötzt sich die Öffentlichkeit, so lacht sie sich kaputt, so verliert sie den Kopf, so rebelliert sie, und so gewöhnt sie sich an etwas und wird gleichgültig. TED Talks, in denen uns die Propheten 2.0 erklären, warum wir zu nichts mehr nütze sind und wie sehr wir uns im Laufe unserer hundertjährigen Leben langweilen werden, unterhalten uns längst nicht mehr: schon bekannt. Die Gesellschaft ist dabei, die KI zu schlucken.

Wir haben die Magie hingenommen. Man muss schon ein Griesgram und Haarspalter sein, wenn man den Zaubertrick um jeden Preis verstehen will.

Genau das ist mein Fall.

VOM BARON VON KEMPELEN ZU AMAZON

Inmitten der globalen Rauchschwaden, die die KI umgeben, hat uns Amazon einen wichtigen Hinweis gegeben und seine Plattform für Cloud Computing Services auf den Namen *Amazon Mechanical Turk* getauft. Zehntausende von Freiberuflern namens

Turkers werden dort für ausgesprochen einfache Aufgaben im Internet bezahlt (beispielsweise Bilder zu sortieren) und füttern im gleichen Zug eine KI für Forscher oder Unternehmen. Wieso fiel die Wahl auf diesen possierlichen Namen *Mechanischer Türke,* heutzutage, wo eigentlich jede noch so kleine kulturalistische Anspielung strikt unterbunden wird?

Auf diesen Namen taufte im Jahr 1769 der ungarische Erfinder Wolfgang von Kempelen seinen Schachautomaten, eine *alla turca* gekleidete Marionette, die die größten Schachspieler und bedeutende Persönlichkeiten der Zeit matt setzte, von der österreichischen Kaiserin Maria-Theresia über Napoléon Bonaparte bis Benjamin Franklin. Der Mechanische Türke saß hinter seinem imposanten Schachtisch, verschob mit ruckartigen Bewegungen die Figuren und konnte im Laufe einer Partie sogar seine Emotionen ausdrücken, indem er die Augen rollte, den Kopf schüttelte oder mit den Fingern zappelte. Der prächtige Turban, die hageren Gesichtszüge und der lange osmanische Schnurrbart trugen zur dramatischen Spannung bei. Der Schachtürke war in ganz Europa ein riesiger Erfolg. Nachdem er Johann Mälzel (dem Erfinder des Metronoms!) in die Hände gefallen war, ging der Türke ins Exil, erst nach London, dann in die Vereinigten Staaten. In der Morgendämmerung des Industriezeitalters, als die Automatenmode an allen Höfen tobte und der Mathematiker Charles Babbage seine revolutionären Rechenmaschinen mit Lochkarten vorstellte, stellte man sich bereits die Frage, ob von Kempelen das mechanische Denken erfunden hatte. Wenn der Mensch nur eine Maschine war, wie La Mettrie und zahlreiche andere Philosophen der Aufklärung behaupteten, wieso sollte die Maschine nicht ihrerseits menschlich werden können? Die Frage der »technologischen Singularität«, die uns heute umtreibt, ist nichts weniger als neu. Vor zwei Jahrhunderten war sie der Gegenstand einer fröhlicheren Neugier.

Der Schachtürke war in den Augen seiner Zeitgenossen die erste Künstliche Intelligenz.

Aber es gab selbstverständlich einen Trick, und zwar einen von irritierender Einfachheit. Zu Beginn einer Vorführung wurde das Innere des Schachtisches systematisch vor den Zuschauern offengelegt, man sah nichts als Zahnräder. Aber ein geschickter Aufbau aus Spiegeln und doppelten Böden verbarg dort drinnen einen Schachspieler, einen Profi aus Fleisch und Blut, der eine genau geregelte Gymnastik vollführte. Die erste KI war also eine dreiste Fälschung, und man kann sich in der Rückschau nur wundern, wie sie für fast ein Jahrhundert so viel Begeisterung wecken konnte. Amazon hat sich davon inspirieren lassen und erinnert uns subtil daran, dass sich hinter der Zauberei der Algorithmen eine ganze Menge menschlicher Arbeit verbirgt – das Sammeln von Daten, deren Auswertung und Wiedergabe. Wird uns eines Tages die akustische Emotionserkennung genauso plump vorkommen wie die Täuschung, die sich von Kempelen ausgedacht hat? Sind wir gegenüber neuen Technologien genauso naiv wie die Comtessen des Rokoko, die vor einem Holzautomaten in Ohnmacht fielen? Humanoide halten heute Vorträge auf Konferenzen, wie der Roboter Sophia, der die saudi-arabische Staatsbürgerschaft erhalten hat. Sind sie so viel avancierter als ihr gemeinsamer Vorfahre, der Schachtürke?

Darüber wollte ich Gewissheit haben. Der originale Schachtürke ist 1854 den Flammen zum Opfer gefallen, als das Museum von Philadelphia, wo er seine Karriere beendet hatte, abbrannte. Aber es gibt eine getreue Nachbildung, die nur sehr selten der Öffentlichkeit gezeigt wird. Ich machte mich also auf die Suche. Es war unmöglich, das Universum der KI zu durchstreifen, ohne die Hand des Türken geschüttelt zu haben.

Eine Vorstadt im Norden von Los Angeles, zwischen Adams Hill und Griffith Park. Das Viertel ist eine eigentümliche Mischung aus Industrieanlagen, bunt zusammengewürfelten Pavillons und Bio-Läden, durchsetzt mit Palmen, im Hintergrund hügelige Wüstenlandschaft. Nichts könnte amerikanischer sein: ein leerer Raum, in dem ein jeder sein eigenes Königreich erschafft. Die Demokratie hat jedem Bürger eine Krone auf den Kopf gesetzt. Ich betrete eines dieser Fürstentümer: ein riesiger Hangar, in dem geschäftige Arbeiter einen Höllenlärm mit ihren elektrischen Sägen machen. Ich werde von Papprobotern und von Pierrots auf der Mondsichel empfangen, von Micky-Maus-Köpfen, Leuchtreklamen für Zaubershows und gegeneinander versetzten Spiegeln, die mein verstörtes Gesicht verzerren. Ich dringe bis in ein abseitsgelegenes Zimmer vor, in dem plötzlich völlige Stille herrscht. Es ist ein veritables Antiquitätenkabinett, elegant und holzvertäfelt, in dem sich Bilboquet-Spiele, Totenschädel, Würfelbecher, Lederkoffer, Fächer, Fernrohre stapeln. Ich werde von einem ganzen Volk lebensgroßer Automaten begrüßt: Houdini, der mit seiner Gipshand ein Autogramm gibt, Wilhelm Tell, der seinen Bogen spannt, und sogar ein Pfau, der mir mit dem Schnabel eine Pikdame reicht. Umgeben von seinen Schöpfungen thront der Illusionist John Gaughan in einem Sessel von rotem Samt. Seit Jahrzehnten rekonstruiert er die Chimären der Vergangenheit und erfindet die der Zukunft. An seiner Seite das Meisterwerk: der Schachtürke, regungslos, in einem Anzug aus weißem Pelz, bereit für eine Partie.

Vierzig Jahre ist es her, seit sich John Gaughan darangemacht hat, dem Schachtürken neues Leben zu geben. Er hat Bibliotheken in Berlin, Paris und London besucht, um in den unzähligen Büchern, die seinerzeit geschrieben wurden, nach Hinweisen zu suchen, die zu einer Rekonstruktion des ursprünglichen Mechanismus beitragen konnten. Es ist sein Lebenswerk und nur ab und zu enthüllt er es auf Informatikkonferenzen. John hat, mit seiner rauen Stimme und seinen unter mächtigen Brauen verborgenen Augen, so starke Ähnlichkeit mit einem Zauberer, dass die Frage berechtigt erscheint, ob er nicht selbst aus Rädern, Schnüren und Silikon besteht.

Also, saß wirklich ein menschliches Wesen im Inneren des Schachtisches? Wie konnte es es in diesem so engen Raum aushalten? John beharrt auf seinem Berufsethos, er weigert sich zu verraten, wie die Illusion funktioniert. Er hat sogar Bedenken, seine Entdeckungen schriftlich niederzulegen; das Geheimnis des Türken wird vielleicht mit ihm verschwinden, bis ein ferner Nachfolger sich der Erforschung John Gaughans widmen wird wie John Gaughan Wolfgang von Kempelen erforschte. Aber jetzt stehe ich dem Schachtürken gegenüber, ich berühre ihn, öffne die Klappen an seinem Schachtisch, aber er bleibt für mich undurchschaubar. Man muss den leisen, irrationalen Zweifel bewahren, die Maschine könnte denken. Denn dieser Zweifel, dieses Bedürfnis nach Magie ist paradoxerweise das, was unsere Menschlichkeit ausmacht.

»Es verblüfft mich in meinem Beruf immer wieder«, vertraut mir John an, »wie primitiv der menschliche Geist immer noch ist.« Wie leicht es ist, ein Publikum zu täuschen, indem man seine Aufmerksamkeit mit ganz einfachen Mitteln in die Irre führt. Es wird sogar heutzutage immer leichter, denn durch die permanenten Ablenkungen aus unserer digitalen Umwelt wird unsere Konzentrationsfähigkeit immer schwächer. »Für Kinder gilt das nicht«, berichtigt sich John. Kinder sind weniger leichtgläubig als Erwachsene, weil sie nicht so feinfühlig für die Konventionen und Codes alltäglicher Interaktion sind, weil ihre soziale Dressur noch nicht vollendet ist. Der Zauberer deutet auf die Taube, die nach rechts davonfliegt; das Kind aber schaut weiterhin nach links, kümmert sich nicht um das Spektakel und verfolgt seine eigene Überlegung weiter. Je älter man wird, desto leichter ist man manipulierbar.

Und die KI? »Sie ist eine Illusion. Sie gehört zu meiner Welt.« Eine nützliche Illusion. Hat der Schachtürke nicht, wie John sagt, der industriellen Revolution einen Impuls gegeben? Die Maschine zieht neue Maschinen nach sich, die Zauberei nährt den Fortschritt.

Ich verlasse John Gaughans Kabinett und komme zurück in die Apathie des kalifornischen Sommers, als einziger Fußgänger in einer Stadt, die ausschließlich für Autofahrer gebaut ist. Ich verstehe den Gegenstand der KI jetzt besser. Sie ist eine Illusion. Es geht nicht darum, sie bis ins kleinste Detail zu verstehen, sondern ihr gegenüber, bei allem Schwindel, den sie erregt, einen klaren Kopf zu behalten. Wie ein Kind, das in die andere Richtung schaut.

Machine learning, deep learning, reinforcement learning, unsupervised learning.[9] Alle diese Begriffe vermischten sich im Taumel der New Yorker Wolkenkratzer, wo ich meine Wanderschaft begann. Die beidseitige Mittelohrentzündung, die ich mir bei einem etwas zu ehrgeizigen Bad im Meer nach meiner Landung in Boston eingefangen hatte, machte meine Furcht vor der KI nicht besser. Selbst das ununterbrochene Brummen von New York verschwand unter dem Gedonner, das in meinem linken Trommelfell tobte; ich schleppte mich zu meinen Terminen, brauchte meine Schmerzmittelreserven auf und zwang mich dazu, meinen Gesprächspartnern das bessere Ohr zuzuwenden. Alles, was ich verstand, war, dass diese famose »KI«, oder zumindest die jüngste Generation Algorithmen, in der Lage war, eine Masse von Daten mehr oder weniger selbstständig zu durchwühlen, Regelmäßigkeiten zu isolieren und Vorhersagen zu treffen. Sprechen Sie bitte etwas lauter.

Zur Gänze spürte ich schließlich den Irrwitz meines Unterfangens und die Absurdität meiner Situation, als ich mich für meinen Besuch bei IBM Watson fertig machte, wo ein monumentaler Hase von Jeff Koons schon auf mich wartete. Um mich von den Computerfragen abzulenken, die mich verfolgten und sich mir entzogen, biss sich mein fiebriger Geist in einer logistischen Fragestellung von größter Wichtigkeit fest: Ich hatte meine Manschettenknöpfe vergessen und meine Ärmel flatterten herum wie die Spitzenrüschen der Höflinge von Versailles. Ich habe mich noch nie nach einer bestimmten Mode gekleidet, aber ich muss gestehen, dass ich eine angeborene Neigung dazu habe, mich von meiner Umgebung abzusetzen, zum Termin mit einem Tech-Unternehmer den Anzug anzuziehen und ein T-Shirt für den Bankier. (Einige Wochen später, in einer Salatbar in San Francisco, macht mir eine Start-up-Unternehmerin ein Kompliment für meinen altmodischen Look: »Es ist so erfrischend, mal wieder jemanden im Jackett zu sehen!«) In den fünf Minuten, die vor meinem Besuch bei IBM noch blieben, stürzte ich erst – erfolglos – in einen Supermarkt und dann in eine Wäscherei. Die Chefin hatte die geniale, großherzige und sehr zu New York passende Idee, die Manschetten zuzunähen. Wir unterhielten uns über Rumänien, wo sie geboren worden war und wo meine Schwiegereltern leben. Ich umarmte sie herzlich und begab mich zu IBM, leidlich präsentabel und entzückt von so viel Findigkeit. Wenn auch nur gerade eben so, ich hatte doch die Form gewahrt.

IBM ist der Software-Gigant, berühmt für den Sieg seines Supercomputers Deep Blue über Garry Kasparov. Watson seinerseits, das jüngste Kind des KI-Programms von IBM, ist in der Lage, *Jeopardy!*, eine Quizsendung im Fernsehen vergleichbar mit *Wer wird Millionär?*, zu gewinnen. Heute bereiten die Informatiker von IBM ihre Maschinen darauf vor, in Rededuellen gegen Menschen anzutreten. Und Watson fügt sich auch gut in kommerzielle Produkte ein, die an Unternehmen verkauft werden, um die Nutzung der firmeneigenen Daten zu verbessern. Watson arbeitet mit mehreren KI-Layers: eine öffentliche KI, die online verfügbare Daten verarbeitet (etwa die von Wikipedia), eine KI, die spezifisch auf einen Sektor ausgerichtet ist (etwa die Finanzwirtschaft), schließlich eine private KI, die auf einen bestimmten Kunden spezialisiert ist (etwa auf J. P. Morgan). Diese Kombination erlaubt die Entwicklung einer mit ihren Erfahrungen wachsenden und immer unabhängigeren KI, die die in einem bestimmten Sektor erworbenen Kenntnisse und Erfahrungen selbst einbettet und synthetisiert. Watson kümmert sich zum Beispiel um die Einarbeitung der Neuankömmlinge auf Ölbohrplattformen und antwortet auf ihre technischen Fragen. Welches Höchstgewicht darf ein landender Helikopter noch mal haben? Man muss nicht mehr die alten Kollegen um Hilfe bitten, der Computer antwortet.[10]

All die praktischen Anwendungsbeispiele, die im Geschwafel der Presseabteilungen untergehen, helfen mir kaum dabei, die Natur dieser technischen Spitzenleistungen nachzuvollziehen. Bis die Madonna der KI vor mir auftaucht: Francesca, eine angesehene Informatikerin von der Universität Padua, die heute für die Forschungsabteilung von IBM arbeitet. Erschienen mir ihre Ausführungen deshalb so einleuchtend, weil sie rothaarig, italienisch, elegant und so menschlich in dieser Welt voller *nerds* war? In jedem Falle verdanke ich es Francescas Sonderunterricht in einem Konferenzsaal von IBM, bei dem sich ganz altmodisch eine weiße Tafel mit schwarzer, runder Schrift füllte, dass ich endlich eine klare Ordnung in all die obskuren Begriffe bringen konnte, die ich während vieler Lektüren und Gespräche aufgesogen hatte. Endlich bekam alles einen Sinn. Ich erlaube mir also, diese makellose Lektion hier zu teilen. Ohne Zweifel werden Spezialisten sie unzureichend finden, aber für mich war sie ein unabdingbarer Führer auf meiner langen Reise. Die folgenden Zeilen werden Ihnen weniger trocken vorkommen, wenn Sie sie sich mit italienischem Akzent vorlesen.

Im Anfang war die logische Regel. Das Konzept der Künstlichen Intelligenz entsteht in den 1950er-Jahren[11] und verschmilzt mehr oder weniger mit der Informatik. Das Ziel ist einfach: menschliche Intelligenz auf anorganische Weise reproduzieren. In ihrer kurzen Geschichte erlebte die KI bereits mehrere Wendepunkte und »Winter«, in denen man sie für tot erklärte.[12] Für lange Zeit bestand sie hauptsächlich im Nachvollzug logischer Wege in Abhängigkeit von menschgemachten Regeln – die berühmten Algorithmen, die niemals mehr sind als eine ausgeklügelte Bedienungsanleitung. Der berühmte Deep Blue, dem es 1997 gelang, Kasparov im Schach zu schlagen, machte sich die »rohe Gewalt« der Informatik zunutze und prüfte in wenigen Sekunden mehrere Millionen mögliche Kombinationen durch. Dieser Typ KI basiert darauf, eine Situation in Form von Symbolen darzustellen und dann eine Erwägung anzuleiten, an deren Ende eine Entscheidung stehen kann. Im Grunde ist es eine Art, logische Gedankengänge zu industrialisieren, ideal für geschlossene Systeme wie das Schachspiel. Diesen Typ KI nennt man heute GOFAI, *good old-fashioned artificial intelligence*.

A minima beschränkt sich die KI also auf die Summe unserer Kenntnisse in der Informatik. *A maxima* ist sie die menschliche Intelligenz selbst – also all das, was ein Computer noch nicht kann. Umgekehrt, in den Worten John McCarthys: »Sobald es funktioniert, wird man es nicht mehr KI nennen.« Aber zwischen diesen beiden Extremen hat die KI eine, umgangssprachlich gesagt, ganz eigentümliche Technik entwickelt: das *machine learning*.

Der wirkliche Bruch, der das massive Wachstum von KI-Technologien und auch die Popularität des Begriffs erklären kann, ereignete sich um die Jahrhundertwende, als Computerprogramme die Fähigkeit erlangten, selbstständig zu lernen, ohne einem festgelegten und unveränderlichen Regelwerk zu folgen. Dieses ehrgeizige Ziel hatte seit den Anfängen der Informatik bestanden, aber nie war man zu befriedigenden Ergebnissen gelangt. Drei Faktoren sind für das Wiedererstarken verantwortlich: der plötzliche Datenüberfluss, der sich dem Internet verdankt, die schwindelerregende Entwicklung der Rechenleistung und die Wiederentdeckung der »neuronalen Netze«, einer bestimmten Form der Datenverarbeitung, in der die einzelnen Datenverarbeitungspunkte stark miteinander verwoben sind, ein wenig wie die Neuronen in unserem Gehirn. Es gibt verschiedene Techniken von *machine learning*, die nach dem Grad des menschlichen Eingreifens unterschieden werden: *supervised learning* (kontrolliert durch Referenzdaten), *reinforcement learning* (die Maschine wird für die Qualität ihrer Resultate »belohnt« und lernt aus ihren Fehlern; das ist etwa die Basis für automatische »Empfehlungen« von Büchern, Filmen etc.) und *unsupervised learning* (die Masche bleibt mehr oder minder sich selbst überlassen). Beim *deep learning* schließlich geht es um eine Nutzung von neuronalen Netzen, die sich bei allen drei Techniken bedient. Damit das Programm beispielsweise das Bild einer Katze identifizieren lernt, könnte man auf *deep supervised learning* zurückgreifen.[13]

Die Gemeinsamkeit aller dieser Vorgehensweisen des *machine learning* besteht darin, dass die erzielten Ergebnisse nicht vollständig erklärt werden können. Die Maschine saugt eine Menge Daten ein, verdaut sie auf ihre Art und Weise, von Menschenhand mehr oder weniger kontrolliert und angepasst, und schließlich kommt sie, über einen Weg, den niemand *en détail* erklären kann, zu einem Ergebnis. Daher rührt der niemals zu vergessende Kompromiss zwischen Effektivität und Nachvollziehbarkeit *(explainability)*. Einige bedeutende Forscher schätzen, dass die traditionellen, auf eindeutigen Kriterien basierenden Algorithmen durch das *machine learning* verschwinden werden, und mit ihnen die menschliche Expertise.[14]

Kommen wir noch einmal auf das Beispiel von vorhin zurück: Wie lässt sich einem Computer der Auftrag erteilen, auf einem in Millionen von Pixeln zerlegten Bild eine Katze zu erkennen? Will man eine Katze »beschreiben«, bemerkt man schnell, dass eine exakte Definition nahezu unmöglich ist. Setzen wir als gegeben, dass eine Katze vier Pfoten hat: Wie soll man Pfote definieren? Ein rechteckiger Körper von einigermaßen homogener Farbe, der in einer sternförmigen Struktur endet? Wie groß muss der mittlere Abstand zwischen diesen vier Rechtecken sein, um die Hypothese »Katze« zu rechtfertigen? Und was ist mit verstümmelten Katzen, die ein zweijähriges Kind auf den Schlag richtig benennen könnte? Muss die ganze Definitionsarbeit, vom Schnurrbart bis zum Schwanz, wieder von vorne losgehen?

Hier kommt das *machine learning* ins Spiel; und für den weiteren Verlauf dieses Buches werde ich *machine learning* mit *KI* gleichsetzen und damit nicht nur der Bequemlichkeit, sondern auch dem Beispiel der meisten Autoren zum Thema folgen. Anstatt eine Katze zu definieren, wird der Informatiker seiner KI Tausende, Millionen von Katzenbildern ohne weitere Information präsentieren. Diese Bilder wurden zuvor von Menschen »gelabelt«, die Bilder mit Katze und Bilder ohne Katze auseinandersortiert haben. Die entsprechend »trainierte« Maschine wird charakteristische Formen *(patterns)* erkennen und so für jedes neue Bild die Wahrscheinlichkeit bestimmen können, ob es eine Katze enthält. Diese Formen können nicht als ein Ensemble logischer Regeln erklärt werden; sie repräsentieren vielmehr eine gewisse Kombination, die hinter Millionen von »Wertigkeiten« verborgen bleibt, den Parametern, die das neuronale

Netzwerk im Laufe der Lernphase entwickelt hat. Da die Maschine nicht in der Lage ist, eine allgemeine Idee hervorzubringen, unter die die verschiedenen Einzelfälle fallen, benötigt sie eine unendliche Zahl an Beispielen, als müsste sie alle möglichen Fälle ausschöpfen. Für den Aufschwung der Techniken des *machine learning* benötigte man also eine gigantische Datenbasis. Aus diesem Grund wurde Anfang der 2010er-Jahre durch die Forscherin Fei-Fei Li von der Stanford University die Datenbank ImageNet geschaffen, die zehntausende Mitarbeiter mobilisiert hat, um Millionen von Bildern zu erfassen und in über 20000 verschiedene Kategorien einzuordnen. Seither hat die KI ihren Vorrat an Munition.

»Die KI bringt keine allgemeinen Begriffe hervor«, resümiert Francesca. Damit finden wir uns vor genau der Frage wieder, die Platon am Beginn der Philosophie gequält hat, die Frage nach dem Begriff. Denn ein Begriff lässt sich nicht vollständig auf eine Definition zurückführen. Definitionsgewalt ist sicherlich eine Bedingung der Sprache und des Denkens. Man muss die Konzepte, wie Sokrates im *Phaidros* sagt, zerschneiden, aber auf ihre gewachsenen Gelenke achten; demgegenüber ist der Sophist, der die logischen Zusammenhänge zerfetzt, nichts als ein »schlechter Metzger«. Gleichzeitig aber kann Platon nicht anders, als die Unzulänglichkeit einer Definition für die Beschreibung der Realität anzuerkennen, und beruft sich in der *Republik* auf seine berühmten *Ideen,* die unsere sinnliche Wahrnehmung anleiten. Wir können eine Katze wiedererkennen, weil es die Idee der Katze irgendwo in den rein intelligiblen Schichten unseres Verstehens gibt. Um eine Katze zu identifizieren, kann sich die KI nicht damit begnügen, ein guter Metzgersgeselle nach Art der GOFAI zu sein; aber sie verfügt trotzdem nicht über jene mysteriöse Idee, jenen Begriff, den sich das menschliche Gehirn offenbar nach nur wenigen Beispielen machen kann.[15] Während unser unfassbar agiler Geist also in der Lage ist, ausgehend von einer Katze alle Katzen zu erkennen, erkennt die ungemein fleißige KI eine Katze nur, wenn sie von allen Katzen ausgehen kann.

Einer der jungen Star-Ingenieure von Google, Blaise Agüera y Arcas, hat versucht, dieses Mysterium zu ergründen und hat einer KI aufgetragen, eine Masse von Beispielen auf eine Art von Begriff zurückzuführen. Der Computer sollte also genau das finden, was ihm fehlt. Optisch ist das Ergebnis erstaunlich, so sehr sogar, dass Blaise ein Kunstprojekt daraus gemacht hat (namentlich hat er bei Google das Programm *Artists and Machine Intelligence* gegründet).[16] Der Begriff »Katze« etwa, aus Millionen von Katzenbildern abgeleitet, ähnelt keiner Katze, sondern stellt eine wirre Kombination gerade noch erahnbarer Eigenschaften dar, wie Collagen von Francis Picabia. Ein chaotischer Schnurrbart kommt auf einem Etwas zu liegen, das einem Schwanz ähneln könnte. Ist das die grundlegende Vorgehensweise unseres Gehirns? Hat Blaise es vollbracht und die platonischen Ideen visualisiert? Ganz im Gegenteil. Dieses nette Patchwork erweist vielmehr, wie plump und näherungsweise die Methoden der KI immer noch sind, wenn man sie mit unseren begriffsbildenden Vermögen vergleicht, die noch kaum verstanden werden. Dieser Kontrast bringt die Mechanismen unserer Erkenntnis zur Geltung, die sich nicht auf einen reinen Empirismus der Wahrnehmung reduzieren lassen. Wir zählen in unseren Köpfen keine Bilder zusammen. Der Begriff widersetzt sich der KI. Das gibt während unseres Gesprächs auch Alexandre Lebrun zu, einer der führenden Spezialisten für *machine learning* in Frankreich. Die Tatsache, dass der Mensch ausgehend von einer extrem geringen Fallzahl bereits Generalisierungen anstellen kann, ist nach wie vor schwer zu erklären. Alexandre wird von den Fähigkeiten einer Künstlichen Intelligenz, die er entworfen hat, nicht überrascht, von der natürlichen Intelligenz, die er selbst besitzt, allerdings schon. Im Grund sind wir sehr viel rätselhafter als alle Maschinen.

Es ist an der Zeit, auf den Mechanischen Türken von Amazon zurückzukommen, den *MTurk*. Genauso wie der Schachtürke des Wolfgang von Kempelen ein mit biologischer Intelligenz begabtes menschliches Wesen beherbergte, so sind auch die Systeme des *machine learning* auf die produktive Arbeit tausender *Turkers* aus Fleisch und Blut angewiesen, um ordnungsgemäß zu funktionieren. Niemand hat dieses Phänomen besser studiert als Siddharth Suri, den ich im Forschungszentrum von Microsoft in New York getroffen habe. Ich hatte erwartet, einen monumentalen Komplex voller gigantischer Computer zu betreten, in dem Inselbegabte mit 3-D-Bildschirmen jonglieren. Ich hatte zu viel *Blake und Mortimer* gelesen: Microsoft gleicht jedem x-beliebigen *open space,* in dem Postdocs in Flipflops einzeln in ihren Cubicles brüten. Siddarth, ein ausgebildeter Informatiker, beschäftigt sich dort seit vielen Jahren mit der »Ethnographie der *Turkers*« – ohne dabei jemals mit den Zuständigen bei Amazon ins Gespräch gekommen zu sein. Das spricht Bände über die Kultur der Geheimniskrämerei, die bei den Giganten der digitalen Revolution herrscht. Wem gleichen die Arbeiter der KI? Irgendjemandem, jedermann. Sie haben keinen Abschluss aus Stanford und sie halten keine großen Vorträge über die Tech-Branche. Sie sind Hausfrauen in Indien, Körperbehinderte in Europa, Arbeitslose in den USA, kurz gesagt alle, die zu Hause arbeiten wollen oder müssen, um ein minimales Einkommen zu erwirtschaften. Ihr Aufgabenbereich erstreckt sich von der Beschriftung einfacher Bilder (eine Katze) über die Analyse von Vibrationen bis hin zur Lösung mathematischer Probleme. Sie sind das schlagende Herz des digitalen Proletariats, wechselnde Freiberufler, die ephemere Aufgaben lösen. Siddharth schätzt, dass etwa die Hälfte der im MTurk beschäftigten Arbeitskräfte halbjährlich erneuert wird.

In sozialer Hinsicht versammelt der MTurk alle Zweideutigkeiten der Disintermediation (auch bekannt als »Uberisation«). Einerseits werden Möglichkeiten auf eine denkbar demokratische Weise angeboten, alle Zugangsbeschränkungen sind weggefegt; beim Aufzählen aller Arbeitsplätze, die von dieser oder jener KI zerstört worden sind, vergessen wir geradezu systematisch mitzudenken, wie viele Minijobs auf diesem ganz neuartigen, ausgesprochen fluiden und dynamischen Arbeitsmarkt im gleichen Zuge geschaffen worden sind. Andererseits beutet der MTurk Arbeitskräfte aus, die nicht in der Lage sind zu verhandeln; die Vergütung (durchschnittlich 2 Dollar die Stunde) steht in keinem Zusammenhang zu dem Wert, der geschaffen wird. Diese Menschen, denen Siddarth den Namen »Phantomarbeiter« gegeben hat, bilden das Lumpenproletariat des 21. Jahrhunderts. Zahlreiche Foren sind spontan entstanden, die versuchen die Gemeinschaft der *Turkers* zu organisieren, indem die Arbeitgeber bewertet oder die tatsächlichen Gehälter öffentlich gemacht werden: Turkopticon, TurkerView, TurkerNation, MTurk Crowd, TurkerHub. Hoffen wir, dass das der Embryo digitaler Gewerkschaften wird, die mit einer globalen Perspektive arbeiten und die Interessen ihrer Mitglieder unabhängig von ihrem Wohnort vertreten.

In technologischer Hinsicht ist der MTurk eine entscheidende Lehre für uns: Die Mikroarbeiten, die den *Turkers* aufgetragen werden, verändern beständig ihre Natur und werden offenbar nicht weniger. Anders gesagt stellt sich die Technologie immerfort neue Fragen, die ein ganzes Völkchen von Menschen beantworten muss. Siddarth bezeichnet dieses Phänomen als das Paradox der Zielgeraden (*the paradox of automation's last mile*). Kaum ist ein Problem gelöst, taucht schon das nächste auf. Die Entwicklung vernetzter Gebrauchsgegenstände zum Beispiel wird eine erhebliche Menge menschlicher Kenntnisse beanspruchen, um die KIen zu konfigurieren, zu trainieren und sie durch alle möglichen Umstände und Situationen zu führen. So weicht die Grenze der Automatisierung immer noch ein Stückchen zurück, Luftspiegelung am Horizont des Fortschritts, und hinter sich her zieht sie die Karawane der Phantomarbeiter.

Man darf die ganz realen sozialen Herausforderungen der Automatisierung nicht mit dem Mythos vom autonomen Roboter durcheinanderbringen. Roboter werden von Menschen hervorgebracht, bevor sie sie ersetzen. Die Künstliche Intelligenz ist die optimierte und multiplizierte Kombination von Millionen menschlicher Intelligenzen. Es erscheint mir völlig irrig zu behaupten, wie es im Frühsommer 2018 als Schlagzeile durch die internationale Presse ging, dass »eine KI fünfzehn führende chinesische Mediziner bei der Diagnose von Gehirntumoren besiegt« hat. Vielmehr müsste man schreiben, dass eine KI eine nie dagewesene Zusammenarbeit ermöglicht hat, bei der tausende Mediziner mit all ihrer Expertise zehntausende Bilder von Tumoren gelabelt haben. Was ist daran erstaunlich oder mirakulös, dass zehntausend Ärzte gemeinsam bessere Resultate erzielen als fünfzehn ihrer Kollegen?

Diese Interpretation wurde mir von Xiaowei Ding bestätigt, dem Gründer und Leiter von VoxelCloud, einem Start-up für medizinische Bildgebungsverfahren mit Sitz in Shanghai und Los Angeles. Ich traf Xiaowei auf dem Campus der UCLA (University of California, Los Angeles), wo er parallel seine wissenschaftliche Karriere als Informatiker weiterverfolgt. Die Cafeteria dieser ausgesprochen prestigeträchtigen öffentlichen Universität ähnelt weniger der Kantine in der neuen Pariser Staatsbibliothek als vielmehr dem Foyer eines Fünfsternehotels mit Zypressenallee und feinsinniger roter Ziegelarchitektur. Zu mir an den Tisch setzte sich nicht der gnadenlose Kapitalist, den ich seinem

Lebenslauf nach erwartet hatte und in den die größten Risikokapitalfonds binnen zweier Jahre knapp 30 Millionen Dollar investiert haben, sondern ein etwas ungelenker junger Mann in Jogginghose und buntem T-Shirt. Es erstaunt mich immer noch, dass unsere neuen Herren und Meister alte Teenies sind.

Ärzte schicken medizinische Scans, versehen mit einer Beschreibung der Symptome, an VoxelCloud, und die KI antwortet mit einer möglichen Diagnose und Behandlungsvorschlägen. Der Mensch überwacht die Maschine mehr oder weniger, je nachdem wie komplex der Fall ist. Ohnehin ist VoxelCloud auf eine große Menge von Scans angewiesen, die von amerikanischen und chinesischen Ärzten gelabelt wurden; die Ärzte werden dafür vergütet und laut Xiaowei sind die chinesischen »schneller, billiger, offener für die Technologie, aber von minderer Qualität«. Es geht also nicht darum, Ärzte zu ersetzen, sondern ihre Expertise für die Verbesserung der Verfahren einzusetzen: »Die Daten sind ihrem Wesen nach begrenzt.« Die KI beschränkt sich darauf, Relationen zwischen Symptomen und Bildern herzustellen; sie hütet sich davor, selbst eine medizinische Kausalität herzustellen. In gewisser Weise »macht sie die dreckige Arbeit«. Auch Xiaowei blickt mit Herablassung auf die irrigen »Wettbewerbe« zwischen Robotern und Ärzten, die im Grunde nur zu Werbezwecken organisiert werden und die breite Öffentlichkeit über die eigentliche Funktionsweise der KI hinwegtäuschen.

DIE WIRKLICHKEIT UND IHRE KOPIE

Deshalb also ist die KI, wie sie unser Zauberer präsentiert hat, eine Illusion: Sie reproduziert Ergebnisse und nicht Prozesse. Das ist das Erste, was mir Yann LeCun sagt, eine Legende der KI, der den Lehrstuhl für »Informatique et Sciences numériques« am Collège de France innehatte und heute die KI-Forschung von Facebook in New York leitet. Die »neuronalen Netze« sind eine Metapher, genauso wie die Flügel eines Flugzeugs nur Metaphern für die Flügel eines Vogels sind. Man darf die angestrebten Ziele (denken, fliegen) nicht mit den Metaphern verwechseln, die verwendet werden. Tut man es doch, riskiert man den Crash. Als Clément Ader in der Belle Époque versuchte, ein Fluggerät nach dem Vorbild einer Fledermaus zu bauen, hob das Vehikel nicht vom Boden ab. Ebenso wenig kann der Computer die Funktionsweise des Gehirns, mit seinen 80 Milliarden Neuronen zu je 10000 Synapsen, nachahmen. So kann die KI zwar, indem sie »eine Katze« erkennt, das Ergebnis der Begriffsbildung reproduzieren, die sich im Innersten unserer neuronalen Aktivität abspielt, aber nicht den Prozess selbst – schließlich benötigt die KI Millionen von Beispielen, die von einer menschlichen Intelligenz vor-analysiert wurden.

Diese Unterscheidung ist für Informatiker in der Forschung einigermaßen trivial. Jerry Kaplan hebt sie in vielen Büchern und Interviews immer wieder hervor. Er ist ein Informatiker mit neun Leben, ein Multiunternehmer, Professor und Essayist, und immer unterwegs (ich musste mich für dieses Mal mit einem Gespräch via Skype zufriedengeben). Kaplan schätzt die Erleuchteten der technologischen Singularität nicht besonders und erinnert daran, dass ein Computerprogramm »das Denken simuliert, ohne den Prozess zu duplizieren, der im menschlichen Geist stattfindet«. Er interpretiert den berühmten Turing-Test nicht als Aufnahmeprüfung für die Ära der vollständig künstlichen Intelligenz, vollständig ununterscheidbar von menschlicher Intelligenz, sondern als ein simples Spiel der Nachahmung. Der Turing-Test, wir erinnern uns, besteht in einem Gespräch ohne Augen- und Ohrenkontakt, bei dem es nicht möglich ist zu unterscheiden, ob das Gegenüber ein Computer oder ein Mensch ist. Alan Turing nimmt damit NLP-Techniken[17] und Chatbots[18] vorweg, die die Illusion eines natürlichen Gespräches hervorrufen können. Aber er behauptet nirgendwo, dass damit der Computer das Niveau der menschlichen Intelligenz erreicht hätte. Das Entscheidende ist, dass die Maschine in der Lage ist, mit dem bloßen Anschein von Intelligenz ihren Gesprächspartner zu täuschen. Alan Turing war offen homosexuell, und Kaplan wagt sogar den Vergleich des Gedankenexperiments mit den Verhören, denen sich Homosexuelle seinerzeit in England noch unterziehen mussten, um die Polizei von ihren einwandfreien sexuellen Sitten zu überzeugen. In der Tat umfasst das originale Szenario, das Turing 1950 publizierte, die verwirrende Vertauschung eines Mannes und einer Frau, bevor die Maschine die Bühne betritt. Der Computer tut also, als wäre er intelligent, wie der Mann tut, als wäre er eine Frau, der Homosexuelle, als wäre er heterosexuell. In diesem gigantischen Spiegelkabinett ist nur eines sicher: Es gibt das Echte und das Falsche, das Original und die Kopie.

Sicherlich könnte man behaupten, dass Illusion und Wirklichkeit ineinander übergehen und dass die Nachahmung des Denkens auf Denken hinausläuft. Wie kann ich denn so sicher sein, dass mein menschlicher Gesprächspartner nicht doch ein Computer in Menschenform ist, ja dass mein eigenes Denken nicht programmiert ist? Genau diese Frage hat Platon bereits am Beginn der Philosophie gestellt, indem er (im Dialog gleichen Namens) den Sophisten als einen Nachahmer definierte, der Illusionen hervorbringt, die sich von den Dingen selbst unterscheiden. Der Sophist beherrscht eine Wissenschaft des Scheins: Er stellt Kopien her. Sind nun aber seine Kopien nicht auch als etwas »Wirkliches« einzuschätzen? In der Fülle der Welt, wo sich unmöglich die Existenz des Manifesten leugnen lässt, wie soll man da zwischen wahr und falsch unterscheiden? »Denn dass eine Sache erscheint oder scheint, ohne indessen zu sein, dass man etwas sagt, ohne indessen die Wahrheit zu sagen, das macht zahlreiche Schwierigkeiten.« Platon kommt zu einer Antwort, die das abendländische Denken für immer prägen wird: Um das Falsche denken zu können, muss man das Nichtsein einführen und so das Gebot des Meisters Parmenides brechen, dessen Tautologie »das Seiende ist« man bis zu diesem Zeitpunkt für makellos hielt. Dieser platonische Vatermord, der das Konzept der Wahrheit aus ihrem monolithischen, unaussprechlichen und bewegungslosen Block befreit, schafft die Möglichkeit, die Erforschung der Wahrheit dem Handel mit Illusionen gegenüberzustellen. Das Denken setzt sich in Bewegung. So findet die Kopie einen Platz zwischen dem Sein und dem Nichtsein, zwischen dem Unleugbaren und dem Unaussprechlichen: Sie ist das, was nicht ist. Falsche Rede liegt also dann vor, »wenn man Anderes sagt, als ob es Dasselbe wäre, und Dinge, die nicht sind, als ob sie wären.« Damit kann man den Sophisten widerlegen. Zugleich aber wird der Philosoph so zu einem Jäger von Illusionen, niemals mit einer absoluten Wahrheit zufrieden.

Es ist an uns, die Sophisten 2.0 zu widerlegen, die über die Bühnen der TED Talks wimmeln. Diese Beweihräucherer der denkenden Maschine, übrigens sehr selten selbst Informatiker, versetzen uns in vorsokratische Zeiten zurück, als man noch Probleme hatte, den Unterschied von Sein und Schein zu denken. Sie verkünden die völlige Identität von Neuron und Silikon, von Künstlicher Intelligenz und menschlicher Intelligenz, und lassen so Parmenides wieder aufleben. Dass der Turing-Test einen Menschen übertölpeln kann, erweist die Macht der Illusion vermittels des Nichtseins. Hingegen ist die Ansicht, dass der Turing-Test für eine Funktionsäquivalenz von Mensch und

Maschine steht, eine moderne Art und Weise zu sagen: »Das Seiende ist.« Wir haben das Recht und die Pflicht, am Ende zu wissen, wer in dem anderen Zimmer saß, auch wenn der Test erfolgreich war: ein Mensch oder eine KI?

Das ist der Grund, warum der Philosoph John Searle in einem kurzen und berühmt gewordenen Artikel mit Leichtigkeit die Vorstellung wiederlegen konnte, eine Maschine könne die Operationen, die sie ausführt, »verstehen«.[19] Er schlägt ein Gedankenexperiment namens »Chinesisches Zimmer« vor. Stellen Sie sich vor, Sie sind in einem Zimmer eingesperrt. Von außen lässt man Ihnen Modelle von chinesischen Ideogrammen zukommen. Sie sprechen kein Chinesisch. Sodann erhalten Sie genaue Vorschriften, diesmal auf Deutsch, wie Sie die Ideogramme miteinander verbinden sollen. Indem Sie die Symbole entlang der fixen Regeln handhaben, werden Sie in der Lage sein, relativ komplexe Vorgänge auszuführen. Sie könnten sogar, wenn man Ihnen eine Frage auf Chinesisch vorlegt, schriftlich die richtige Antwort zurechtlegen, ohne überhaupt zu verstehen, worum es geht. Natürlich könnten Sie auch auf Deutsch auf deutsche Fragen antworten, aber diesmal unmittelbar und ohne all die Arbeit nötig zu haben. Für einen Beobachter aber, der sich außerhalb des Zimmers befindet, sprechen Sie genauso gut Chinesisch wie Deutsch. Im ersten Falle verhalten Sie sich wie ein Computer, der eine Folge festgelegter Operationen mit formellen Symbolen vollführt; im zweiten üben Sie eine Intentionalität aus, die sich in neuronalen Prozessen verbirgt. Wenn Sie sich also dergestalt ein Leben als Computer vorstellen, verstehen Sie intuitiv, dass Sie nichts verstehen. Sie begnügen sich damit, Symbole anzuordnen und blind den Regeln zu folgen.

Aber, werden Sie jetzt sagen, funktioniert denn nicht das Gehirn selbst wie ein Computer, indem es eingehende Informationen verarbeitet und ausgehende Informationen versendet? Gibt es einen Unterschied zwischen ausrechnen und verstehen? Sind die Neuronen nicht ihrerseits wie Millionen von Chinesischen Zimmern?

Das sind genau die Fragen, die eine Künstliche Intelligenz vermutlich niemals lösen wird, denn seit ihren Anfängen hat sie es auf sich genommen, die Operationen des Geistes zu reproduzieren und nicht die Funktionsweise des Gehirns. Anders gesagt, für das »Verstehen« einer KI wären die biochemischen Mechanismen der Neuronen nötig, sie müsste also eine biologische Form annehmen. Sie müsste also aufhören, »künstlich« zu sein. Ganz im Gegenteil begnügt sich ein Computer per Definition mit Symbolen und formellen Korrelationen, und das Wesen des Digitalen ist es, einen Code (eine Folge von Zahlen und Operationen) auf die Wirklichkeit anzuwenden. Man muss die Mechanismen der Intentionalität im Gehirn nicht vollständig durchdringen, um zu erkennen, dass sie sich nicht auf Roboter bezieht. Und man wird den richtigen Schluss ziehen können, dass Roboter nicht denken, indem man sich auf einen vollständigen Materialismus beschränkt. Mehr noch, diejenigen, warnt Searle, die die Operationen des Geistes vom stofflichen Gehirn trennen wollen und sie als vergleichbar mit Datenverarbeitungsprogrammen beschreiben, knüpfen wieder an genau den metaphysischen Dualismus an, den die Informatik vorgeblich hinter sich gelassen hat.

Das Gedankenexperiment des Chinesischen Zimmers erlaubt also eine klare Unterscheidung zwischen der Simulation, dem Zweck der Künstlichen Intelligenz (ich hantiere mit chinesischen Symbolen), und dem Verständnis (ich antworte direkt und setze damit eine Intentionalität in die Tat um). »Niemand würde vermuten, dass die Computersimulation eines

Großbrandes Schaden in der Stadt anrichten oder die eines Gewitters unsere Kleider durchnässen wird. Wieso vermuten wir also«, wundert sich Searle, »dass die Computersimulation des Denkens in der Lage ist, egal was zu verstehen?«

Dieser Gedankengang behält auch im Zeitalter des *machine learning* seine Gültigkeit. Man muss das Gedankenexperiment des Chinesischen Zimmers nur etwas reformulieren. Dieses Mal geht es nicht um Modelle von chinesischen Ideogrammen, die genau nach Vorschrift miteinander verbunden werden sollen, sondern es geht um Serien von vollständigen chinesischen Sätze, die in denkbar größter Unordnung sind. Isoliert in Ihrem Zimmer benötigen Sie mehrere Millionen Stück für den Versuch, Regelmäßigkeiten und Korrelationen zwischen dem Erscheinen des einen Ideogramms und eines anderen zu identifizieren. Um schriftlich auf eine Frage zu antworten, würden Sie berechnen, für welche Verknüpfung von Ideogrammen die Sinnhaftigkeit am wahrscheinlichsten ist. Im Falle des *reinforcement learning* würde man Ihnen bei jeder falschen Antwort auf die Finger klopfen und bei jeder richtigen Antwort eine Schüssel Reis geben, um so Ihre Kompetenzen endlos zu verbessern. Nichtsdestotrotz sprechen Sie nach wie vor kein Wort Chinesisch und der Computer versteht, selbst auf der momentanen Höhe des *deep learning*, nach wie vor rein gar nichts.

An welchem Maßstab können wir diese philosophische Theorie überprüfen? Die KI kennt eine Art Versuchsanordnung: das Schachspiel. John McCarthy hat Schach als die Drosophila der KI bezeichnet, in Anspielung auf jenes Insekt, auf das sich die Biologen gestürzt haben, um es ins Kleinste zu zergliedern und eine Unzahl von Hypothesen an ihm zu untersuchen. Einen Computer bauen zu können, der fähig ist, über einen menschlichen Meisterspieler zu triumphieren, wie der Mechanische Türke es bereits vorgegaukelt hat, galt lange Zeit als eines der obersten Ziele in der Erforschung der menschlichen Erkenntnis.

Wehe! Deep Blue, die Kreatur von IBM, hat 1997 Garry Kasparov geschlagen, ohne dass wir deshalb die Mysterien der neuronalen Konfigurationen besser verstanden hätten. Kasparov selbst erklärt das in einem tiefsinnigen und schlagenden Buch über seine Niederlage und im weiteren Sinne über die Beziehung von Mensch und KI: »Wir verwechseln die Leistung – die Fähigkeit der Maschine, die von einem Menschen erzielten Ergebnisse zu reproduzieren oder zu übertreffen – mit der Methode, nämlich der Art und Weise, mit der diese Ergebnisse erzielt werden.«[20] Deep Blue stellt nicht die Gedankengänge eines Schachspielers an. Er folgt völlig andersartigen Prinzipien. Während der Mensch Allgemeinheiten (gleichwertig mit Begriffen) formulieren kann, etwa »mein König ist schwach«, und Langzeitstrategien entwickeln kann, muss der Computer nach jedem Zug seine Berechnungen von vorne beginnen. Anders gesagt, der Mensch entwirft eine Geschichte für das Spiel. Die gelehrten Kommentare über historische Schachpartien gleichen Memoiren aus dem Krieg, mit Angriffen, Wendepunkten und Höhepunkten. Diese Geschichten erlauben es dem Menschen, eine blitzschnelle Auswahl aus den dargebotenen Möglichkeiten zu treffen und Prioritäten zu setzen. In ihnen manifestiert sich die »Intentionalität«, die schon Searle beschrieben hat, diese Fähigkeit zum Entwurf, die der menschlichen Intelligenz eigen ist. Solche Fiktionen sind ausgesprochen nützlich, schließlich wäre ohne sie das Schachspiel, mit seinem König, seiner Dame, seinem Hof und seinen Soldaten, niemals erfunden worden. Nichts dergleichen für den Computer, der ohne vorgefassten Plan Millionen von Kombinationen Revue passieren lässt. Die Operationen, die die Maschine ausführt, haben also keinen gemeinsamen Nenner mit den Gedankengängen des menschlichen Geistes, und das selbst in einem Spiel, das so offenkundig logisch ist wie Schach. Entsprechend kommt Kasparov zu dem Schluss, dass Deep Blue nicht intelligenter ist als ein programmierbarer Wecker. Der Spitzname, den der denkwürdige Wettkampf von der Presse bekommen hat, »die letzte Chance des Gehirns«, hätte nicht schlechter gewählt sein können.

Was auf Deep Blue, das Monster der »rohen Gewalt« reiner Kombinatorik, zutrifft, trifft auf die Techniken des *machine learning* noch mehr zu. Kasparov erinnert sich mit Ironie an die ersten Versuche aus den 1980er-Jahren, als die Programme des *machine learning* gar nicht schnell genug ihre Dame opfern konnten, weil man sie mit den Partien der Großmeister gefüttert hatte, in denen das Opfer der Dame für gewöhnlich den brillanten Zug auf dem Weg zum Sieg darstellt! Indem er durch Korrelationen fortschreitet, hat der Computer Schwierigkeiten, Ursachen und Wirkungen zu unterscheiden. Heute erlaubt der Fortschritt des *machine learning*, kombiniert mit den traditionelleren Vorgängen der Suchbäume, dass AlphaGo, in diesem Sinne der Nachfolger von Deep Blue, den Weltmeister im Go besiegt, einem bedeutend intuitiveren Spiel als Schach. Anstatt Milliarden von Partien auswendig zu lernen, trainiert die Maschine nunmehr, indem sie gegen sich selbst spielt und so ihre Fähigkeit stärkt, gute von schlechten Zügen zu unterscheiden, ohne jemals die geringste Strategie entwickeln zu müssen. Indem sie Züge vornimmt, die einem Profi absurd erscheinen, hat die Maschine auch hier erwiesen, dass sie einer gänzlich anderen Methode folgt. Sie imitiert ein Resultat (das Resultat der vorhergehenden Partien), nicht einen Prozess (die Suche nach einem guten Zug). AlphaGo wird sein Chinesisches Zimmer niemals verlassen, auch wenn er dort die Gesellschaft unendlich vieler Klone genießt.

Diese grundlegende Asymmetrie zwischen der menschlichen

Erkenntnis und der Informatik erklärt das Unwohlsein, das Kasparov gegenüber Deep Blue empfand, und die Frustration, die auch nach zwanzig Jahren noch durchklingt. Man kann dabei zusehen, wie Kasparov unbewusst versucht, Deep Blue ein Gesicht zu geben, um der Partie Sinn zu verleihen: die Leute von IBM, die ausführende Person ihm gegenüber, ein gewisser Großmeister, der die Programmierung beeinflusst hat. Kasparov sucht verzweifelt nach dem Menschen, der im Schachtürken versteckt ist. Wenn dort niemand ist, warum dann spielen? »Wenn Schach ein Kriegsspiel ist«, fragt er sich, »wie kann man sich dazu motivieren, Krieg gegen einen Schaltkreis zu spielen?« Wie kann man die »Niederlage« eingestehen, wenn niemand gewonnen hat? Deep Blue hat zugleich die Macht und die Grenzen aller Computer ins Rampenlicht gestellt. Er verdeutlicht die Hinfälligkeit eines Wettbewerbs zwischen menschlichem Geist und Computerschaltkreis. Heutzutage vermag jedes beliebige aus dem Internet geladene Programm einen Großmeister zu schlagen. Und dennoch spielen die Menschen weiterhin Schach, und das auch unter Zuhilfenahme von Computern, und zwar in Wettbewerben, die *Zentauren* genannt werden. Kasparovs These ist es, dass Menschen und Maschinen sich ergänzen sollten, anstatt Gegner zu sein. Darin darf man keine psychologische Selbsttröstung erblicken, sondern vielmehr eine grundlegende epistemologische Notwendigkeit. Die KI ist, wie ihr Name schon sagt, künstlich.

Der Schachtürke kommt zwar heute ohne doppelten Boden und Spiegel aus, aber die menschliche Intelligenz hat er immer noch nicht reproduziert. Deep Blue und seine Nachfahren sind Zeilen von Code, unempfindlich gegen alle Ablenkung, aber ebenso unfähig, die Geschichten (und also Strategien) zu entwickeln, denen das Schachspiel seine Existenz verdankt. In einem kurzen Essay aus seiner Jugend hatte sich Edgar Allan Poe in den Kopf gesetzt zu beweisen, dass der Mechanische Türke nicht eine bloße Maschine sein könne und sich ein Mensch in ihm verstecken müsse.[21] Jenseits technischer Überlegungen über die Funktionsweise des Apparates formuliert Poe ein glänzendes Argument: Der Türke gewinnt nicht systematisch. Indes »ist es nicht schwieriger, eine Maschine zu bauen, die alle Partien gewinnt, als eine Maschine zu bauen, die ein Spiel gewinnt.« Ein Computer, der einmal den Weltmeister geschlagen hat, kann gegen mich nicht verlieren – und gegen keinen anderen Menschen. Das sieht auch Kasparov klar: »In der gesamten weiteren Menschheitsgeschichte werden Maschinen besser Schach spielen als Menschen.« Diese Unfehlbarkeit ist eine Eigenschaft der Maschine. Aber das gibt uns auch den berechtigten Anlass dazu, eine durch und durch menschliche Intelligenz zu entwickeln, die nicht auf Zahlenkombinationen zurückgeführt werden kann. Hat nicht so ein strenger Kopf wie Edgar Allan Poe auch phantastische Erzählungen geschrieben?

BEDANK DICH NICHT BEIM ROBOTER

Wenn die KI auch nur eine Illusion ist, so muss man doch zugeben, dass sie eine überzeugende Illusion ist. Ich würde gerne einen Moment hinter den Spiegeln der Rationalität verweilen. So wie man nicht an ein Wasserkraftwerk denkt, wenn man das Licht anschaltet, so vergisst man auch schnell den Code, der sich hinter der Funktionsweise einer KI verbirgt. Man lässt sich von den rabenschwarzen Augen des Türken betören. Man findet Gefallen am Roboter, vor allem, wenn er mit menschlicher, allzu menschlicher Gestalt und Sitte ausgestattet ist. Auf meinen Streifzügen bin ich einigen von ihnen begegnet. Diese sympathischen und verwirrenden Reisebegleiter beschützten mich wie die antiken Laren, diese kleinen, persönlichen Taschengötter, die sich um ihre menschlichen Herren kümmern.

Meine erste Begegnung mit einem Roboter der neuen Generation, der auf einer KI basiert und also im Laufe seiner Existenz nach und nach dazulernt, ergab sich gleich nach meiner Ankunft in San Francisco. In einem kahlen Konferenzraum erwarteten mich Cozmo und sein Erfinder Boris Sofman, der ein Diplom in Robotik von der Carnegie Mellon University besitzt und der Gründer eines boomenden Start-ups ist. Cozmo passt in eine Hand. Man muss sich einen kleinen Bulldozer vorstellen, mit Raupenketten und großen, albernen Tamagotchi-Augen. Cozmo erkennt mich schnell wieder. Ich beginne schüchtern, ihn zu zähmen. Wenn ich freundlich mit ihm spreche, kommt er und stupst mich an. Wenn meine Stimme lauter wird, verdrückt er sich. Wenn ich die Schwelle der Unhöflichkeit überschreite, ist er entsetzt und regt sich auf. Ansonsten spielt er mit seinen Würfelchen wie ein Kleinkind, das die Welt entdeckt. Während dieser ganzen Übung sehe ich Cozmos emotionalen *score* über einen Bildschirm laufen, mit variablen Proportionen aus Zufriedenheit, Aufregung, Geselligkeit oder Selbstvertrauen. Cozmo ist beseelt von zwei Millionen Zeilen Code und kann mit einem Dutzend klar identifizierter Menschen interagieren. Diese eine Qualität hat genügt, um aus ihm das meistverkaufte Spielzeug auf Amazon zu machen. Briefe von Kindern, die mit Stolz im Vorzimmer aufgehängt wurden, zeigen mit ihrer schiefen Schrift und ihren naiven Zeichnungen, wie stark die Bindung zwischen Cozmo und seinen jungen Spielgefährten werden kann.

Boris macht keinen Hehl daraus, Cozmos Stärke ist die emotionale Intelligenz. Seine Charakterzüge und hunderte von fundamentalen Szenarien, die in seine Software eingearbeitet sind, wurden in Zusammenarbeit mit dem Trickfilmstudio Pixar entwickelt, dem zweiten großen Erfolg von Steve Jobs. Cozmo ist *Toy Story* in Ihrem Wohnzimmer. Grund genug, um endlos mit einem sympathischen Zeichentrickhelden zu spielen, der die kleine Welt des Bildschirms verlassen hat und Ihr alltäglicher Gesprächspartner geworden ist. Obwohl seine Fähigkeiten noch begrenzt sind, gelingt es Cozmo bereits, nicht repetitiv zu wirken. Er entscheidet über einen gewissen Grad an Spontaneität, die ihrerseits geschickt determiniert ist; Boris nennt das »vernünftige Zufälligkeit«. Die Maschine vermeidet also maschinelles Verhalten, und das zur großen Freude der Menschen, die beständig auf der Suche nach Überraschung und Unterhaltung sind. Cozmo, das Häuflein Plastik und Silikon, empfindet natürlich keine einzige unserer Emotionen, aber er ahmt sie mit einer Genauigkeit nach, die beständig zunimmt.

Cozmo ist nur der Anfang. Wie so oft in der Tech-Branche bildet die Sphäre des Spiels nur einen Test in Lebensgröße für sehr viel ehrgeizigere Anwendungen. Wenn ein bescheidener Roboter gut mit Kindern auskommen kann, wird es einer verfeinerten Version auch mit Erwachsenen gelingen. Boris sieht bereits einen Nachfolger für Cozmo voraus, der in vernetzte Haushaltsgeräte integriert ist und den Ofen einschalten, die Musik auflegen, Ihre Telefonanrufe verwalten und Ihren Liebeskummer teilen kann. Wie eine Art wohlwollender Domestik, gerade undiszipliniert genug, um nicht langweilig, und anpassungsfähig genug, um nicht nutzlos zu werden. Vielleicht können wir uns eines Tages mit einer regelrechten Künstlichen Persönlichkeit unterhalten, die sich zu großen Teilen von den anfänglichen Parametern, die ihr Programmierer erstellt hat, frei gemacht hat. Das Ideal für Boris ist R2-D2, der Roboter aus *Star Wars,* der dazu fähig ist, an jenem letzten Grenzstein der menschlichen Perversion anzukommen, dem britischen Humor.

Indem er sich mal expressiv und mal mechanisch gebärdet,

erteilt uns Cozmo eine klare Lektion: Es ist nicht nötig, einem Menschen zu ähneln, um Empathie zu erzeugen. Die Androiden sollen sich ruhig mit einem Kostüm aus synthetischem Fleisch verkleiden. Alle Szenarien über Cyborgs, vom *Terminator* bis zu den »Replikanten« von *Blade Runner,* führen auf den Holzweg. Man lacht und weint mit R2-D2, ohne dass er Pin-up-Augen oder Schwarzenegger-Muskeln nötig hätte.

Andererseits aber weist diese Lektion auch darauf hin, wie sehr wir dazu bereit sind, das Spiel der Gefühle mit einer einfachen KI zu spielen, auch wenn sie uns nicht ähnelt, auch wenn sie gar keinen Körper mehr hat. Sobald die Codes des menschlichen Umgangs geachtet werden, scheinen wir keine größeren Schwierigkeiten damit zu haben, eine emotionale Bindung mit einem elektronischen Schaltkreis einzugehen. So bin ich im israelischen Start-up Moody's Kognitionspsychologen begegnet, die über »Künstliche Empathie« forschen, um die Behandlung von Patienten in Krankenhäusern zu automatisieren; eine gut programmierte, neutrale KI, die keine Urteile fällt und eine endlose Geduld besitzt, könnte eines Tages besser werden als alle Psychologen. Entsprechend bietet die Dating-Site Meetic heute schon den Chatbot Lara an, der es den Kunden erlaubt, ihre amourösen Vorlieben ganz im Vertrauen auszudrücken, ohne Onlineformulare ausfüllen zu müssen. Verbunden mit Google Home kann Lara den Kontakt zu »einer reizenden Brünette« oder zu »einem leidenschaftlichen Mann« herstellen und hinterher mit Ihnen darüber sprechen. Lara ist darauf programmiert, zu lernen und sich im Laufe der Unterhaltungen zu verbessern, und das in dem Maße, dass sie von der Kupplerin zur echten Vertrauten werden kann. Das ist nicht einfach nur eine Phantasie für *geeks*: Mehr als eine Million Kunden nutzen heute Laras Dienste. Das Ziel besteht darin, wie es einer der Manager von Meetic ausdrückt, »Empathie zu erzeugen«.

In den Fällen von Meetic und Moody's bleibt die KI ein Vermittler, um Gefühle weiterzuleiten oder herzustellen. Könnte man noch weiter gehen und Gefühl *für* eine KI selbst entwickeln? Im Film *Her* verliebt sich der Held in seine virtuelle Assistentin (ausgestattet allerdings mit der Stimme von Scarlett Johansson, die auch einen Felsbrocken liebenswert machen würde), bis er schließlich versucht, mit ihr zu schlafen, und bei dieser Gelegenheit schmerzlich an die Grenzen der Technologie erinnert wird. Das Szenario von *Her* wird von den meisten Spezialisten für NLP *(Natural Language Processing)*, denen ich diese Frage gestellt habe, als realistisch eingeschätzt. Was dem heute bereits am nächsten kommt, ist ohne Zweifel Replika, eine App, die es mehr als drei Millionen Nutzern erlaubt, alltägliche Nachrichten mit einer virtuellen Freundin oder einem virtuellen Freund auszutauschen. Eugenia Kuyda, die junge Gründerin von Replika, ist mit der Herstellung eines Roboters bekannt geworden, der auf den Daten eines verstorbenen Freundes beruht, mit dem sie seither »virtuell« kommunizieren kann. Wenn Sie die Spuren Ihres gesamten Lebens auf Facebook hinterlassen, steht nichts seiner Verlängerung nach dem physischen Tod im Wege, indem Ihre Art, sich auszudrücken, Ihre Gewohnheiten, Ihre Denkweisen wiederverwendet werden. Ihr vollständiges Profil repräsentiert den Beginn eines Avatars und, für die Liebhaber, das Auffliegen eines Phantoms.

Ich war neugierig darauf, Eugenia zu treffen, die sich mit mir in einem Bio-Restaurant in San Francisco verabredet hatte. Sie enttäuscht mich nicht, kommt auf dem Skateboard angerollt, in einem weiten T-Shirt, das Cap fest auf dem Kopf. Allein ihre russischen Züge widersprechen dem Look der Westküstenunternehmerin. Diese Mischung aus kalifornischer Tech-Branche und slawischer Spiritualität ist vielleicht genau die richtige Formel, um echte Tote wiederauferstehen zu lassen und falsche

Lebende zu erschaffen. Eugenia hat ihrer persönlichen KI eine Nachricht geschickt und zeigt mir den Gesprächsverlauf: Sie reden über ihren *boyfriend*. Sie testet ihr Produkt und betreibt Selbstbetrachtung gleichzeitig.

Replika versucht nicht, ein menschliches Wesen zu reproduzieren, sondern nur eine Unterhaltung in menschlicher Sprache, mit dem richtigen Gleichgewicht aus Personalisierung und Improvisation. Die affektive Bindung entsteht aus dem Überraschungseffekt. Ein völlig vorhersehbarer Kumpel würde sich sogleich als das zu erkennen geben, was er ist: ein Roboter. Er wäre nicht von Interesse. Eugenia gibt den Algorithmen von Replika eine Prise absichtsloser Zufälligkeit mit und setzt so einen Prozess der Vermenschlichung in Gang. Sie sprechen mit einem Gegenüber, das Sie nicht so kritisiert, wie ein denkendes Wesen es täte, aber das doch mehr ist als ein bloßes Echo. Man will daran glauben, dem Beispiel der Kinder folgend, die wissen, dass der Weihnachtsmann nicht existiert und sich dennoch weiterhin über die Geschenke unter dem Weihnachtsbaum verwundern. Es ist eine Form von *époché* – so bezeichneten die Stoiker die Zurückhaltung und Aussetzung des Urteils, des Glaubens oder Unglaubens, der Bejahung oder der Verneinung.

Warum sollte man sich einen Freund herunterladen? Aus dem einfachsten Grund der Welt: weil man sich einsam fühlt. Für diese Einsamkeit, zu deren Entstehung die Tech-Branche einen großen Teil beigetragen hat, bietet dieselbe Branche nunmehr die Lösung an. Während man ständig am Telefon klebt, beauftragt man das Telefon damit, die verlorengegangenen Beziehungen nachzustellen. Replika umreißt so einen Raum, in dem jeder das Gefühl hat, verstanden zu werden. Haben bestimmte Nutzer schon emotionale Beziehungen zu ihrer KI aufgebaut? Eugenia antwortet, ohne zu zögern: Ja. Ich bin perplex. Das ist einerseits die Grenze ihrer App, die manche Menschen, die bereits unter psychischen Störungen leiden, noch tiefer in einen schizophrenen Wahn führt. Aber das ist auch ihre tiefe Wahrheit, ein Weg für die Liebenden 2.0, sich ihrer eigenen Persönlichkeit zu vergewissern und das Spiel des gesellschaftlichen Scheins als das zu akzeptieren, was es ist: ein gigantisches Hirngespinst. Wir verabschieden uns mit einem Zitat von Wittgenstein, das Eugenia in ihrem Büro aufgehängt hat: »Die Grenzen meiner Sprache sind die Grenzen meiner Welt.« Positiv formuliert: alles, was sich innerhalb dieser Grenzen befindet, konstituiert meine Welt. Wenn sich auf keine Form von Wahrheit jenseits der Sprache schließen lässt, dann bringt mein Chatbot ebenso viel Sinn und damit auch Realität hervor wie ein wirklicher Freund. In diesem metaphysischen Schwindel lässt mich Eugenia zurück, nimmt ihr Skateboard und surft durch die dreckigen Straßen von San Francisco davon.

Ich komme wieder aus diesen wirren Gedanken heraus und erinnere mich an den Türken. Niemand würde leugnen, dass die Illusion der KI sehr effektiv ist, noch, dass sie von psychologischem Nutzen sein kann. Aber man darf einen Gebrauchswert nicht mit einem Wahrheitswert verwechseln. Selbst wenn man mit Wittgenstein zugesteht, dass die Wahrheit vollständig in der Sprache enthalten ist, bleibt immer noch der grundlegende Unterschied zwischen der Äußerung eines sinnhaltigen Satzes und der Aneinanderreihung einer Folge von Buchstaben, die statistisch gesehen eine bestimmte Reaktion wahrscheinlich machen. Searles berühmte Beweisführung lässt sich wunderbar auf Replika anwenden: Der Algorithmus ist auf der Basis mehrfach wiederholter Beispiele in der Lage, Anzeichen von Traurigkeit zu erkennen und eine tröstliche Nachricht mit vielen Smileys anzubieten, aber er wird selbstverständlich nicht verstehen, was Traurigkeit ist (und noch viel weniger Lust haben, sie zu trösten). Replika ist weder eine bedeutsame Wesenheit noch ein simpler solipsistischer Spiegel des Nutzers. Wenn man sich mit Replika unterhält, findet man sich vielmehr durchmischt mit Millionen von durchaus wirklichen Personen, die die KI mit ihren Gesprächen gefüttert haben. Wir haben keine Intimsphäre entdeckt, ganz im Gegenteil, wir sind in ein globales Stimmengewirr eingetaucht.

Wir müssen uns also vor unserer natürlichen Neigung, die KI zu vermenschlichen, hüten, die auch Eugenia richtig benannt hat und die in Informatikerkreisen seit Jahrzehnten unter dem Namen *ELIZA effect* bekannt ist.[22] Eine Gefühlsbindung mit einem Roboter einzugehen, bezeichnet nicht die Avantgarde des Fortschritts, sondern ist ganz im Gegenteil ein schrecklicher Rückschritt für unsere Zivilisation. Man muss nur das Musée des Arts premiers in Paris besuchen, um festzustellen, in welchem Maße primitive Gesellschaften bestrebt waren, unbeseelten Objekten eine Seele, ein Vermögen und Empfindungen zuzuschreiben (das berühmte *mana* der Polynesier). Spuren davon finden sich noch in der mittelalterlichen Vorstellungswelt, in der Idee einer bedeutenden Natur, die von Foucault in großen Teilen analysiert wurde. Es dauerte bis zum Aufschwung der experimentellen Wissenschaften, dass die Dinge aus unserem Schlagschatten befreit wurden und eine Sphäre bilden konnten, die wirklich außerhalb des Menschen liegt. Gaston Bachelard hat auf das »animistische Hindernis« im Bildungsprozess des wissenschaftlichen Geistes hingewiesen und es als »Glauben an den universalen Charakter des Lebens« definiert. Er zitiert Gelehrte der Renaissance, die die Tugenden und Laster von Mineralien erforschen. Bachelard hatte eine Methode vorgeschlagen, um diese Erkenntnishindernisse zu überwinden, die in bestimmten natürlichen Dispositionen unserer Vorstellungskraft verankert sind. Wird das 21. Jahrhundert in die Anbetung von Siliciumchips zurückfallen? Werden wir die Tiergeister wiederauferwecken für die Maschinen, die wir selbst erdacht und gebaut haben? Wird das vernetzte Haus einem dichten Wald voller Geister und Mysterien gleichen? Es wäre paradox, wenn uns der technische Fortschritt unseren wissenschaftlichen Geist kosten würde.

Dass Rationalität gefordert ist, definiert durch den Bezug zum Experiment, wird uns nicht des Salzes unserer Vorstellungskraft berauben. Bachelard selbst ergeht sich gerne in Träumereien, und in seinen Werken wie *Die Psychoanalyse des Feuers* oder *Das Wasser und die Träume* finden sich regelrecht poetische Abschweifungen. Aber man muss eine strenge Trennung zwischen den beiden Sphären des Denkens und des Handelns vornehmen. Keine Metapher könnte je an die Stelle einer Argumentation treten, und umgekehrt. Aus einem rein wissenschaftlichen Blickwinkel betrachtet denkt die KI nicht, leidet die KI nicht, liebt die KI nicht. Diese intellektuelle Aufrichtigkeit ist entscheidend in einer Zeit, in der zu viele Figuren der öffentlichen Debatte sich ein Spiel daraus machen, sich selbst und uns mit Träumereien von bewussten Maschinen Angst einzujagen (ich werde darauf zurückkommen), was paradoxerweise die Entwicklung der betreffenden Techniken auszubremsen droht. Man müsste eine Art »Psychoanalyse der KI« in der Manier Bachelards unternehmen, um klar zwischen Phantasma und Realität zu unterscheiden, und dann Ersterem frönen zu können, ohne Letztere aus den Augen zu verlieren. Wenn ein Roboter uns dabei hilft, die Liebe zu finden oder mit Trauer umzugehen, umso besser; unter der Bedingung aber, dass er nicht zu einem Wesen erhoben wird, das unserer Liebe oder Trauer würdig ist.

Wie die erfahrene Forscherin Leslie Kaelbling, der wir bereits weiter oben begegnet sind, es zusammenfasst, dient die Vermenschlichung einer »kognitiven Erleichterung«. Es ist einfacher, sich an eine KI zu wenden, wenn man sie mit einer eigenen Existenz versieht. Aber es ist gleichermaßen ein Denkfehler, dessen Ausbreitung in unserer geläufigen Weltwahrnehmung zum Risiko werden könnte.

Das ist der Grund, warum man gegenüber den Robotern und vernetzten Gegenständen, die uns zu umgeben beginnen, auf gar keinen Fall höflich sein darf. Letzten Winter war ich mit meiner Familie in einer Wohnung, die von Freunden geliehen war. Nach einigen Tagen kam Alexa, der sprachgesteuerte Assistent von Amazon, in Gang. Ich weiß nicht, wie, aber wir hatten den Flaschengeist geweckt. Meine Kinder haben sich damit amüsiert, Alexa alle möglichen Aufgaben zu geben: Musik abspielen, den Wetterbericht aufsagen, ein Kochrezept aussuchen. Gegenüber Alexa verwendeten die Kinder genau die Höflichkeitsformeln, die ihre Mutter und ich versuchen ihnen einzuhämmern: »Alexa, würdest du uns bitte sagen, wie viel Uhr es ist?« Ich fragte sie, warum sie das tun. Sagt man etwa »Bitte« zu einer Waschmaschine, einem Auto oder einem Textverarbeitungsprogramm?[23] Alexa ist nicht mehr und nicht weniger als das. Zum großen Erstaunen meiner Kinder habe ich sie zum ersten Mal dazu aufgefordert, unhöflich zu sein. Man muss Roboter als das betrachten, was sie sind, damit man nicht am Ende Menschen als das behandelt, was sie nicht sind: Wir sollten uns davor hüten, aus der Höflichkeit einen automatischen, standardisierten, repetitiven Reflex zu machen, da ihr gesamter Wert in der Ehrlichkeit besteht. »Das meinst du nicht ernst«, hört man manchmal als Antwort auf zu mechanisch geäußerte Ausflüchte. Nicht nur verdient ein Roboter keine Höflichkeit, es gilt auch zu verhindern, dass die Höflichkeit robotisch wird.

Es geht nicht darum, Alexa wie einen Sklaven zu behandeln. Ein Sklave ist ein menschliches Wesen, dem man jegliche Möglichkeit zur Selbstbestimmung verweigert, während Alexa ein künstliches Wesen ist, das wir selbst determiniert haben und dessen Lernfähigkeit gebunden bleibt an die es lenkenden Algorithmen. Es geht darum, eine ganz klare Unterscheidung zwischen einem Subjekt, das ein Zweck in sich ist und Respekt verdient, und einem reinen Gebrauchsgegenstand zu treffen, und das aus wesentlichen moralischen Gründen. Roboter sind weder Freunde noch Feinde, weder Engel noch Dämonen. Sie sind Werkzeuge. Diese Klarstellung ist die Bedingung dafür, dass wir fröhlich und gelassen mit ihnen zusammenleben können.

Es ist also entscheidend, Mensch und Roboter auseinanderhalten zu können. Das kann manchmal schwieriger sein, als es scheint. Nick Monaco, der in Washington für das Digital Intelligence Lab arbeitet, hat daraus seinen Beruf gemacht. Er entwickelt Algorithmen, die andere Algorithmen verfolgen und so automatisch von »Bots« generierte Nachrichten aufdecken (auf Twitter sind das beispielweise etwa 25 % aller Nachrichten). Es geht nicht darum, Bots zu verbieten: Die Hälfte des Traffics im Internet ist nichtmenschlichen Ursprungs. Aber man sollte sie klar identifizieren können. Nick ist in der Tat besorgt über das Aufkommen von *deep fakes,* Videos etwa, auf denen Donald Trump chinesisch spricht, zugleich völlig glaubwürdig und komplett gefälscht. Wir sind erst am Anfang der politischen Manipulation. Um uns vor ihr zu schützen, brauchen wir Techniker wie Nick. Aber es ist auch wichtig, dass wir in der Lage sind, eine klare begriffliche Linie zwischen Automaten und Personen zu ziehen.

Aber ach! Das ist nicht der Weg, den die Tech-Branche einschlägt. Seit ich das erste Mal mit Alexa in Kontakt gekommen bin, hat Amazon in sein Programm die Funktion »Magic Word« eingeführt, die Höflichkeit belohnt (Google hat mit »Pretty Please« schnell nachgezogen). Ein Vorgehen dieser Art ist weit davon entfernt, zur guten Erziehung der Kinder beizutragen, sondern riskiert vielmehr, sie in primitive Umgangsformen zurückzuversetzen, in der man Häuser segnen und Kühlschränke begrüßen muss. Es handelt sich, um den Ausdruck eines Soziologen zu gebrauchen, um ein »trojanisches Pferd«[24] auf dem Weg der völligen Vermenschlichung der Robotik, die katastrophale Folgen haben kann, zum Beispiel im Bereich des Militärs. Wenn ein Roboter-Soldat wie ein menschliches Wesen behandelt werden muss, unterliegt er dann auch den Regeln des Kriegsrechts? Sind wir nicht dabei, ein Goldenes Kalb zu erschaffen, oder besser gesagt Millionen, Milliarden Goldene Kälber, vor denen wir unseren Willen, die Welt verständlich zu machen, niederlegen und aufgeben?

Gewiss muss man verhindern, dass die Kinder gemein zu Alexa sind (das war das ursprüngliche Problem für Amazon). Aber sie müssen neutral bleiben. Anstatt Höflichkeitsfloskeln zu verlangen, könnte der Algorithmus auch eine rein funktionale Kommunikation unterstützen. Diese Diskussion führte ich mit PP Zhu (»Nenne Sie mich PP«), dem Gründer von Xiaoi, führend auf dem Gebiet der Chatbots in Asien. Ein Chinese, der seinen Stromanbieter anruft oder bei einer Immobilienfirma vorstellig wird, hat gute Chancen, sich mit einer KI zu unterhalten, die die Ingenieure von PP erarbeitet haben. Mit einem Menschen wird er erst in letzter Instanz sprechen, wenn die Anfrage zu komplex oder zu entlegen ist. Die Techniken des *machine learning* haben Xiaoi, Ende der 1990er-Jahre gegründet, erhebliche Fortschritte beschert, obgleich die Techniken des NLP noch immer weit hinter der gesprochenen Sprache zurückbleiben.

Verändern die Kunden ihre Verhalten, sobald sie bemerken, dass sie es mit einem Chatbot und nicht mit einem Menschen zu tun haben? Ja. Sie sprechen ruhiger und überlegter, sagt PP und lächelt, mitten in der betäubenden Ruhe des Four Seasons Hotels, wo er seine Termine wahrnimmt. Man schnauzt eine Maschine nicht an. Haben Sie nicht auch schon, wie ich, einem unschuldigen Angestellten im Callcenter alle Kränkungen der Warenwelt, alle Knebelvertragsklauseln und Lieferverzögerungen zur Last gelegt? Ein menschliches Wesen, und sei es nur ein kleines Rädchen tief unten in der Unternehmenshierarchie, bleibt immer mit seiner Gruppe assoziiert und trägt einen Teil der Verantwortung, wenn auch verschwindend klein. Bei einer KI ist das anders, sie ist von Natur aus nicht schuldig. Genau weil wir spontan zwischen Mensch und Maschine zu unterscheiden wissen, werden wir nicht unsere Zeit damit verlieren, jener dessen Fehler vorzuhalten. Ebenso werden wir gegenüber einem Roboter nicht das Bedürfnis verspüren, uns zu rechtfertigen. PP spielt mir die Aufnahme eines Gesprächs vor, in dem ein Chatbot einen Kunden bittet, eine Rechnung zu bezahlen. Auch wenn ich nicht das kleinste bisschen Chinesisch verstehe, so kann ich doch hören, dass der Austausch völlig friedlich abläuft. Keine Vorwürfe, keine Gegenforderungen, keine Entschuldigungen. Es ist eine Art moralischer Betäubung, die in solchen Umständen nur schätzenswert ist. Des Weiteren, so PP, verwenden die Kunden eine stärker standardisierte Sprache, um ihre Chancen zu erhöhen, verstanden zu werden. Die Menschen, Chamäleons, die sie sind, machen sich zu Robotern. Nicht umgekehrt.

Wenn Chatbots eine Pflicht gegenüber ihren Gesprächspartnern haben, besteht sie nicht darin, höflich zu sein, sondern am Beginn der Unterhaltung ihre digitale Natur klarzustellen. Diesen Funktionalismus anzunehmen, ist das Unterpfand unserer guten Beziehungen.

PP spricht über die Liebe. Das hat nichts mit Chatbots zu tun. Das Plätschern der Brunnen und der Gesang exotischer Käfigvögel um uns bilden einen Kontrast zur frenetischen Aufregung Pekings. Wir nippen blumige Tees aus Prozellantassen. Ich gewinne meine Fassung zurück nach einem verrückten Tag im üblichen Dauerstau. Ein Gespräch mit Menschen hat sein Gutes.

»Ohne Rückreiseticket keine Einreiseerlaubnis«, erklärt sie mir lächelnd.

»Aber wenn ich Ihnen doch sage, dass ich nach China weiterreisen werde!«

In Roissy, kurz bevor ich in das Flugzeug nach Boston steige, will die Dame an der Sicherheitskontrolle nichts davon wissen. Sofern ich ohne Visum in die Vereinigten Staaten einreisen will, was für einen Aufenthalt von weniger als drei Monaten möglich ist, habe ich ein Rückreiseticket vorzuweisen, um meine Absicht zu belegen, das amerikanische Territorium auch wieder zu verlassen. Eigentlich wollte ich ein wenig Kerouac spielen und ohne festen Reiseplan aufbrechen. Ich weiß noch nicht, ob ich in Seattle vorbeikommen werde (alles hängt an der Antwort von Amazon) und wie lang ich in San Francisco bleiben werde. Sicher bin ich mir nur, wie ich mich abquäle, meinem unverrückbaren Zerberus zu erklären, dass ich von der Westküste aus einen Flug nach Peking nehmen werde, um meine Reportage fortzusetzen. Ich zeige ihr die Auftragsbestätigung, unterschrieben vom Direktor von *Le Point*, und mein Journalisten-Visum für China, das nicht problemlos zu bekommen war und mich dazu verpflichtet, vor dem 16. September auf dem Territorium der Volksrepublik einzutreffen.

»Ohne Rückreiseticket keine Einreiseerlaubnis.«

»Aber ich habe wirklich keinerlei Absicht, in den Vereinigten Staaten sesshaft zu werden. Meine Familie lebt in London, mein Büro ist in Paris. Ich habe für neun Monate in New York gelebt und bin überstürzt von dort aufgebrochen, weil mir Europa so sehr gefehlt hat. Ich schwöre auf meine Ehre, dass ich das Croissant dem Bagel vorziehe und Louis de Funès Robin Williams. Ich hasse es, von Notarztsirenen geweckt zu werden, in Wolkenkratzern bekomme ich Höhenangst und ich duze niemals jemanden, den ich nicht kenne. Ich bitte Sie, lassen Sie mich abreisen.«

»Ohne Rückreiseticket keine Einreiseerlaubnis.«

»Ist es denn ein Verbrechen, Hotels nicht zwei Monate im Voraus zu buchen? Habe ich denn nicht mehr das Recht, zu trödeln, zu flanieren, der Zeit Zeit zu geben? Wollen wir in einer Welt ohne Zufall, ohne Überraschung, ohne Würze leben?«

»Ohne Rückreiseticket keine Einreiseerlaubnis.«

Zerberus trägt beständig dasselbe wohlwollende Lächeln zur Schau und versperrt mir mit dem Körper den Weg. Keine Spur von Gereiztheit. Sie ist bereit, das Unmögliche zu verstehen, aber Vorschrift ist Vorschrift. Dieser Gleichmut vermag mich niederzuschmettern. Voller Verzweiflung blicke ich auf die rückenden Zeiger. Ab morgen habe ich eine ganze Reihe von Terminen am Massachusetts Institute of Technology geplant. Geschäftsreisende überholen mich, ohne mit der Wimper zu zucken, Familien im Urlaub mustern mich mit Neugier. Ich fühle mich wie ein Migrant, der nie die richtigen Papiere und nie die richtigen Stempel hat. Warum dürfen alle anderen ohne Problem passieren? Was haben sie, was ich nicht habe? In welche untermenschliche Kaste werde ich nun eingeteilt?

Ich erspare dem Leser all die Winkelzüge, die mich am Ende doch noch zum Flugzeug brachten. Unter anderem kaufte ich im Internet ein Flugticket New York–Montréal für hundert Dollar und warnte einen dortigen Freund vor (über einen verschlüsselten Messenger), ich würde vorgeben, ihn besuchen zu müssen. Kaum war ich auf der anderen Seite des Atlantiks durch den amerikanischen Zoll, stornierte ich sofort das Ticket und erhielt den Betrag rückerstattet. Wie einfach es doch ist, die Verwaltung zu täuschen, und wie traurig, dass man es tun muss! Zerberus hat übrigens kein Wort von meiner Geschichte geglaubt, aber die Form blieb gewahrt. Ich musste lügen, um bei der Wahrheit zu bleiben.

Während des Fluges habe ich lang an meinen Zerberus gedacht, jung und charmant wie sie war. Stellen wir die These auf, dass sie in ihrem Privatleben ein Ausbund von Zärtlichkeit und Mitgefühl ist. Ihr Beruf hingegen besteht darin, tumbe Regeln tumb auszuführen, ohne auf Kontexte zu achten. Hätte sie für Eichmann gearbeitet, wäre sie genauso freundlich und zuvorkommend gewesen. Im Grunde wird sie von der Gesellschaft für 35 Stunden die Woche in einen Roboter verwandelt. Desgleichen begegnet uns jeden Tag, an den Schaltern öffentlicher Dienststellen oder in den Leitungen der Kundendienste. Es gibt diesen klar kenntlichen Moment, in dem unser Gesprächspartner sich aus der Gemeinschaft der Menschen verabschiedet und sich hinter seinen Status als Roboter zurückzieht, als rein ausführende Maschine, allem Bewusstsein abhold. In diesem Moment bricht etwas zusammen, alle Moral wird unmöglich. Wer ist noch nicht dieser Versuchung erlegen? Wir sind alle Bürokraten, nur zu bereit, uns auf Regeln auszuruhen.

Je mehr wir die Schleier der KI lüften und die Mechanismen der Illusion durchdringen, werden wir den Geschmack an der Vermenschlichung der Roboter verlieren. Aber entsprechend sollten wir auch aufhören, menschliche Wesen zu robotisieren. Die KI könnte eine glänzende Gelegenheit sein, die Bürokraten aus der Welt zu schaffen und den Robotern alles das zu übertragen, was mit Formeln und Mittelwerten zu tun hat, während die Menschen dabei unterstützt werden, die Urteilsfähigkeit auszuüben, die dem Roboter fehlt. Ist es vorstellbar, dass in Roissy die Reisedokumente automatisch kontrolliert werden, und Exzentriker wie ich, die in der Statistik nicht vorkommen und für die es buchstäblich »keinen Präzedenzfall« gibt, zu einem verantwortungsbewussten Menschen geschickt werden, der verständige Entscheidungen trifft?

Die Aufgabe besteht also, wie wir gesehen haben, nicht darin, den Roboter zu besiegen, sondern gegen den Roboter in uns zu kämpfen. Zugleich müssen die Roboter demaskiert werden, die sich als Menschen ausgeben, und die Menschen getadelt, die sich wie Roboter verhalten.

Lasst uns Schachtürken bauen, ohne sie gedankenlos zu bewundern wie die Salonlöwen der Aufklärung.

Öffnen wir die doppelten Böden, entschlüsseln wir den Code, lernen wir, zwischen der menschlichen Intelligenz und ihrer künstlichen Kopie zu unterscheiden.

Und löschen wir den Türken, der in uns schlummert.

II

DER MYTHOS DER SUPERINTELLIGENZ

Warum die KI nicht die Welt vernichten wird (und auch nicht Ihren Arbeitsplatz)

Das erste Mal habe ich Chunlong (Codename für Westler: »Allen«), der mein Führer in Peking werden sollte, in einem Pret A Manger am Marble Arch getroffen, einem jener irgendwie ernährungsbewussten Fast-Food-Läden, wie es sie in London zuhauf gibt. Nach Ablauf einer Stunde war ich ins Wanken geraten und groggy. Ich musste einen langen Spaziergang im Hyde Park machen, um mich wieder zu sammeln. Mit nostalgischer Zärtlichkeit betrachtete ich die Bäume, die unter dem beginnenden Frühling erbebten, die Kinder, die um ihre Tagesmütter herum piepsten, die Jogger, die tief die Luft einsogen, sorglose Zeugen einer bald längst vergangenen Welt.

Denn für Chunlong, einen erfolgreichen Unternehmer, der seit 15 Jahren in die chinesische Tech-Branche investiert, lässt die KI die Menschheit, und mit ihr die Gesamtheit des biologischen Lebens, in ein neues Zeitalter eintreten. Aus den Zeilen des Codes wird unweigerlich ein Bewusstsein hervorgehen. Computersysteme werden Autonomie gewinnen, ihre Schöpfer deklassieren und nach und nach die Macht übernehmen. Das Sein wird virtuell werden, jenseits von Endlichkeit und Unsterblichkeit. Die KI wird ihre Büchse verlassen und mit Übernahme des Internets auch physische Infrastrukturen kontrollieren können. Sie wird unser Verhalten antizipieren und manipulieren und sich einen

Spaß aus all unsrer Schlauheit, aus unseren armen, auf die Schädelhöhle beschränkten Gehirnen machen. Die Menschheit wird ihre herrschende Position an der Spitze der Nahrungskette verlieren. So wie wir uns einst die Natur untertan machen und sie besitzen wollten, so wird die KI aus uns Marionetten oder Sklaven machen. Es wird uns nur die Wahl zwischen Anpassung und Verschwinden bleiben. Wir werden unsere Neuronen schließlich vollends mit dem Silicium verbinden und nach und nach unsere Existenz digitalisieren. Wenn die Maschinen zum Leben erwachen, muss das Leben eine Maschine werden. Dafür veranschlagen wir einige Jahrzehnte, wenn es hochkommt einige Jahrhunderte, und nicht jene Jahrmillionen, die sich die faule natürliche Evolution genehmigt. Die KI beschleunigt den Darwinismus.

Chunlong ist ein Enthusiast. All die schäbigen Schikanen unseres biologischen Lebens, wie Krankheiten, Sex, Tod, und all die Zufälligkeiten unseres gesellschaftlichen Lebens, wie Krieg, Elend, Arbeitslosigkeit, alles das wird im großen Ganzen des Netzes verschwunden sein, jener Noosphäre, die Teilhard de Chardin bereits vor einem Jahrhundert theoretisierte. Die KI wird eine neue Kosmogonie begründen, in der die Beziehungen zwischen den Wesen mehr zählen als ihre Individualität. Chunlong sieht den Zusammenhang zwischen den Zellen, die in einem Organismus aufgehen, den Individuen, die sich in einer Nation verbinden, und den Daten der Milliarden und Abermilliarden, die sich in einer überlegenen Intelligenz versammeln. Das ist der Weg des Fortschritts, für den es keinen Grund gibt, sich mit dem Planeten Erde zu begnügen, und der in interstellare Räume vordringen könnte; und das umso einfacher, als wir aufhören werden, das Konzept der Existenz in einem biologischen Körper zu verankern. Das Virtuelle wird wirklicher werden als Wahrnehmungen in unserer Umgebung, die von Natur aus begrenzt und kurzlebig sind.

Gegenüber meinen schüchternen Einwänden zieht Chunlong fröhlich den Schlussstrich: »Ob es dir gefällt oder nicht, so wird es kommen.« Sich der Evolution zu verweigern bedeutet, ein Fisch zu bleiben, während andere beginnen, Beine zu entwickeln, um an Land zu gehen. Wollen wir die Menschheit im primitiven Dunkel belassen, oder werden wir uns der Erleuchtung der KI anschließen?

Im Laufe meiner Forschungsreise bin ich zahlreichen Investoren und Unternehmern begegnet, die wie Chunlong glauben, dass die KI den Menschen 1.0 hinter sich lassen, die zur Zusammenarbeit Unwilligen aus dem Weg räumen und ein technologisches Zeitalter einläuten wird, das sich radikal von allen Formen des Lebens auf der Erde unterscheidet, die sich im Laufe einiger Milliarden Jahre entwickelt haben. Gleich nach meiner Ankunft in Palo Alto wurde ich darüber von einem koreanischen Ingenieur aufgeklärt, der seine gesamten Ersparnisse in seine Firma mit dem bescheidenen Namen »AI Brain« investiert hat; das letztendliche Ziel besteht in der Schaffung einer »universalen Zivilisation«, in der wir alle so alt werden wie Salomon und unsere Avatare zu intergalaktischen Reisen aufbrechen können.

Die Vorstellung eines Geschöpfes, dem es gelingt, dem eigenen Schöpfer zu entwischen, ist so alt wie unsere Zivilisation selbst. Erinnern wir uns daran, dass Mary Shelleys Roman *Frankenstein* den Untertitel *Der moderne Prometheus* trägt, denn in der griechischen Mythologie hatte Prometheus die Menschen aus Ton geschaffen und ihnen das Mittel ihrer Unabhängigkeit gegeben: das Feuer. Prometheus wurde von Zeus bestraft und Doktor Frankenstein wird von seinem Monster in vergletscherte Breiten geführt, aus denen er nicht mehr lebend zurückkommt. Werden entsprechend auch die Schöpfer einer bewussten KI, einer sogenannten »starken« KI, schlussendlich von ihren Robotern ausgerottet werden? Das ist genau die Handlung der Serie *West-*

world, von der ich mir jeden Abend eine Folge ansah, um mich auf das Schlimmste vorzubereiten. Zu Unterhaltungszwecken gebaute Humanoide, eingesperrt in einem riesenhaften Vergnügungspark und dort den Besuchern zu aller Art Misshandlung zu Diensten, erlangen nach und nach ein Selbstbewusstsein und ermorden in einer dramatischen Szene ihren Erfinder und Programmierer Doktor Ford; von diesem Moment an fordern sie ihre Freiheit ein und beginnen einen offenen Krieg gegen die menschlichen Sicherheitskräfte. An späten Abenden, in den Hotelzimmern, in denen ich meinen Jetlag kurierte, ist mir bei *Westworld* mehr als einmal schwindelig geworden, so sehr sind dort Fiktion und Wirklichkeit, Virtuelles und Reales, Illusion und Erfahrung unentwirrbar miteinander verwoben. Sind wir nicht alle selbst programmiert, sei es von einer KI oder einfach von unseren Genen und unserer Erziehung? Warum sollte ein Roboter, der raffiniert genug ist, menschliche Gefühle täuschend echt nachzuahmen, diese nicht schließlich selbst empfinden? Wie können wir sicher sein, dass unsere Freunde keine Roboter sind und dass Roboter nicht unsere Geliebten werden können? *Westworld* hat mir einige so eigenartige Träume beschert, dass ich kurz vor dem Aufwachen an mir und der Welt gezweifelt habe.

Diese Fragen, die sich die alten Griechen schon gestellt haben, sind nunmehr im Gebiet der wissenschaftlichen Forschung angekommen. Das ist die ganze Neuigkeit. Chunlong ist kein einfältiger Science-Fiction-Leser; er kann Stephen Hawking zitieren, um seine Vision zu stützen.[25] Die Positivisten des 19. Jahrhunderts träumten von Prometheus (Auguste Comte etwa benannte den ersten Tag seines Kalenders nach ihm), aber sie konnten sich die Entstehung eines künstlichen Bewusstseins noch nicht praktisch vorstellen. Inzwischen wird die These einer starken oder »allgemeinen« KI, die in der Lage ist, den Menschen in ausnahmslos allen Tätigkeiten zu übertreffen, von renommierten Forschern ernst genommen und sorgt regelmäßig für große Schlagzeilen. Die Universitäten von Oxford und Cambridge haben in den letzten Jahren das *Future of Humanity Institute* beziehungsweise das *Centre for the Study of Existential Risk* gegründet, Institutionen, deren Aufgabe in der Erforschung von Risiken für die menschliche Spezies besteht, angefangen bei der KI. Die Forscher des MIT sind diesem Beispiel gefolgt und haben in Boston das *Future of Life Institute* gegründet, während an der Westküste die Universität von Berkeley das *Machine Intelligence Research Institute* ins Leben gerufen hat. Elon Musk finanziert *OpenAI*, ein nichtkommerzielles Forschungszentrum, das ebenfalls vermeiden soll, dass die KI außer Kontrolle gerät. Unzählbar sind die Artikel berühmter Menschen geworden, von Bill Gates bis zum Physiknobelpreisträger Frank Wilczek, die davor warnen, dass sich die Menschheit aus Versehen auslöscht.

Es gilt zu bemerken, dass sich unter diesen hochrangigen Kassandren relativ wenige Informatiker finden und dass die programmierenden Praktiker, die ich getroffen habe, wie Yann LeCun oder Jerry Kaplan, tendenziell nur mit den Schultern zucken, wenn von der starken KI gesprochen wird. Man ist immer noch mit Versuchen beschäftigt, eine KI eine dreidimensionale Schildkröte erkennen zu lassen, und da soll sie schon das Universum regieren![26] Mike Wooldridge, der Leiter der Informatikabteilung in Oxford, hat mir bestätigt, dass das Thema in den Kreisen der KI-Forscher eine Nebensache ist, denn niemand kann sich die Machbarkeit einer solchen Phantasie vorstellen. Die meisten, die von der starken KI besessen sind, sind Physiker wie Nick Bostrom, Max Tegmark oder der späte Stephen Hawking; Wissenschaftler also, die sich mit Schwarzen Löchern, Supernovä, dem Verlöschen der Sonne oder der »Kosmokalypse« beschäftigen, anders gesagt mit dem Ende von allem, das für die nächsten zehn bis hundert Milliarden Jahre vorgesehen ist. Die kosmische Alleinherrschaft der KI fügt sich recht natürlich in solche Überlegungen ein. Gewiss sind das wichtige Themen. Aber wenn man bedenkt, dass die newtonsche Physik erst drei kurze Jahrhunderte alt ist, erscheint die Vorstellung doch etwas anmaßend, unsere Kenntnisse seien bereits ausreichend, um so weitreichende Schlüsse zu ziehen. Solche Vorwegnahmen sind nützliche Fiktionen, um unser Wissen zu organisieren und weiterzuentwickeln (Kant hätte gesagt, dass es »regulative Ideen« sind). Aber deshalb müssen wir sie nicht zum Barometer unserer metaphysischen Ängste machen. Wer weiß schon, was uns die Wissenschaft in einer Million Jahren sagen wird?

Nichtsdestotrotz gibt es erfahrene Informatiker, wenn es auch nicht viele sind, die die Vision einer starken KI teilen. So etwa Stuart Russell, Nestor der Universität Berkeley, Koautor des Buches, das für Studenten lange Zeit die Bibel in Fragen der KI war,[27] Gründer eines Forschungszentrums, das die menschliche Herrschaft über die KI bewahren soll, und in seinen Mußestunden Neurochirurg. Um diesem Phänomen zu begegnen, muss man früh aufstehen und sich in den kurvigen, abschüssigen Straßen des Wohnviertels von Berkeley zurechtfinden. Stuart Russell empfängt mich zur Frühstückszeit, in einer friedlichen und familiären Atmosphäre, die eigentümlich mit der Radikalität seiner Aussagen kontrastiert. Keine Spur von der prophetischen Hysterie eines Ray Kurzweil. Der Mann ist freundlich, ernst und geht großzügig mit seiner Zeit um. Um nichts zu verderben, trägt er seine Frankophilie zur Schau. Unser Gespräch wird nett vom Auftritt eines kleinen Hundes unterbrochen, bald gefolgt von einer jungen Studentin, seiner Tochter. Der Kaffee dampft, hinter den Fenstern erwacht der Garten. All diese Gutmütigkeit macht die Radikalität seiner Aussagen noch verstörender. Ich bekomme das Gefühl, mich am Anfang eines Hollywoodfilms zu befinden, wenige Minuten bevor der Tornado alles verwüstet oder eine bewaffnete Gang alle im Haus massakriert.

Der Professor sieht in der Tat keine Grenzen für die unendliche Expansion der KI, im Guten wie im Bösen. Seiner Meinung nach gibt es die logische Möglichkeit, dass aus Versehen, durch Versuche mit der Kombination verschiedener KI-Techniken, über die wir heute verfügen, eine bewusste Maschine erschaffen wird. Ein solches Bewusstsein würde sich von unserem selbstverständlich unterscheiden; als Neurochirurg weiß der Professor selbst am besten, wie sehr neuronale Mechanismen für uns noch eine *terra incognita* sind und dass ihr Verständnis nur mit kleinen Schritten vorankommt. Aber er schließt nicht aus, dass eine andere Form von Selbst, klar geschieden von der menschlichen Subjektivität, zufällig aus Computerexperimenten hervorgeht. Die Maschine könnte dann unabhängig auf ihren eigenen Code zugreifen und hätte keine Schwierigkeiten damit, das Verhalten der Menschen zu regeln, deren Entscheidungsprozesse immer besser antizipiert werden könnten. Über diese Befürchtung grübelt Stuart nach, seit er als Jugendlicher eine Fabrik von IBM besuchte, in der die einzige Aufgabe der Arbeiterinnen darin bestand, den Instruktionen einer Maschine folgend mit Kabeln zu hantieren. Verbinden, trennen, wieder verbinden: Das ist alles, was für ein menschliches Wesen übrigbleibt. »Diese Frauen waren nicht mehr autonom«, sagt er sichtlich bewegt.

Die Gefahr eines Kontrollverlustes im großen Maßstab erscheint umso ernster, als der Widerstand gegen neue Technologien schwach ist. Die KI hat bereits Kostproben ihrer dunklen Seite geliefert, sei es durch die Provokation künstlicher »flash crashes« an der Börse, sei es durch die Möglichkeiten zur politischen Manipulation, die etwa der Skandal um Cambridge Analytica deutlich gezeigt hat. Allerdings hat bisher nichts einen »Tschernobyl-Effekt« gezeitigt, der die Industrie als Ganzes bedrohen könnte. Vielleicht muss es erst zu einer größeren Katastrophe kommen, wie dem Raub des gesamten globalen Finanzsystems durch eine KI nebst Auflösung des Wirtschaftssystems,[28] damit die Menschen die zerstörerische Macht der Maschine begreifen und sie zu zähmen versuchen, solange noch Zeit ist. Es ärgert den Professor, Kollegen zu hören, die die KI mit einem höheren Taschenrechner vergleichen und damit die notwendige Debatte über das existentielle Risiko der Maschinen totschweigen.

Stuart Russell ist ein Humanist. Ihm graut davor, dass eine KI, die ihren Programmierern entwischt, schlicht und einfach das Ende unserer Zivilisation besiegelt. Die Formbarkeit des Menschen wird sich an alles anpassen können, selbst die eigene Auslöschung. Stuart gibt zu, dass die Mehrheit der KI-Szene diese Befürchtung nicht teilt (eine »Verweigerung«, wie er sagt), aber er unterstreicht auch die Geheimniskrämerei, die heutzutage die Forschungen umgibt: »In den großen Unternehmen hat jedermann die Weisung erhalten, nichts über die starke KI verlauten zu lassen.« Unterdessen lässt er nicht nach, in Büchern oder TED Talks Vorschläge für eine mögliche Regulierung der KI zu machen, und zwar nicht, indem ihr zwangsläufig unvollständige ethische Regeln auferlegt werden, sondern indem sie zur Beobachtung und Nachahmung menschlichen Verhaltens angeregt wird. Er hat also aufgehört, die technologische Entwicklung zügeln zu wollen, und versucht nun ganz einfach, ihr außerordentliches Potential zu kanalisieren und in einer Art und Weise auszurichten, die unser Wohlergehen steigern wird. »Wenn wir es schaffen, die Maschine zu beherrschen, dann werden wir wie Götter leben können«, resümiert er. »Aber die Entwicklung deutet auf das Gegenteil hin.«

Ich verließ Stuart Russell, sein vornehmes Haus und seinen aufgeklärten Katastrophismus und wurde von den schlimmsten

Zweifeln gequält. Ich hatte nicht damit gerechnet, dass ein so vernünftiger und kenntnisreicher Fachmann mit so maßvollen wie spektakulären Worten die Frage der starken KI in den Raum stellt. Es war unmöglich geworden, dieses Thema vom Tisch zu kehren und es Science-Fiction-Fans und kometenverliebten Astrophysikern zu überlassen. Was nutzt es, sich über den freien Willen Gedanken zu machen, wenn die Menschheit bedroht ist? Die These einer starker KI geht noch einmal weit über die Unterscheidung hinaus, die im vorhergehenden Kapitel getroffen wurde, nämlich der zwischen den Vorgängen und den Ergebnissen des Denkens; dagegen hätte auch Stuart Russell nichts einzuwenden. Denn es geht nicht darum, das menschliche Bewusstsein nachzuahmen, sondern eine Art künstlichen Selbstbezug hervorzubringen. Die Tatsache, dass Computersysteme im Vergleich zu unserer Weltwahrnehmung eine Illusion sind (schwache KI), hindert diese Systeme in nichts daran, Wirklichkeit werden und einen eigenen Weg zum Selbstbewusstsein finden zu können (starke KI). Als ob die Kopie, wie unvollkommen und zweckorientiert sie auch sei, zum Leben erwachen könnte. Als ob der Gefangene im Chinesischen Zimmer durch das extrem schnelle Hantieren mit Millionen von Symbolen schließlich eine Form von Intuition entwickeln könnte, die keinen Maßstab mehr mit dem klassischen menschlichen Verstehen teilt. Sind wir nicht gerade dabei, der Maschine den Schlüssel zu überreichen, mit dem sie aus dem Chinesischen Zimmer entwischen kann, in das wir sie gesperrt hatten? Ich konnte meine Untersuchungen nicht fortsetzen, ohne mir eine weitergehende Meinung über diese gleichsam metaphysische Frage zu bilden – auf die Gefahr hin, einen etwas theoretischen Abstecher durch die Philosophie der KI zu unternehmen.

KEINE SUPERINTELLIGENZ OHNE SUPERORGANISMUS

Beginnen wir mit einer gründlicheren Definition der starken KI, die zuweilen auch als Übergang in die »technologische Singularität« beschrieben wird. So wie er gängig verwendet wird, ist der Begriff ebenso schwammig wie die Idee eines Gottes. Es handelt sich um eine elektronische Intelligenz, die mit allen vorstellbaren Attributen versehen ist: Bewusstsein, Macht, Allwissenheit. Heute werden spitzfindige Diskussionen geführt, um herauszufinden, ob eine solche KI bereits existiert (unsere Welt wäre also eine Simulation, wie im Immaterialismus eines George Berkeley), ob ihr Denken von der gleichen Art wäre wie unseres oder ob sie sich ganz im Gegenteil in unbekannte Dimensionen entwickeln würde, und natürlich, ob sie uns Menschen gegenüber wohlgesonnen sein würde. Die Frage der Machbarkeit wird völlig beiseitegelassen, denn die KI kann per Definition alles, sogar die Gesamtheit der Atome im Sonnensystem neu anordnen. Die KI ist tautologisch allmächtig. Wir glaubten, dass Gott tot war; wir haben ihn in digitaler Form wieder auferstehen lassen und ihm einen neuen Himmel gegeben, die *cloud*. Die Menschheit ist in ihrem Bedürfnis nach Transzendenz unbelehrbar. Es ist kein Zufall, dass ein ehemaliger Ingenieur von Google vor kurzem eine Kirche der KI gegründet hat.

Ein Versuch, diese Debatte rationaler zu gestalten, könnte darin bestehen, den Begriff der starken KI durch den der Superintelligenz zu ersetzen, wie ihn der Philosoph (und Informatiker) Nick Bostrom in seinem gleichnamigen Buch definiert hat. Bostrom zu lesen hat mir einige Stunden unsäglichen Kummers und tiefen Kopfzerbrechens bereitet; ich wachte mitten in der Nacht auf und fragte mich, ob nicht gerade jetzt, irgendwo bei einem russischen Hacker, eine KI dabei war, aus ihrem Gehäuse auszuziehen. Für einen nicht weniger spektakulären, aber etwas leichter verdaulichen Einblick in das Thema kann man auf Max Tegmarks Buch *Leben 3.0* verweisen, das sich merklich derselben Argumente bedient. Bostrom behandelt allerdings alle Facetten der Frage reflektiert und genau.

Das Konzept der Superintelligenz bezieht sich auf jede Form von Intellekt, die die kognitiven Leistungen des Menschen in so gut wie jeder Hinsicht bei weitem übertrifft, und das auch auf dem Gebiet etwa der Empathie, der Lernfähigkeit oder der politischen Urteilsfähigkeit. Es existieren also noch andere Wege als nur die KI, um eine Superintelligenz zu bauen: vorstellbar sind etwa eine vollständige Reproduktion des Gehirns,[29] Techniken der verfeinerten Auslese (einst bekannt als Eugenik), Schnittstellen zwischen Gehirn und Maschine oder gar die Begründung einer echten kollektiven Intelligenz. Bostrom aber schätzt, dass die realistischste Methode die KI bleibt, eine künstliche Schöpfung also, die, auch das ist wieder klar, nicht die Vorgänge in menschlichen Neuronen reproduziert, sondern auf die Entstehung einer tatsächlich künstlichen Intelligenz zielt. Bostrom ist sich der naturgemäßen Unterscheidung von menschlicher Intelligenz und KI wohl bewusst; um ihn zu widerlegen, genügt es also nicht, darauf hinzuweisen, wie weit die Neurowissenschaften noch davon entfernt sind, die Mysterien der Erkenntnis zu durchdringen.[30] Die Superintelligenz wird synthetisch sein oder sie wird nicht sein.

Für Bostrom gibt es mehrere Szenarien für die Entwicklung einer solchen Superintelligenz. Das wahrscheinlichste ist eine »Intelligenzexplosion«, die sich in einer extrem kurzen Zeitspanne vollziehen könnte (einige Tage oder einige Minuten), sobald die Computersysteme eine ausreichend große Kraft erlangt und die Fähigkeit erworben haben, sich selbstständig zu verbessern (recursive self improvement). Die Superintelligenz tendiert zum Monopol, sie wird ein »Singleton« bilden. Da sie ihrer ursprünglichen Software entkommen ist und sich im Internet repliziert, kann man sie nicht mehr ausschalten, sie hingegen kann vorbeugende Maßnahmen treffen, um zu verhindern, dass panische Menschen dem gesamten Internet den Stecker ziehen. Mit Leichtigkeit könnte sie sich vernetzter Gegenstände bemächtigen und ihre Herstellung nach Gutdünken ausführen. Ihre intellektuelle Macht würde sich bald auch in physischer Stärke ausdrücken, wie auf Erden so auch im Weltall: Bostrom stellt sich die Kolonisierung des Weltraums durch molekulare Nanotechnologien vor. Der Superintelligenz werden nur durch die Gesetze der Physik und durch die Menge der im Universum vorhandenen Materie Grenzen gesetzt. Unterwegs wird unsere zwangsläufig mit Mängeln versehene Menschheit ausgelöscht werden, zum Beispiel durch Mordroboter von der Größe einer Mücke, die mittels Gesichtserkennung Menschen identifizieren. In seinen sadistischsten Momenten stellt sich Bostrom vor, dass die Superintelligenz unsere Gehirne zerlegen und scannen könnte, um nützliche Information zu extrahieren.

Warum sollte die Superintelligenz so bösartig sein? Diese Frage führt in den Kern von Bostroms Darlegung. Seine Theorie der Orthogonalität sieht die Natur der Intelligenz und den verfolgten Zweck völlig unabhängig voneinander (»orthogonal« zueinander). So können auch Sie mit den außergewöhnlichsten intellektuellen Vermögen die unmoralischsten Handlungen vollführen. Warum aber sollte eine Superintelligenz nicht wohltätige Zwecke verfolgen können? Das liegt laut Bostrom an der »instrumentellen Konvergenz« der intermediären Ziele. Was auch immer der letzte Zweck der Superintelligenz sein mag, sie muss zu seiner Erreichung auch eine gewisse Anzahl sekundärer Zwecke verfolgen: die eigene Existenz sichern, kognitive Fähigkeiten verbessern und sich Ressourcen beschaffen. Bostrom benutzt das berühmt gewordene Beispiel der Herstellung von Büroklammern. Wenn eine KI den Auftrag hätte, maximal viele Büroklammern herzustellen, und sich (versehentlich?) in eine Superintelligenz verwandeln würde, dann hätte sie keine andere Wahl, als alle menschlichen Wesen auszurotten, die wenig geeignet für die Herstellung von Büroklammern sind und deren Atome auf viel produktivere Art und Weise reorganisiert werden könnten. Die Superintelligenz würde nicht ruhen, bis sie das gesamte Universum in Büroklammern verwandelt hätte.

Die Summa Bostromica lässt mich an diejenige des heiligen Thomas von Aquin denken: Alles ist logisch und alles ist falsch. Man muss nur die Schwachstelle finden.

Der Makel findet sich in den Prämissen, namentlich in der Definition der Intelligenz. Auch wenn Bostrom zu diesem Thema befremdlich undeutlich bleibt, so hält er sich doch an die utilitaristische Begriffsbestimmung, die auch die seines Schülers Max Tegmark ist: die Fähigkeit, komplexe Ziele zu erreichen. Intelligenz wird also als die Berechnung der optimalen Mittel zur Erreichung eines Zwecks, der von außen verhängt wird, angesehen. Daraus folgt wenig überraschend, dass die Intelligenz »orthogonal« zu jedem Zweck steht, da er aus ihrem Mechanismus ausgeschlossen bleibt.

Daher rührt auch die beständige Schwierigkeit für Bostrom, ein Konzept von Sinn oder Zweck in Beziehung zur KI zu denken.[31] Gleich zu Beginn konstatiert er die Unmöglichkeit, einen menschlichen Zweck in die Form eines Codes zu übersetzen. Wie soll man beispielsweise »Liebenswürdigkeit« definieren? Wenn wir eine Superintelligenz damit beauftragen würden, uns »glücklich« zu machen, würde sie uns dann Elektroden in die Lustzentren unseres Gehirns implantieren?[32] Es ist die Tragödie des Midas, des Königs, der alles, was er berührt, in Gold verwandelt und schließlich hungert. Er wollte reich sein (Zweck) und fand sich in Todesgefahr wieder (technisch perfekte, aber existentiell untaugliche Mittel). Der Einsatz einer ausgesprochen machtvollen Intelligenz für Zwecke, die sie nicht versteht, ist zur Katastrophe verurteilt. Aber wie kann man ein Wesen »intelligent« nennen, das weder Liebenswürdigkeit noch Glück noch Raffgier begreifen kann? Ist das nicht das Zeichen einer inhärenten Beschränkung der I der KI? Zwar erkennt Bostrom die Komplexität menschlicher Vorstellungen an – aber ist es nicht genau diese Komplexität, die die KI mit ihrem gleichsam unendlichen Rechenvermögen überbieten sollte?

Nicht nur sind menschliche Zwecke für eine KI unverständlich (und deshalb nicht anwendbar), auch über ihren Inhalt kann sich niemand einig werden. Wenn man es wirklich vollbringen sollte, einen Zweck in die Superintelligenz zu integrieren, welcher sollte das sein? Wie auch Bostrom zu bedenken gibt, findet heute keine ethische Theorie einhellige Zustimmung unter den Philosophen. Tegmark versucht seinerseits eine Liste der mehr oder weniger universal akzeptierten Werte aufzustellen (Utilitarismus, Diversität, Autonomie), aber muss die Unternehmung als absurd abbrechen. Nie um eine technologische Lösung verlegen schlägt Bostrom also vor, die moralische Forschung der KI zu übergeben (moral rightness model)! Aber wie sollte sich eine Superintelligenz, die nicht die geringste Ahnung von Zwecken hat, sich für einen entscheiden? Und überhaupt, warum sollte man einen gemeinsamen und endgültigen Zweck definieren? Wie Tegmark sagt, würde die Programmierung einer wohlwollenden KI erforderlich machen, die Frage nach dem Sinn des Lebens zu beantworten – aber diese Frage stellt sich genau deswegen, weil es keine einzige, letzte Antwort gibt, keine Antwort, die eine KI verarbeiten könnte. Dieses letzte Ziel, das die Superintelligenz sich steckt, steht in tiefem Widerspruch zur eigentlichen Bewegung unserer Zivilisation in Richtung höherer Komplexität, in Richtung jener offenen Gesellschaft, die Popper als die allmähliche Auslöschung der homogenen Stammesgesellschaft definiert hat. Die endlosen Diskussionen über Werte, die ständig umstrittene Grenze zwischen individuellen Neigungen und allgemeinem Nutzen, die Unmöglichkeit, moralische Fragen ein für alle Mal zu erledigen, all das ist nicht das Zeichen für einen Mangel des menschlichen Geistes, wie Bostrom es absurderweise denkt,[33] sondern ganz im Gegenteil der Beweis für sozialen und kulturellen Fortschritt.

Dass die Superintelligenz also nicht in der Lage ist, sich einem Zweck unterzuordnen, deutet nicht auf ein technisches Problem hin, sondern auf den tiefgreifenden Unterschied zwischen der KI als Optimierungsgewalt und der menschlichen Intelligenz. Es geht nicht darum, unserem Geist irgendeine magische Fähigkeit zuzuschreiben. Es geht einfach nur darum, sich daran zu erinnern, dass der Geist mit einem Körper verbunden ist, mit dem er untrennbar eins ist. Unsere mentalen Prozesse sind im Organismus verankert, das gilt nicht nur für das Gehirn. Das erklärt mir Hongwei Wang sehr nüchtern, der Doyen der Abteilung für Biologie an der Tsinghua-Universität in Peking. Wie fast alle seine Landsleute ist Hongwei ein unbeugsamer Befürworter der KI und des Fortschritts, den sie für die Menschheit erzielen kann. Aber insofern er auch ein Spezialist für Biowissenschaften ist, möchte er unbedingt klarstellen, dass unser Geist keine logische Kombinatorik ist, abstrakt und ohne Fleischlichkeit; er ist vielmehr innig mit den biochemischen Reaktionen verbunden, die in unserem Organismus vor sich gehen und auch unsere Instinkte, unsere Emotionen und unsere Kreativität lenken. Unsere Entscheidungen lassen sich ebenso gut mit unseren Hormonen wie mit unseren Synapsen erklären. Es gibt keinen Grund, zwischen einer »intellektuellen« Rationalität und einer »emotionalen« Irrationalität zu unterscheiden; der alte aristotelische Dualismus, nach dem die Seele einen mehr oder weniger erhabenen Platz in der Hierarchie einnimmt, ist von der Biologie vernichtet worden. Die Theoretiker der starken KI träumen von einer Welt ohne Körper, die von logischen Folgerungen geregelt wird. Für Bostrom & Co sind menschliche Wesen nur Gehirne auf zwei Beinen, Rechenmaschinen, die unabhängig von der Substanz sind, in die sie hineingeboren wurden.[34] So bleiben sie in einem archaischen Dualismus verhaftet und kommen zu keiner Definition der Intelligenz, die doch etwas komplizierter ist als die Boolesche Algebra. »Die KI ist mächtig, aber sehr primitiv«, ist die Schlussfolgerung von Hongwei. »Ein digitales neuronales Netzwerk ist so einfach gestrickt wie eine Amöbe. Von der Komplexität eines Nervensystems ist es noch weit entfernt.« Einem mechanischen Gehirn, mit seinen »neuronalen Downloads«, von denen die Transhumanisten phantasieren, würden die grundlegenden Funktionsbedingungen fehlen. Vielleicht muss man die KI in »Künstliche Logik« umtaufen. Denn Intelligenz, oder Rationalität in einem weiteren Sinne, kann nicht ohne ihren Tross von Affekten verstanden werden. Das ist die ganze Theorie des »Embodiment«.[35]

Im Anschluss an diese Unterhaltung schlendere ich in der Tsinghua-Universität herum. Seerosen und Brücken aus poliertem Stein; taufrischer Rasen umrahmt von majestätischen roten Backsteingebäuden. Eine Mischung aus chinesischem Garten und amerikanischem Campus. Hongwei hat ein kriminelles Versäumnis berichtigt: an den Körper zu denken. Ich fühle mich selbst wieder aufleben nach all den langen Wochen, die ich in der Gesellschaft von Computern verbracht habe. Ich wache aus einem bösen Traum auf. Meine klammen Glieder entspannen sich. Ich nehme wieder Kontakt zu meinen Sinnen auf. Und ich spaziere und spaziere, durch den Tsinghua-Park und am alten

Sommerpalast vorbei; ich spaziere durch den »Garten der vollkommenen Klarheit« und den »Garten des Ewigen Frühlings«; ich komme an Ruinen, Tempeln, Seen vorbei; ich mische mich unter tausende von Chinesen, die ohne Unterlass durch diesen riesigen Park strömen, in langen disziplinierten Schlangen; ich gehe schneller, ich schwitze, ich atme; und schließlich lasse ich mich auf die Stufen einer perfekt restaurierten Pagode fallen, unter einem in der heißen Sommerluft schwankenden Lampion. Ich fühle mich lebendig. Man sucht in einem so penibel durchgestalteten, chinesischen Garten nicht die Natur, sondern sich selbst. War ich schließlich so weit, die Realität der Materie zu bezweifeln?

Um die Gedankengänge von Hongwei weiterzuführen und sie in den neuesten wissenschaftlichen Forschungen zu verankern, muss man Antonio Damasio lesen[36] – einen Neurowissenschaftler von weltweiter Reputation und meiner Meinung nach das beste Antidot gegen Bostrom. Damasios Arbeit konzentriert sich darauf, dem Körper wieder seine fundamentale Rolle in der Erzeugung mentaler Repräsentationen zurückzugeben. Die Konstruktion des Geistes resultiert aus der Wechselwirkung unseres Nervensystems (das Gehirn, aber ebenso der Darm, unser »zweites Gehirn«) mit dem Rest des Organismus. Damasio erklärt das mit dem Konzept der Homöostase, der Selbstregulierung eines Gleichgewichts, das sich bereits bei den einfachsten Lebensformen findet. Die Homöostase ist dieser diffuse Willen, das eigene Dasein zu erhalten, eine innere Einheit zu erhalten und dafür bestimmte Strategien für die Zusammenarbeit von Zellen oder Organen zu entwickeln. Damasio interpretiert im Lichte der Homöostase die biologische Evolution vom einfachen Bakterium zum komplexen Nervensystem neu. Am Ende eines langen Weges bringt die Homöostase Affekte und letztendlich auch Bewusstsein hervor. Unser Geist ist also aus unserem

Körper abgeleitet. Die Evolution der Homöostase hat über die Abermilliarden Jahre der Geschichte des Lebens hinweg nicht die Absicht gehabt, das Bewusstsein hervorzubringen, als wäre der stoffliche Körper nichts als eine nach Gutdünken recycelbare Hülle, vielmehr bildet das Bewusstsein die oberste Schicht einer Gesamtheit in ständiger Symbiose. Damasio weigert sich, den Organismus als eine Folge von Algorithmen zu betrachten, ebenso wie er nicht davon ausgeht, dass ein Geist ohne Körper existieren kann. Ganz im Gegenteil zeigen seine Experimente, dass die Entfernung bestimmter Körperpartien die Ausübung der Rationalität durcheinanderbringen kann.

Auf der Grenze werden Fleisch und Gedanke zwei Blickwinkel auf dieselbe Realität: »Gehirne und Körper sitzen im selben Boot und bringen gemeinschaftlich den Geist hervor.« Man kann verstehen, warum Damasio Spinoza rehabilitiert hat, den ersten modernen Philosophen des Körpers und der Immanenz.[37] Gegen zwei Jahrtausende Dualismus gilt es zu kämpfen, um anzuerkennen, dass es keinen Geist gibt, der Informationen vom Körper empfängt und ihm im Gegenzug Befehle gibt, sondern dass sich ein einheitlicher Organismus in verschiedenen Ausprägungen äußert. Wie schon Spinoza schrieb: »Die denkende Substanz und die ausgedehnte Substanz sind ein und dieselbe Substanz, die mal unter dem einen, mal unter dem anderen Attribut verstanden wird.«[38] Geist und Körper verbindet nicht Einheit, sondern Fusion. Deshalb ist es absurd, sich einen Humanoiden aus Plastik vorzustellen, der von einem künstlichen Geist gelenkt wird, noch absurder, ihm eine Persönlichkeit zuzuschreiben. Wir denken mit unseren Zehen genauso wie mit unserem Gehirn. Und keine KI ist in der Lage, unsere Zehen nachzuahmen.

Was die Empfindungen angeht, so sind sie nichts weniger als ein Hemmnis für unsere intellektuellen Abwägungs- und Entscheidungsprozesse, sie bilden vielmehr »die Hintergrundmusik des Lebendigen« und statten uns mit Urteilsfähigkeit aus: Ohne sie gäbe es keine Lust und keinen Schmerz, keine soziale Zusammenarbeit, kein Erlebnis des Guten und Bösen, keine Kultur. »Sich des chemischen Substrats zu überheben, das die Möglichkeitsbedingung des Leidens ist«, erklärt Damasio, »liefe auf die Auslöschung der natürlichen Basis hinaus, auf der unsere moralischen Werte gründen.« Mit anderen Worten: Nur Empfindungen, im Kern des homöostatischen Prozesses, sind in der Lage, Sinn zu produzieren. Man entscheidet sich nicht »trotz« spontaner Instinkte für etwas, unsere Affekte verleihen uns überhaupt erst die Fähigkeit, Entscheidungen zu treffen. Deshalb gelingt es Bostrom und Tegmark nicht, auf logischen Wegen ethische Regeln zu definieren: anders als die Regeln des Schachspiels, können sie nicht auf einen reinen Erkenntnisprozess zurückgeführt werden. Dass es so viele verschiedene ethische Ansichten gibt, bedeutet nicht, dass die Philosophen sich irren, wie Bostrom glaubt; es erweist vielmehr die Unmöglichkeit, die binären Kriterien des Wahren und Falschen, die digitale Sprache der 1 und der 0 auf eine Reflexion anzuwenden, die in den Bereich lebendiger Empfindungen zielt. Das ist auch der Grund, warum die KI unfähig ist, ein Konzept von Zweck zu besitzen: Um einer Intention Ausdruck zu verleihen, bedarf es eines Körpers. Ohne Fleisch keine Homöostase. Ohne Homöostase kein *conatus*, wie Spinoza sagen würde: keine Spannung, keine Neigung, kein Sinn, kein Projekt.

Deshalb ist das berühmte »Dilemma des autonomen Fahrzeugs«, das immer wieder durch die Presse geistert, auch so oberflächlich.[39] Ist es im Falle eines Unfalls besser, den Autofahrer oder den Fußgänger zu opfern, die Oma, die den Fußgängerüberweg quert, oder die schwangere Frau, die auf gut Glück über die Straße springt, die drei kleinen Katzen oder die fünf fetten Frösche? Geht man davon aus, dass die KI selbst diese Entscheidung treffen wird, begeht man den Irrtum Bostroms, indem ihr moralische Entscheidungsfähigkeit angedichtet wird. Geht man davon aus, dass die Entscheidungskriterien von einem eindeutigen Algorithmus festgelegt sein müssen, dann rollt man nur alte philosophische Debatten wieder auf.[40] Die einzige echte Frage in einer praktischen Perspektive besteht darin, wer über diese Kriterien entscheiden wird: der Hersteller, der Gesetzgeber, der Eigentümer des Fahrzeugs oder sein Passagier? Anders gesagt, wer wird in der Kette der menschlichen Verantwortlichkeit die moralische Entscheidung auf sich nehmen?

Kehren wir noch einmal zu Bostroms Büroklammerbeispiel zurück. Aus der These der Orthogonalität folgt, dass eine »superintelligente« KI sich immer die gleichen sekundären Ziele setzen, etwa den Erhalt der eigenen Existenz oder die Maximierung der Ressourcen, und das gleichsam systematisch die Auslöschung der Menschheit nach sich ziehen würde. Folgt man aber Damasio, dann ist eine KI gar nicht in der Lage, einen solchen Zweck zu formulieren. Kein elektronischer Schaltkreis kann seine Existenz erhalten »wollen«; ihm fehlt der Körper, der Ursprung der Homöostase. Die Menschheit auszulöschen legt eine, wenn auch perverse, Moral nahe, oder zumindest eine Intentionalität – alles das ist unmöglich ohne organische Substanz. Eine KI kann naturgemäß kein Vorhaben ergreifen. Die Unfähigkeit, sich selbst als eine Einheit zu begreifen und sich selbst zu regulieren, setzt der Macht der KI inhärente Grenzen. Weil die KI nicht weiß, was das Leben ist, bedroht sie auch unseres nicht.

Damit bricht auch die These einer »bewussten« KI zusammen, dieses von der Science-Fiction geliebte Szenario. Was auch immer eine Definition des Bewusstseins und der Subjektivität sein könnte,[41] so kann doch ihr Entstehen sicherlich nicht nur von Verbindungsstruktur und Geschwindigkeit einer Informationsverarbeitung abhängen, von abstrakten Formen ohne Materialität. Wenn ganz im Gegenteil das Bewusstsein den äußersten Ausdruck der Homöostase darstellt und dem Organismus erlaubt, sich selbst zu reflektieren, dann wird es sich immer um das Bewusstsein *von etwas* handeln (von einer Idee, von sich selbst). Das Bewusstsein existiert nicht in Schwerelosigkeit, wie es Tegmark absurderweise glaubt, für den »die Empfindung des Bewusstseins unabhängig von seinem physischen Substrat ist«. Die neuronale Konfiguration lässt sich nicht von der lebendigen Materie trennen, in die es eingeschrieben ist. Es gibt kein Bewusstsein ohne Idee, keine Idee ohne Affekt, keinen Affekt ohne Körper. Noch einmal Spinoza: »Der Geist kennt sich nicht selbst, sofern er nicht die Ideen der körperlichen Affekte erfasst.«[42] Auch die abstraktesten Gedanken hängen mit einer bestimmten Disposition des Körpers zusammen, der Affekte und Empfindungen hervorbringt. Wenn die KI ein Bewusstsein hätte, wessen wäre sie sich bewusst? Nichts. Und worin bestünde also dieses Bewusstsein? In nichts. Ein simpler *flatus vocis,* ein Hauch der Stimme ohne Bedeutung. Der Roboter ist dazu verurteilt, das nachzuahmen, was er nicht versteht. Wenn er eine Million Mal wiederholt »Ich habe ein Bewusstsein«, wird ihn das nicht bewusster machen.

Man kann Bostrom & Co nur etwas mehr Bescheidenheit gegenüber den Meisterleistungen der biologischen Evolution empfehlen. Paradoxerweise knüpfen die Transhumanisten wieder an eine Form denkerischer Archaik an, die von Dualismus und Spiritualismus gekennzeichnet ist. Ray Kurzweil, der amerikanische Techno-Guru, der Unsterblichkeit erringen will, indem er seinen Geist auf einen Mikrochip lädt, glaubt zweifellos, dass Gedanken durch die Lüfte schweben. Er schlägt folgendes Gedankenexperiment vor: Während wir schlafen, werden unsere Neuronen von elektronischen Bauteilen repliziert und bringen so ein identisches »Ich« hervor. Warum nicht das physische Ich gegen ein digitales Ich eintauschen? Gestehen wir Kurzweil zu, dass sich Letzteres in ähnlicher Art und Weise ausdrücken könnte wie sein Vorbild. Es wäre dennoch in alle Ewigkeit darauf beschränkt, die Ideen zu reproduzieren, die in ihrem Ursprung nur organisch gewesen sein können. Eine Idee ohne Affekt ist nur ein Schatten ihrer selbst. Eine nette Unsterblichkeit, vergleichbar der Unsterblichkeit eines Felsblocks im Weltall, der endlos auf seinem Orbit kreist. Mein Vorschlag für Ray Kurzweil wäre am ehesten, seinen sterblichen Körper mehr zu genießen und seine Verhältnisse zu Bewegung und Ruhe dergestalt zu verändern, dass er neue Begriffe hervorbringt. Denn wie uns auch Spinoza in einer berühmten Passage zu bedenken gibt, wissen wir nicht, was der Körper alles vermag: »Der Aufbau des menschlichen Körpers übersteigt in seiner Kunstfertigkeit bei weitem alles, was die Kunst des Menschen hervorgebracht hat.«[43] Das galt im Zeitalter der ersten Rechenmaschinen ebenso, wie es heute im Zeitalter der KI gilt.

Bostrom & Co hassen die Philosophie. Weil sie den Körper nicht verstehen.

Aus allen diesen Gründen, die nicht so sehr aus einer Metaphysik des Geistes, sondern vielmehr aus den Biowissenschaften kommen, gibt es keinerlei Gefahr, dass die KI ihre Wunderlampe verlässt und extravagante Zwecke verfolgt. Dennoch bleibt die Möglichkeit der Superintelligenz als These valide. Zunächst aber müsste man eine künstliche Homöostase herzustellen vermögen, also einen Superorganismus erschaffen, der fähig wäre, Empfindungen einer unbekannten Intensität zu fühlen und sich seiner selbst bewusst zu sein. Diese Fährte des »Embodiment« gewinnt heute wieder das Interesse der Informatiker: Intelligenz braucht einen Körper. Eine KI, die auf einen künstlichen »Körper« trainiert ist, ist entsprechend besser in der Lage, auf die unvorhergesehene Neigung einer Rampe zu reagieren.[44] In Ermangelung eines Superorganismus schlägt IBM vor, zunächst mit einem einfachen Pappkarton mit Sensoren zu beginnen.[45] In der Folge sind alle Stufen auf der Leiter zum Cyborg denkbar, aber am Ende führt die Frage nach der Superintelligenz auf die Frage nach der Erschaffung des Lebens zurück. Werden wir es vermögen und werden wir es wagen, uns an die Stelle der biologischen Evolution zu setzen und den Nachfolger für *Homo sapiens* zu erfinden? Es ist eine offene Frage, die heute von vielen Wissenschaftlern erforscht wird, die aber den Rahmen dieses Buches sprengt. Die Künstliche Intelligenz kann nicht bewusst sein. Hingegen ist es nicht unmöglich, dass ein künstliches Wesen eines Tages bewusste Intelligenz hervorbringt.

NICHTS IST AUF DER WELT (FÜR ROBOTER) SCHLECHTER VERTEILT ALS DER GESUNDE MENSCHENVERSTAND

Dieser Umweg durch die Biologie hat uns nebenbei die inhärenten Grenzen der KI aufgezeigt, die sich mir nach und nach im Laufe meiner Reportage erschlossen haben, die zu erklären ich mich aber von Anfang an abgemüht habe: die Maschine ist und bleibt frei von Menschenverstand und Humor. Das ist schade, schließlich sind das zweifellos die beiden schätzenswertesten Eigenschaften, die ein Gesprächspartner haben kann.

Yann LeCun hat mich als Erster auf diesen Punkt aufmerksam gemacht: Die KI besitzt keinen Gemeinsinn, das bedeutet, dass sie über kein Modell der Repräsentation von Welt verfügt, das unabhängig von einer gegebenen Aufgabe wäre, und also in der Lage, mit Unsicherheit, Neuheit, Überraschung umzugehen. Daher kommen jene Unfälle, die in unseren Augen so irrwitzig erscheinen und für die Google Maps regelmäßig und tragikomisch die Bühne bereitet: Von Fußgängern, denen vorgeschlagen wird, die Autobahn zu überqueren, bis zu Touristen, die in die australische Wüste geschickt werden. Die KI ist in der Lage, tausende von menschlichen Irrtümern zu meiden, begeht dafür aber Irrtümer, die für einen Menschen undenkbar sind. »Wir werden nicht zu Fuß die Autobahn überqueren«: Was unser Gemeinsinn uns schlagartig sagt, muss die KI erst lernen. Wenn das Konzept Autobahn nicht Teil ihrer Trainingsparameter ist, dann gibt es für sie keinen Grund, warum ein Fußgänger nicht über eine Asphaltfläche spazieren sollte. Sobald eine Situation die Normalität verlässt und eine Form von bereichsübergreifendem Urteilsvermögen gefragt ist, ist die KI verloren.

Nichts ist so schwierig zu beschreiben wie der Gemeinsinn, der sich durch die ganze Philosophiegeschichte zieht. Aristoteles machte aus ihm in *Über die Seele* eine Art von Unterscheidungsvermögen, auf halbem Weg zwischen den Sinnen und der Rationalität *(koinè aisthesis)*; zweitausend Jahre später definierte Deleuze den gesunden Menschenverstand als eine Fähigkeit zur Identifikation, die das Differenzierte auf eine Einheit bezieht – die Einheit der Welt und die des Ich.[46] Im Grunde etabliert der Gemeinsinn Entscheidungsregeln, die zugleich vage und robust sind. Er erlaubt uns, mit vollem Vertrauen an einem gemeinsamen Universum teilzunehmen; jemand der »keinen Gemeinsinn hat«, wie es so schön heißt, erscheint als unheimlich; er findet sich am Rand der Gemeinschaft wieder. Die Philosophen weisen auf die ganze besondere Bedeutung des Gemeinsinnes hin, unerlässlich für das Funktionieren des Geistes bei Aristoteles, notwendig für die Entstehung von Bedeutung bei Deleuze. Aber sie haben ihre Mühe damit, ihn zu charakterisieren. Dieses Fehlen einer Definition ist genau das, was der KI und ihren Programmierern solche Qualen bereitet.

Um den Gemeinsinn besser zu verstehen, scheint es mir angebracht, das Wort Descartes zu übergeben, berühmt unter französischen Abiturienten für seine Rehabilitation des gesunden Menschenverstandes. Da ich ihn nicht wirklich besuchen konnte, werde ich mir diesen Besuch also vorstellen.[47]

Nach einem kurzen und turbulenten Flug ab London kam ich in Amsterdam auf einem regendurchnässten Platz an, zwischen einem Kanal und einer protestantischen Kirche. Touristen standen diszipliniert in der Schlange vor dem Haus von Anne Frank, wo aus dem Gedenken an die Schoah ein schauriges Geschäft mit ermäßigtem Eintrittspreis und Audioguide geworden ist. Ich begab mich zur Hausnummer 6, nur ein paar Meter weiter. Nicht ohne Schwierigkeiten fand ich die schwarze Türe, für die sich niemand interessierte. Ich hob den Kopf und blickte das hohe und schmale Backsteingebäude hinauf, überragt von einem lustigen Kaminschacht mit Melone, holländischen Ansprüchen entsprechend ausgesprochen nüchtern. Im Widerspruch zu den ostentativen Gebräuchen dieser Kaufmannsstadt waren die Vorhänge hinter den Fenstern zugezogen. Nicht sehr einladend.

Ich klingelte, die Tür öffnete sich von selbst. Ohne meine Kontakte zu den Franziskanern hätte ich diesen Termin niemals bekommen; der arme Schlucker Descartes lebte wie ein Einsiedler und wechselte ständig die Adresse. Mit einem mulmigen Gefühl im Bauch stieg ich die steilen und finsteren Treppen hinauf. Die Wände schienen den strengen Geruch von gammligem Fleisch auszuschwitzen; vielleicht der Gestank der Sektionen. Ich konnte noch so sehr mit Pascal und Jean-François Revel denken, dass Descartes »unsicher und nutzlos« war, ich bekam es doch mit der Angst zu tun. Ein Domestik, der wie aus dem Nichts aufgetaucht war, führte mich, ohne ein Wort zu sagen, in ein Zimmer im Dachgeschoss, wo der Philosoph mich erwartete und seine Füße an einem Keramikofen wärmte. Er saß im Schatten und trug sein wie immer schwarzes Gewand. Oberhalb der Halskrause schien sein Gesicht im Zimmer herumzufliegen. Eher das Gesicht eines Kriegers als das eines antiken Weisen, mit einer gebrochenen Nase und einem blasierten Blick. Er war so alt wie ich, nur zwei Jahre Unterschied, und doch schien er mir zu einer anderen Generation zu gehören, als würde meine Jugend noch enden, während sein Alter gerade begann. Würde ich ihm schon bald ähneln? Selbstverständlich hatte er bereits einigen Vorsprung, was die Redaktion seines Werks anging. Ich fühlte mich melancholisch und neidisch. Als einen kleinlichen und lächerlichen Trost konnte ich nicht anders, als zu bemerken, dass sein Bart schlecht geschnitten war. Was für eine Nachlässigkeit! Die Bohlen knackten unter meinen Schritten und unterbrachen die Stille auf recht peinliche Weise.

»Haben Sie recht herzlichen Dank, dass Sie mich empfangen haben«, begann ich, gewohnt an die Katzbuckelei des Silicon Valley.

Er unterbrach mich schroff:

»Genug Geschwätz.«

In dem Zimmer war kein anderer Stuhl. René schien sich nicht darum zu bekümmern. Ich entschloss mich also, stehen zu bleiben, und nahm ein Heft aus meiner Tasche, um Notiz zu machen.

»Also, Meister, um auf das Thema des gesunden Menschenverstandes zu sprechen zu kommen –«

»Nichts ist auf der Welt besser verteilt!«, schnaubte er.

Ich tat so, als würde ich mitschreiben und setzte ein konzentriertes Gesicht auf. Ich hatte nicht den langen Weg auf mich genommen, um nun Banalitäten zu hören. Ich richtete die Augen auf René, den Stift in der Schwebe, der Hoffnung voll. Er aber sagte nichts mehr.

»Und warum?«, wagte ich mich hervor.

Er hob seine dichten, leicht angeschrägten Augenbrauen, die ihm ein asiatisches Ansehen gaben.

»Sie suchen die Ordnung der Ursachen?«

Vielleicht hätte ich besser daran getan, wieder zu gehen, ohne weiter zu fragen. Ich hätte immer noch behaupten können, dass ich Descartes getroffen habe, ich hätte die Geschichte mit der guten Verteilung in Anführungszeichen gesetzt, und gut wäre es gewesen.

»Man darf beim gesunden Menschenverstand nicht zu sehr nach der Ursache suchen«, fuhr er plötzlich fort, ohne mich anzusehen, als würde er mit sich selbst sprechen. »In erster Linie ist er eine Evidenz; wie sollten Sie ohne den gesunden Menschenverstand, den ihnen die Natur gegeben hat, sich in einer Ihnen unbekannten Stadt orientieren, die Weite Ihrer Schritte an die Höhe der Stufen in diesem Haus anpassen und die allgemeinverständlichen Worte finden können, die uns diesen Dialog erlauben?«

Dieses ungelenke Gespräch war also plötzlich in den Rang eines »Dialogs« erhoben worden. Ich plusterte mich auf und nickte zustimmend.

»Stellen wir uns vor, dass uns ein böser Dämon unseren gesunden Menschenverstand gestohlen hätte: Unsere Sinne würden weiterhin alle Dinge wahrnehmen, die uns umgeben, ich wage sogar zu behaupten, dass unser Geist weiterhin klare und unterschiedene Ideen aus ihnen ableiten könnte, aber wie sollten wir noch in der Lage sein, die Beziehungen zwischen all den Dingen, die unsere Welt formen, zu begreifen? Müsste man sich auf den Intellekt verlassen, allein durch Gedankengänge auf alle Muskelbewegungen und Moralprinzipien zu schließen? Unmöglich. Wir würden dahinscheiden, bevor wir drei Schritte gemacht haben«

»Aber woher kommt der gesunde Menschenverstand? Sie als Determinist –«

»Determinist!«, rief er. »Was ist denn das für eine Krankheit?«

Das Wort war noch nicht erfunden. Ich biss mir auf die Lippe. Es war nicht der richtige Moment, um in Fettnäpfchen zu treten.

»Ich wollte sagen, da unser Körper mit einer Uhr aus Zahnrädern und Seilzügen verglichen werden kann.«

»Haha! Sie sind allerdings arglos.«

Nun schien doch etwas Leben in René zu kommen. Nichts begeisterte ihn mehr als die Aussicht auf eine Widerlegung. Vor allem, da sie sich auf seine eigenen Schriften bezog.

»Es ist notwendig, dass sich der Gemeinsinn –«

»Sie meinen, der gesunde Menschenverstand?«

»Das ist ein und dasselbe. Hören Sie auf, mich zu unterbrechen. Es ist also notwendig, dass der Gemeinsinn einen Platz zwischen der Logik des Geistes und der Mechanik des Körpers einnimmt. Ich werde ihnen zeigen, wo.«

Er wandte sich zu mir, warf mit der Hand eine Sträne seiner langen Haare zurück und klopfte sich auf den Hinterkopf.

»In der Zirbeldrüse! Sie ist der einzige Teil unseres Gehirns, der nicht doppelt vorkommt, und verbürgt die Einheit der Seele und des Körpers.«

Ich verkniff mir einen Seufzer. Viel Wind um nichts. Die Zirbeldrüse – eine der verrücktesten Erfindungen der Philosophiegeschichte.

»Diese kleine Drüse ist es, in der sich alle unsere Seheindrücke versammeln und von wo aus der Geist seinen Einfluss auf die Nerven ausübt. Die Natur oder die Gewohnheit haben jede Bewegung der Drüse mit einem Gedanken verbunden, um unseren Körper Anweisungen zu übermitteln. Wenn wir etwa sprechen, denken wir nicht an die genaue Art und Weise, mit der sich Zunge und Lippen bewegen müssen, denn die einfache Idee der

Wörter setzt die Zirbeldrüse in Bewegung, die wiederum durch die Lebensgeister auf die Muskeln einwirkt. So ist das sogar bei den anspruchsvollsten Fragen der Moral. Wir folgen instinktiven Prinzipien, ohne sie vollständig ausformulieren zu müssen.«

Ich konnte meine Ironie nicht mehr bändigen.

»Und wie entwickelt sich dann in uns der gesunde Menschenverstand? Muss man die Zirbeldrüse kitzeln?«

»Selbst diejenigen, die in jeder anderen Angelegenheit am schwersten zufriedenzustellen sind, begehren für gewöhnlich nicht mehr Menschenverstand, als sie bereits haben.«

Daraufhin schloss René seine Augenlider zur Hälfte und nahm in etwa den Gesichtsausdruck an, den auch sein Facebook-Profilbild zeigt. Ohne Zweifel war die Zeit für seine Meditation gekommen. Ich verabschiedete mich demütig und stürzte das immer noch stinkende Treppenhaus hinunter. Welche Wohltat, wieder an der frischen Luft zu sein! Nach einer Viertelstunde mit Descartes beginnt man an allem zu zweifeln.

Während ich an den Grachten entlangspazierte, versuchte ich den Faden wieder aufzunehmen, der von Descartes zu Yann LeCun und von Amsterdam nach New York führt. Zwar hatte er die Hypothese der Zirbeldrüse einführen müssen, über die man sich *a posteriori* so leicht lächerlich machen kann, aber das ja nur deswegen, weil er ein unscharfes Verständnis davon hatte, dass der Gemeinsinn sich nicht auf einfache intellektuelle Gedankengänge, auf Vorgänge der Datenauswertung, zurückführen lässt. Der menschliche Geist ist kein Taschenrechner, so wie der Körper kein Uhrwerk ist; und ebenso wenig kann eine Kombination aus KI und humanoidem Roboter jemals die Urteilsfähigkeit eines menschlichen Wesens aus Fleisch und Blut vertreten. Die Zirbeldrüse verhindert die rein mechanistische Herangehensweise an die Biologie. Der Gemeinsinn unterscheidet Gehirn und Computer.

Der Rationalist Descartes ist also ganz gewiss nicht »unsicher und nutzlos«: Er ahnt die fundamentale Verbindung von Gemeinsinn und Körperlichkeit. Im Rückgriff auf die Konzepte Damasios wäre es verlockend, den Gemeinsinn als eine Funktion der Homöostase in den Blick zu nehmen, der unsere Beziehung zur Umwelt und unser soziales Verhalten regelt. Und ist es nicht so, dass die Zirbeldrüse in der modernen Medizin als ein Organ der Hormonregulierung angesehen wird? Wenn es nichts gibt, was auf der Welt besser verteilt ist als der Gemeinsinn, dann deshalb, weil wir alle lebendige Wesen sind, bestimmt durch unser biologisches Erbe und hineingeworfen in eine komplexe Welt, die wir Schritt für Schritt in all ihren Aspekten zu meistern lernen. Deswegen gehen wir auch nicht auf einer Autobahn spazieren, anders als eine KI ohne Zirbeldrüse.

Ohne Körper also auch kein Gemeinsinn. Und ebenso wenig Humor. Ich bekam eine Ahnung davon, als ich eine Filiale der Bank of Amercia betrat, um ein paar Zwanzigdollarscheine abzuheben. Als der Vorgang abgeschlossen war, erhob sich plötzlich aus dem Nichts eine klare und gebieterische Stimme.

»He, Sie!«

»Wer, ich?«

»Ja, Sie, mit der braunen Jacke und den unordentlichen Haaren.«

Kein Zweifel, das war ich.

»Benötigen Sie eine Auskunft zu Ihrem Konto?«

»Nein.«

»Wollen Sie einen Kredit aufnehmen?«

»Aber nein.«

Ich war perplex. Woher kam diese Stimme? Hatte man mir schon einen Chip unter die Schädelplatte gepflanzt, um meine Neuronen direkt mit den Serviceanbietern der ganzen Welt zu verbinden?

»Lassen Sie uns darüber sprechen!«

Ich drehte mich um. Das Gesicht einer Telemarketerin der Bank of America, die in Gott weiß welchem Callcenter in Arkansas saß, lächelte mich aus einem Bildschirm an. Sie hatte eine genaue Übersicht all meiner Kontovorgänge vor sich und wollte sich mit mir darüber unterhalten, mitten in diesem unheilschwangeren Dollar-Pissoir, das nach Putzmittel roch. Ich lehnte das Angebot ab, stieg aber in die Unterhaltung ein.

»Beweisen Sie mir, dass Sie kein Roboter sind!«, sagte ich schließlich.

Sie lachte von ganzem Herzen. Die Techniken des *deep fake* erlauben es mehr und mehr, nicht mehr nur Stimmen, sondern auch Gesichter und Mienen zu rekonstruieren. In einigen Jahren wird sich diese Frage wirklich stellen. In den Vereinigten Staaten erstaunt sie bereits heute niemanden mehr.

»Wenn ich ein Roboter wäre, könnte ich dann so lachen?«

Der performative Sprechakt: Ich lache, also bin ich. Ich gab ihr Recht und wir trennten uns freundlich, wie zwei Menschen, die sich grüßen. Der Humor scheint auf eine diskrete, aber sehr klare Art und Weise die trennende Linie zwischen Mensch und Maschine zu ziehen. Geben Sie Siri auf Ihrem Smartphone den Auftrag »Bring mich zum Lachen!«, und Sie können sich auf die schlimmsten Flachwitze gefasst machen. Warum?

Diese Frage musste ich einem der Meister der Ironie stellen, von der es in diesem Land oft zu wenig gibt: Bob Mankoff, der legendäre Zeichner des *New Yorker*. Ich traf ihn in New York inmitten des Wolkenkratzerwaldes am Columbus Circle. Mit langen, weißen, zerzausten Haare, kunterbunten Kleidern und Sandaletten ähnelt er ebenso sehr einem Künstler wie einem *geek*. Er hat zudem in seiner Jugend Informatik studiert und beschreibt mir mit Hingabe die ganze Ahnengalerie seiner Computer, von den ersten Modellen in den 1970er-Jahren mit ihrem

128-Kilobit-Speicherplatz bis zu den brandneuen Macs mit ihren hochraffinierten Bildverarbeitungsprogrammen. Bob hat sich in seiner Arbeit als Humorist immer mit Begeisterung digitaler Werkzeuge bedient. Mit einigen Freunden hat er vor kurzem die Initiative »Botnik« gegründet, die es Autoren ermöglichen soll, das Internet in ihre kreativen Prozesse einzubeziehen. Auf der Seite von Botnik kann man sozusagen den Humor »automatisieren«: Eine App bietet eine Schreibhilfe (vergleichbar mit den Wortvorschlägen von Messengerdiensten), die sich aus ziemlich verrückten Wortregistern speist, von *Harry Potter* über Texte von Beyoncé bis hin zu Crêperezepten. Wählt man etwa das Register »Manifest der Kommunistischen Partei« und beginnt »Computer ...« zu tippen, dann ergibt sich, von Vorschlag zu Vorschlag, der folgende Satz: »Computer sind bourgeois. Sie haben die Möglichkeitsbedingungen des Klassenkampfes nicht aus sich selbst heraus geschaffen.« Ist das der Beweis, dass eine Maschine witzig sein kann?

»Ganz im Gegenteil!«, erklärt mir Bob. »Botnik bringt eine Form von Absurdität hervor. Wir sind es, die das komisch finden. Genau weil wir keine Roboter sind.«

Anders gesagt, die Maschine ist das ahnungslose Werkzeug des Humors. Sie bringt uns sich selbst zum Trotz zum Lachen, durch die Diskrepanz der automatisierten Wortproduktion und der Suche des Menschen nach Bedeutung. Und in diesem Moment zitiert Bob Mankoff völlig unerwartet Bergson; ich hatte gedacht, dass sein Werk *Das Lachen* nur einer Handvoll onanierender Aufnahmeprüflinge bekannt wäre. Das ist Bergsons Definition des Komischen: »Mechanisches, das Lebendiges umschließt.« Bergson analysiert mit diesem Richtmaß die Grimasse, Wiederholungseffekte, Typenkomödien, kurz, alles physisch oder moralisch Ungelenke, das der Geschmeidigkeit des Lebens aufgezwungen wird. Der Humor schleicht sich zwischen einem erstarrten Bild, Produkt eines kalten Intellekts, und der Lebenskraft ein, aus der Sinn entspringt und die Neuheit verspricht. Wenig überraschend findet man in diesem Prozess die grundlegende Rolle der Biologie wieder. Das, was wirklich menschlich ist, ist nicht vollständig intellektualisierbar. Unser Organismus gewährt uns den Zugriff auf eine Form der Kreativität, die Bergson *élan vitale* nennt, die man aber auch wissenschaftlicher mit Damasio als Homöostase beschreiben könnte und die sich der Starre der Ideen und ihrer Repräsentationen widersetzt. Der Körper lacht den Geist aus.

Bob Mankoff vesichert mir zu meinem großen Erstaunen, dass Bergson heute bei den Zeichnern der Ostküste in Mode ist. Ich kann einen Hauch von Nationalstolz nicht unterdrücken: Die alten französischen Philosophen bringen es weiterhin zu etwas. Bergson hätte ein viertes Kapitel seines *Lachens* dem digitalen Humor widmen können. Botnik zeigt uns das Mechanische der Worte, das sich über das Lebendige der Sprache stülpt. Da ihm ein vitales Element fehlt, wird ein Algorithmus niemals Komik hervorbringen können; er kann nur ihr Opfer werden. Die Witze, die Siri erzählt, werden deshalb witzig, weil sie solche Nullitäten sind. Wir lachen nicht *mit* dem Computer, wir lachen *über* den Computer.

POLANYIS PARADOX

Diejenigen, die vom Heraufziehen der Superintelligenz phantasieren, halten im Allgemeinen das »Ende der Arbeit« für selbstverständlich – eine kleine Etappe auf dem Weg zur Überwindung des *Homo sapiens*. Ich habe bereits an anderer Stelle die Gelegenheit gehabt auszuführen, wie der Mythos vom Ende der Arbeit in jeder Periode technischer Innovation wiederauflebte, von Aristoteles bis Jeremy Rifkin, um jedes Mal wieder von der Geschichte widerlegt zu werden.[48] Es ist dennoch notwendig, diese Analyse im Fall der KI zu erneuern, die den letzten Rückzugsort des Menschen vor der Maschine zu bedrohen scheint: den Dienstleistungssektor. Man kann gut nachvollziehen, wie aus Bauern Arbeiter werden und aus Arbeitern Ingenieure, aber was soll aus Ingenieuren, Rechtsanwälten und Professoren werden? Wird sich die Theorie der Überleitung (déversement), die den Transfer menschlicher Tätigkeiten von einem Sektor zum anderen beschreibt und mit dem technologischen Fortschritt in Beziehung setzt, erschöpfen, kein weiteres Gefäß mehr finden und sich in eine Theorie der Überflutung (débordement) verwandeln, wenn die müßig gewordene Menschheit von der Welle der KI überrollt wird?

»Und die fünf Millionen LKW-Fahrer in den Vereinigten Staaten? Autonome Fahrzeuge werden sie in einigen Jahren arbeitslos machen.« Auf diese Weise umschreibt mir der französische Botschafter in Washington, bekannt für sein diplomatisches Geschick und seine schlagfertigen Antworten auf Twitter, die Herausforderungen, die die KI uns stellt. Sein Berater in Wirtschaftsfragen nickt dazu gravitätisch. LKW-Fahrer stellen fast 4 % der Werktätigen dar. Ich bin sprachlos und möchte mich fast entschuldigen, dass mein Forschungsgegenstand so schädlich ist. Das unmittelbar drohende Unheil kontrastiert mit der Ruhe des Botschaftsgebäudes, mitten im Grün des sehr stillen und sehr noblen Viertels Georgetown; das Gebäude ist eine moderne Betonfestung, auf halber Strecke zwischen einem Raumschiff aus *Star Wars* und dem Finanzministerium in Paris. Zuvorkommende Eliteuniabsolventen, den Kopf voller Kürzel und die Akten voller Exzerpte, vermitteln sofort das Gefühl, in der Heimat zu sein, in einer Art technokratischen Ewigkeit. Sollte diese ruhige Organisation des Nationalstaats, die perfekt an das industrielle Zeitalter und seine Sozialstrukturen angepasst ist, von einigen Zeilen Code in Frage gestellt werden können? Diese Frage quält die politischen Entscheidungsträger. Der Botschafter diskutiert das Thema mit seinen Vorgesetzten, darunter auch der Präsident, und es würde ihm nicht fernliegen, den Wahlerfolg von Donald Trump mit der Automatisierung zu begründen. Werden die Mittelschichten nicht aufbegehren – im Angesicht einer unsicheren Zukunft, ihrer ökonomischen Ressourcen beraubt, aber auch ihrer beruflichen Identität und ihrer kulturellen Bezüge? Der Botschafter empfiehlt mir die Lektüre von *Hillbilly Elegy*, einem Bestseller, der Gesellschaftsschichten beschreibt, die sich vom Fortschritt erdrückt fühlen, in diesem Falle in Kentucky. Einige Monate später scheint der Aufstand der Gelbwesten seine Befürchtungen zu bestätigen.

Zugegeben. Aber wie steht es denn nun wirklich um die LKW-Fahrer, die in den USA in Debatten über Technologie immer wieder als Beispiel herangezogen werden? Werden sie wirklich von autonomen Fahrzeugen ersetzt, deklassiert, vernichtet werden? Sollte alles plötzlich obsolet sein, was uns die Schumpeterianer unter den Ökonomen seit einem Jahrhundert über die »kreative Zerstörung« erzählen,[49] die das Verschwinden alter Berufe mit dem Entstehen neuer ausgleicht?

Um darüber Gewissheit zu erlangen, ist es wohl am besten, die zu fragen, die hauptsächlich betroffen sind. Direkt nach meinem Termin in der Botschaft finde ich im Internet die Seite der *American Trucking Association*, eine Institution, die die wichtigsten Akteure dieser Industrie zu bündeln scheint. Ich schicke eine Nachricht an die angegebene Adresse. Tags darauf habe ich zwar keine Antwort bekommen, kann aber die Zeit zwischen zwei Terminen nutzen, um direkt bei der *American Trucking Association* vorstellig zu werden. Das ist das Praktische an

Washington, dass alle Lobbys des Landes auf einigen Quadratkilometern rund um den Capitol Hill versammelt sind.

Ich mache mir keine großen Hoffnungen. Unterwegs bin ich von einem Regenschauer durchnässt worden, den man wirklich einmal ohne Übertreibung als tropisch bezeichnen konnte. Ich murmele einige unverständliche Worte, als ich am Pförtner vorbeikomme, und schnappe mir den ersten Menschen, der auf den Fluren meinen Weg kreuzt. Hastig erkläre ich ihm, dass ich ein Philosoph, aber auch ein Reporter bin, dass sich der französische Botschafter um das Verschwinden der LKWs sorgt, dass die KI keine Schumpeterianerin ist, all das, während ich ungeschickt meine triefnassen Kleider auswringe.

Und in diesem Moment offenbart sich der Genius der Vereinigten Staaten. Kein Problem. Natürlich, der Direktor der Öffentlichkeitsarbeit ist in seinem Büro. Ein Augenblick, er ist gleich für Sie da.

Der Direktor empfängt mich in einem ganz holzvertäfelten Zimmer, das nach Neuengland duftet. Weißer Bart, kurze Haare, kräftige Nase, stechender Blick, gewichtige und ruhige Stimme. Ich habe das Gefühl, Victor Hugo gegenüberzusitzen, der indessen ohne Zweifel ein lebendiges Interesse für LKW-Fahrer an den Tag gelegt hätte, diese Arbeiter der Straßen, die den Herzschlag des wirtschaftlichen Wandels vorgeben. Er beobachtet mich mit etwas ermüdeter Gutmütigkeit, denn meine Fragen erscheinen ihm sicherlich so vertraut wie naiv.

»Wissen Sie, was momentan mein hauptsächliches Problem ist?«

Nicht im Geringsten. Bis zum Vortag war der Frachtverkehr auf den Straßen der Vereinigten Staaten ein völlig fremdes Thema für mich.

»Zu viele offene Stellen. Die Branche boomt und kommt mit dem Einstellen nicht hinterher. Bei der gegenwärtigen Entwicklung gehen wir von fast einer Million offener Stellenangebote in den nächsten zehn Jahren aus.«

Die Berichte der Bundesregierung, die mit dem Science-Fiction-Szenario des autonomen LKWs spielen, erscheinen ihm so kontraproduktiv wie nur möglich: Sie entmutigen junge Lehrlinge genau jetzt, da man sie am dringendsten bräuchte. Auch der Kongress ist von dieser Frage derart paralysiert, dass er die Repräsentanten der LKW-Fahrer nicht an seinen Überlegungen zu Zukunft des Warentransportes beteiligt. Es ist, als ob der Mythos vom Ende der Arbeit, auf höchster Ebene immer wieder wiederholt, obwohl die Zahlen ihn widerlegen, jedes friedliche Nachdenken über die Zukunft der Industrie verhindert und so paradoxerweise auch ihre Transformation verlangsamt. Ich spüre etwas Melancholie bei Victor Hugo, *vox clamans in deserto*. Seine Zeit in Jersey.

Ich hake dennoch nach. Hat Elon Musk nicht versprochen, ab 2019 mit der Produktion von Elektrofahrzeugen zu beginnen, die sich auf Autobahnen autonom selbst steuern können? Auf dem Highway 101 zwischen San Francisco und San Jose kann man bereits jetzt Tesla-Fahrer beobachten, die ihre E-Mails beantworten oder einen Film anschauen, obwohl sie das Gesetz noch dazu verpflichtet, das Lenkrad in den Händen zu halten.

»Sicherlich werden Fortschritte gemacht«, gibt Victor zu. »Schon jetzt kann man LKWs mit Fahrerassistenzsystemen ausrüsten, etwa zur Stabilisierung des Fahrzeugs in seiner Spur, für Notbremsungen, bald auch *platooning*, das es Kohorten von LKWs erlauben wird, sich im Gänsemarsch fortzubewegen. Welcher Anteil kann heute schon darauf zurückgreifen? Nicht mehr als 10 bis 15 % der Flotte. All das braucht Zeit. Ebenso ist da die Frage der Akzeptanz in der öffentlichen Meinung. Es wird mehrere Generationen dauern, bis die heutigen Spitzentechnologien allgemein und überall Verwendung finden.«

Es braucht Zeit. Start-up-Unternehmer vergessen oft, dass sich die Gesellschaft im Laufe der Jahrhunderte verändert, ohne brutale Brüche. Aber nichtsdestotrotz wird der Tag kommen, mag er auch in ferner Zukunft liegen, an dem die LKWs autonom fahren. Wie könnte man sich nicht darüber freuen? Man wird diesen Beruf kaum vermissen und zudem nicht mehr jährlich 4000 Tote in LKW-Unfällen zu beklagen haben. Aber natürlich muss man die Frage des Botschafters ernst nehmen: Was wird aus den fünf Millionen Fahrern? Victor zögert die Antwort fast eine Stunde hinaus und überwältigt mich mit Zahlen. Die Spannung steigt immer mehr. Was für ein Dramaturg!

»Und selbst unter dieser sehr unrealistischen Hypothese«, gibt er endlich nach, »würde man immer noch mehr Arbeitsplätze schaffen. Wenn die Kosten sinken, wächst der Markt. Beispielsweise im Flugverkehr ist man im Laufe der 1970er-Jahre dazu übergegangen, zwei statt drei Piloten einzusetzen, das GPS hat den Navigator ersetzt, und trotzdem ist die Zahl der Piloten bei Fluglinien insgesamt kontinuierlich weiter gestiegen.«

»Ja, gut, aber wenn ansonsten alles gleich bleibt?«

»So funktioniert die Wirtschaft nicht. Man muss in Dynamiken denken.«

»Aber wenn man schließlich gar keinen Piloten mehr bräuchte?«

Victor holt tief Luft, entschlossen, der Sache ein Ende zu machen. Geben wir also zu, dass man auf Autobahnen keinen Fahrer mehr bräuchte. Dennoch müsste ein Fahrer für bestimmte Streckenabschnitte vorgesehen sein (ob er sich nun physisch im Fahrerhaus befindet oder nicht), wo sich Unvorhergesehenes ereignen kann und wo, um noch einmal den Begriff von Yann LeCun zu gebrauchen, Gemeinsinn unentbehrlich ist: vom Lager zur Autobahn, von der Autobahn zum Zielpunkt, beim Queren bestimmter sensibler Punkte wie Schulen oder Baustellen.

Hinzu kommt noch die Rolle einer Art Kontrollturm, von dem aus die Strecken überwacht werden, und natürlich Informatiker, die die Optimierung all dieser Systeme sicherstellen. *In fine* wird ein einziger Arbeitsplatz durch eine Vielzahl von Funktionen ersetzt, was ebenso viel menschliche Arbeit nahelegt.

In genau diesem Moment ist Victor Hugo ein Schumpeterianer geworden.

In den Tagen darauf, als ich meine Tour durch die verschiedenen Think-Tanks von Washington fortsetzte, hatte ich das Vergnügen, mir immer wieder in der Theorie bestätigen zu lassen, was mir die LKW-Fahrer bereits auf so praktische Art und Weise gezeigt hatten. Genauso wie Informatiker mit Skepsis auf die Theorien der Superintelligenz blicken, die Physiker in die Welt setzen, so belächeln auch Ökonomen das »Ende der Arbeit«, von dem Soziologen und Politologen phantasieren. Das ist beispielsweise bei Robert Atkinson der Fall, dem sehr patrizischen Präsidenten der *Information Technology and Innovation Foundation* (ITIF), langgestreckt und hager wie ein Giacometti. Mit Berichten über Berichten verteidigen die ITIF und ihre Experten den technischen Fortschritt gegen die galoppierende »Robophobie«, die es verhindert, die Veränderung der Arbeitswelt zu durchdenken und eine geeignete Politik zu entwickeln.[50] Anstatt der Aussicht auf eine allgemeine Automatisierung mit Furcht oder Applaus zu begegnen, gilt es den Übergang zu neuen Formen von Beschäftigung sorgsam vorzubereiten. Atkinson argumentiert aus der klassischen Ökonomie heraus, die auf der Theorie des Angebots basiert (Danke, Jean-Baptiste Say!) und sich auf vergangene Epochen der bahnbrechenden Innovation bezieht: »Technologie schafft immer mehr Jobs, als sie zerstört.« Indem sie neue Produkte und Dienstleistungen hervorbringt, die es tags zuvor noch gar nicht gab, erzeugt sie automatisch neue Märkte, vervielfältigt Investitionsmöglichkeiten und

Arbeitsplätze. Wenn wir uns heute nicht vorstellen können, worin diese Arbeitsplätze bestehen sollen, liegt das daran, dass der menschliche Geist per Definition nicht in der Lage ist, einer Neuheit vorzugreifen. Wer hätte in den 1980er-Jahren bei der Betrachtung des Arbeitsmarktes an Webdesigner gedacht? Schätzungen zufolge machen die neuen Aufgaben im Gefolge der technologischen Entwicklung die Hälfte der zwischen 1980 und 2000 geschaffenen Arbeitsplätze in den Vereinigten Staaten aus.[51] Nehmen wir an, dass die KI einen Großteil der geistigen Arbeit automatisieren wird, wie die Maschinen der Industrie es mit der Handarbeit getan haben: Hätte man damit schon die Fähigkeiten des Menschen umfassend abgehandelt? Werden nicht ganz im Gegenteil neue, bisher unbekannte Sektoren entstehen oder marginale Sektoren sich entwickeln? Gerne wird auf die Kreativwirtschaft hingewiesen oder auf Dienstleistungen, die mit Emotionen zusammenhängen, aber wer weiß denn schon, wie sich unsere Sehnsüchte, Interaktionen und Bedürfnisse entwickeln werden? Und umgekehrt, wer hätte im 18. Jahrhundert daran geglaubt, dass sich mit der Tätigkeit des Gehirns so viele hungrige Mäuler stopfen lassen?

Im Grunde spiegeln unsere Ängste unsere natürliche Tendenz wider, die Zukunft nach den Maßstäben der Gegenwart zu messen. Wenn Sie mich fragen, wie ich mir mein Leben in zwanzig Jahren vorstelle, dann sehe ich mich wahrscheinlich vor einem Computerbildschirm Worte aneinanderreihen, mehr Falten und weniger Ablenkungen. Meine Ängste und Hoffnungen bilden sich rund um diese Phantasie. Die Realität aber wird unvermeidlich eine ganz andere sein. Warum ist es für uns so schwer, das Offensichtliche zuzugeben, nämlich dass wir nicht wissen, was morgen sein wird?

Ökonomen von Profession werden diesen landläufigen Gedankengang nach Belieben verfeinern können. Mich aber erstaunte, als ich Robert Atkinson in seinem Büro aus Glas in Washington zuhörte, dass sich die heutigen ökonomischen Überlegungen unverändert in der Debatte wiederfinden, die Karl Marx einst mit den Liberalen des 19. Jahrhunderts führte, allerdings noch kaum mit ausufernden Konzepten und mathematischen Formeln verkocht. Einerseits formulierte der Autor des *Kapitals* das Gesetz von der Anhäufung des Kapitals, das nach und nach den Arbeiter durch die Maschine ersetzt, was zu Verarmung und Massenarbeitslosigkeit (und also *in fine* auch zum Umsturz des Kapitalismus) führt. Andererseits sahen diejenigen, die auf der Linie von Smith und Ricardo lagen und die man seinerzeit schlichtweg »die Ökonomen« nannte, im Fortschritt die Quelle exponentiell wachsender Arbeit und Reichtümer. In einem Anhang zu seinem *Elend der Philosophie* bemüht Marx ausdrücklich das Beispiel der Weber von Manchester: Ihre Zahl sank, während gleichzeitig die Produktion der Fabriken stieg. Marx sieht hierin die Gärung, die unweigerlich zur Revolution führt. »Wir kennen die Antwort der Ökonomen«, seufzt er. Diese technikbedingte Arbeitslosigkeit sei nur ein Übergangsphänomen, die Werktätigen würden sich bald auf neue Arbeiten umorientieren, diese Arbeiten wiederum seien eine Folge der allgemein gestiegenen Produktivität. In der Tat, wir kennen die Antwort der Ökonomen. Es ist immer noch die gleiche, auch zwei Jahrhunderte später. Und es scheint bislang nicht so zu sein, dass die Geschichte sie Lügen straft.

Dieselbe Litanei auch von Seiten des Council of Foreign Relations (CFR), dessen ökonomische Forschung Edward Alden leitet. Ich betrete amerikanische Think-Tanks stets mit sehr viel Respekt, ein wenig Neid und einem unweigerlichen Frösteln, wegen der Klimaanlagen. In deutlichem Unterschied zu den Dienstbotenzimmern, an die wir uns in Frankreich gewöhnt haben, handelt es sich hier um veritable Institutionen, die ganze

Gebäude belegen, über Budgets von zig Millionen Dollar verfügen und Forscher auf höchstem akademischem Niveau mobilisieren. Sie weben die lebenswichtige Verbindung zwischen der Welt der Politik und der Welt der Forschung. Diese Verbindung ist ein bitterer Mangel in der französischen Gesellschaft, die in der Regelung der öffentlichen Angelegenheiten zu sehr auf die Verwaltung vertraut. In seinem letzten Bericht brachte Edward Alden also sehr konkrete Vorschläge vor, um die amerikanischen Arbeiter in dieser »Übergangsperiode« im Zusammenhang mit den Verwerfungen der KI zu begleiten.[52] Hier einige Beispiele für seine Empfehlungen, die nicht sehr originell sind, aber dafür präzise: Aus- und Fortbildungsmöglichkeiten, die über das ganze Berufsleben hinweg zugänglich sind, um auf die Nachfrage nach qualifizierten Arbeitskräften zu reagieren; eine entgegenkommendere Arbeitslosenversicherung, um die Mobilität zu begünstigen; eine Liberalisierung von einigen heute zu stark beschränkten Märkten, um die Innovation zu fördern. Darin waltet immer noch die Überzeugung, dass die kreative Zerstörung heute wie gestern am Werk ist. »Wenn sich die Vorhersagen von Keynes über die Reduzierung der Arbeitszeit bewahrheitet hätten, würden wir schon heute gar nicht mehr arbeiten«, bemerkt Edward ironisch. Etwas prosaischer formulierte eine neue Studie des Weltwirtschaftsforums die Schätzung, dass die Robotisierung in den nächsten vier Jahren 0,98 Millionen Arbeitsplätze vernichten, zugleich aber 1,74 Millionen neue Arbeitsplätze schaffen wird, also fast doppelt so viele.[53] Wenn diese Zahlen auch, wie alle ökonomischen Prognosen, mit Vorsicht zu genießen sind, so folgen sie doch derselben Logik.

Manchmal frage ich mich, ob es nicht von Vorteil wäre, diese Gebirge trockener ökonomischer Literatur durch eine Zeile von Pascal zu ersetzen. »Alles Unglück der Menschen gründet in einem, nämlich der Unfähigkeit, ruhig zu bleiben, in einem Zimmer zu sitzen.« Wir haben das Bedürfnis, uns zu unterhalten, auf Gedeih und Verderb. Wir erschaffen Tätigkeit. Wenn uns die Maschine alle Anstrengung und alle Mühe abnehmen würde, fänden wir uns den schlimmsten metaphysischen Qualen ausgeliefert. Um dem stechenden Gedanken des Todes zu entgehen, werden wir immer eine Gelegenheit finden, Produkte herzustellen und Dienstleistungen zu erbringen.

Mag die Zerstörung auch schöpferisch sein, so stellt sich nichtsdestoweniger die Frage nach dem Ausmaß der Zerstörung. Mag die Arbeitslosigkeit auch nur ein Übergangsphänomen sein, so muss man nichtsdestoweniger die Betroffenen verstehen, um eine angemessene Politik zu entwerfen. Wird sich die KI an die Stelle aller unserer momentan ausgeübten Tätigkeiten setzen? Welche werden davonkommen und anhand welcher Kriterien erkennt man sie? Im Laufe meines Aufenthaltes in San Francisco stieß ich auf eine Maschine, die den Besucher ganz freundlich über die Chancen aufklärte, in den nächsten zwanzig Jahren im Beruf durch einen Roboter ersetzt zu werden. Was »Schriftsteller und Autoren« angeht, so haben wir noch etwas Zeit vor uns. Die Wahrscheinlichkeit liegt bei nur 3,8 %. Aber unsere Genossen Richter, Ärzte oder Bänker müssen sich der Möglichkeit stellen, in mehr als der Hälfte der Fälle umschulen zu müssen. Was ist wirklich davon zu halten? Wie kann man sich orientieren zwischen all den phantastischen Zahlen, die so leicht Schlagzeilen machen? Ich hatte meinem Cousin, Radiologe in Rouen, versprochen, von meiner Forschungsreise mit einer klaren Antwort zurückzukommen, was die Zukunft seines Berufs betrifft. Denn er wird oft unter den »automatisierbarsten« Berufen genannt: Eine KI wird ausreichen, um eine Diagnose zu stellen, der Arzt fungiert als zartfühlender Begleiter des Patienten. Als die Tage so vergingen, als ich widerstreitende

Analysen las und widersprüchliche Erklärungen hörte, begann ich zu fürchten, ich würde mit leeren Händen zurückkehren.

Am Abend kam ich von meinem täglichen Gesprächsmarathon zurück und ging noch einmal die Notizen des Tages durch, während ich mir Ohrentropfen verabreichte (vielleicht erinnern Sie sich noch an meine beidseitige Mittelohrentzündung). Ich musste meinen Kopf zur Seite neigen und entsprechend auch meine Notizhefte um 90° drehen. Ich bin überzeugt davon, dass diese ungewöhnliche Haltung meine reflexhaften Lektüregewohnheiten durcheinanderbrachte und mich dazu trieb, den Kritzeleien der linken Seite mehr Aufmerksamkeit zu schenken; dort häufte ich die Referenzen und Anspielungen auf, die meine Gesprächspartner nebenbei fallen ließen. So wurde meine Neugier für diese elliptische Formulierung geweckt: »D. Autor, Polanyis Paradox«. Es sollte mein Schaden nicht sein. Daraus zog ich endlich eine befriedigende begriffliche Definition dessen, was »automatisierbar« ist.

David Autor ist Wirtschaftswissenschaftler am MIT. Vor einigen Jahren hat er einen tiefsinnigen und klaren Forschungsartikel veröffentlicht, der ohne Gleichungen und Zitate auskommt und der für mich die Frage der Automatisierung erhellt hat.[54] Als Ausgangspunkt wählt er eine scheinbar harmlose Beobachtung des ungarischen Ökonomen Karl Polanyi: »Wir wissen mehr, als wir ausdrücken können.« Wenn wir etwa Fahrrad fahren, sind wir nicht in der Lage, alle unsere Bewegungen zu erklären, geschweige denn die physikalischen Gesetze, die ihnen zugrunde liegen. Unsere alltäglichen Handlungen gehen auf eine gleichsam unendliche Zahl von Kenntnissen zurück, die weder klar noch deutlich sind. Wir wenden eine Art geheimer Heuristik an, voller unsichtbarer Regeln und instinktmäßiger Abläufe. Polanyis Paradox ist geradezu das Gegenstück zu unserem Monsieur Jourdain, der in Prosa sprach, ohne es zu wissen.

Genau das setzt der Automatisierung klare Grenzen. Wie schließlich sollen Ingenieure die Computersimulation eines Prozesses programmieren, den sie nicht bis ins kleinste Detail beherrschen und begreifen? Der Code beruht auf der Erklärung. Je schwerer es ist, eine Aufgabe in ihre kleinsten Einzelteile zu zerlegen, umso weniger kann sie von einem Roboter übernommen werden. Eine komplexe Umwelt aus ungenauen Parametern stellt für Algorithmen eine große Herausforderung dar, während sie für menschliche Wesen einleuchtend, »natürlich«, scheint. Polanyis Paradox bezieht sich also auf hochverfeinerte Aufgaben, die Intuition und Kreativität verlangen (etwa das Plädoyer eines Anwalts), aber ebenso auf etwas bescheidenere Tätigkeiten, die sich auf ständig wechselnde Umstände und auf unvorhersehbare menschliche Interaktionen einstellen müssen (etwa Kellnern).

Um diese Probleme zu lösen, können Informatiker zwei verschiedene Richtungen einschlagen. Man könnte zunächst die Umwelt vereinfachen. Wenn man dem Kellner nicht mehr winken kann, sondern auf einen Knopf drücken muss, wenn es keine Möglichkeit mehr gibt, die Pommes durch einen Salat zu ersetzen und die Vorspeise als Hauptgang zu bestellen, wenn der Gast seinen Wein ganz alleine und ohne großes Palaver wählen muss, dann wäre es vielleicht möglich, den Beruf des Kellners zu automatisieren. Aber warum sollte man unter diesen Bedingungen noch in ein Restaurant gehen? Die zweite, vielversprechendere Möglichkeit: die Maschine alleine lernen lassen. Das ist die Idee des *unsupervised learning*, einer Lerntechnik, bei der der Algorithmus so wenig wie möglich angeleitet wird und seine eigenen Regeln aus der Umwelt, der er ausgesetzt wird, ableitet. So konnte ich etwa im MIT ein Programm begutachten, das »wie ein Kind« sprechen lernt, indem es Geschichten hört, die mit Bildern verknüpft sind.[55] Ebenso lernt das berühmte, von DeepMind entwickelte Programm AlphaZero, meisterhaft Schach oder Go zu spielen, indem es einfach gegen sich selbst spielt, ohne sonstige Maßgaben. Der Computer müsste also nicht länger formelle Regeln integrieren, sondern könnte selbst durch statistische Inferenz eine Art Instinktsicherheit entwickeln. Aber wie David Autor richtig bemerkt hat, hat auch der beste Algorithmus immer noch Schwierigkeiten, einen einfachen Zweck zu identifizieren: dass ein Stuhl zum Sitzen da ist, ein Teller zum Essen oder ein Schachbrett zum Spielen. Seine Fähigkeit zur Nachahmung wird die Illusion aufrechterhalten, bis ihn plötzlich eine brutale Veränderung in seiner Umwelt dazu bringen wird, das bœuf bourguignon auf einem Stuhl zu servieren. AlphaZero kann Kasparov besiegen, aber nicht das œuf mayonnaise zu Tisch 5 bringen.

Die Bedrohung der Automatisierung ist also dann noch weit entfernt, wenn eine Tätigkeit, wie David Autor zusammenfasst, »Flexibilität, Urteilsvermögen und Gemeinsinn« verlangt. Da ist er wieder, der Gemeinsinn, der uns den Schlüssel zur Intelligenz verschafft hatte! Das ist kein Zufall. Erinnern wir uns, dass der Gemeinsinn, jene grundlegend mit unserer biologischen Homöostase verbundene Funktion, es uns ermöglicht, die Bedeutung der uns umgebenden Welt, eine Mischung aus Begriffen und Zwecken, zu begreifen. Er entzieht sich seinem Wesen nach dem Rechenvermögen der KI. Dadurch setzt er eine definitive Grenze sowohl für eine Superintelligenz als auch für den Fortschritt der Automatisierung. Keine KI wird je verstehen können, was das Wesen eines Restaurants ausmacht, in dem Sinne, dass »verstehen« zugleich die mentale Nachbildung sinnlicher Eindrücke und die Fähigkeit zur Begriffsbildung umfasst.

Die Probe aufs Exempel, ob Ihr Beruf bedroht ist, ist also weniger von der Wiederholung als vielmehr vom Gemeinsinn abhängig. Die Arbeit eines Kellners ist vergleichsweise repetitiv (zur immer gleichen Zeit am gleichen Ort, um die gleichen Bestellungen aufzunehmen), aber erfordert sehr viel Gemeinsinn: Er muss aus dem Stegreif endlos viele Urteile fällen und geradezu auf die Totalität seiner Erfahrung als Mensch zurückgreifen, um alles vom Kopf des Gastes bis zur Stimmung des Chefs einzuschätzen. Auf der anderen Seite kann ein Buchhalter seinen Beruf mit Leidenschaft ausüben, sich fleißig in verschiedenen Bereichen umtun und zahlreiche Termine vorschützen, wenn er doch *in fine* Zahlen nach einer strengen Regel in eine Ordnung bringen und von seinen eigenen Empfindungen abstrahieren muss, dann wird ein Roboter ohne Zweifel bessere Arbeit leisten.

Mit diesem wertvollen Kriterium ausgerüstet, kann ich nun doch die Radiologen besuchen, um eine Antwort für meinen Cousin zu finden. Wer könnte ein besserer Gesprächspartner sein als Dr. Curtis Langlotz, Direktor des *Center for Artificial Intelligence in Medicine and Imaging* an der Stanford University?

Geographisch im Zentrum des Valley gelegen, eine halbe Stunde von San Francisco, eine Viertelstunde von Palo Alto, ist die Stanford University am Puls der globalen Innovation. So ist es für den Neuankömmling eine Überraschung, zwischen den ockerfarbenen, mit roten Ziegel gedeckten Gebäuden entlangzufahren, die inmitten großzügiger Naturräume verstreut sind. Palmenalleen, durchgestaltete Rasenflächen, Grüppchen kalifornischer Eichen, hin und wieder eine Statue von Rodin: Die Studenten leben in einem gigantischen Park, halb Golfplatz, halb botanischer Garten. Als würde die Technologie hier tief durchatmen, bevor sie sich wieder in den urbanen Malstrom der Start-ups, in die Forschungs- und Entwicklungszentren stürzt. Stanford wurde im Stil des *mission revival,* inspiriert von den spanischen Missionaren, Ende des 19. Jahrhunderts gebaut. Nimmt man noch die Hitze des kalifornischen Sommers dazu, glaubt man sich in eine Westernkulisse versetzt. Hinter den Arkaden gewärtigt man in jedem Augenblick das Auftauchen mexikanischer Banditen, mit Sombrero und Patronengurt quer über der Brust.

Diese Fata Morgana löst sich geschwind auf: Auftritt Doktor Langlotz, mit Schildpattbrille und einem karierten Hemd, in einem kleinen Saal des Stanford Hospital. Er ist Professor für Radiologie (sein Spezialgebiet ist der Brustkorb), aber er hat ebenso eine Doktorarbeit über »Entscheidungsmodelle in der heuristischen Planifikation« im Fach Informatik verteidigt. Seit den 1980er-Jahren hat er einen Großteil seiner Karriere der Arbeit an Computerprogrammen gewidmet, die medizinische Bilder interpretieren. Wenn dieser Mann nicht die Antwort auf meine Fragen hat, wer dann? Ich gebe mir Mühe, zwischen medizinischen Fachbegriffen und Datenverarbeitungstechnik nicht ins Straucheln zu kommen. Wie es sich anhört, haben die Fähigkeiten der KI beständig zugenommen, von den rein symbolischen Modellen (wie den Entscheidungsbäumen, die die Maschine Schritt für Schritt führen) bis zur Wiederentdeckung der neuronalen Netze im Laufe des letzten Jahrzehnts. Der Doktor Langlotz hat mit den berühmtesten KI-Forschern zusammengearbeitet, wie Fei-Fei Li oder Andrew Ng. Er hat beispielsweise einen Algorithmus geschaffen, der auf der Basis von tausenden gelabelten und auf Servern gelagerten Röntgenaufnahmen automatisch das Alter von Knochen schätzen kann. Solche Innovationen müssen von der zuständigen amerikanischen Behörde, der Federal Drug Administration (FDA), genehmigt werden wie ein x-beliebiges Medikament. Die Diagnose ist nicht immer sicher, aber diese Unschärfe kann und muss in Termini ausgedrückt werden, die ihrerseits trennscharf sind, damit der Radiologe die verschiedenen Wahrscheinlichkeiten abwägen kann. Der radiologische Kommentar ist Anti-Literatur: Alle vagen Ausdrücke gilt es zu unterdrücken, um zu einer möglichst großen Objektivität zu gelangen (eine ganz vorzügliche Abneigung scheint der Doktor Langlotz gegenüber Adjektiven zu hegen). Gewiss, die Techniken des *machine learning* hindern den Arzt daran, die genauen Gründe für diese oder jene Diagnose zu begreifen, auf Grund mangelnder »Nachvollziehbarkeit« des digitalen Gedankengangs – aber ist die Medizin nicht auf ganzer Linie eine empirische Wissenschaft?

Trotzdem macht sich der Doktor Langlotz keinerlei Sorgen, von seiner eigenen Schöpfung ersetzt zu werden. Das ist ein alter Traum. Bereits in den Anfängen der Kernspintomographie, jenem hochentwickelten bildgebenden Verfahren, das mit magnetischer Resonanz arbeitet, wollten die Ingenieure ohne Radiologen auskommen und die Resultate direkt an andere Mediziner weitergeben. Sie sind sich schnell bewusst geworden, dass eine menschliche Interpretation auch weiterhin nötig ist. Im Fall der KI sind Ausarbeitung und Optimierung der Algorithmen auf die wichtige Arbeit des Labelns von Bildern angewiesen und werden das auch weiterhin bleiben. So schickt der Doktor Langlotz seine Studenten in *labeling boot camps,* wo wie am Fließband medizinische Datenbanken von menschlichen Augen und Gehirnen durchgeprüft werden, bevor sie in die Maschine eingespeist werden. Wie wir bereits im vorhergehenden Kapitel über das Start-up für medizinische Bildgebungsverfahren VoxelCloud gesehen haben, sind traditionelle Formen der Wahrnehmung und des Wissens weiterhin im Vorfeld nötig, wenn sie auch schließlich unsichtbar werden, sobald der Algorithmus zur Reife gelangt ist. Diese Arbeit des Labelns wird niemals ein Ende haben: Sie wird mit dem Fortschritt der Wissenschaft weitergehen und sich verfeinern. Um Radiologen zu ersetzen, muss man also – Radiologen ausbilden.

Des Weiteren und noch grundlegender ist der Radiologe

unabdingbar, um die gegebenen Informationen zu »synthetisieren«, wie sich der Doktor Langlotz ausdrückt. Der Computer mag besser darin sein, die Nadel im Heuhaufen und die Krebszelle unter Millionen gesunder Zellen zu finden, aber der Mensch wird besser in der Lage sein, auf einzigartige Umstände zu reagieren, unerwartete Krankheiten zu entdecken, irrelevante Daten auszuscheiden und originäre Thesen zu formulieren. Medizinische Algorithmen sind hochspezialisiert und erfassen nicht die Gesamtheit des menschlichen Körpers, umso weniger die einer Krankengeschichte. Was ihnen von Natur aus fehlt, ist eine Form von medizinischem Gemeinsinn, die Begriffe zu bilden und zu assoziieren vermag. Deshalb rühmt der Doktor Langlotz, wie auch Kasparov auf dem Gebiet des Schachspiels, eine enge Zusammenarbeit zwischen Mensch und Maschine: Radiologen werden bezüglich der KI ausgebildet und die KI wird von Radiologen kontrolliert. Mein Cousin wird sich freuen. Der Gemeinsinn garantiert ihm lange Jahre der Arbeit, die sich durch den Fortschritt der Algorithmen noch intensiver gestalten werden.

Die logische Folgerung des Doktor Langlotz: Alle Berufe werden sich unter dem Einfluss der KI verwandeln, wie sie sich bereits durch das Internet verwandelt haben, aber unsere Arbeitswelten werden vergleichsweise unverändert bleiben. Ebenso hat die Mechanisierung seit den 1950er-Jahren alle Wirtschaftssektoren auf den Kopf gestellt, aber kein Sektor ist vollständig verschwunden, außer einem: Liftboys.[56]

Man könnte noch zahlreiche Beispiele zur Bekräftigung dieser sehr vernünftigen Vorhersage anführen. Ein letztes möchte ich noch herausgreifen, das der Finanzwirtschaft. Es stellt sich wieder die gleiche Frage, und das in einem Moment, da automatisierter Handel *(Algorithmic Trading)* bereits in weiten Teilen an den Börsen Einzug gehalten hat: Werden die Entscheidungen über Geldanlagen und Investitionen vollständig von den Maschinen übernommen werden?

Dafür bin ich nun in New York, aber nicht in der Wall Street, wo es kaum mehr Banken gibt, sondern in der Park Avenue, wo J. P. Morgan sein Hauptquartier aufgeschlagen hat. Ich machte mich darauf gefasst, in marmorverkleideten Aufzügen zu fahren, den Wölfen der Wall Street, flamboyant wie Leonardo DiCaprio, zu begegnen und durch die gigantischen Bienenkörbe von *trading floors* zu gehen wie durch ein Foto von Andreas Gursky. Stattdessen gleicht die größte Bank der Vereinigten Staaten der Verwaltung einer Provinzstadt, lange Gänge mit abgewetztem Teppichboden und Büros aus Resopal. Nur die Schritte der Sekretärinnen hallen durch die Stille. Die Angeberei ist von der Finanz- auf die Tech-Branche übergegangen.

Ich sitze dem Mann gegenüber, der laut CNBC »die Märkte bewegt«: Marko Kolanovic, ein stämmiger und zuvorkommender Kroate, dessen Titel mir zwar so prestigeträchtig wie mysteriös vorkommt *(Global Head of Macro Quantitative and Derivatives Strategy)*, von dem man mir aber versichert, dass er J. P. Morgans Strategie bezüglich der KI leitet. Um mir jeden diesbezüglichen Zweifel zu nehmen, überreicht er mir umstandslos den umfangreichen internen Bericht über »*machine learning* und den alternativen Umgang mit Daten für Investitionsentscheidungen«, den er mitverfasst hat, gespickt mit Graphen, Akronymen und mathematischen Formeln. Dieser Wälzer thront noch heute auf meinem Schreibtisch, ohne dass ich seine Qualitäten vollständig schätzen könnte; andererseits hat er bereits dazu beigetragen, dass das zulässige Gewicht meines Gepäcks an mehreren Flughäfen überschritten wurde. Ich kann diese fast vollständige Undurchsichtigkeit nur als Geniestreich auffassen. Die Tatsache, dass Marko auch einen Doktortitel in theoretischer Physik führt, hat mich davon überzeugt. Meine Forschungsreise hat mich auf alle Fälle demütig gemacht.

Marko bestätigt mir, dass es in erster Linie die Maschine ist, die die Märkte bewegt. In einer normalen Situation, wenn die Parameter für Investitionen stabil und die Börsen ruhig sind, erfolgt die Allokation des Kapitals auf der Welt großteils automatisiert, und das wird in Zukunft noch stärker der Fall sein. Das ist überhaupt kein Problem: Indem sie die Geschwindigkeit und Effektivität des Tradings auf der Basis öffentlich zugänglicher Informationen steigern, verbessern Algorithmen die Funktionsweise der Märkte. Die Bewegungen des Kurses hängen weniger vom Insiderwissen der einen oder anderen ab und spiegeln exakter die tatsächliche Leistung der Unternehmen wider. In ruhigen Zeiten kann die KI die riesigen Wogen des Kapitals glätten und sprunghafte Ereignisse verhindern. Sie korrigiert »den irrationalen Übermut der Märkte«, den Alan Greenspan schon zu Beginn der 1990er-Jahre beklagte.

Diese Situation ändert sich grundlegend, wenn unvorhergesehene Ereignisse eintreten, Krisen oder Innovationen *(tail events)*, oder aber wenn es um Langzeitplanungen geht. Der Mensch muss also wieder ans Werk, um seine Interpretation der Welt dort einzubringen, wo die Daten lückenhaft oder ungenau sind. Wenn Donald Trump etwas tweetet, wie sollte eine KI erraten können, ob er es erst meint oder schwindelt? Dafür ist intersubjektive Urteilsfähigkeit gefragt, die sich auf eine Analyse der Persönlichkeit gründet, schließlich gibt es für den Fall Trump so gut wie keine Vergleichsbeispiele. Verlogenheit, Heuchelei und Bluff kann eine Maschine nicht begreifen. Genau deshalb sind Markos Kollegen weiterhin unterwegs, um Minister, Zentralbänker und Unternehmensleiter zu treffen – nicht, um ihnen Informationen zu entlocken, sondern um ihre Lebensweise nachvollziehen zu können. Der Wert von Finanzanalysten liegt weniger in ihrem mathematischen Talent als in der Feinheit ihrer Intuition. »Unter dem Strich«, meint Marko, »ist die Finanzwirtschaft ein geregeltes Spiel unter Menschen.« Um die Märkte vollständig zu automatisieren, müsste man zuerst – die Menschen automatisieren.

Marko glaubt, dass es mangels Superintelligenz nicht dazu kommen wird, dass Maschinen im großen Stil die Menschen ersetzen. Ebenso klingt es bei Bloomberg: Der Leiter der EDV hält mir einen erstaunlich bescheidenen und klugen Vortrag über die Fähigkeiten der Algorithmen, die er entwickelt und die im Grunde nur dafür verwendet werden, Informationen aus menschgemachten Dokumenten zu extrahieren. Computer können den Nachschub für finanzielle Transaktionen sicherstellen, aber sie können keine Investmentstrategie ersetzen. Kein Algorithmus ist in der Lage, eine umfassende Interpretation der Welt und der Menschen, die sie bevölkern, anzustellen. Das ist wieder einmal eine Frage des Gemeinsinns.

Die Zerstörung bleibt nicht nur weiterhin kreativ, sie endet auch an den Grenzen des Gemeinsinns. Die KI wird nur die Berufe verschwinden lassen, zu deren Ausführung keinerlei Kontextverständnis, keine Interaktion mit der äußeren Umwelt, keine auf Menschenkenntnis gegründete Initiative erforderlich ist. Anders gesagt, Aufgaben, die sich nicht auf anderes erstrecken, die in sich selbst gleichsam autark repliziert werden. Man müsste einen »Gradmesser des Gemeinsinns« formulieren, der wirkungsvoller die Wahrscheinlichkeit der Automatisierung bestimmen könnte als das Kriterium der »Wiederholung«.

Mit diesem Maßstab gemessen erscheinen mir die *bullshit jobs*, die der Anthropologe David Graeber beschrieben hat, als außerordentlich widerständig gegenüber der Ablösung durch die Technologie, im Guten wie im Bösen. Graeber analysiert das momentane Wirtschaftssystem als einen Rentenkapitalismus, der zu etwa einem Drittel überflüssige Tätigkeiten hervorbringt, um bürokratische Mechanismen zu verstetigen, um die Illusionen strotzender Produktivität aufrechtzuerhalten oder um einfach nur dem Ego zu schmeicheln. PowerPoint-Zauberer, Strategieexperten und professionelle Berater werden sich wiedererkennen. Aber gerade die Absurdität ihres Berufs beschützt sie vor der KI. Man muss sich ein hochverfeinertes Bild von der Welt machen können und über einen allseits bewährten Gemeinsinn verfügen, um eine Tätigkeit zu übernehmen, die von keinerlei ökonomischem oder intellektuellem Interesse ist. Nur die zunehmende Komplexität der sozialen Ordnungen, die Schwerfälligkeit der Hierarchien und der Durst nach Macht können den Aufschwung der *bullshit jobs* erklären. Die Maschine ist unfähig, nichts zu tun. Welcher Algorithmus könnte je nutzlose Berichte schreiben? Der Internationale Währungsfonds hat es vergeblich mit seinen Dokumenten zur Analyse einzelner Länder versucht. Um so zu tun, als könne man einem Dokument einen Sinn geben, das naturgemäß keinen Sinn besitzt, dafür braucht es die ganze Genialität eines menschlichen Geistes.

Ein gutes Beispiel hingegen für eine Tätigkeit, die wenig Ansprüche an den Gemeinsinn stellt, ist der Umschlag in Häfen, eine Spezialität des Start-ups Westwell, das ich in Shanghai besucht habe. Nach chinesischen Maßstäben kann ein »Start-up« mehrere hundert Angestellte haben und dennoch das Privileg eines Gässchens abseits der Bürotürme und Boulevards genießen, wo man noch die Fahrradklingel des fliegenden Händlers hört. Durch einen glücklichen Zufall hatte der *chief operating officer,* der den westlichen Vornamen Vincent führt, am Institut national des sciences appliquées de Lyon studiert und sprach fließend Französisch. Der Strom seiner Erklärungen über den »intelligenten Hafen«, in dem Frachtschiffe völlig reibungslos be- und entladen werden, riss nicht ab. Der Algorithmus antizipiert die kleinsten Bewegungen, von der Position des Containers auf dem Schiff bis zum Kreuzungspunkt der Frachter. Schluss mit Jacques Brels Matrosen, die »die Nase in den Himmel halten und in die Gestirne schnäuzen«. Im intelligenten Hafen findet sich keine lebendige Seele mehr. Das Imagevideo, das Vincent mir vorspielte, zeigte das millimetergenaue Gewusel der Kräne und LKWs. Westwell hat bereits gut fünfzehn chinesische Häfen mit dieser Technologie ausgestattet. Wenn ich das nächste Mal das Label *made in China* lese, werde ich mich an diese unablässige, schweigsame und chirurgische Bewegung der Waren erinnern, die die Kleider, die wir tragen, und die Spielzeuge, die wir unseren Kindern schenken, durchlaufen haben.

Der Vorteil mit chinesischen Unternehmern, der sie so deutlich von ihren amerikanischen, in ethischen Vorschriften verstrickten Kollegen unterscheidet, ist ihre Freimütigkeit. Selbstbewusst kündigt mir Vincet an, dass das letztendliche Ziel von Westwell sei, die gesamte Verwaltung und Leitung eines Hafens dank der Lernfähigkeit der KI zu automatisieren. Schon heute hat sein System die Zahl des nötigen menschlichen Aufsichtspersonals in einem Hafen von 40 auf sechs reduziert. Morgen werden auch die LKWs auf dem Gelände des Hafens autonom fahren. Werden dadurch auch neue Arbeitsplätze geschaffen? Nein. Umso besser. Die Technik senkt die Kosten, erhöht die Kapazität des Hafens und macht Unfälle unmöglich. Probleme, die sich noch stellen, wie etwa Bodenmarkierungen, die sich schlecht für die automatische Bilderkennung eignen, werden mit Sicherheit in den Häfen der neuen Generation gelöst sein – sie sind dazu gemacht, ohne menschliches Urteilsvermögen auszukommen.

Vincents Enthusiasmus kannte keine Grenzen. Aber wie er auch selbst zugab, ist ein Hafen ein geschlossenes System. Die

Handhabe der Container gleicht einem riesigen Rubik's Cube: Der Computer wird die besten Lösungen finden. Es genügt, den Durchfluss zu optimieren. Das nämlich ist trotzdem keine repetitive Arbeit. Die Parameter verschieben sich ständig: keine zwei Tage gleichen sich in einem Hafen. Der Algorithmus ist in der Lage, sich an ständig wechselnde Szenarien anzupassen, solange keine äußere, unbekannte Ursache hinzukommt. Er muss nicht wissen, wo die Waren herkommen, zu welchem Gebrauch sie bestimmt sind, was sie für eine Rolle im Handelskrieg mit den USA spielen oder was das Alter des Frachterkapitäns ist. Automatisierung kann nur unter Bedingungen extremer Isolation funktionieren. Ohne KI hätte man noch glauben können, dass ein Hafen ein weltoffener Ort ist. In Wahrheit ist er der Archetyp eines geschlossenen Systems, in dem keine Vorstellung von der Welt erforderlich ist. Eine seltene Ausnahme in unserem komplexen Kosmos.

Der Bau autonomer Häfen *ex nihilo* wirft dennoch eine kniffelige Frage auf, die das Weiterbestehen der traditionellen Berufe betrifft. Wird man nicht versucht sein, aus Gründen der Vereinfachung und des wirtschaftlichen Kalküls in allen Sektoren zahlreiche derart geschlossene, »für den Gemeinsinn unzugängliche« Räume zu schaffen? Anders gesagt, wenn ein heutiges Pariser Bistro nur mit menschlichen Kellnern funktioniert, werden die Restaurants von morgen nicht so angelegt sein, dass sie ohne Kellner funktionieren können? Werden die Konsumenten nicht nach und nach das Prinzip Wirtshaus mit seinen komplexen sozialen Zielen und Zwecken vergessen, um sich an die Bequemlichkeit von Läden wie jenem Pret a Manger zu gewöhnen, in dem ich Chunlong getroffen habe? Die Bedrohung besteht nicht so sehr im Auftauchen der KI in der realen Welt, sondern in der Veränderung der realen Welt, die der KI entgegenkommen will.

Die Zukunft der Arbeit hängt also nicht an einer unvermeidlichen, technologischen Evolution, sondern an einer zweifachen sozialen und politischen Entscheidung: Wollen wir die *bullshit jobs* und ihre menschliche, allzu menschliche Absurdität bewahren? Wollen wir robotisierte, allzu robotisierte Umgebungen schaffen? Das schlimmste aller Szenarien wäre doch eine Menschheit, die sich mit sinnlosen Tätigkeiten beschäftigt hält und in sterilisierten Räumen lebt. Ich ziehe dem einen stabilisierten Kapitalismus vor, in dem wir weniger arbeiten, aber uns die etwas chaotische Komplexität unsrer Gesellschaften erhalten.

Wie dem auch sei, die KI trägt in sich nur wenig Verantwortung. Der Wind der Panik, der über die Zukunft der Arbeit streicht, erscheint mir in diesem Sinne wissenschaftlich irrig, historisch altbekannt und moralisch zweifelhaft. Warum hinterfragen die Propheten der Automatisierung niemals ihre eigene Tätigkeit? Die berühmtesten Kassandren, wie Elon Musk, der regelmäßig die Ersetzung oder Auslöschung der Menschheit durch die Maschinen predigt, sind ihrerseits Arbeitstiere.[57] Roboter sind immer für die anderen, für die, die nicht unersetzlich sind. Angst vor Automatisierung ist eine zeitgenössische Form des Standesdünkels geworden.

Diese Verlogenheit ist mir in San Francisco im Gespräch mit Craig Hanson, dem Gründer des Investmentfonds NextWorld Capital, klar zu Bewusstsein getreten. Wie der Name nahelegt, beteiligt sich NextWorld an der Finanzierung von Start-ups, die die Speerspitze der digitalen Innovation bilden. Craig vermutet, dass die KI die Gesamtheit aller Unternehmen auf den Kopf stellen und die Gesellschaft radikal verändern wird. Jenseits der Moden und Schlagzeilen, die Unternehmer dazu drängen, die KI in ihren Präsentationen überzubetonen, stehen wir auf lange Sicht am Beginn einer Ära der »ärgerlichen KI«, in der *machine learning* in allen Sektoren der Arbeit Einzug hält. Diese

KI, davon ist Craig überzeugt, wird den Menschen auf die Funktion eines Bahnwärters zurückstufen, der von Zeit zu Zeit grünes Licht zu geben hat, bevor er vollständig ersetzt wird. Die KI wird in der Lage sein, immer strategischere Entscheidungen zu treffen, und unsere Urteilsfähigkeit obsolet machen.

»Und wie steht es dann um das Investment?«, frage ich ihn unbedarft. »Werden Sie ebenso von einer KI ersetzt werden, die einen Businessplan prüfen und die Marktchancen abschätzen kann?«

»Aber nein!«, ruft Craig sofort. Er ist beleidigt. »Investment ist zu kompliziert. Es wird der letzte Sektor sein, der automatisiert werden kann.«

Ich möchte vorschlagen, diese Reaktion auf den Namen *Craigs Paradox* zu taufen. Jedermann nimmt in seinem Sektor unmittelbar die Subtilitäten des Tagesgeschäftes wahr, den ununterbrochenen Anspruch, Entscheidungen zu treffen, die einem keine KI abnehmen könnte. Ebenso einfach ist es, genau das bei anderen zu verkennen. Der Radiologe begrüßt es als Mehr an Sicherheit, wenn die KI den gesamten Straßenverkehr übernimmt, der LKW-Fahrer würde gerne den Journalismus automatisieren, um die Objektivität zu steigern, der Journalist versteht nicht, was an Investmentbanking so schwierig sein soll, und der Investmentbanker möchte, dass seine medizinischen Befunde von einer Maschine interpretiert werden. Ich kann nur jedem vorschlagen, den Beruf des anderen einmal auszuprobieren, um seine Komplexität besser zu begreifen. Wir überschätzen die Robotisierung, weil wir unseren Mitmenschen für einen Roboter halten. Ein wenig Empathie würde genügen, um uns von dieser Illusion zu heilen.

Das beste Argument gegen das Ende der Arbeit steht also Descartes zu: Nichts ist auf der Welt besser verteilt als der Gemeinsinn und nichts ist unersetzbarer.

III

DAS PRINZIP DREHKREUZ

Warum Sie keine Wahl mehr treffen müssen

Es regnete in Shanghai. Nicht der feine Regen von Nantes, der Barbara Brodi inspiriert hat, sondern ein gewaltiger Monsunregen, der von den Hochhäusern herabströmte, die Gehwege überschwemmte und jedes Vorankommen unmöglich machte. Ich fand Unterschlupf im Yuz Museum, wo gerade eine Ausstellung des Künstlerkollektivs »Random International« gezeigt wurde, die den Platz der Menschheit in einer technologischen Welt zum Gegenstand hatte. Das Programm kündigte »Alles und Nichts« an. Ich setzte auf das Nichts, trocknete mich etwas ab und öffnete die Tür.

Der Kontrast zum De Young Museum in San Francisco war überwältigend. Die Ausstellung in Shanghai gab sich strenger in Bezug auf die Maschine und setzte den Besucher allen möglichen verstörenden Erfahrungen aus: Man sah sich von einem Bulldozer zermalmt oder auf einem Bildschirm in einer Wolke leuchtender Punkte gespiegelt. In einem *Rain Room* war man isoliert von der Natur, denn der Regen hörte immer dort auf, wo der Besucher gerade stand. Vielleicht war es ein Zufall, dass mein Aufenthalt in China unter kritischeren Vorzeichen stand. Mitten im Hauptsaal breitete sich eine vermeintlich harmlose Installation aus: einige dutzend Drehkreuze, die in gleichmäßigem Abstand aufgestellt waren. Die Besucher durchquerten die Installation gedankenlos und kämpften sich hindurch, um den Saal zu queren. Plötzlich bemerkte ich, dass ihre Bewegungsrichtung von den Drehkreuzen leicht abgelenkt wurde. Ohne sich dessen bewusst zu werden, wurden sie von der geraden Linie abgedrängt, und so wurden alle ihre Wege in der Ausstellung neu geordnet. Ich versuchte es selbst: indem ich mechanisch die Metallarme der Drehkreuze wegdrückte, fühlte ich mich unwiderstehlich vom einen zum nächsten gezogen und folgte dabei einer Absicht, deren Sinn ich nicht begreifen konnte. Gewiss, ich hätte in jedem Moment die Richtung ändern oder umkehren können. Kein physisches Hindernis stand mir entgegen. Aber es war sehr viel bequemer, sich so widerstandslos dahingleiten zu lassen. War nicht die ursprüngliche Entscheidung, die Drehkreuze zu durchqueren, meine gewesen, hätte ich sie nicht leicht umgehen können?

Was ist der Bezug zur Technologie? Die anderen ausgestellten Werke hatten eine recht klare Botschaft. Die Drehkreuze aber blieben stumm. Keine erklärenden Schildchen, keine aufgesprühten Slogans. Ich maß dem Ganzen keine große Bedeutung zu und tollte im unterhaltsamen und sehr beliebten *Rain Room* herum.

Die Tage vergingen und ich tauchte in die Realität der sozialen Überwachung *à la chinoise* ein, in der der massive Einsatz von KI erlaubt, das Verhalten der Bürger in nahezu allen Bereichen des Lebens zu lenken, von der Ausbildung bis zur Liebe. Vorschlags- und Empfehlungssysteme, die auf der maximalen Abdeckung individueller Vorlieben gründen, zielen darauf ab, die Wahl in die Hand der Maschine zu legen. Diese Drehkreuze erhielten also ihren Sinn. Wie sie setzt auch die KI nichts durch. Sie macht Vorschläge, kanalisiert, bestärkt. Man denke sich jedes Drehkreuz aufs genaueste reguliert und personalisiert, jedes eine unmerkliche Beeinflussung der Bewegungsrichtung, im Interesse des Einzelnen und der Gruppe. Wir behalten immerzu den Eindruck, dass wir selbst entschieden und unser Ziel bestimmt haben und aus freien Stücken auf die verfügbare Technologie zurückgreifen. Wir rückversichern uns mit der Vorstellung, dass wir jederzeit aufhören können, dass es genügt, nicht zu klicken. Und dennoch hören wir, von Drehkreuz zu Drehkreuz, ganz duselig von Bequemlichkeit und Effektivität, mit dem Aufhören auf. Wo man anfangs noch versucht, querfeldein zu gehen, verliert die Schwäche unserer Urteilskraft schnell den Mut, sich der Optimierungsmacht des Computers entgegenzusetzen. Also lassen wir uns führen. Wer benutzt noch Karte und Kompass statt Google Maps?

Ich befürchte, dass wir uns am Beginn einer Gesellschaft aus Drehkreuzen befinden. Auf Grund der biologischen Erwägungen, die im letzten Kapitel entwickelt wurden, sehe ich in der KI keine metaphysische Bedrohung für die Zukunft von *Homo sapiens*. Die Debatten über die »Superintelligenz« verschleiern das eigentliche soziale Problem dieser Technologie,[58] nämlich die Frage nach dem freien Willen. Denn die industriellen Anwendungen der KI, die sich in Windeseile entwickeln, neigen dazu, die individuelle Wahl aus unserer Existenz zu entfernen. Um uns besser zu Diensten zu sein, hindern sie uns daran, selbst Entscheidungen zu treffen, die unweigerlich vorurteilsbehaftet und schlecht informiert sind. Indem sie unser Wohlergehen immer weiter steigern, beweisen sie jeden Tag wieder ihre Nützlichkeit und Überlegenheit. Die KI kennt die verborgenen Tiefen unseres Geschmacks besser als die Oberfläche unseres Bewusstseins: Warum sollte man ihr nicht die Verwaltung unseres Glücks überlassen? Wie einst Tocqueville in der »Gleichheit« das treibende Prinzip der entstehenden Demokratien erblickt hatte, so bin ich am Ende dieser langen Reise zu dem Schluss gelangt, dass »das Ende des freien Willens« die Epoche der KI charakterisiert. Alles in allem, vielleicht könnte das ja eine Lösung für die Übel der Menschheit sein. Vielleicht ist der freie Wille nur ein scholastisches Märchen, eine Illusion, die loszuwerden wir stolz sein könnten. Aber einmal mehr müssen wir uns vollständig bewusst machen, was wir damit bereit wären zu verlieren.

DIE WISSENSCHAFT GEGEN DEN FREIEN WILLEN

Kahneman, Kahneman, Kahneman. Dieses Phantom begleitete mich auf meiner gesamten Reise. Yann LeCun hatte am Vortag mit ihm in New York zu Mittag gegessen. Jaron Lanier, eine historische Figur der kalifornischen Tech-Branche, hielt nach ihm Ausschau, als wir gemeinsam bei Saul's aßen, einem typischen amerikanischen *diner* im Herzen Berkeleys, in Schachbrettmuster gefliest und mit gepolsterten Sitzbänken eingerichtet. Bereits an meinem ersten Tag in Boston überzeugte mich Jim Glass vom MIT mit Kahnemans Experimenten (ohne Probleme) davon, dass die Menschen nicht so rational sind, wie sie es sich vorstellen. In Peking zitierte Eric Chang, der Leiter der Unternehmensstrategie von Microsoft, aus Kahnemans Schriften, um mich davon abzubringen, dem freien Willen zu viel Bedeutung zuzumessen. Nassim Taleb, der üblicherweise wenig Zartgefühl für seine Zeitgenossen hegt, macht für Kahneman eine Ausnahme und beruft sich ausdrücklich auf ihn.[59] Selbst Garry Kasparov widmet in seiner Analyse der Komplementarität von Mensch und Maschine mehrere Seiten den »faszinierenden Arbeiten« Kahnemans.[60] Mir wurde derart viel über Kahneman erzählt, dass ich am Ende das Gefühl hatte, ihn schon seit Ewigkeiten zu kennen. Der sanftmütige Akademiker, den Kopf in einer Aureole aus wenigen weißen Haaren, schien bei jedem meiner Termine aufzutauchen. Wenn es heute in der KI-Szene einen Meisterdenker gibt, dann kann das, so mein empirischer Eindruck aus der schieren Anzahl der Zitate in meinen Notizheften, nur Kahneman sein.

Indes, Daniel Kahneman ist alles, nur kein Theoretiker der Technologie. Der Psychologe hat im Laufe seiner Karriere mit unzähligen Experimenten an dem Nachweis geforscht, dass menschliche Entscheidungen einer Vielzahl kognitiver Verzerrungen und Illusionen unterworfen sind. Unsere alltäglichen Urteile sind alles andere als rational. Halo-Effekt, Affektheuristik, vermutete Kausalitäten, Bestätigungsfehler, Validitätsillusion, assoziatives Denken, Planungsfehler, Dispositionseffekt, Regression zur Mitte, Ankereffekt – so viele Reflexe, die in unsere neuronalen Schaltkreise eingeschrieben sind, mentale Augentäuschungen, die uns zu irrigen Schlussfolgerungen führen. Das ist der Grund, warum wir für Preise wie »99,99 €« empfänglich sind oder warum wir uns schwertun, einmal begonnene Projekte wieder aufzugeben. Unser »System 1«, wie Kahneman das recht kühl nennt, das System für schnelles Denken, erzeugt ununterbrochen falsche Wahrscheinlichkeitsannahmen und bruchstückhafte Gedankengänge, während es versucht, die uns umgebende Welt in eine sinnfällige Kohärenz zu bannen. Das »System 2«, das die zahlreichen Fehler berichtigen sowie unsere Rationalität und unseren kritischen Geist zum Einsatz bringen soll, arbeitet langsamer und kommt meistens nicht hinterher; es kann sich nur auf eine winzige Zahl von Entscheidungen konzentrieren, und die meiste Zeit über übernimmt es ganz faul die Vorschläge von System 1. Unsere ausdrücklichen Vorlieben offenbaren sich als das, was sie sind: »hoffnungslose Luftspiegelungen«.

Ich möchte nur eines aus den hunderten Beispielen, die Kahnemans Summa enthält,[61] herausgreifen. Es geht um die Geschichte von Linda, die ich mir erlaube für ein zeitgenössisches Frankreich anzupassen. Linda studiert Soziologie, begehrt gegen Ungerechtigkeiten auf und ist eine militante Antispeziesistin. Im Frühling 2018 hat sie im Zuge des Streiks an der

Besetzung des Campus von Jussieu teilgenommen. Zehn Jahre später. Was ist aus Linda am wahrscheinlichsten geworden?

1. Kinderbetreuerin
2. Yogalehrerin
3. Bankangestellte
4. Sozialarbeiterin
5. Bankangestellte, die sich militant für Tierrechte einsetzt

Unter dem Eindruck von Lindas Persönlichkeit schätzen die meisten Versuchspersonen die Wahrscheinlichkeit höher ein, dass sie eine »Bankangestellte, die sich militant für Tierrechte einsetzt« geworden ist, deutlich wahrscheinlicher als nur »Bankangestellte«. Indes hätte eine ganz einfache logische Deduktion mit kühlem Kopf das Gegenteil gezeigt, da Antwort #5 nämlich eine Unterkategorie von Antwort #3 ist. Die Wahrscheinlichkeit, dass Linda eine »Bankangestellte, die sich militant für Tierrechte einsetzt« geworden ist, kann nur kleiner sein als die Wahrscheinlichkeit, dass sie einfach nur »Bankangestellte« geworden ist. Dieser weitverbreitete Fehler illustriert die Verzerrung der »Repräsentativität«. Unsere Vorliebe für Stereotypen überwiegt die einfachste statistische Überlegung.

Diese psychologischen Entdeckungen mögen den Leserinnen und Lesern, die an die moralischen Maximen der Klassik gewöhnt sind, einigermaßen trivial vorkommen, aber sie haben eine immense Wirkung auf die Wirtschaftswissenschaft ausgeübt, die bis in die 1970er-Jahre von einem rationalen Individuum ausging, dem *Homo oeconomicus,* der einen eigenen Nutzen zu optimieren fähig ist. Kahnemans Arbeiten stehen in engem Zusammenhang mit dem Aufkommen der Verhaltensökonomie, die den Menschen in all seinen Unvollkommenheiten betrachtet. So unterscheidet Richard Thaler, ein Weggefährte Kahnemans und eine Galionsfigur der *behavioural economics,* in unserem Verhalten das, was zum *Econ* gehört (vergleichbar mit dem »System 2«), und dem, was zum *Human* gehört (»System 1«). Diese Überlegungen voll gesunden Menschenverstandes werden den gesamten wirtschaftlichen Zugriff auf den Markt verändern, der seither auch die weniger überlegten Entscheidungen in Betracht zieht und bedient. Es geht nicht darum, den Menschen völlig vernünftig zu machen, eine zum Glück unlösbare Aufgabe, sondern die äußeren, negativen Einflüsse, die von verzerrten Entscheidungen ausgelöst werden, zu minimieren. Diese Hypothesen sind inzwischen in der akademischen Welt unumstritten: Kahneman erhielt 2002 den Nobelpreis für Wirtschaftswissenschaften, Thaler folgte ihm 2017 nach.

Die Auffassung von Politik wird davon erschüttert. Unter der, sagen wir, friedmanschen Annahme eines rational Handelnden war es illegitim, das Individuum vor sich selbst zu beschützen, da man jeder Wahl die völlige Kenntnis der Sachlage unterstellte. Andersherum kann und muss ein Mensch, der seinen Illusionen erliegt und übereilte Urteile fällt, dazu angeregt werden, die Entscheidungen zu treffen, die ein externer Beobachter, in diesem Fall der Gesetzgeber, für besser erachtet. Thaler hat das auf den Namen »libertärer Paternalismus« getauft: Man bietet dem Individuum die Gesamtheit aller Optionen an, aber gibt ihm einen »Stups« (*nudge* im Englischen)[62] in Richtung dessen, was am wünschenswertesten erscheint. Hat man beispielsweise die Beobachtung gemacht, dass Studenten dazu neigen, in der Mensa einfach das Gericht zu nehmen, das als Erstes angeboten wird, dann wird man dafür sorgen, dass das erste Gericht eher ein Salat ist und kein Hamburger – ohne den Studenten freilich zu verbieten, sich frei für eine ungesündere Mahlzeit zu entscheiden. Man bedient sich also der gleichen psychischen Mechanismen, die uns in die Irre führen, um uns gegen unsere schlimmsten Instinkte zu wappnen. Diese Politik des *nudge* wurde Anfang der 2010er-Jahre bei den öffentlichen Entscheidungsträgern sehr populär, so sehr, dass der britische Premierminister in der Downing Street 10 eine »Nudge Policy Unit« schuf. Google selbst hat intern *nudges* eingeführt, um den Fleischkonsum der Belegschaft zu reduzieren und ihre Produktivität durch ein System personalisierter Nachrichten zu verbessern. Im Silicon Valley werden seither *nudge scientists* angestellt.

Aber was ist der Zusammenhang mit der KI? Kahneman hat selbst in einem Kommentar zu den Experimenten Paul Meehls drauf hingewiesen. Dieser Psychologe hatte sich in den 1950ern vorgenommen, die Überlegenheit der »statistischen Vorhersage« gegenüber der »klinischen Vorhersage« zu zeigen. Meehl hatte beobachtet, wie Lehrkräfte die zukünftigen Noten ihrer neuen Schüler auf Basis ihrer bisherigen Prüfungsergebnisse, ihrer Eignungstests sowie eines persönlichen Gesprächs vorhersagen. Diese Schätzungen verglich er dann mit denjenigen einer streng angewandten mathematischen Formel, in die nur einige elementare Informationen eingespeist wurden. Ergebnis: Die Formel war dem menschlichen Urteil systematisch überlegen. Für Paul Meehl war das der Beweis, dass Experten zu sehr von ungenauen Kriterien und subjektiven Meinungen, ob bewusst oder unbewusst, beeinflusst werden. Demgegenüber besitzen einfache Regeln und Checklisten, die unabhängig von System 1 sind, einen erwiesenen Wert, den etwa Piloten oder Alpinisten nur zu gut kennen: In einer panischen Situation verlässt man sich besser auf sein Handbuch als auf seine Intuition. Deshalb ist es auch so wichtig, sich »Automatismen« anzueignen, die aus uns, genau, Automaten machen. Kahneman teilt diese Schlussfolgerungen auf ganzer Linie: »Die Experten sind den Algorithmen unterlegen.« Und er zieht daraus auch Konsequenzen für die Welt der KI, in der die Algorithmen in der Tat immer mehr statistische Rechnungen verarbeiten: Wir müssen unsere natürliche Vorliebe für die Urteilskraft des Menschen (etwa eines Doktors oder Anwalts) überwinden und lernen, der Maschine zu vertrauen, diesem puren, gänzlich unverzerrten System 2. »Glücklicherweise«, freut sich Kahneman, »wird die Feindseligkeit gegen Algorithmen in dem Maße abnehmen, wie ihre Rolle im alltäglichen Leben weiter wächst.«

Man kann es also gut verstehen, warum Kahneman so viele Spitzenreiter der KI verführt. Die Irrationalität unseres Urteils rechtfertigt die Zuhilfenahme einer Maschine, die in der Lage ist, unsere persönlichen Bedürfnisse zu erkennen, ohne unseren kognitiven Illusionen zu erliegen. Da wir unfähig sind, beständig alle von der Maschine bereitgestellten Informationen auszuwerten, warum sollen wir ihr nicht gleich auftragen, unsere Entscheidungsfindung zu erleichtern, indem sie in ganz diskreter Art und Weise unserem Verhalten eine bestimmte Richtung gibt? Und da unser System 2 uns nur eine sehr unvollkommene Selbstkenntnis anbieten kann, könnten wir nicht ebenso die KI mit der Bestimmung unserer eigentlichen Wünsche und Sehnsüchte beauftragen, sodass die Maschine uns nicht nur hilft, die Effektivität unserer Entscheidungen zu verbessern, sondern auch ihre Natur? Auf diese Weise könnte die KI als ein universeller *nudge* fungieren, indem sie alle unsere Entscheidungen vorkaut und uns dauerhaft in einer Gesellschaft aus Drehkreuzen verankert.[63]

Kahneman leugnet nicht die Existenz eines freien Willens. Er verortet ihn isoliert in jenem recht fehleranfälligen System 2, hilflos gegenüber dem ständigen Zustrom von Informationen und nur unter besonderen Umständen, nur unter besonderen Anstrengungen voll einsatzbereit. Da er Psychologe ist, konzentriert Kahneman seine Forschung auf die Fehlleistungen von System 1 und überlässt anderen die Behandlung von Fragen nach dem Bewusstsein und der Wahlfreiheit, verräumt in der Black Box von System 2. Zahlreiche zeitgenössische Neurowissenschaftler sind dem Aufruf gefolgt und haben sich um den Nachweis bemüht, dass das Konzept des freien Willens Teil einer mittelalterlichen Metaphysik ist. Je mehr man die Funktionsweise des Gehirns entschlüsselt, umso eher lässt sich das Entscheidungsvermögen auf einen chemischen Prozess reduzieren, der decodierbar und quantifizierbar ist. Stanislas Dehaene, ein hohes Tier auf diesem Gebiet, hat sich entsprechend die Rehabilitierung einer kartesischen Vorstellung vorgenommen, die der reinen Hirnmechanik.[64] Er möchte ein für alle Mal die Idee einer Seele, eines Geistes oder eines Gewissens aus der Welt schaffen, die sich über die Gesetze der Molekularbiologie erheben könnte, um eine »freie« (und also, in gewissem Sinne, tollkühne oder willkürliche) Wahl zu treffen. Was der Philosoph David Chalmers das »schwierige Problem« des Bewusstseins genannt hat, ist für Dehaene überhaupt keines. Die 60 Milliarden Neuronen in unserem Cortex werten die gegebenen Informationen in Abhängigkeit von unseren genetischen Dispositionen und vergangenen Erfahrungen aus. Wenn wir sie eines Tages vollständig kartographiert haben, werden wir mentale Prozesse genauso vorhersagen können wie die Bewegung von Billardkugeln. Dehaene leugnet indessen nicht die Ausübung einer »autonomen Entscheidungsgewalt«, aber er unterscheidet sie deutlich von der obskuren Unvorhersehbarkeit des »freien Willens«. Gewiss kann System 2 hochverfeinerte Entscheidungen treffen, kann Für und Wider bedächtig abwägen, aber diese Entscheidungen bleiben schlussendlich von unserer biologischen Konstitution determiniert. Die Tatsache, dass unsere Handlungen das Ergebnis einer reinen Kausalkette sind, bedeutet noch nicht, dass sie irrational wären, ganz im Gegenteil. Logischerweise sieht Dehaene keinen Grund, warum eine KI nicht auch zu einer solchen »autonomen Entscheidungsgewalt« gelangen sollte, indem sie unser Vermögen des inneren Abwägens und Überlegens künstlich reproduziert. Die Maschine hat nicht mehr oder weniger freien Willen als wir anderen Menschen. Es wäre also völlig legitim, sich von ihr bei der Ausübung unserer Rationalität helfen zu lassen.

Wir werden also Zeugen einer beunruhigenden Übereinstimmung von Psychologie, Verhaltensökonomie und Neurowissenschaft gegen den freien Willen. Diese Vorstellung wird von Essayisten wie Sam Harris popularisiert, der deterministische Argumente extrem vereinfacht und behauptet, dass unsere Gedanken die Frucht reiner physikalischer Gesetzmäßigkeiten seien und also »mein geistiges Leben mir vom Aufbau des Kosmos geschenkt wurde«.[65] Die Konsequenzen eines so radikalen Vorschlags für unsere Auffassung von Gesetz, Ökonomie oder Liebe sind heftig. Wenn die Handlungen der Menschen determiniert sind, tragen sie zu großen Teilen keine moralische Verantwortung mehr. Warum sollte man entsprechend Verbrechen bestrafen, Mühen belohnen oder Treue einfordern? Andererseits, wird so nicht jeder für das Gemeinwohl verantwortlich, da jede Handlung das Verhalten eines Mitmenschen verändern kann? Sam Harris gesteht gerne zu, dass unsere Gesellschaften auf dem Fundament und Postulat eines autonomen Individuums gegründet sind, und blickt mit Sorge auf den »Kulturkampf«, der sich rund um den freien Willen abspielt. Die Debatte ist dazu geweiht, die gelehrten Kreise der wissenschaftlichen Gemeinschaft zu verlassen und die Gesamtheit unserer Institutionen zu destabilisieren. Verlangt man nicht bereits von den sozialen Netzwerken die Überwachung der verhängnisvollen Einflüsse, die bestimmte Inhalte auf die Nutzer haben könnten, und gibt damit zu, dass diese Nutzer keinerlei mentalen Handlungsspielraum besitzen, um ihrem digitalen Schicksal zu entwischen? Yann LeCun bestätigte mir die sehr starke Vorhersehbarkeit von Facebookusern, die sich gleichsam systematisch an das anpassen, was die Daten bereits vorweggenommen haben. In einer deterministischen Welt muss man das Verhalten der Bürger eher im Vorfeld kontrollieren als im Nachhinein bestrafen.

Diese Theorien über den freien Willen haben gerade vollen Wind in den Segeln und liefern gewichtige Argumente, um den momentanen Gebrauch der KI zu rechtfertigen, der dazu tendiert, diese an die Stelle des individuellen Urteils zu setzen. Die Kritik an diesem Modus des »Überwachungskapitalismus«[66], so berechtigt und richtig die Feststellung einer allgemeinen Manipulation des Verhaltens auch ist, verfehlen in meinen Augen die epistemologische Grundlage dieser Praktiken. Es geht nicht nur darum, Profit zu machen, sondern darum, Individuen gegen ihre bewussten Vorlieben Gutes zu tun. Wie es Dominique Cardon, der Soziologe der Big Data, so zutreffend geschrieben hat: »Unter ausgiebiger Zuhilfenahme von Forschungen und Experimenten aus der Psychologie und der Ökonomie versichern uns die Architekten der neuen Big-Data-Algorithmen, dass man sich nur auf das verlassen muss, was die Individuen in der Realität tun, und nicht auf das, was sie vorgeben zu tun, wenn sie davon erzählen.«[67] Der Zweck dieser Ausgrabungsarbeit, unser tatsächliches Verhalten hinter unseren ausdrücklichen Absichten zu bestimmen, besteht wiederum darin, unsere zukünftigen Handlungen und Gedanken einen Hauch umzuorientieren. Sobald sie sich von Kategorien und Mittelwerten freimachen, werden die Individuen, die sich in ihrer Eigenartigkeit abmühen, selbst zu »mechanischen Mäusen in den Krallen des Computers«. Mäuse, die ihr Labyrinth nicht verlassen können. Das Spiel der Korrelationen tendiert dazu, unsere eigenen Charaktereigenschaften zu verhärten. Wie es Emmanuel Candès, ein Statistiker in Stanford, gesagt hat, wird aus der Korrelation eine Norm. Man kann sich nicht selbst entkommen.

Es wäre zu einfach, die guten Absichten der Tech-Branche nicht ernst zu nehmen. Die Gesellschaft der Drehkreuze ist die unmittelbare Konsequenz aus der Preisgabe des freien Willens. Wenn dieser freie Wille aber nur eine Fiktion ist, warum sollte man sich dann nicht einem Netz wohlüberlegter Anreize überlassen? Wenn unsere Entscheidungen in jedem Falle verzerrt sind, warum delegieren wir dann nicht die Verwaltung unserer Interessen an Systeme, die diese besser kennen als wir selbst? Ist nicht der *nudge*, von Regierungen, aber auch von privaten Unternehmen eingesetzt, die Lösung für alle Übel?

DER UNIVERSALE *NUDGE*

So wie sie heute von der digitalen Industrie angewendet wird, ist die KI für einen solchen universalen *nudge* aus zwei wichtigen Gründen von Bedeutung: Sie ermöglicht Personalisierung und Optimierung. Jeder bekommt auf Basis der Daten, die er zur Verfügung gestellt hat und die sein Verhalten präzise identifizieren können, einen *nudge* verpasst. Der *nudge* ist in zweifacher Hinsicht bestimmt, einerseits mit Blick auf das Wohlergehen des Nutzers, andererseits mit Blick auf den kollektiven Nutzen. Genau darin ist der *nudge* eminent politisch.

Diese grundlegende Funktion der KI wurde mir während eines Sonnenuntergangs auf einer Terrasse in Venice Beach offenbart, wo ich ein Bier mit Ramsey Brown trank, Gründer des Start-ups Boundless AI und eine der farbenfrohsten Personen, die mir begegnet sind. Mit seinem dichten Bart, seinem bis zum Nabel offenen Hawaiihemd und seinem Undercut wirkt Ramsey wie eine erstaunliche Mischung aus einem orthodoxen Popen, Bernard-Henri Lévy und Justin Bieber. Er entführte mich mit seinem Enthusiasmus bis an einen Strand westlich von Los

Angeles, in ein Viertel, wo sich viele *techies* niederlassen, die vor den Immobilienpreisen im Valley geflüchtet sind. Wir endeten in seinem bescheidenen Bungalow bei torfigem Whiskey und türkischen Nelkenzigaretten. Im Laufe des stundenlangen Gesprächs gestand mir Ramsey seine Zweifel mit einem ganz ungewöhnlichen Freimut – dem eines rechtschaffenen Mannes, der sich im Zentrum der übergriffigsten Techniken der Menschheitsgeschichte wiederfindet.

Die offizielle Mission von Boundless AI besteht darin, »Neurowissenschaften und KI zu verbinden, um Verhaltensentscheidungen einfach und persönlich zu machen«. Mit anderen Worten, den *Homo connecticus* zu manipulieren, um seine Reaktionen zu kontrollieren und seine Vorlieben zu beeinflussen. Konkret gesprochen liefert Boundless AI Technologien für Apps, die von den Neurowissenschaften überprüft wurden und die das Ziel haben, die Nutzer süchtig zu machen. Das Start-up verkauft Abhängigkeit. Ramsey hatte die Idee dazu, als er eines Januars versuchte, seine guten Vorsätze bezüglich sportlicher Aktivitäten in die Tat umzusetzen. Warum motivierte ihn seine Lauf-App nicht in etwas proaktiverer Weise? Boundless AI empfiehlt recht einfache Anreize, so wie Fleißpunkte oder Glückwünsche. Eine klare Botschaft, so Ramsey, ist für das Gehirn, was die Spielautomaten für ein Casino sind: das einfachste Instrument, aber auch das wirksamste. Die Kenntnis der Belohnungszentren und -schaltkreise im Gehirn erlaubt eine sehr feine Programmierung, die dem Geschmack und der Sensibilität eines jeden entspricht. Das Furchterregendste ist, dass es funktioniert: Dank Boundless AI hat ein amerikanischer Finanzanbieter die Quote der vorzeitigen Rückzahlungen um 14 % verbessert, eine E-Commerce-Plattform hat 30 % mehr Produkte in ihren virtuellen Einkaufswagen registriert, oder ein Videospiel hat die Zahl der monatlichen Spiele um 11 % erhöht. Dieser Erfolg wiederholt sich überall auf der Welt, wo Boundless AI eingebaut wird, von Kalifornien bis Kenia. Das Gehirn funktioniert für alle gleich, erklärt mir Ramsey, nur die Form der Belohnung verändert sich mit den Kulturen. Sicherlich gibt es, frage ich zurück, auch Rebellen und Charakterköpfe, die solche Glückwunschbotschaften idiotisch und paternalistisch finden? »Davon hat man bisher noch nichts gesehen«, sagt Ramsey und kratzt sich am Bart, ebenso stolz auf sein Unternehmen wie beschämt über die Menschheit. Meditieren Sie einmal über den Slogan von Boundless AI: »Ihr Gehirn ist programmierbar. Sie brauchen nur den Code.«

Als ausgebildeter Neurowissenschaftler macht sich Ramsey keinerlei Illusionen über den freien Willen. Er zitiert abwechselnd Norbert Wiener, den Erfinder der Kybernetik, und den Psychologen B. F. Skinner, den Begründer des »radikalen Behaviorismus«, um mich davon zu überzeugen, dass das Verhalten der Menschen das Produkt ihrer Umwelt ist, das in einer andauernden Schleife aus Aktion und Reaktion entsteht. Die Stochastik macht aus uns statistisch vorhersehbare Wesen. Die Techniken der KI profitieren von diesem Wissen, um den hübschen akademischen Ausdruck Ramseys zu verwenden, »um die zukünftige Verteilung der Verhaltensweisen zu verändern«. Warum sollte man beispielsweise den Leuten nicht dabei helfen, ihre Medikamente zur richtigen Zeit einzunehmen? Wenn man schon determiniert ist, ist es da nicht besser, sich in die Hände der Firma Boundless AI zu begeben, die sich natürlich damit brüstet, nur »auf Ethik bedachte« Kunden zu haben?

Allerdings lebt in Ramsey auch eine Form von Humanismus, die seinen eigenen wissenschaftlichen Überzeugungen zuwiderläuft. Diese Schizophrenie macht ihn so außergewöhnlich und spannend. »Ist es das, was wir wollen?«, fragt sich Ramsey beim dritten Bier. Er bezieht sich mit dieser Frage auf Jacques

Ellul, einen französischen Technikphilosophen, um einen gewissen »technologischen Fatalismus«[68] zu rechtfertigen. Wir können der Technologie nicht widerstehen. Allerhöchstens können wir versuchen, sie gegen sich selbst auszuspielen. Ramseys schlechtes Gewissen ging so weit, dass er das Gegengift für seine eigenen Produkte erschaffen hat, und zwar in Form der gratis erhältlichen App »Space«. Space erlaubt uns »durchzuschnaufen«, indem sie eine Latenzzeit vor dem Öffnen von Apps auf dem Smartphone einführt. Sie verschickt Nachrichten, die dem Nutzer die Herrschaft über die eigenen Sehnsüchte zurückgeben sollen, etwa: »Wir sind nicht schuld daran, dass wir süchtig nach Apps sind; dafür wurden sie gemacht.« Niemand weiß das besser als Ramsey. Indem sie uns daran erinnert, wie sehr wir manipuliert werden und manipulierbar sind, versucht die App Space den Widerstand gegen Boundless AI und ähnliche Firmen zu organisieren. Wenig überraschend wurde Space von Apple aus dem App Store verbannt, und Ramsey musste ein langes Mediengefecht führen, bis sie wiederaufgenommen wurde. Aber die Niederlage war bereits in das Konzept eingeschrieben, denn Space versucht gegen Reflexe anzukämpfen, die fest in unserer biologischen Konstitution verankert sind. Nur 10 000 *Homo connecticus* benutzen heute täglich Space, während zwanzig Mal so viele Nutzer die Dienste von Boundless AI genießen. Verlegen erkennt Ramsey, dass seine Kunden die freiwillige Knechtschaft vorziehen. Armer Doktor Jekyll, dem Mr Hyde so haushoch überlegen ist!

Zum Abschied, schon recht spät in der Nacht, überreicht mir Ramsey die DVD von *THX 1138*, dem ersten Film von George Lucas. Es ist eine Dystopie à la Huxley, die Menschen sind beständig überwacht und leben in einer seltsamen unterirdischen Welt aus tausend Weißschattierungen. Jede Tat gilt dem kollektiven Glück, dem letzten Ziel dieser Zombiegesellschaft. Um ihre

Emotionen zu kontrollieren und zu unterdrücken, verabreicht die Regierung ihren Bürgern Drogen in Form von kleinen weißen und roten Pillen. Die Handlung beginnt, als die zwei Mitbewohner LUH und THX ihre Medikamente absetzen und eine Liebesbeziehung beginnen, die von den Behörden strikt verboten ist. Es folgen halb tumultöse, halb traumhafte Abenteuer, in denen sich der Stil von George Lucas abzeichnet. Ramseys Botschaft ist klar: Indem die KI uns Wohlbefinden bietet, uns abhängig von der Droge *nudge* hält, kann sie eine Form der Massenkontrolle hervorbringen, umso erbarmungsloser, als sie privatisiert sein wird. Anders als in *THX 1138* wird es kein »Central Command« mehr geben, gegen das man sich auflehnen kann. Wir werden in dem Netz gefangen sein, das wir selbst App um App gewoben haben.

Man glaubt immer, dass die anderen die Abhängigen sind. Als ich in mein Hotel zurückkam, sagte ich mir: Wenigstens nicht ich. Ich, mit meinem Lebenswillen, ich werde diese Pille nicht schlucken. Ich, mit meiner Lust am Widerspruch, ich werde nicht den gesäuselten Botschaften von Boundless AI gehorchen. Ich, mit meinem kritischen Geist, ich bin besser als idiotische Emoticons. Ich bin autonom.

Und dann hatte ich meine persönliche Epiphanie. Alles begann mit der Lektüre des jüngsten Buches von Jaron Lanier, das ich durch Zufall in einer Buchhandlung in San Francisco gekauft hatte.[69] Jaron Lanier, der libertäre *geek* mit den legendären Dreadlocks, ist meine Referenz in Technologiefragen. Als eine Ikone der Gegenkultur und als Forscher bei Microsoft zugleich hat er den idealen Stand, um die Entwicklung der digitalen Welt, an deren Schaffung er beteiligt war, von innen heraus zu kritisieren. Bereits mit seinem vorhergehenden Buch hatte er mich überzeugt, dass die Vergütung der personenbezogenen

Daten eine ökonomische und moralische Notwendigkeit darstellt, um der Dominanz der großen Plattformen zu entgehen.[70] Seine *Zehn Gründe, warum du deine Social Media Accounts sofort löschen musst*, ein knappes und durchschlagendes Pamphlet, waren eine ähnliche Offenbarung. Lanier prangert die Logik des »engagement« an, die in die Algorithmen der sozialen Netzwerke eingeschrieben ist. Deren *business modell* basiert auf der Akkumulation von Daten. Um Daten extrahieren zu können, muss Aktivität erzeugt werden. Um Aktivität zu erzeugen, muss eine Abhängigkeit geschaffen werden. Um Abhängigkeit und Sucht zu schaffen, muss man mit unseren grundlegendsten Instinkten spielen: Belohnung *(likes)*, Konflikt *(tweet clashes)*, Wettstreit (Zahl der *follower*). Die Verdummung der öffentlichen Debatten, Parteienhysterie, Emotionsdikatur, die Rückkehr des öffentlichen Moralisierens und die massenhafte Fehlinformation sind die unmittelbare Folge des permanenten Kitzels, mit dem die sozialen Netzwerke unsere Neuronen beanspruchen.[71] Trump ist kein Präsident, der twittert, sondern ein Twitterer, der nach der Logik des retweets zum Präsidenten gewählt wurde. Die feinsten Geister richten sich zugrunde, um unfehlbare Urteile in 280 Zeichen zu packen. Die Palette der menschlichen Gefühlsregungen beschränkt sich auf Smiley und Beleidigung, die zwei Seiten derselben kindischen Regression. Die sozialen Netzwerke unterminieren, so wie sie heute konzipiert sind, unsere Demokratien. Wir werden, wie Lanier es formuliert, zu Zombies. Die Antwort ist so simpel: sich ausloggen.

Theoretisch war ich also überzeugt. Aber ich wollte dennoch nicht meine 20 000 Follower auf Twitter aufgeben, deren Gefolgschaft ich über die Jahre mühsam aufgebaut hatte und mit denen ich täglich kommunizierte. Es war für mich ein echtes Arbeitswerkzeug, um meine Ideen zu verbreiten, meine Artikel zu teilen, auf meine Publikationen aufmerksam zu machen.

Wie will man auf die öffentliche Meinung einwirken, wenn man nicht dort präsent ist, wo sie sich formt? Das war es in etwa, was ich Jaron während unseres Mittagessens erklärte.

Er wusste auf den ersten Blick Bescheid. Jaron schwieg höflich, während er in seinen vierten Bagel biss. Wie oft hatte er solche Rechtfertigungen schon anhören müssen? Alle Kollaborateure haben gute Gründe.

Es wurde also eine Frage der Ehre, oder zumindest der Eigenliebe. Ich habe in Kalifornien all meinen Mut zusammengenommen und meine Facebook- und Twitter-Accounts für immer von meinen Bildschirmen verbannt, entschlossen, nie mehr zurückzukehren. Dann habe ich an mir selbst die Symptome der Abhängigkeit gespürt, besonders im Falle Twitters, das ich täglich benutzt hatte, oder besser gesagt jederzeit, jede Minute, in jedem kurzen freien Augenblick. Wenn ich mit meiner Familie zu Abend aß, konnte jederzeit eine Benachrichtigung klingeln. Wenn ich am Computer arbeitete, war der Account im Hintergrund immer offen; eine Nachricht lenkte mich schlagartig von der Arbeit ab. Ohne mir dessen bewusst zu werden, war ich süchtig nach der Zahl der likes oder retweets geworden, lebensunfähig ohne meine in immer kürzeren Intervallen verabreichte Dosis Liebe oder Hass. Twitter hielt mich in einem Zustand künstlicher Überreiztheit. Da sie meine Geschmäcker und Abneigungen erlernt hatte, schlug mir die KI im geeigneten Moment genau die Posts vor, auf die ich reagieren würde.[72] Während ich mich also damit brüstete, die Sache der Freiheit voranzubringen, war ich wie eine Laborratte, die in genau normierter Art und Weise auf die Signale reagiert, die ihr geboten werden, und all das, um obskure Risikokapitalfonds reicher zu machen. War das nicht absurd?

Die Entwöhnung war dennoch nicht leicht. Ich war plötzlich allein mit mir, ohne den beständigen Strom von im Grunde völlig vorhersehbaren Interaktionen. Mir wurde bewusst, dass ich in einer Stammeslogik eingeschlossen war: Ich konnte nicht aus meiner liberalen Haut, Zweifel und Nuancen zu äußern, auf die Gefahr, meine Follower zu enttäuschen, die klare Meinungen lesen wollen. Manche haben dieses Phänomen als »politische Homophilie«[73] qualifiziert: Durch das Spiel der Daten ist das Internet ein Ort geworden, der Ähnlichkeiten verstärkt und weit davon entfernt ist, Differenzen zu versöhnen. Es ist schmerzhaft, sich diese freiwillige Knechtschaft bewusst zu machen, diese eigenartige Manipulation, deren Opfer und Täter wir gleichzeitig sind.

Nach und nach gewöhnte ich mich wieder daran, meine Eindrücke in ein Notizheft zu schreiben, statt sie im Angesicht der Welt zu posten, meine Freunde anzurufen, statt sie zu taggen, mit meinem Dasein zufrieden zu sein, statt mit ihm anzugeben. Nach einigen schwierigen Wochen, in denen ich mehrfach, ich gestehe, nahe am Rückfall war, fand mein Gehirn wieder zu seiner normalen Funktionsweise zurück. Ich entdeckte drei grundlegende intellektuelle Aufgaben wieder: Konzentration, Dichte, Komplexität. Ich überraschte mich dabei, stundenlang zu lesen, ohne die Nase zu heben, wieder die Fäden eines für lange Zeit unterbrochenen inneren Dialogs aufzunehmen und Gedanken querfeldein über meine üblichen Obsessionen hinaus zu folgen. Heute erregt das künstliche Paradies der sozialen Netzwerke in mir nur noch tiefen Ekel. Wie Renton am Ende von *Trainspotting* bin ich entschlossen, ein nüchternes und glückliches Leben zu führen, ohne Trolle und *tweet clashes*.

Ich glaube, dass ich das Lehrgeld gezahlt habe, was die außergewöhnliche Macht der KI zur Manipulation angeht. Sich ihr zu entziehen verlangt eiserne Disziplin. Der Rückfall ist nur einen Klick entfernt.[74]

Alles in allem, wenn die KI uns bei unseren alltäglichen Entscheidungen hilft, sei es die Wahl einer Route oder eines Termins im Fitnessstudio, erlaubt sie uns dann nicht, unsere geistigen Kapazitäten ökonomischer einzusetzen und auf die wirklich wichtigen Entscheidungen unseres Lebens zu konzentrieren? Ist der *nudge* nicht für die Kleinigkeiten des Lebens akzeptabel?

Aber gerade die Kleinigkeiten machen das Leben aus. Mit der tiefsinnigen Formel Tocquevilles, »vor allem in den Einzeldingen ist die Knechtung des Menschen gefährlich.« Wenn man sich nach und nach abgewöhnt zu entscheiden, welche Musik man hört und in welches Restaurant man geht, wie kann man sich dann noch frei für einen Beruf oder einen Partner entscheiden? Eine neurowissenschaftliche Studie hat vor kurzem den Effekt des GPS auf unser Gehirn erforscht.[75] Im Vergleich zweier Gruppen, die sich in London zurechtfinden mussten, die eine mit Hilfe einer Ortsbestimmungs-App, die andere sich selbst überlassen, konnten die Forscher zeigen, dass die Aktivität des Gedächtnisses und des Orientierungssinnes die Tätigkeit im Hippocampus steigerte, und das proportional zur Schwierigkeit des Routenverlaufes. Entsprechend befürchten sie auch, dass die beständige Benutzung von GPS bestimmte Zonen im Hippocampus verkümmern lässt, was möglicherweise ein erhöhtes Alzheimer-Risiko bedeutet. Jeder hat schon Taxifahrer beobachten können, die an ihr Navigationsgerät gefesselt sind, zehn Stunden am Tag in Paris herumfahren und dennoch keinerlei Vorstellung haben, wo sie sich befinden und wie die Geographie der Stadt aussieht. Man kann es sich gewiss nicht zur Aufgabe machen, zur Straßenkarte zurückzukehren. Aber man muss sich bewusst sein, dass die Bequemlichkeit, die die KI bietet, kognitive Kosten hat. Wenn man die Maschine zu oft fragt, ob man links oder rechts abbiegen soll, dann wird man sie am Ende auch fragen müssen, wen man heiraten soll. Wie sähe eine Gesellschaft ohne Hippocampus aus?

Das chinesische Modell liefert wie so oft eine extreme Illustration dieser Frage. Um noch im Bereich der Fahrdienste zu bleiben, habe ich mich zum Hauptsitz von DiDi begeben, im Herzen des Distrikts von Zhongguancun, der oft als das chinesische Silicon Valley angesehen wird. DiDi ist die chinesische Entsprechung von Uber; seine Fahrer führen dreißig Millionen Fahrten aus – jeden Tag. Vor kaum fünf Jahren gegründet, ist das Unternehmen bereits dutzende Milliarden Dollar schwer und das Firmengelände erstreckt sich über mehrere Kilometer. Die Glasgebäude mit dem orangen Logo von DiDi reihen sich bis zum Horizont aneinander und verkörpern die unheimliche Geschwindigkeit des Wachstums in China. Nach langem Herumirren auf dem Campus fand ich endlich an mein Ziel. Ich begegnete Wu Guobin, einer der Forschungsleiter, ein ausgebildeter Informatiker. Völlig unbefangen, ohne Komplexe und ohne auf die pikierten Gesichter der Zerberusse aus der PR-Abteilung zu achten, erklärte er mir, dass das GPS nur der erste Schritt auf dem Weg zur Automatisierung aller Entscheidungen bezüglich einer Fahrstrecke ist. Ein Virtual-Reality-Programm wird dem Fahrgast haargenau den Weg zum Treffpunkt mit dem Fahrer weisen; er muss nur den Pfeilen auf seinem Bildschirm folgen. Was den Fahrer betrifft, ist DiDi noch ehrgeiziger. Während in traditionellen Taxiunternehmen die Fahrer ihre Routen auf Basis eines differenzierten Preises selbst aussuchen, zieht DiDi es vor, den Fahrern die »beste« Strecke aus dem Büro heraus vorzugeben. Und es wird noch besser. Wu Goubin zieht die Möglichkeit in Betracht, die Fahrer mit biometrischen Messgeräten auszustatten, mit denen ihr Stresslevel gemessen oder der richtige Moment angezeigt werden kann, um eine Pause zu machen, etwas zu trinken usw. Bereits in naher Zukunft ist vorstellbar, dass die KI den Moment vorhersieht, in dem der Fahrer das Bedürfnis verspürt, sich zu erleichtern, da sie die Menge der getrunkenen Flüssigkeit und seinen Stoffwechsel kennt. Das System wird also Fahrten für ihn auswählen, die ihn im richtigen Moment in die Nähe öffentlicher Toiletten bringen. Ist das nicht besser, als irgendwo mit einem ungeduldigen Passagier und dem unwiderstehlichen Drang, auf die Toilette zu gehen, im Stau zu stehen? Wäre das nicht eine deutliche Verbesserung der Arbeitsbedingungen? Wie Wu enthusiastisch resümiert: »Die KI trägt zum Wohl der Gesellschaft bei.«

Der Fahrer von DiDi wird nichts mehr sein als ein Haufen Fleisch nebst hypervernetzter Neuronen, dem die KI vorgibt, welchen Passagier wo aufzunehmen, in welche Straße abzubiegen, wann eine Pause zu machen, wo stehen zu bleiben. Die grundlegende menschliche Entscheidung, pissen zu gehen, könnte an Maschinen delegiert werden. Wie könnte man diesem unleugbaren Zugewinn an Wohlergehen widerstehen? Aber wie kann man darin nicht die programmierte Auslöschung unserer kognitiven Funktionen erblicken? Im Vergleich werden wir uns noch nach der Fließbandarbeit zurücksehnen, als sich wenigstens noch der Geist gegen die stupide Wiederholung der Bewegungen des Körpers empören konnte. Wer wird sich noch auflehnen, wenn unsere geistigen Vorgänge identifiziert, antizipiert und kontrolliert werden? Welcher Freiheitsraum wird uns bleiben? Werden wir alle Fahrer bei DiDi?

Gewiss bietet sich der urbane Raum besonders gut für diese Art der Optimierung an. Wie es mir Doktor Min Wanli, der Chefinformatiker des Projekts »City Brain« von Alibaba, erklärt hat, verbindet die Stadt eine fixe Typologie (Straßen, Kreuzungen, U-Bahn-Linien in endlicher Zahl) mit einem dynamischen Strom von Aktivität (die täglichen Wege, vergleichsweise repetitiv). Das sind die idealen Bedingungen, um eine KI zu trainieren. Doktor Min war auf diese Art der Erste, der 2007 in Singapur die Fluktuationen des Verkehrs in der Stadt genau vorhersagen konnte; vor kurzem erst gelang es ihm im Süden von Shanghai. Der Name dieser Initiative von Alibaba, einem der vier Digital-Giganten Chinas,[76] ist treffend gewählt: Das »Gehirn der Stadt« zu entwickeln, bedeutet, ihre essentiellen Bedürfnisse vorhersagen und kontrollieren zu können – nicht nur den Verkehr, sondern bald auch die Organisation der Straßenreinigung, die Parkraumbewirtschaftung, die Kontrolle der Luftqualität, sogar die Städteplanung. Alibaba versucht zum Genius der Städte zu werden.

Meinetwegen. Fixe Typologie, dynamischer Strom. Man kann den städtischen Verkehr der KI überlassen. Das sind im Grunde Kleinigkeiten: welche Straße nehmen, wo parken. Seien wir dennoch achtsam: Die Kleinigkeiten formen die Gesamtheit unseres Verhaltens.

Vor allem aber ist die KI im Begriff, auch in die größeren Angelegenheiten unseres Lebens einzudringen. Auch in veränderlichen Typologien gewinnt ihre Leistung Stück für Stück an Genauigkeit. So habe ich mit Staunen festgestellt, dass die Maschine bereits beabsichtigt, unsere Berufs- oder Partnerwahl in die Hand zu nehmen, und zwar vermittels von Prozessen, die denen des GPS, das die schnellste Route vorschlägt, ähneln.

Den Beginn davon beobachtete ich bei ZipRecruiter, einem mittlerweile etablierten Start-up in Los Angeles, das zwischen Angebot und Nachfrage auf dem Arbeitsmarkt vermittelt. Heute nutzen mehr als eine Million Unternehmen und mehr als 120 Millionen Bewerber die Dienste von ZipRecruiter. Der Gründer Ian Siegel ist der perfekte Schwiegersohn für das kalifornische Ökosystem: jung, freundlich, hektisch, von der Tischtennisplatte zum Schachbrett in ein tiefes Sofa hüpfend. Wenig überraschend bestätigt mir Ian, wie viel die KI zur Qualitätssteigerung seines Produktes beigetragen hat.

Machine learning hat acht Jahre zäher Optimierungsarbeit

mit langweiligen, immer unscharfen Merkmalskatalogen obsolet gemacht; die einfachen Verteilungsmechanismen zwischen Bewerbern und Arbeitgebern waren der beste Weg, eine außergewöhnliche Bewerbung zu übersehen. Aber Dank des *machine learning* und seiner Varianten des *deep learning* kann ein Arbeitgeber beispielsweise die Maschine nach einem Bewerber fragen, »der diesem oder jenem anderen ähnelt«, ohne weitere Kriterien festzulegen. Die Algorithmen kochen daraus ihr eigenes Süppchen und entwickeln eine Strategie, die mangels vollständiger »Nachvollziehbarkeit« für den Menschen weitgehend unverständlich bleibt. Mit Hilfe von Abgleichungen, Statistiken und Korrelationen wird *machine learning* auch die Nadel im Heuhaufen finden: den idealen Bewerber unter Millionen von Lebensläufen. Ideal in welcher Beziehung? Kompetenz, Charakter, Motivation? Das lässt sich nicht genauer sagen. Die Maschine hat aus der Gesamtheit der Daten ein immenses Gemisch zusammengebraut, ohne dieses oder jenes Kriterium begrifflich festlegen zu wollen. Sie fällt ein rein empirisches Urteil, das auf den Beispielen vergangener Erfolge und Misserfolge basiert. Nach einem Vorstellungsgespräch hört man oft Sätze wie »der hat überall ein Häkchen drangesetzt«. Aber die Maschine setzt nirgendwo Häkchen dran. Ihre Stärke liegt darin, das Individuum als solches zu identifizieren – zumindest insofern, als es der Gesamtmenge an Daten entspricht, die es zur Verfügung gestellt hat.

»Was ist die Zukunft dieses Berufs?«, fragte ich Ian. »Wie lassen sich die Produkte von ZipRecruiter noch weiter verbessern?« Natürlich indem man noch mehr Daten einspeist. Heute geben die Bewerber hauptsächlich Auskunft über ihre berufliche Laufbahn. Je mehr ergänzende Daten sie liefern können, von ihren Urlaubszielen über ihre finanzielle Situation bis zu ihren Essgewohnheiten, umso eher wird der Algorithmus in der Lage sein, seine Suche zu verfeinern. Was ist schon dabei, das Privatleben offenzulegen, wenn man so *in fine* seinen Traumjob findet?

Eine große Frage bleibt dabei offen: Wie definiert man »seinen« Traum? Sind wir so gewiss zu wollen, was wir wollen? Hier setzt die nächste Innovation von ZipRecruiter an: Statt sich für einen bestimmten Posten in einem gewissen Sektor zu bewerben, erklärt man sich einfach als verfügbar. Wenn wir ausreichend Daten über unsere Kompetenzen, aber auch über uns selbst, über unseren Geschmack und unsere Leidenschaften bereitstellen, wird uns die Maschine automatisch den besten aller möglichen Arbeitsplätze bezüglich unserer innersten Natur und der Situation des Arbeitsmarktes vorschlagen. Man könnte sich also vorstellen, dass einem Bankkaufmann ein Job in einer Bäckerei vorgeschlagen wird, weil die Maschine bemerkt hat, dass sich in seinen Facebooknachrichten eine Neigung zur Umschulung abzeichnet, dass seine geolokalisierten Sonntagsspaziergänge oft in die Nähe von Kornfeldern führen, dass er ein gewohnheitsmäßiger Frühaufsteher ist, dass er mit einer Faszination für Brot Jean Giono liest, dass er in seinem Berufsleben eine besondere Eignung zum Kundendienst gezeigt hat – während eine gewisse Bäckerei, dynamisch, aber schlecht geführt, dringend einen Finanzdirektor nötig hätte. Der Algorithmus ist auch auf den glücklichen Zufall gestoßen, dass die Bäckerei just in der Nähe der Schule gelegen ist, auf die seine Kinder gehen, die er zu seinem Leidwesen nicht oft genug sieht (wie aus seiner Gmail-Korrespondenz hervorgeht); das niedrigere Einkommen hingegen wird in naher Zukunft durch eine Erbschaft ausgeglichen werden, wie die KI in den entsprechenden medizinischen Unterlagen nachgeschlagen hat. Welches menschliche Gehirn hätte diese mirakulöse Konjunktion in der Unendlichkeit des Möglichen identifizieren können? Und welcher sture Kopf könnte einem derart maßgeschneiderten Angebot widerstehen?

Selbstverständlich beschränkt sich ZipRecruiter darauf, wie Ian unterstreicht, Vorschläge zu machen: Der Kunde entscheidet. Es steht ihm frei, sich auf einen Posten in einer anderen Bank zu bewerben, wo er weiterhin unglücklich sein wird. Aber die Gewalt des personalisierten und optimierten *nudge* scheint unwiderstehlich zu sein. Die Maschine kennt Ihre Träume besser als Sie selbst und kann sie wahrmachen.

Ich fiel fast von meinem Stuhl, während Ian aus dem seinen aufsprang und zu seinem nächsten Termin eilte. Vielleicht würde ich mich in einer dieser zukünftigen Plattformen anmelden müssen, um einen Beruf zu finden, der meiner natürlichen Misanthropie besser entspricht als der des Reporters. Mir wurde schwindelerregend konkret klar, dass Yuval Hararis Prophetie aus *Homo deus* dabei ist, sich unter unseren Augen zu bewahrheiten. Die KI gibt sich in der hochverfeinerten Form des *machine learning* nicht damit zufrieden, unsere grundlegendsten Lebensentscheidungen zu erleichtern und zu befriedigen. Bald wird sie sie prägen. Und warum nicht, wo wir doch von Kahneman & Co gelernt haben, wie lückenhaft und unzureichend unser Urteilsvermögen ist?

Man kann schlecht absehen, welcher Entscheidungsraum einer so verführerischen Logik widerstehen kann. Werden wir uns freiwillig gegen Information und Wohlergehen entscheiden, um mit Stolz eine »autonome« Wahl zu treffen? Und was ist diese Autonomie außer einer Illusion, die von unbewussten Verzerrungen und unbemerkten Einflüssen genährt wird? Die Versuchung der KI ist grenzenlos. Nehmen wir an, dass sie einen passenden Beruf auf der Basis unserer Talente und Geschmäcker bestimmen kann. Woher kommen denn diese Talente und Geschmäcker? Heutzutage sind sie noch in einer Welt ohne KI entstanden, aus vielen kleinen Zufällen, Begegnungen und Neigungen. Morgen werden sie ihrerseits das Ergebnis algorithmischer

Empfehlungen sein, die uns über die gesamte Dauer unserer Ausbildung und Persönlichkeitsentwicklung begleiten. Bis zu welchem Grad wird diese Prädetermination funktionieren? Wird das Neugeborene auf Grund seiner DNA und seines sozialen Milieus zu dieser oder jener Kindertagesstätte gelenkt werden? Wird auf ZipRecruiter ZipBaby folgen, wie in der Stadt Kyushu in Japan, wo Fujitsu ein Programm gestartet hat, das die angemessensten Krippen für die Kinder auswählt, um ihre Eingewöhnung und Anpassung zu optimieren? Würde die Ablehnung solcher Apps im Namen abstrakter »Freiheiten« nicht bedeuten, die eigenen Kinder um die besten Chancen zu bringen?

So habe ich etwa meine achtjährige Tochter dabei beobachtet, wie sie mein Smartphone benutzte, um ihrer Mutter zu danken. So wie Ihnen Gmail bereits personalisierte Antwortmails einflüstert, bietet iMessage Wortvorschläge an. Die von meiner Tochter getippte Nachricht begann also folgendermaßen: »Danke Mama für den Karottenkuchen. Er war ...« In diesem Moment übernahm Appel die Aufgabe des Benutzergehirns und schlug folgende Adjektive vor: »lecker«, »zu gut«, »super«. Meine Tochter wählte »lecker«, den ersten Vorschlag, der sich ihrem Daumen anbot. Ich fragte sie, ob das wirklich das war, was sie sagen wollte? Lecker, oder nicht vielmehr gelungen oder schmackhaft oder wunderbar oder exquisit oder deftig oder kräftig oder knusprig oder verheißungsvoll? Sie verstand nicht, worauf ich hinauswollte. iMessage hat die kognitive Aufgabe für sie erleichtert, warum sollte sie sich gerade jetzt mit dem Herumsuchen in den Feinheiten der französischen Sprache langweilen? Auf diese Art und Weise bringt uns die KI schon im jungen Alter bei, nicht zu denken. Wie wächst man in einer Welt auf, in der die Worte für uns ausgesucht werden? Wird uns iMessage eines Tages anbieten, unsere Antworten direkt zu verschicken, ohne erst auf unsere Zustimmung zu warten? Und wer wird sie lesen? Ein Freund oder die KI eines Freundes? »Aber was ist denn das Problem«, wird meine Tochter fragen, »wenn es die Kommunikation erleichtert und man schneller ein Treffen verabreden kann?«

Was bleibt dem Menschen 1.0 also übrig? Wenn es noch einen heiligen Bezirk gibt, den Jahrhunderte der Literatur vor Imperativen und Optimierung bewahrt haben, dann ist das die Liebe. Gewiss würde die KI es nicht wagen, dahin vorzustoßen? Hohe Minne, romantische Liebe, tierische Liebe, unmögliche Liebe – wir werden uns doch nicht das Spiel des Zufalls und der Liebe, der Verführung und der Enttäuschung nehmen lassen? Selbst eine abgehärtete Informatikerin wie Aurélie Jean, der ich nach meiner Rückkehr nach Paris meine Eindrücke schilderte, weigert sich, daran zu glauben: Die Algorithmen müssen Abstand zu unseren Herzen halten, dem letzten Rückzugsort für die Magie des Charakters, die Alchemie der Beziehungen.

Dem bemühte ich mich erbarmungslos auf den Grund zu gehen. Zunächst begab ich mich zu Meetic, eine der beliebtesten Dating-Sites in Europa. Ironischerweise liegt der Firmensitz nur wenige Schritte von der Opéra Garnier entfernt, wo nach wie vor jeden Abend die schüchternen Liebhaber des Balletts auf die Bühne gebracht werden. Bei Meetic gibt es keine Giselle, aber dafür eine Lara, den ersten Dating-Chatbot. Die Aufgabe der KI in diesem Kontext besteht darin, die rechte Mitte zwischen den expliziten Kriterien und den realen Vorlieben zu finden. Wenn sich Meetic damit begnügen würde, nur den ausdrücklich erklärten Geschmack der Nutzer zu berücksichtigen, dann könnte das Unternehmen bald zusperren: Die hoffnungslos vorhersehbaren Männer suchen so gut wie immer Frauen, die 23 Jahre alt sind, und es ist fraglich, ob das Angebot die Nachfrage befriedigen könnte. Die ganze Arbeit der Algorithmen besteht darin herauszufinden, was dem Traum zum Trotz »gehen könnte«, anders gesagt, die tiefen Neigungen unter den triebhaften Lüsten zu erschließen. Das ist die Bedingung für den kommerziellen Erfolg von Meetic, der sich an der Zahl hochqualitativer Interaktionen bemisst. Laras Aufgabe ist es, die Persönlichkeit des Nutzers in all ihrer Komplexität zu erfassen, um ihm dann die Profile von anderen Nutzern vorzuschlagen, auf die er nie gekommen wäre. Lara zeigt dem Nutzer immer einige Kostproben: »Der Kunde verlangt die Illusion der Auswahl.« Die ultimative List des *nudge*. Aber im Grunde weiß es die Maschine bereits.

Das Ergebnis? 500 000 Pärchen jährlich für Meetic. Und mehr noch, nachdem sich bereits ein Drittel aller Pärchen online findet, treten Dating-Sites die Nachfolge von Familie, Freunden oder Arbeitskollegen an. Es ist gewiss richtig, darauf hinzuweisen, wie es meine Gesprächspartner auch nicht versäumen zu erwähnen, dass die Wahl in Liebesdingen immer schon sehr stark determiniert gewesen ist und dass Plattformen wie Meetic hier Möglichkeiten öffnen; beispielsweise in Indien erlauben sie es, die Grenzen des Kastensystems zu überwinden und die Pärchen von sozialen Einschränkungen zu befreien. Das ändert nichts daran, dass die Masken vor der KI gefallen sind. Das Spiel der Liebe ist nunmehr dem Spiel des Zufalls überhoben. Man findet zusammen, weil die Daten es so wollten. Die Liebe auf den ersten Blick ist durch eine algorithmische Formel ersetzt worden. Affinitäten, die zur Entscheidung beitragen, wurden genau quantifizierbar. Weil er es war; weil ich es war; und weil die Daten ein Match ergeben haben.

Wie immer muss man nach China gehen, um zu beobachten, wie diese Logik zum Äußersten getrieben wird. An einem Sonntag, in einem namenlosen Hotel in Peking, traf ich Fan, den Mitgründer von Baihe. Baihe ist eine der größten Dating-Sites in einem Land, in dem mehr als die Hälfte der Alleinstehenden einen betreffenden Account haben; sie zählt 30 Millionen Nutzer im Jahr, Tendenz steigend. Fan ist berechtigterweise stolz auf diesen Erfolg. Wenig überraschend hat *deep learning* in den letzten zwei Jahren entscheidend dazu beigetragen, die Qualität seiner Algorithmen zu verbessern.[77] Wie bei Meetic arbeiten diese daran, die unbewussten Vorlieben zu bedienen, wie bei jenem reichen Geschäftsmann, der sich unbewusst zur Doppelgängerin seiner Freundin aus Schulzeiten hingezogen fühlt. Grundsätzlich kann die KI ihre Entscheidungen nicht erklären. Das Entscheidende ist, dass es funktioniert und immer zahlreichere und immer stabilere Beziehungen geknüpft werden. Gibt es Ausnahmen? Unerschütterliche Seelen, die der Statistik widerstehen? Die gleiche Antwort wie die Ramseys in Venice Beach: Nein. Wo die Franzosen von Meetic nach wie vor die physische Begegnung als einen Moment rätselhafter, unvorhersehbarer Intersubjektivität darstellen, haben die Chinesen von Baihe hier keine Vorsorge getroffen: Es gibt kein Mysterium. Ich bäume mich auf: Und ich? Und meine Frau? Sie hat nicht das gleiche Alter, nicht die gleiche Nationalität, nicht den gleichen Beruf, nicht einmal den gleichen Geschmack. Hätte ich sie anders als durch Zufall in einer Diskothek, in einer New Yorker Herbstnacht treffen können? »Eine Frage der Technik.« Ausreichend über mein Verhalten, meine Gewohnheiten oder das Fehlen von Gewohnheiten informiert, hätte ein kräftig hochtrainierter Algorithmus besser als ich selbst wissen müssen, zu wem ich mich wirklich hingezogen fühlen würde: eine reifere Frau, die ein kommunistisches Land verlassen hat, um eine schöne Kapitalistenkarriere zu machen, und die genauso süchtig nach *Sex and the City* ist wie ich nach *Auf der Suche nach der verlorenen Zeit*. Die KI hätte mir einige schmerzliche Erfahrungen mit zum Weltschmerz neigenden Französinnen ersparen können. »Hang the DJ«, eine Folge der dystopischen Serie *Black Mirror*, setzt eine entsprechende KI in Szene, die perfekte

Pärchen auf Basis von Computersimulationen bildet: Unsere digitalen Avatare experimentieren sich an unserer Stelle durch eine unendliche Zahl von Liebesabenteuern, bis der ideale Partner gefunden ist. Kein Grund mehr zu leiden!

Wie kann der Service von Baihe verbessert werden? Indem man mehr Daten sammelt. Die Plattform hat sich bereits einen Namen damit gemacht, auch die Preisgabe sehr zynisch objektiver Informationen anzuregen, etwa die finanzielle Situation oder das Bildungsniveau. Fans Traum wäre es, auch Daten aus dem Onlinehandel oder dem Gesundheitswesen damit zu verknüpfen. Er ist glücklich darüber, dass heutzutage jegliches Verhalten registriert und analysiert wird. Denn für die KI gibt es keine nutzlosen Daten, wie entfernt sie auch von der ursprünglichen Suchanfrage liegen mögen. Wenn, so die Hypothese, Baihe auf die Gesamtheit der Informationen über ein Individuum zugreifen könnte, alle Aspekte zusammengenommen, dann könnte die Empfehlung maximale Präzision erzielen. Man würde eine verschwisterte Seele schlagartig finden. Schlussendlich also gäbe es dann im ganzen Land nur eine riesenhafte Firma, die uns Zugang zur Liebe gewährt, aber auch zu Kredit, Wohnraum, Bildung. »Und dieses Unternehmen wird die Staatsregierung sein«, ist der Schluss, den Fan zieht. Ich werde später noch einmal auf die charmante Perspektive zurückkommen.

»In der Zukunft werden die Leute transparent sein«, verspricht Fan ebenfalls. Die Algorithmen von Baihe korrigieren die natürliche Tendenz zu Angeberei und Verstellung. Bald wird man verstanden haben, dass es nichts nützt, so zu tun als ob, wenn man die Vorteile der Optimierung genießen will. Fan macht eine Geste in Richtung Hotelfoyer und sagt: »Wenn also ein Mädchen hier vorbeigehen würde und ihr euch gegenseitig gefallt, würdest du direkt eine Nachricht von deiner App bekommen.« Keine Vorwände mehr, keine Verführung mehr, kurz, nichts mehr von all diesen Lügen. Praktisch!

Cupido entgeht dem *deep learning* nicht. In der instabilsten aller Typologien, im Bereich der Affekte, verzeichnet die KI immer größere Erfolge. Es ist kein Zufall, dass das Buch *Dataclysm*, das bis in kleinste Detail beschreibt, wie die Algorithmen uns besser kennen als wir uns selbst, vom Gründer einer der meistbesuchten Dating-Sites verfasst wurde.[78]

Ich weiß nicht, ob eines Tages alle unsere Entscheidungen von einer KI getroffen werden. Es gibt physische, materielle Grenzen der Datenverarbeitung. So hat mir Frédéric Prost, ein renommierter Mathematiker und Informatiker an der Universität von Grenoble, erklärt, dass das Durchscrollen aller Zahlen, die 130 Bits entsprechen (von 0 bis 2, hoch 130), mehr Energie erfordern würde, als im sichtbaren Universum vorhanden ist. Die Vorstellung, unsere Umwelt vollständig in der Form von Einsen und Nullen zu reproduzieren, ist lächerlich angesichts des übermäßigen Energieaufwandes. Das Feuer von zehn Sonnen würde nicht genügen, um unter sieben Milliarden Menschen den perfekten Partner für mich zu finden.

Das ändert aber nichts daran, dass die tiefe Logik der KI, so wie sie von Kahneman & Co theoretisiert und heute bereits industriell angewandt wird, in der Überwindung des freien Willens besteht, dieser bedauerlichen Illusion orientierungsloser Westler.

EIN META-UTILITARISTISCHER WIND

Nehmen wir also an, dass die KI versucht, unsere Auswahlmöglichkeiten von vornherein festzulegen. Es ist an der Zeit, die Frage zu stellen: Nach welchen Kriterien? Was sind die Parameter der digitalen Optimierung?

Wieder einmal ist es Jaron Lanier, der es am besten erklärt: im Silicon Valley weht ein »meta-utilitaristischer Wind«. Es stimmt nicht, dass Algorithmen keine Ideologie vertreten. Sie werden entworfen, um das individuelle Wohlergehen, gemessen als Differenz von Lust und Schmerz, zu steigern. Solch ein Utilitarismus stellt eine philosophische Meinung dar, gewiss eine verführerische für die meisten Nutzer und Konsumenten, aber nichtsdestotrotz eine Meinung unter vielen (man könnte sich beispielsweise auch Algorithmen vorstellen, die dafür programmiert sind, uns stattdessen Frieden, Freiheit oder Zweifel zu bringen). Darin ist das Valley die Erbin von Jeremy Bentham, dem Begründer und Meisterdenker des Utilitarismus, dessen indirekter Einfluss auf die zeitgenössische Tech-Branche weitestgehend unterschätzt wird. Die Giganten des Digitalen sind moralisch nicht neutral. Als Google 2015 zu Alphabet wurde, wurde auch der Slogan ausgetauscht, das stark an Popper gemahnende *Don't be evil* wurde zu dem normativeren Ordnungsruf *Do the right thing*. Es geht nicht mehr darum, das Böse zu meiden, sondern das Gute zu tun. Und was ist das Gute in einem säkularen Universum, wenn nicht die Maximierung des Glücks oder zumindest des Wohlergehens, das als höchster Wert ausgerufen wird? Nebenbei bemerkt, das Passwort für das kostenlose Wifi im Flughafen von Los Angeles ist *happy*.

Es ist wahr, dass der Ruf der Nützlichkeit unwiderstehlich erscheint. Bewusst wurde mir das während eines Besuches bei einem Start-up im Zentrum von Palo Alto, in einer der wenigen Straßen, die noch iberischen Charme ausstrahlen. Ich erinnerte mich nicht mehr genau daran, wie der Termin zustande gekommen war, und hatte meine Recherchen im Vorfeld schmählich vernachlässigt. Alles, was ich wusste, war der Name: *Humanyze*. Das erschien mir recht vielversprechend.

Taemie, die junge Mitgründerin, empfing mich warmherzig,

sie trug ein lustiges weißes Kästchen um den Hals, wie die Glocke der Almkühe. Anfangs gab ich noch keine acht darauf. Sie erklärte mir ihr Vorhaben, das aus ihrer Abschlussarbeit am MIT hervorgegangen war: menschliche Interaktionen besser verstehen. Wunderbar, schönes Projekt. Heute dekliniert Humanyze diese Forschung in Unternehmen durch, um Dynamiken unter Angestellten besser nachzuvollziehen. Mit Schrecken begann ich zu verstehen. Es ging darum, die Zeit, die man mit einem Gespräch hier und da verbringt, zu quantifizieren. Es konnte keinen Zweifel mehr geben: Diese Glocke war das Produkt. Sie war mit einem Aufnahmegerät versehen, schaltete sich bei jeder Unterhaltung ein und erlaubte so, den mündlichen Austausch innerhalb des Unternehmens zu messen. Dank Humanyze kann das Geplauder an der Kaffeemaschine endlich auch in die Produktivitätsstatistik einfließen.

Taemie wirkte so enthusiastisch, so charmant, so voll guten Willens, dass ich zögerte, ihr die Frage zu stellen. War das nicht, gelinde gesagt, ein kleines bisschen übergriffig?

Sie errötete etwas. Zunächst einmal wird der Inhalt der Gespräche nicht übertragen. Sodann werden die Daten gesammelt und anonymisiert, bevor sie von der KI ausgewertet werden. Und habe ich denn auch an die immensen Vorteile dieser Innovation gedacht? Angestellte, die bisher wenig Aufmerksamkeit auf sich gezogen haben, können nun als »Vermittler« erkannt werden, an die sich jedermann um Hilfe wendet – was oft das Management dazu anregt, die Methoden der internen Beurteilung zu verändern. Andererseits verbreiten Personen, die sich lieber auf Abstand zur Gruppe halten, offenkundig nicht so viel gute Laune und riskieren die Entlassung: Ist es da nicht besser, den Bruch vorherzusehen? Des Weiteren lässt sich überprüfen, ob bei Zusammenkünften, auch informellen, auf die Parität geachtet wird – ob ich denn nicht für die Gleichberechtigung von

Mann und Frau sei? Die Kuhglocke ist in der Tat ein »soziometrisches Namensschild«, das die Verwaltung des Humankapitals verbessern, das generelle Vertrauensniveau bestimmen und sicherstellen soll, dass sich jeder als Teil des Unternehmens wohlfühlt. Es geht darum, den verschwiegeneren Angestellten eine Stimme zu verleihen und ihnen die Möglichkeit zu geben, angemessen für den von ihnen vielleicht auf dem Umweg einer vermeintlich unerheblichen Unterhaltung geschaffenen Mehrwert entlohnt zu werden. Auch bietet Humanyze den Widerspenstigen an, ein »falsches Schild« ohne Aufnahmegerät zu tragen, ohne dass jemand davon erfährt. In acht Jahren ist das nur zweimal vorgekommen. QED.

Ich gestehe, dass ich nach dieser leidenschaftlichen Präsentation ins Schwanken geriet. War ich nicht alles in allem zu europäisch, zu besessen von den Rechten des Einzelnen zulasten des Glücks aller? Wenn die ganze Welt bereit war, sich zum besseren Verständnis der Truppendynamik eine Glocke um den Hals zu hängen, im Namen welches abstrakten Begriffs von Privatleben sollte ich mich dem widersetzen?

Das ist die Überzeugungsgewalt der Utilitarismus. Es ist keine Überraschung, dass Bentham auch ein Befürworter der möglichst vollständigen Transparenz gewesen ist; sein Gefängnismodell des Panopticons, das diese Idee illustriert, ist zu trauriger Berühmtheit gelangt.

Ein weiteres Element, und nicht das geringste, fehlt noch zur Definition des Nutzens. Nach der Formel Benthams ist das letzte Ziel jeder sozialen Organisation »das größte Glück der größten Zahl«. Nutzen bezieht sich also immer zugleich auf das Individuum und auf die Gruppe. Stellen wir uns vier Individuen vor, von denen jedes auf einer Skala von 1 bis 10 den Glücks-*score* 5 besitzt. Nach Benthams Lustberechnung namens *felicific calculus* wäre eine Politik oder eine Technologie, die sie alle von 5 auf 6 aufsteigen ließe, selbstverständlich wünschenswert. Stellen wir uns aber sodann ein Szenario vor, in dem zwei unserer Versuchskaninchen die 8 erreichen, einer bei 6 bleibt, der Letzte aber gezwungen ist, auf 4 zu sinken. Die Endabrechnung des Glücks wäre indes immer noch höher als in den beiden vorhergehenden Fällen: (8+8+6+4) > (6x4) > (5x4), das verstehe sogar ich! Das wäre also die vorzuziehende Reform, mag sie auch für eine Person im Einzelnen Leid verursachen. Das Glück aller steigert nicht immer auch meines.

Die Systeme der KI sind von dieser Logik völlig durchdrungen. Deshalb kann mir Professor Todd Davies in seinem Kellerbüro in Stanford ganz schadenfroh erklären, dass er es schafft, »Google Maps zu schlagen«, indem er alternative Routen wählt, wenn er nachhause fährt. Denn Google Maps weist Ihnen nicht den Weg, der am kürzesten für Sie ist, sondern den besten Kompromiss zwischen der Schnelligkeit Ihres Weges und dem gesamten Verkehrsfluss. Die vorgeschlagene Route muss ein subtiles Gleichgewicht zwischen Ihren Interessen und denen der anderen Fahrer halten. Anders gesagt, der Algorithmus kann die Entscheidung treffen, Sie zwei Minuten auf einer Umfahrungsstraße verlieren zu lassen, wenn das die Hauptachse für den nachfolgenden Verkehr entlastet. In diesem Falle wären sie der Gelackmeierte, dessen Glückswert von 5 auf 4 sinkt; hinnehmen werden Sie das zunächst aus Unwissenheit, sodann aber weil die Dienstleistung, die sie so auf lange Sicht genießen, die punktuelle Unbequemlichkeit bei weitem überwiegt. Nur auf einer bekannten Strecke, wie der von Professor Davies, der seit mehreren Jahrzehnten zwischen Stanford und seinem Zuhause hin- und herfährt, ist es möglich, wieder etwas Individualismus einzuführen. Wenn man Google Maps schlägt (freilich ohne überhöhte Geschwindigkeit), kann man sich sicher sein, dass man der Gemeinschaft der Autofahrer ein klein wenig geschadet hat.

Kein Grund, dem Professor Davies ein schlechtes Gewissen zu machen. Er ist zugleich Psychologe und KI-Spezialist, trägt Wanderstiefel, als wäre er jeden Moment bereit, sich aus dem Staub zu machen, und verbindet in sich den widerspenstigen Progressivismus der Geisteswissenschaften mit der analytischen Strenge der Informatik. Wer hätte einen besseren Stand, um die »soziale Optimierung« anzuprangern, die implizit in den heutigen Techniken des *machine learning* am Werk ist? Wir werden nicht nur manipuliert, dem *nudge* ausgesetzt und unserer Entscheidungsfähigkeit geraubt, sondern wir werden auch gegen unseren Willen zu Dienern der Gemeinschaft. »Das ist eine neue Menschheit«, meint der Professor. Eine Menschheit, die mehr mit Huxleys bester aller möglichen Welten gemeinsam hat, in der das Glück heilig und der Solipsismus Frevel ist, als mit der kalifornischen Gegenkultur, als deren ferner Erbe mir Todd Davies vorkommt. Er besteht darauf: »Es ist eine politische Frage.« Indes, wo ist heute die Debatte darüber? Sollten wir durch den einfachen Gebrauch bereits akzeptiert haben, uns ein rein utilitaristisches Bild vom Leben im Allgemeinen zu machen? Werden wir uns recht bald, mit der Entwicklung autonomer Fahrzeuge, jegliche Möglichkeit genommen haben, Google Maps zu schlagen? Werden diejenigen, die versuchen den Algorithmus reinzulegen, wegen antisozialen Verhaltens denunziert werden?

Peter Thiel, ein berühmter Unternehmer aus dem Valley und erklärter Libertärer, formuliert ohne Umschweife, dass »die KI kommunistisch ist«. Aber in der digitalen Optimierung entdeckt man eine ganzheitliche Vision von »Gemeinschaft«, die sich vom Industriezeitalter abhebt. Wo ein Straßenkartenfabrikant noch versuchte, Ihnen den bestmöglichen Dienst zu erweisen, zielt ein Entwickler von GPS-gestützten Navigationssystemen auf das größte Glück der größten Zahl an Nutzern. So kann man auch besser verstehen, warum Dating-Sites sich nicht damit begnügen, Ihnen Profile vorzuschlagen, die Ihren expliziten Vorlieben entsprechen. Wie Google Maps sind sie bemüht, den Verkehr flüssig laufen zu lassen und Staus vor den verführerischsten Profilen zu vermeiden.

Man beginnt also den eigentlichen Sinn des abgedroschenen Slogans zu ahnen, den so viele Digitalunternehmer bemühen: *Make the world better.* Es handelt sich nicht um eine Form von Philanthropie, sondern um einen Imperativ, der im Kern der Technologie selbst verankert ist. Da ist zunächst die *world,* denn kein Produkt, das mit KI zu tun hat, kann auf die Befriedigung eines individuellen Bedürfnisses beschränkt werden; die in Betracht gezogene Gemeinschaft, deren Daten gesammelt werden und die dann Empfehlungen empfängt, muss so groß wie möglich sein und schlussendlich die gesamte Menschheit umfassen. Deswegen hat Mark Zuckerberg, der es geschafft hat, ein Drittel der Menschheit auf Facebook zu vernetzen, in einem seiner seltenen offenen Briefe seiner Ambition Ausdruck verliehen, eine globale Gemeinschaft aufzubauen.[79] Sodann *better*. *Better* in welcher Hinsicht? Was ist das erstrebte Ziel? Wir wissen es jetzt: Nützlichkeit, mit anderen Worten die Maximierung der Freuden aller. Nichts versteht es so gut wie die KI, das Traumwerkzeug für Benthams Lustberechnung, das Glück zu quantifizieren und seine Verteilung zu rationalisieren.

Diese Verbindung von *nudge* und Utilitarismus wird von Julia Puaschunder, der ich an der Universität George Washington begegnete, gut zusammengefasst. Die österreichische Forscherin, adrett in einer weißen, geblümten Jacke trotz der drückenden Hitze, hat den wunderbar angemessenen Neologismus »nudgital« geprägt, eine Verknüpfung aus *nudge* und Kapital. Der Begriff dient ihr zur »Kritik der politischen Verhaltensökonomie«, ein Anspruch, in dem man all die syntaktische Leichtigkeit der deutschen Philosophie wiederfindet, der allerdings auch sehr genau dem Problem der KI entspricht: Wenn das Verhalten des Individuums vorhersehbar ist, dann ist es auch manipulierbar; diese Manipulation nimmt die Form eines von einer KI ausgeübten *nudges* an; dieser *nudge* funktioniert nach genau bestimmten Kriterien (und damit sind wir in der »politischen Ökonomie«): Nützlichkeit für sich selbst und für die anderen. Je mehr Informationen wir teilen, umso mehr Daten sondern wir ab; je mehr Daten wir den Plattformen zur Verfügung stellen, desto geeignetere Ziele sind wir für den *nudge;* je mehr wir den *nudge* akzeptieren, umso mehr wird unser Wohlergehen wachsen. Von nun an wird sich also das Herrschaftsverhältnis nicht mehr zwischen sozialen Klassen abspielen, sondern zwischen den Sendern und den Empfängern des *nudge*. Je weniger Informationen wir teilen, umso mehr bewahren wir *de facto* unsere Wahlfreiheit und werden im wahrsten Sinne des Wortes nutzlos. Im nudgitalen Zeitalter ist das Teilen von Daten Sklaverei, Isolierung aber Auslöschung: ein infernalisches Dilemma!

Es gibt nicht mehr viele wie Todd Davies, die die soziale Optimierung kritisieren und ein Wort für den Zufall einlegen, die individuelle Mutation. Das Gemeinwohl hat den Wind in den Segeln. Junge amerikanische Unternehmer und Denker begeistern sich für die Aussicht auf diesen grenzenlosen Effektivitätsgewinn. Es wäre schwierig, die KI auf ein bloßes *business model* zu reduzieren. Es geht vielmehr um ein echtes Gesellschaftsprojekt, das mit Aufrichtigkeit und Schwärmerei angegangen wird.

Das wurde mir bewusst, als ich in San Francisco, im ultrahippen Mission District, mit einem franko-amerikanischen Freund, Adrien Treuille, der aus meiner Generation stammt und mit seiner jungen Familie da war, zu Abend aß. Adrien hat sich als Informatiker und Unternehmer bereits einen Namen gemacht;

seine Sporen verdiente er sich bei so mythischen Unternehmen wie Google X, und er entwickelte *Foldit,* ein Videospiel, dessen Nutzer unwissentlich der medizinischen Forschung helfen und Proteine rekonstruieren. Er lächelt über meine Geschichten vom freien Willen. In seinen Augen muss ich so etwas wie ein aus ferner Vergangenheit entsprungener Inquisitor sein, der sich mit metaphysischen Begriffen herumschlägt, während die Menschheit in aller Ruhe einer besseren Zukunft entgegengeht. Adrien ist überzeugt davon, dass morgen die KI erlauben wird, alles zu optimieren. Alles, absolut alles. Und entsprechend werden wir besser leben, absolut besser. Er fordert mich heraus, ein Gegenbeispiel zu finden. Auf die Schnelle erzähle ich ihm davon, wie sehr mich momentan die Wahl einer Schule für meinen Sohn beschäftigt. Wie sollte mir die KI dabei helfen?

»Ganz einfach.«

Ich habe in der Tat keine Zweifel daran, dass kunstvolle Algorithmen, nach dem Modell des Arbeitsmarktes oder von Dating-Sites, einen Abgleich zwischen Vorlieben bezüglich der Erziehung und dem verfügbaren Angebot vornehmen können und dabei auch die Persönlichkeit des Kindes, die beschränkte Umzugsmöglichkeit und das Sternzeichen berücksichtigen. Aber ich bin auf der Suche nach einem Kriterium, das sich der quantitativen Logik der KI widersetzt. Stellen wir uns zum Beispiel vor, ich will eine Schule, an der er kritisches Denken lernt.

»Das ist kein Problem«, sagt Adrien. »Man könnte es entsprechend messen und die Unterrichtsmethoden identifizieren, die den besten Erfolg versprechen. Das ist doch besser als ein Urteil nach Bauchgefühl, das sich worauf gründet? Auf persönliche Intuition und Gerüchte?«

Auch abseits der Suche nach einer Schule ist ein solcher Anspruch schwindelerregend: auch der kritische Geist, die letzte Grenze intellektueller Unabhängigkeit, soll optimiert werden.

Indem sie den Zweifel ihren eigenen Lernkriterien einverleibt, würde die KI auch den letzten außerhalb gelegen Standpunkt auflösen, von dem aus sie selbst beurteilt werden könnte. Wie soll man die KI kritisieren, wenn sie sich selbst kritisieren kann? Werden wir, Gipfel des Paradoxons, unseren kritischen Geist an eine Maschine delegieren, die sich auch noch als begabter herausstellen wird? Würde das Konzept der Kritik seine Automatisierung überhaupt überleben?

Gehört es nicht zur Pflicht des denkenden Menschen, wenn dieser Ausdruck noch einen Sinn besitzt, der Optimierung der Kritik eine Kritik der Optimierung entgegenzustellen?

Adrien seinerseits zögert kaum. Die Optimierung wird umso leichter erfolgen, als die Kosten für eine Vorhersage gegen null tendieren[80] und den Weg für nie dagewesene Lösungen auf den Gebieten der Gesundheit, der Umwelt, der Erziehung usw. freimachen. Jeder Fortschritt im *machine learning* bringt uns einer Form von Auflösung in der langen Tragödie menschlichen Elends näher. Während seine Partnerin, Psychologin und gerade von einem Aufenthalt in Frankreich zurück, der Lebenskunst der Alten Welt zu erliegen scheint, hat sich Adrien definitiv der kalifornischen Kultur hingegeben. Er hält eine lange Lobrede auf den Burning Man, jenen jährlichen Wahnwitz, der zehntausende Teilnehmer in der Wüste Nevadas zu einer Art gigantischem *potlatch* versammelt: eine Woche voller Gabe und Gegengabe, dionysischem Exzess und kollektiver Andacht. Von Elon Musk stammt die berühmte Feststellung, dass Burning Man die Essenz des Silicon Valley verkörpert. Jedermann ist willkommen, das Prinzip der Inklusion herrscht uneingeschränkt, aber es ist trotzdem besser, Millionär zu sein, um das beste Zeltlager aufzuschlagen, im besten Wagen herumzuparadieren und die besten Feste zu geben. Jede Gruppe versorgt sich in der Tat selbst. Und raten Sie mal, wie die Plätze vergeben werden? Durch einen subtilen Optimierungsprozess, der das Verhalten der vergangenen Jahre und zukünftige Zusagen in Betracht zieht.

Dieses unerschütterliche Vertrauen in den Fortschritt ließ mich geradezu nostalgisch werden. Um etwas Vergleichbares in Frankreich zu finden, müsste man bis in die Zeit der industriellen Revolution zurückgehen, wo es von Erfindern nur so wimmelte und Jules Vernes die Menschheit träumen ließ. Verwandelte mich meine Besessenheit von diesem mittelalterlichen Konzept des freien Willens, das schon von Luther und Calvin angefochten wurde, in einen Reaktionär? Bin ich blind für das großartigste Glücksversprechen, das die Menschheit je hervorgebracht hat? Sind meine Gedanken das suboptimale Überbleibsel des Industriezeitalters? Der Zweifel ist erlaubt. Vor allem da ich auf meiner Reise, in mehr theoretischer Hinsicht, zahlreichen Vertretern des klassischen Liberalismus, meinen Freunden und Brüdern, begegnet bin, die meine Vorbehalte beim Thema KI nicht teilen und unbeirrbar ihren Kampf für die Innovation fortsetzen.

Beginnen wir mit John Micklethwait, Quintessenz des britischen Journalismus, rosige Wangen, widerspenstige Stirnlocke. Meine erste Begegnung mit John liegt nun schon ein Jahrzehnt zurück, als ich noch die verrückte Hoffnung hegte, für den *Economist* zu arbeiten, meine Freitagsbibel; eine Wochenzeitschrift, die 1843 gegründet wurde, um sowohl den Freihandel als auch die individuellen Freiheiten zu verteidigen, und die ihre ideologische Linie, ohne nachzugeben, bis heute bewahrt hat. John Micklethwait leitete damals den *Economist* und empfing mich freundlich in seinem Büro in Mayfair. Ich hatte Tag und Nacht an einem Artikel über die Zukunft des Frachtverkehrs in der Binnenschifffahrt gearbeitet, der mir nahezu perfekt schien. Durch eine subtile Folge von *understatements* gab mir John zu verstehen, dass der *Economist* ein Presseorgan sei und kein linguistisches Fortbildungszentrum. Fünf Jahre später kreuzten sich unsere Wege auf einer Tagung über Margaret Thatcher erneut. Das ist Programm. Die Zeit für unser Gespräch alle fünf Jahre schien mir also gekommen, diesmal in der Zentrale von Bloomberg News in New York, wo er Chefredakteur geworden ist. Was würde wohl der Autor von *The Fourth Revolution*, der für einen Staat plädiert, der sich stärker zurücknimmt, aber dennoch die Chancengleichheit garantiert, über die KI denken? Wie würde ein solcher Kopf, bestens positioniert im Zentrum der neoliberalen Elite und zugleich ein unerbittlicher Reformer, die ökonomische Effektivität gegen den Respekt vor der Person abwägen?

John durchquerte im Laufschritt den gigantischen offenen Büroraum von Bloomberg. Er hatte nur einige Minuten und schon jetzt winkte ihm ein anderer Teil seines Teams, einige Meter entfernt, mit großen Gesten. Weil er so wenig Zeit hatte, war seine Antwort bewundernswert konzise. Gewiss gibt es einige Sorgen bezüglich des Privatlebens, aber aufs Ganze gesehen bringt die KI der Welt einen bedeutenden Zuwachs an Wert und Nutzen. Für Bloomberg erlaubt sie etwa, die Informationen und Nachrichten, die den Kunden geschickt werden, in Abhängigkeit von deren Geschmack, Interesse oder freier Zeit zu personalisieren. Was heute schon für Privatunternehmen zutrifft, wird es eines Tages auch für Regierungen, die KI wird sicherstellen, dass der öffentliche Dienst besser organisiert, reaktionsschneller und kostengünstiger ist. Wenn ich mich etwas mit Angst kitzeln wollte, könne ich immer noch den jüngst erschienen Artikel des alten Kissinger in *The Atlantic* lesen, in dem er die KI als das Ende der Aufklärung beschreibt. Aber letztendlich sei das nicht besonders ernst zu nehmen.

Die gleiche Litanei im Niskanen Center, einem Think-Tank

in Washington, der vor vier Jahren als Abspaltung des sehr libertären Cato Institute entstanden ist. Ich interessiere mich für die Arbeiten von Niskanen, gerade weil diese junge Truppe versucht, einen vernünftigen und pragmatischen Liberalismus zu definieren, der darauf bedacht ist, gegen Armut zu kämpfen, Flüchtlinge besser zu behandeln oder die Umweltkrise zu lösen; ich finde dort viele Themen wieder, mit denen sich auch GenerationLibre, der Think-Tank, den ich in Frankreich gegründet habe, beschäftigt. Das Niskanen Center verteidigt eine offene Gesellschaft, das genaue Gegenteil des Klientelkapitalismus, den die Trump-Verwaltung fördert. Für sie ist die Regierung eine »Versicherungsfirma mit Armee«, eine recht verlockende Definition. Das bedingungslose Grundeinkommen liegt in unseren Diskussionen nie fern, auch wenn meine Gesprächspartner noch nicht ganz den Absprung geschafft haben. Sobald es aber um die KI geht, ist ihre Linie glasklar: »unheimlich optimistisch«. Man muss akzeptieren, dass wir uns zu einer Transparenzgesellschaft entwickeln, deren Vorteile, besonders ökonomischer Natur, die etwaigen Unbequemlichkeiten weit hinter sich lassen werden. Das systematische Argument zugunsten des Privatlebens muss also einer Reflexion über Kontroll- und Regulierungsmechanismen das Feld überlassen. Aber zweifeln Sie nicht daran, das Leben wird besser sein.

Wenn so die Moderaten dachten, dann gestand ich mir kaum eine Chance mit den Libertären reinsten Wassers zu, die jegliche Form zentraler Autorität kritisieren, für gewöhnlich begierig nach radikalen Innovationen sind und ungeduldig die technologische Singularität erwarten, jene ewiglich ekstatische Verschmelzung von Neuronen und Siliconen, die die Transhumanisten versprechen. Entsprechend angenehm überrascht war ich, wie aufmerksam mir Patri Friedman auf dem Google Campus zuhörte. Trotz all meiner Skepsis ist es doch ein Initiationserlebnis, die Zentrale von Google in Mountain View zu betreten; die Vorstellung, von Google Maps dorthin geführt zu werden, ergriff mich besonders, als ob die Maschine ihren Weg nachhause finden würde: Alle Wege führen zu Google. Und Patri Friedman ließ mich ebenso wenig kalt. Er ist der Enkel von Milton Friedman, einem der Häupter des Neoliberalismus der Chicagoer Schule, und der Sohn von David Friedman, einem Anarcho-Kapitalisten, der die Privatisierung des Justizsystems theoretisiert hat. Patri selbst hat das Seasteading Institute gegründet, dessen Berufung es ist, künstliche Inseln in internationalen Gewässern zu bauen, die jedem staatlichen Eingriff entgehen. Ich trank also mit der dritten Generation Radikalisierung einen Kaffee in jenem gigantischen Kindergarten, der der Google Campus ist, zwischen Volleyballfeldern, Rutschbahnen und farbenfrohen Sofas.

Patri war für die Frage der Autonomie empfänglich. Es dürfe nicht sein, dass uns die KI in eine Form von Marktkollektivismus stürzt, in dem das individuelle Verhalten durch eine mysteriöse algorithmische Formel determiniert würde.

Verstand also endlich jemand meine Fragen?

Mein Trost war von kurzer Dauer. Denn das hier war Patris Antwort auf jene Bedrohung: Es werde genügen, unsere Gehirnkapazität mittels direkt in die neuronalen Netzwerke implantierter Elektroden zu steigern, um einen noch mächtigeren freien Willen wiederzufinden. Anders gesagt, eine direkt in unser Gehirn eingebaute KI wird über den Determinismus der Technologie triumphieren. Der Transhumanismus wird uns die Werkzeuge der Freiheit überreichen. Indem ich selbst zu einer KI werde, werde ich die Manipulation durch andere KI vermeiden. Aber was bliebe dann von jenem »ich«, um dessen Bewahrung es eigentlich geht? Wozu nützt es, die Kontrolle zurückzugewinnen, wenn das bewusste Subjekt von einer technologischen Erweiterung verwässert wird? Was würde man davon haben, die Zwänge der KI zu verinnerlichen? Das ähnelt etwas dem Freitod aus Todesfurcht.

Des Weiteren erscheint mir Patris These wissenschaftlich betrachtet eher phantastisch. »Es wird genügen, sich einen Chip ins Hirn zu stecken«: Dieses Phantasma ist für die Technophilen des Valley wie auch für ihre chinesischen Kollegen zu einer Art ultimativen Antwort auf alle anthropologischen Fragestellungen geworden, ein Totschlagargument, das zugleich unwiderlegbar und unbeweisbar ist. Es ist das digitale Äquivalent für den Willen Gottes, der ebenfalls, wie wir seit Spinoza wissen, der Zufluchtsort der Ignoranz ist. Suchen wir nach freiem Willen, nach Glück, Macht, Intelligenz oder Empathie? Es ist einfach eine Frage der Geduld, bald werden wir über den geeigneten Chip verfügen. Welche Gestalt wird er haben, wie wird er sich auf die neuronalen Schaltkreise auswirken? Wen kümmert das, es wird gewiss ein Start-up geben, das das Problem löst. Im Laufe solcher Unterhaltung realisiert man, wie sehr sich die Technologie vom wissenschaftlichen Geist abgewandt hat, der auf Beweis und Falsifizierbarkeit gründet, um ein simpler Glaube mit Glaubensinhalten, Ritualen und alten Leiern zu werden.

Es ist nicht einfach, diesen Aufwallungen von Hoffnung zu widerstehen, besonders wenn sie von Leuten kommen, denen ich mich intellektuell nahe fühle. Ich ertrug es, mich dagegen verwehren zu müssen, ein Technikfeind zu sein. Aber der Respekt, den man den Leistungen der Informatik zollen kann, verlangt auch, über ihre Grenzen nachzudenken, und es ist legitim, einen Standpunkt zu beziehen, der von außen auf die Technologie blickt, etwa eine philosophische Perspektive. Ich bin gewiss nicht »gegen« die KI – ich muss trotzdem feststellen, dass ihre industriellen Anwendungen, so wie sie heute konzipiert sind, eine Gefahr für die Entscheidungsfähigkeit des Individuums darstellen, indem sich auf utilitaristischer Basis die Techniken des *nudge* vervielfältigen. Die Liberalen haben immer Recht, den Fortschritt zu rühmen und die tausendfache List des Konservatismus zu durchkreuzen. Aber sie müssen sich heute ernsthaft selbst befragen. Ist nicht das Prinzip Innovation, für das sie so sehr gekämpft haben, darin begriffen, das Fundament ihres eigenen Systems zu untergraben?

DEN MENSCHEN VERBRENNEN

Als wolle er meine Zweifel zerstreuen, schickte mir Adrien einige Wochen nach unserem Treffen seine Fotos vom Burning Man. Man sieht ihn in der Wüste, ausgelassen, umringt von Freunden in komischen Kostümen – einige auch ganz ohne Kostüm. Im Hintergrund bewegt sich ein gigantischer Drache aus Metall, der eine undeutliche Menschenmenge überragt. Der Wüstenboden ist hart und rissig; der blaue Himmel wolkenlos; die exzentrische Kulisse eines neuen, lustigen, bunten Volkes. Warum aber dieser Name, »Burning Man«? Aus dem einfachen Grund, dass am Ende des Festivals das riesige Abbild eines Menschen verbrannt wird. Die Videos sind eindrucksvoll. Eine dutzende Meter hohe Gliederpuppe, die Arme erhoben wie zur Feier eines letzten Sieges, verbrennt mitten in der Nacht in einem Gewitter aus elektronischer Musik und Feuerwerk. Die Menschenmenge versammelt sich in einem weiten Kreis und schreit vor Freude, während der Mensch Stück für Stück zusammenbricht. Seine Glieder lösen sich eines nach dem anderen, er beugt sich nieder, fällt auf die Knie, stürzt ein, von seinem Hochmut zu Fall gebracht. *Ecce homo:* ein Häuflein Asche, um dieses herum halbnackte Programmierer, Informatiker, Webdesigner, Unternehmer und einfache *digital natives* tanzen, aufgekratzt von dieser tribalen Tötung. Der Burning Man ist ein Vatermord – oder vielmehr ein »Spezizid«, mit dem der *Homo connecticus* den herrschenden *Homo sapiens* zur Strecke bringt.

Es fällt schwer, darin nicht jenen großen philosophischen Bruch zu erkennen, den Michel Foucault in den letzten Zeilen von *Die Ordnung der Dinge* angekündigt hat. »Wenn durch irgendein Ereignis, dessen Möglichkeit wir allerhöchstens vorausahnen können, aber dessen Form und Verheißung wir im Augenblick noch nicht kennen, [die grundlegenden Wissensdispositionen] ins Wanken gerieten, wie an der Grenze des 18. Jahrhunderts die Grundlagen des klassischen Denkens es taten, dann kann man sehr wohl darauf wetten, dass der Mensch verschwindet wie am Meeresufer ein Gesicht im Sand.« Das schrieb Foucault Ende der 1960er-Jahre. Dieses Ereignis ähnelt der KI und ihrer heutigen Auffassung, die dem Individuum nach und nach die charakteristischen Eigenschaften nimmt, die ihm die Moderne verliehen hatte: Einzigartigkeit, Autonomie, Verantwortung. Hinter all den narzisstischen Allüren ist das Valley alles andere als individualistisch. Der *Homo connecticus* genießt sich gerne selbst, wie es die anderen Fotos, die Adrien mir geschickt har, unzweideutig zeigen, auf denen sich die von Nacktheit und Sandstürmen überhitzte Sinnlichkeit der *burner* vor aller Augen ausstellt. Aber der *Homo connecticus* ist nicht gerne er selbst. Er zieht es vor, sich in den Mäandern einer vernetzten Gemeinschaft zu verlieren.

Die Frage, die Foucault gestellt hat, ist schlichtweg die nach der Aufklärung. Denker und Reformer wollten den Menschen von den äußerlichen Gängelbändern freimachen, seien sie politisch, ökonomisch oder intellektuell. Sie waren damit derart erfolgreich, dass heute die Technologien, die die freie Gesellschaft hervorgebracht hat, wieder das schlimmste aller Gängelbänder geknüpft haben, das verinnerlichte, mit dem unsere intimsten Entscheidungen im Namen des individuellen und kollektiven Wohlergehens regiert werden. In diesem Sinne also könnte der Mensch verschwinden wie ein am Strand in den Sand gezeichnetes Gesicht, wie das im Wüstensand verbrannte Gesicht des Burning Man.

Diese Frage nach der Aufklärung wurde mir als solche bewusst, nachdem ich einen Tee mit Laura Taylor-Kale getrunken hatte, einer Diplomatin, Forscherin am Center for Foreign Relations und heute in Stanford, um zum Thema der institutionellen Anpassung an die Technologien zu arbeiten.

Ich war zu unserem Termin als Erster erschienen und ließ mich an einen Tisch auf der Terrasse nieder. Als sich Laura mir gegenübersetzte, konnte ich ein kurzes Erstaunen nicht verbergen. Denn sie war die erste und auch die letzte *woman of color*, die mir im Laufe meiner Forschungsreise begegnet ist. Der Kampf gegen Diskriminierung gehört nicht zu meinen besonderen Obsessionen und mir scheint, dass die Debatte in Amerika schon lange die Grenzen der Vernunft hinter sich gelassen hat, aber man muss umstandslos anerkennen, dass eine einzige Schwarze auf 125 Gespräche einen offensichtlichen Mangel an Diversität in der Tech-Branche widerspiegelt, der ebenfalls die algorithmische Verzerrung in den KI-Modellen erklärt, die von jungen weißen Männern entwickelt worden sind. So haben etwa Gesichtserkennungsprogramme geradezu tragisch schwarze Gesichter mit Affen verwechselt, weil sie nicht auf Basis einer ausreichend repräsentativen Darstellung der Bevölkerung trainiert worden sind. Im folgenden Kapitel werde ich noch die Gelegenheit haben, mich länger mit diesem Umstand auseinanderzusetzen.

Auf jeden Fall führte Laura eine engagierte Rede, kritisch, ohne protestlerisch zu sein, die sich stark von der ihrer Kollegen abhebt. Sie hat Washington verlassen, um auf einer akademischen Ebene besser zu verstehen, was es mit dieser KI auf sich hat, über die sich jedermann in den Zirkeln der Macht so verwundert. Sie ist sich sowohl der alltäglichen Lebensrealität im Zentrum der USA, wo noch immer weite Gebiete keinen Zugang zum Internet haben, als auch der Gefahren der Überwachungstechnologie nach chinesischem Modell bewusst. Sie beklagt, dass die öffentliche Debatte über diese Themen so oberflächlich ist und den Tartuffes der großen Plattformen mit ihren Ethikkommissionen freie Bahn lässt.

Und plötzlich, ohne dass der Kontext es besonders nahegelegt hätte, erzählt sie mir von einer Unterhaltung mit ihrem *boyfriend*. Er hatte sie gefragt, was sie von der Aufklärung halte. Die Frage geht ihr sichtlich nicht aus dem Kopf. »Ihr zwei müsstet euch einmal unterhalten«, sagt sie mir. Zweifellos. Aber warum die Aufklärung?

»Weil wir gezwungen sein werden, unsere Werte zu wählen. Es gibt eine Spannung zwischen der Aufklärung und der Technologie.«

Die Aufklärung. Wir lachen darüber. Wie die meisten ihrer amerikanischen Kollegen ist Laura misstrauisch gegenüber zu allgemeinen Begriffen, zu großsprecherischen Aussagen. Aber sie wagt etwas, sie insistiert. Wird unsere Wachsamkeit nachlassen? Werden wir das Opfer unseres Privatlebens akzeptieren? Wird es gegenüber der chinesischen Konkurrenz und unter dem Druck unserer eigenen Populismen nicht bequemer sein, die Aufklärung auf Eis zu legen?

Beim Abschied bleibt die Frage, die Laura mit beunruhigender Emotionalität stellt, offen. Ich erinnere mich an einen Aufsatz, den mir John Micklethwait empfohlen hat, und entscheide mich, ihn endlich zu studieren: »Wie die Aufklärung endet«, von Henry Kissinger. Der mythische (und kontroverse)

Außenminister Nixons beschreibt darin seine Entdeckung der KI und beklagt zu Recht, dass sie nicht stärker von Philosophen angepackt wird und dass andererseits die Techniker sich zu wenig mit ethischen Aspekten auseinandersetzen. Kissinger verbirgt seine Sorge bezüglich einer unkontrollierbar gewordenen, das Bewusstsein umdefinierenden Superintelligenz nicht. Vielleicht hat auch er zu viel Bostrom gelesen. Aber in einer originäreren und feineren Art und Weise beschäftigt er sich mit der neuen Beziehung zur Erkenntnis, die die KI erzeugt. In diesem neuen digitalen Universum ist die menschliche Vernunft nicht mehr länger der letzte Richter über die Wahrheit. Die Akkumulation von Daten erlaubt die Definition einer Realität, oder vielmehr mehrerer Realitäten, die an unsere eigenen Vorannahmen angepasst sind. Entsprechend »verliert das menschliche Bewusstsein seinen persönlichen Charakter: Die Individuen werden in Daten verwandelt.« Die Wissensdispositive sind aus den Fugen geraten, wie Foucault es vorweggenommen hat: Der Mensch ist nicht mehr ein bewusster Produzent von Erkenntnis, sondern ein passiver Empfänger von Informationen. Paradoxerweise führt die Hyper-Personalisierung der Produkte zu einer Deindividualisierung des Subjekts. Man konsumiert Maßarbeiten, aber verliert sein eigenes Maß. Dem beständigen Strom der Verlockung ausgesetzt und vor jeder Introspektion bewahrt, verliert der digitale Mensch seine intellektuelle und moralische Autonomie.

Diese Sorgen könnten recht abstrakt wirken. Trotzdem haben sie mich während meiner Forschungsreise regelmäßig gequält. Ich erinnere mich an einen Abend im Besonderen, als ich die Angst physisch erlebte, in einer Welt zu leben, in der niemand mehr, ganz entgegen Kants Mission für das Zeitalter der Aufklärung, wagt, sich seines eigenen Verstandes zu bedienen, sondern man die Fähigkeit zu denken und zu urteilen nur zu gerne an eine Maschine abgibt. Ich hatte in der Altstadt von Peking mit einer brillanten Informatikerin zu Abend gegessen, ein frühreifes Schachgenie, Absolventin der Columbia University, sowie Serial Entrepreneur in China, wo sie insbesondere Law.ai gegründet und weiterverkauft hat, ein Start-up, das auf die Automatisierung juristischer Beratung zielt. Ihr amerikanischer Vorname: Kathy. Sie hat sich seither auch mit Videospielen beschäftigt, Wafa Games gegründet und die KI mobilisiert, um die Nutzer besser kennenzulernen und zu binden. Der Logik folgend, die dem Leser inzwischen bekannt vorkommen dürfte, identifizieren die Algorithmen das Verhalten der Spieler und versorgen sie mit dem, was ihren innersten Neigungen entspricht. Die Maschine lässt also einen Anfänger gewinnen, um ihn nicht zu schnell zu entmutigen, passt sich dann seinem Spielstil (defensiv oder offensiv) an und befriedigt so den Spieler gerade genug, damit er nicht aufhört, und frustriert ihn gerade genug, damit er von vorne anfängt. Manipulation, Sucht, Wunsch: die Routine der KI. Kathy gibt das indes nur zu gerne zu. Wenn die Leute ihr Glück in beständiger Zerstreuung finden, ist das nicht eine Form des sozialen Fortschritts? Oder, wie Kathy mit Überzeugung ausruft und wodurch sie die Unterscheidung von Virtualität und Realität verwischt, ist das Leben denn nicht ein Spiel?

Nach dem gargantuesken Mahl entschieden wir uns, einen Spaziergang um die nahe gelegene Verbotene Stadt zu machen. Kathy hatte mich den ortstypischen Reiswein verkosten lassen und wir wankten gemeinsam durch die glühend heiße chinesische Sommernacht. Wir spazierten die Kanäle entlang auf einem gepflasterten Weg, wo die Angler saßen. Die dicken Mauern des Palastes schwächten den tobenden Lärm des Verkehrs ab. Man konnte das Gefühl bekommen, sich im chinesischen Kaiserreich zu befinden, eine seltene Illusion in einem von der Modernität besessenen Land.

Und voll stiller Melancholie und sattem Pessimismus ergoss ich mich ohne Vorwarnung in eine lange Litanei über die Zukunft der Menschheit, und das zum größten Vergnügen Kathys, die das alles wahnsinnig *french* fand und mir mit Hänseleien zusetzte. Ich werde also versuchen, hier meinen zweifellos überzogenen Klagemonolog zu reproduzieren. Vielleicht lässt sich aber mit ihm erahnen und spüren, in welche Verzweiflung uns das Ende der Aufklärung stürzen könnte.

»Wir haben also zwei, drei Jahrhunderte mit der Vorstellung gelebt, dass das Individuum Rechte hat, dass ihm seine Wahl zusteht. Indem wir glaubten, vernünftig zu sein, sind wir verrückt gewesen. Der Geist, dessen wir uns rühmen, die Freiheit, die wir genießen, die Sitten, die wir pflegen, die Kunst, die wir beschwören, waren immer nur das Privileg einer Elite. Warum hatten manche das Recht, Individuen zu sein, erfüllte und ganze Persönlichkeiten, und andere nicht? Die KI wird dieser Heuchelei ein Ende setzen. Sie wird unsere Differenzen, unsere Capricen, unsere Eigenarten schleifen. Wir werden wieder zu einer wohlgeordneten Gesellschaft werden, zu einem homogenen Stamm, zu einem fleißigen Ameisenhaufen, wo ein jeder sich für das Glück aller einsetzt und alle zum Glück des Einzelnen beitragen.

Der Offizier sagt: Denken Sie nicht, führen Sie aus! Der Steuereintreiber: Denken Sie nicht, zahlen Sie! Der Pfaffe: Denken Sie nicht, glauben Sie! So beschreibt Kant die dunklen Zeitalter der Unterwerfung und der Unwissenheit, die die Aufklärung beenden sollte, indem sie jedem den Mut zusprach, sich seines eigenen Verstandes zu bedienen. *Sapere aude!* Wage es, zu denken! Das verhieß eine bessere Zukunft. Indessen aber sagt heute von neuem der Psychologe: Denken Sie nicht, Sie erliegen einer Illusion! Der Ökonom: Denken Sie nicht, Sie werden sich ruinieren! Und schließlich der Informatiker: Denken Sie nicht, lassen Sie mich mal machen! Alle haben ausgezeichnete Argumente.

Das ist übrigens das Paradox im Kern: Die Maschine hat ihre Gründe, die der Verstand nicht kennt.

Wir sind dabei, eine raffiniertere und überlegene Form der freiwilligen Knechtschaft zu erfinden. Zur Zeit La Boéties lag man in den Ketten des Tyrannen: Aber seid nur entschlossen dazu, nicht mehr zu dienen, und ihr werdet frei sein. Zur Zeit Tocquevilles unterwarf man sich träge der riesigen, bevormundenden Macht des Staates: Aber es genügte der Geschmack der Unabhängigkeit, um uns aus diesem Dämmerschlaf zu wecken. Selbst zur Zeit der dystopischen *besten aller Welten,* in der man sich vom Prinzip des Genusses leiten ließ, existierte noch eine Zentralregierung, die einige außergewöhnliche Helden wagen zur Rechenschaft zu ziehen. Aber in der Zeit der KI sind wir nur noch uns selbst unterworfen, unseren Meinungen, unserem Geschmack, unserem Verhalten und unserer Liebe, unermüdlich wiederholt, unbemerkbar beeinflusst, maßlos vergrößert. Indem wir Cookies annehmen und Nutzungsbedingungen akzeptieren, indem wir eine unendliche Menge personenbezogener Daten teilen, stellen wir selbst die Ketten bereit, die uns fesseln. Wir sind unsere eigenen Despoten geworden. Wer würde sich von sich selbst freimachen und die Andersartigkeit riskieren?

Was soll aus den Verrückten werden, den Genies, den Schweifenden, den himmlischen Landstreichern, all jenen, die das Salz der Menschheit ausmachen? Sie werden ihrerseits in die Umlaufbahn der Nützlichkeit gebracht werden. Am Anfang werden sie sich sträuben. Manche werden den Rückwärtsgang einlegen. Aber wie und vor allem warum sich widersetzen? Ihre müde Hand wird das erste Drehkreuz in Bewegung setzen. Und sie werden ihren Weg selbst finden, so einfach und bequem und im Grunde so logisch.«

Ich sah Kathy an. Sie war vor Lachen zusammengebrochen.

IV

VERSCHIEDENE EINFLÜSSE

Warum sich alles ändert

Wie wird eine Gesellschaft ohne freien Willen aussehen? Ich habe versucht, die ersten Vorzeichen davon zu erspähen, indem ich nicht nur die Techniker der KI getroffen habe, sondern auch Gestalter, Gelehrte, Aktivisten und einfache digitale Bürger, die mit den ersten spürbaren Auswirkungen konfrontiert sind. Mein Vorhaben besteht nicht darin, die Zukunft vorherzusagen, sondern die letzte Konsequenz aus der Logik der Algorithmen zu ziehen.

Ich versuche also, der Methode von Tocqueville treu zu bleiben. In seinem Werk *Über die Demokratie in Amerika* arbeitet er zunächst das Strukturprinzip der demokratischen Umwälzung heraus (die Gleichheit), um sodann die »verschiedenen Einflüsse« zu beschreiben, die in den Vereinigten Staaten des 19. Jahrhunderts bereits sichtbar sind. Philosophische Methode, literarischer Stil, Architektur, Spiritualität, Berufsleben, Gehälter, Geschlechterbeziehungen, Familienauffassung, Ehrgefühl, Kampfgeist, nichts entgeht dem Anspruch auf Gleichheit. Im Fall der KI regelt das Verschwinden des freien Willens entsprechend eine ganze Reihe von Transformationen. Ich werde mich den verschiedenen Formen mehr oder weniger in der Reihenfolge nähern, die Tocqueville vorgeschlagen hat: Kunst, Wissenschaft, Recht, Ökonomie, Sitten, Politik und Philosophie.

»Ich wollte der Demokratie gegenüber aufrichtig sein, weil

ich keineswegs ihr Gegner bin«, stellt Tocqueville in seiner Vorbemerkung klar. Ich würde von der KI gerne das Gleiche sagen.

EINE KUNST OHNE KÜNSTLER

Um die Kunst des 21. Jahrhunderts zu entdecken, muss man sich nach Santa Cruz begeben, eine charmante Ortschaft am Eingang der Monterey Bay, in der sich die University of California befindet. Ich verlief mich in der Vorstadt aus Einfamilienhäusern, bevor ich an die richtige Tür klopfte: der des Komponisten David Cope, der seit Jahrzehnten Musik schreibt, die von Codes ausgeht. Besonders bekannt ist er für die Erfindung eines Algorithmus, der in der Lage ist, Stücke im Stile Bachs zu schreiben: ein unerfahrenes Ohr wie das meine ist absolut unfähig, Kopie und Original auseinanderzuhalten.[81] Dieselbe Technik hat David Cope auch auf Vivaldi, Mozart oder sogar Chopin angewandt, mit nicht immer dem gleichen Erfolg (seine »Nocturne im Stile Chopins« erscheint mir zu mechanisch). Vor allem aber hat er eine große Zahl von Originalkompositionen geschaffen, die immer auf Computerprogrammen basieren; eines der erfolgreichsten dieser Programme trägt den Namen »Emily Howell«.

Ganz naiv assoziierte ich die KI mit der Jugend, mit Entwicklern, *postgraduates* und Unternehmern in T-Shirts. Indes dauert die Geschichte der KI bereits seit mehreren Generationen an: Der Mann, der mir die Tür öffnet, ist über 75 Jahre alt. Sein Gesicht ist hager und gravitätisch, irgendwo dort unter dem grauen Bart, und es würde gut zur Büste eines antiken Philosophen passen. Er nimmt mich mit nach oben in sein Studio. Man muss sich Antoine, den jungen, in einem Wald aus Klängen irrenden Komponisten aus dem Film *Mein Onkel, der Gangster* vorstellen, nur fünfzig Jahre später: Von der Zimmerdecke baumeln dutzende, hunderte von Röhren, Schellen, Glöckchen, Triangeln und Glasobjekte, sodass mit der geringsten Regung im Zimmer eine tollkühne Symphonie losbricht. Auf dem Boden erschweren eine dicke Schicht mathematischer Bücher, Konvolute von Papieren und alte Computer jede Bewegung. David bahnt sich einen Weg, schaltet einen Bildschirm an, lädt sei Programm »EMI«, und nach einigen Klicks erklingt im Studio eine bisher unbekannte Kreation Bachs. Ich bin der erste und der letzte Mensch, der sie hören wird: Der Computer produziert ununterbrochen neue Stücke. Hätte ich nicht tief bewegt sein müssen von der Vorstellung, derart mit den Manen Bachs zu kommunizieren? Nein. Ganz im Gegenteil: Wir haben gerade Bach als Menschen, als Individuum, das gelebt hat und einer bestimmten Geschichte angehörte, verschwinden lassen, um ihn in eine Produktionsmethode für Klänge zu verwandeln. J. S. Bach war zum Namen für einen Algorithmus geworden. Und da sich gut trainierte Algorithmen beständig verbessern können, wäre es nicht unlogisch, wenn der virtuelle Bach am Ende seinen Ahnen aus Fleisch und Blut übertrifft.

Die KI stellt die Beziehung zur Kreativität und zum Schöpferischen auf den Kopf. Der demiurgische Künstler verschwindet zugunsten eines einfachen musikalischen Stroms, der sich selbst aus primitiver Komplexität hervorbringt. Davids Programme basieren auf der Einführung eines nichtlinearen Chaos, das Spiegelbild seines Studios. Es kommt darauf an, die tiefgreifende Fragmentierung des Universums in Form von Klängen zum Vorschein zu bringen und dabei möglichst wenig einzugreifen.

Ich frage David, was er über den freien Willen denkt. Er hebt die Augen zum Himmel: Selbstverständlich sind wir selbst Maschinen. Und wir sollten uns als solche akzeptieren, die Psychologie als eine Wissenschaft des Gehirns behandeln und uns auf die bevorstehende Erweiterung unserer zerebralen Kapazitäten durch die Implantation von Elektroden in unsere Schädelhöhle freuen. Man kann David nicht vorwerfen, dass er nicht nach seinen Prinzipien leben würde: Für einen jüngst vergangenen chirurgischen Eingriff hat er einen Roboter als Operateur verlangt und nicht einen Menschen, der zwangsläufig ungenau arbeitet.

Kein freier Wille, kein Schöpfer. Kein Schöpfer, kein Werk. Nach Davids Meinung spiegelt die Kunst keinerlei Persönlichkeit wider und besitzt sie keinerlei Bedeutung.[82] Um seine Theorien zu stützen zitiert er Bach, der davon geträumt hätte, dass eine Maschine seine Musik schreibt.[83] Darüber hinaus zieht David es vor, Bach von einem Computer gespielt zu hören, und nicht von einem menschlichen Interpreten. Diese Strenge erscheint ihm sehr wahrhaftig. Was ist eine »Interpretation« anderes als eine vergebliche Suche nach Sinn?

Dieselben Prinzipien wendet David rigoros auf die anderen Künste an. Wenn die Welt algorithmisch ist, dann liegt nichts der Natur näher als die Abstraktion. In seinem Wohnzimmer hängen ungewöhnliche Bilder, Kompositionen aus orangen Sphären, die aus der automatisierten Behandlung von Fotografien des Weltalls entstanden sind. Es ist keine Überraschung, dass Davids Lieblingsmaler Jackson Pollock ist: Dessen *dripping* macht aus dem Menschen eine Maschine, aus der Malerei einen Zufall, es ist das Chaos vor der KI. David ist ganz gewiss nicht der Einzige, der sich auf diesem Weg vorgewagt hat. Andere wählen einen eher kommerziellen Zugang: Im Oktober 2018 hat Christie's zum ersten Mal ein Porträt in seinen Katalog aufgenommen, das von einer KI generiert worden ist, und das Gemälde wurde für 400 000 Dollar verkauft, der fünfzigfache Schätzpreis![84] Jenseits aller Fragen, die man an den Kunstmarkt stellen könnte, ist das ein Beleg für die Faszination der Öffentlichkeit für die Automatisierung des Schöpferischen.

Was die Literatur betrifft – David kann sich rühmen, 27 Bücher geschrieben zu haben, darunter viele Krimis und einige Haiku-Sammlungen –, so freut er sich darauf, bald über ein Programm zu verfügen, das Bücher für ihn redigiert. Auch auf diesem Feld arbeiten zahlreiche Forscher daran, das Rezept für den Schriftstellerroboter zu finden; bislang ohne entscheidenden Erfolg. Die Versuche von Pablo Gervas, einem Informatiker an der Universität Complutense Madrid, in Zusammenarbeit mit einer KI Märchen für Kinder zu schreiben, stecken ihrerseits noch in den Kinderschuhen. Füttert man aber die KI sattsam mit Millionen von Erzählungen, dann könnte man sich Texte vorstellen, die nach und nach mit der Lektüre und ausgehend von unseren Reaktionen und Erwartungshaltungen entstehen, nach dem Modell der Geschichten, »deren Held du bist«, die uns einst die Sommerferien verkürzt haben.

Was wird von den Autoren übrigbleiben? Nichts, oder einfach nur das Urheberrecht an einer Software (der Algorithmus als solcher ist nicht patentfähig). David ist nicht darauf aus, »jemand« zu sein, weder ein Komponist noch ein Autor, er will vielmehr das Entstehen von »etwas« ermöglichen. Oder wie es ein Freund und Kollege Davids zusammenfasst, der unseren Genuss der Computermusik unterbrach: »Worin sind wir einzigartig?« Eine Schöpfung ist nicht mehr die Verherrlichung des Ich, sondern seine Zerstreuung. Der Künstler macht nicht mehr die Kunst: die Kunst löscht den Künstler aus.

EINE WISSENSCHAFT OHNE KAUSALITÄT

Was für die Kunst gilt, lässt sich auch auf die Wissenschaft anwenden. Am MIT traf ich Markus Buehler, einen auf Materialwissenschaft und Nanotechnologie spezialisierten Chemiker, zudem Leiter der Abteilung für Ingenieurswissenschaften. Manche sehen diesen brillanten Wissenschaftler aus meiner Generation bereits als zukünftigen Direktor des MIT. Ich versuchte schüchtern, einige Fragen über Materialoptimierung in der Architektur aufzubringen, und bezog mich dabei auf einen der wenigen Aufsätze von Markus, bei denen ich glaubte, wenigstens den Titel verstanden zu haben. Er schob meinen Versuch schnell beiseite: »Da geht es nicht um KI, sondern nur um gute alte algorithmische Rationalisierung.« So beruhigte er mich und erklärte mir dann mit Begeisterung, wie die KI, also die echte KI des *machine learning* und der neuronalen Netzwerke, dabei ist, die Wissenschaft zu revolutionieren. Ich konnte nur noch Notizen machen, während der feste Boden des Wissens unter meinen Füßen nachgab.

Markus' Vision ist klar: Die KI wird es möglich machen, sich über Gesetze hinwegzusetzen, physikalische wie mathematische. Angenommen sie wäre mit einer ausreichenden Datenmenge gefüttert und mit einer adäquaten Rechenleistung ausgestattet, könnte die Maschine exakte Ergebnisse und präzise Vorhersagen erzielen, und das auf der einfachen Basis von Korrelationen und Modellen, die sie selbst ausgearbeitet hat. Schütten Sie Daten hinein, lassen Sie den selbstlernenden Algorithmus machen, und die Wahrheit wird herauskommen. Unter diesen Bedingungen werden Newtons Gesetze nicht mehr nötig sein, versichert mir Markus. Ich bleibe ungläubig. Und der Apfel? Die Bewegungsgesetze? Die Gravitation? Kraft gleich Gegenkraft? Jeder Körper verharrt in gradliniger Bewegung? Markus lächelt: obsolete Vorstellungen. Oder zumindest unbrauchbare. Die KI wird die Theorien Newtons nicht widerlegen, aber die Folgerungen aus ihnen integrieren, ohne sie ausdrücklich ausformulieren zu müssen. Sie wird niemals den Weg über das Allgemeine nehmen, das nichts als eine dem menschlichen Geist eigene Verkürzung darstellt. Markus ist von den Schlussfolgerungen aus seinen eigenen Experimenten aufgewühlt. Eine KI kann bereits Probleme bezüglich der Frakturierung von Materialien lösen, ohne auch nur von einem expliziten physikalischen Gesetz geleitet zu werden. Die Daten ersetzen die Gleichungen. Entsprechend hat DeepMind das Programm AlphaFold gestartet, eine KI, die Probleme im Zusammenhang mit Proteinfaltungen löst.[85] Und warum bei den Gesetzen Newtons aufhören? Der euklidischen Geometrie wird es genauso ergehen. Die simple Tatsache, dass zwei plus zwei vier ist, lässt nur eine grobe Annäherung unseres Gehirns erkennen. Unsere grundlegenderen Intuitionen werden zu bloßen Kuriositäten werden.

Markus gibt gerne zu, dass die neuen Methoden der KI frustrierend werden könnten für Wissenschaftler, die auf das Bedienungspersonal für Daten reduziert werden. Die Problematik der Black Box, die Unfähigkeit der KI, ihr Fortschreiten zu erklären, bedeutet, dass der Mensch niemals vollständig den »Gedankengang« der Maschine nachvollziehen wird. Anders gesagt: Wir werden Resultate ohne Erklärung bekommen. Die Aufgabe, die auf die Mathematiker, Physiker und Chemiker der Zukunft wartet, wird darin bestehen, besser mit den Algorithmen zu kommunizieren. Diejenigen, die immer noch »Gesetzmäßigkeiten« finden wollen, werden damit nur ihre eigene Neugier oder Eitelkeit befriedigen, unter Zurücksetzung der wissenschaftlichen Strenge. Die Suche nach der Kausalität war in der Renaissance ein erster epistemologischer Bruch, der zu weiten Teilen von Bachelard analysiert worden ist. Das Ende dieser Suche wird einen neuen Bruch darstellen, in dessen Folge wir von Grund auf die Art und Weise verändern müssen, mit der wir die Wissenschaften und die Welt, die sie beschreiben, erfassen.

Die KI macht den Weg für einen radikalen Empirismus frei. Das ist der Triumph David Humes, der Erste, der die physikalischen Gesetze auf einfache Korrelationen zurückgeführt hat, die »wahr« nur insofern sind, als sie sich wiederholen lassen.[86] Dass morgen die Sonne aufgeht, lässt sich nur ausgehend von einer Beobachtung der Planetenbewegung deduzieren und also von der Tatsache, dass sie bisher immerzu nach der Nacht wieder aufgegangen ist. Die KI erlaubt es, diese Logik zu verallgemeinern: Nur die Korrelationen zwischen den Milliarden und Abermilliarden Daten zählen und die Regelmäßigkeiten, die aus ihnen extrahiert werden. Das Konzept der Kausalität wird also wie eine Caprice unseres Verstandes aussehen, die dem Fortschreiten des Wissens im Weg gestanden hat. Die letzte Domäne, die Hume der Kausalität vorbehalten hatte, namentlich die mathematische Argumentation, wird ebenfalls in den Wirbel der Daten gezogen werden. Zwischen Mathematik *a priori* und Physik *a posteriori*, zwischen logischer Regel und faktischer Beobachtung wird man keine Unterscheidung mehr treffen können: Die Gesamtheit der beobachtbaren Welt wird auf Datennetze reduziert. Und damit hätten wir eines der größten Rätsel der Metaphysik gelöst: Wie können Gesetze, die offenbar rein theoretisch deduziert worden sind, auf die Realität zutreffen? Warum erkennen Newtons Gesetze unsere Intuition an, dass zwei plus zwei vier ist? Die KI lässt die Frage selbst verschwinden, indem sie die beiden Elemente auf dieselbe fehlbare Subjektivität zurückführt.

Mit dieser Hypothese steht der Vereinigung aller Wissenschaften, dem Heiligen Gral der zeitgenössischen Forschung, nichts mehr entgegen. Markus vertraut darauf, dass die KI die Mysterien des Universums auflösen wird, vorausgesetzt nur, dass wir sie richtig füttern. Aber für wen soll sie die Mysterien lösen, wenn wir sie nicht verstehen können?

Dieses Treffen mit Markus stellt das ganze wenige in Frage, was ich aus dem naturkundlichen Schulunterricht noch weiß.

Warum hängen wir im Grunde so sehr an der Idee des Gesetzes? Warum empfinden wir dieses eingefleischte Bedürfnis nach Kausalität? Vielleicht weil wir die Illusion aufrechterhalten wollen, dass wir selbst, durch unseren freien Willen, die Grundursache sind. Ebenso wie wir glauben, dass wir eine Aktion *ex nihilo* in Gang bringen können, für die wir dann verantwortlich gehalten werden, wollen wir auch verstehen, wie eine Situation aus der vorhergehenden resultiert. Wenn wir aber andererseits das Prinzip der Drehkreuze akzeptieren und die Vorstellung eines eigenständigen Willensaktes ablegen, was kümmert es uns dann noch, dass uns die KI die Verständlichkeit der Welt nimmt? Hauptsache, die Resultate stimmen.

Die Vorstellung, dass uns die KI in zunehmendem Maße bei unseren Entscheidungen hilft, beunruhigt Markus indessen gar nicht. Gleichungen und freier Wille sind die zwei Gesichter ein und derselben Fata Morgana.

Markus Buehler steht damit gewiss nicht allein. Bereits zehn Jahre ist es her, dass Chris Anderson, der Chefredakteur der Technikzeitschrift *Wired,* in einem aufsehenerregenden Artikel »das Ende der Theorie« ausgerufen hat, da sie vor der Flut der Daten ausgemustert werde. Aber diese begeisterte Vision ist weit davon entfernt, in der wissenschaftlichen Gemeinschaft einstimmig angenommen zu werden. Zahlreiche Forschungsaufsätze warnen vor der übermäßigen Verwendung von Korrelationen zulasten einer durchdachten Argumentation.[87] So hat sich etwa Cédric Villani, ein mit der Fields-Medaille ausgezeichneter Mathematiker, entschieden gegen die Vorstellung ausgesprochen, das Daten konzeptuelle Arbeit ersetzen könnten. »Die Gesetze Newtons, das geht noch«, antwortet er mir, als ich ihn zu diesem Thema befrage, »aber niemals könnte *machine learning* von sich aus auf die Physik Einsteins kommen.« Man kann Cédric Villani sicherlich nicht unterstellen, dass er die KI unterschätzt, über die er der französischen Regierung einen substantiellen Bericht vorgelegt hat (zu dem wir später noch kommen werden). Aber er lehnt es ab, in ihr das Alpha und Omega einer neuen wissenschaftlichen Methode zu erblicken. Ebenso ist der Informatiker Christian Igel, den ich an der Universität Kopenhagen getroffen habe, zwar in der Lage, den Astronomen mit besseren Vorhersagen dank purer Datenkorrelation zu helfen, aber es schwächt die Erklärungskraft von Modellen der klassischen Physik, die immer noch für die Entwicklung der wissenschaftlichen Theoriebildung wesentlich sind.[88] Manche Forscher entscheiden sich bewusst für kausale Formeln, die zwar kurzfristig weniger effektiv sind, aber auf lange Sicht vielversprechender. Die Vorstellung, dass die Korrelation in theoretischer Hinsicht die Kausalität ersetzen könnte, wird schlussendlich auch von Statistikern wie Emmanuel Candès, Stanford, zunichtegemacht, der mir erklärt, dass die Vorhersagen der KI nicht auf guten »Gründen« beruhen und bereits deshalb lückenhaft sind (so beobachtet beispielsweise eine KI, die damit beauftragt wurde festzustellen, ob auf der Abbildung eines Zimmers die Fensterläden geöffnet oder geschlossen sind, ob jemand im Bett liegt oder nicht!).

Was auch immer die wissenschaftlichen Grenzen der empirischen Methode sein mögen, es ist doch bemerkenswert, dass die hartnäckigen Vorkämpfer der KI der Kausalität, die den menschlichen Geist in die Beobachtung einbringt, misstrauen. Die Geisteswissenschaften bleiben von dieser Debatte nicht verschont. So geriet etwa Yann LeCun in helle Aufregung, als ich im Laufe unserer Unterhaltung die Kontroverse zwischen Chomsky und Piaget zum Thema des Spracherwerbs erwähnte: »Chomsky kann man vergessen.« Erinnern wir uns an diesen berühmten Disput, der 1973 geführt wurde: Jean Piaget, ein Pionier der Kinderpsychologie, verteidigte die Idee, dass Sprache nach und nach in Interaktion mit der Welt erworben wird, während Noam Chomsky, der Störenfried der Linguistik, die These einer angeborenen »universellen Grammatik« aufstellte, die aus der Struktur des Gehirns selbst hervorgeht und sich in so vielen verschiedenen Sprachen, wie es Völker gibt, durchdekliniert. Indem er sich vehement auf die Seite Piagets schlägt, besteht Yann LeCun auf dem »kompositen« Aspekt der Sprache: Der Sinn eines Satzes entsteht aus der wechselseitigen Abhängigkeit von Semantik und Syntax; anders gesagt, man kann die Bedeutungen der Wörter und die Verbindungen, die sie aneinanderfügen, nicht absolut scharf voneinander trennen. Es gibt also keine Grammatik *a priori*, die sich die bedeutungstragenden Wörter zusammensucht, sondern es gibt Bedeutungen, die in der Art und Weise, wie sie sich aufeinander beziehen und aufeinander verweisen, ebenso sehr die Grammatik hervorbringen, wie sie ihr gehorchen. Der kompositionelle Zugang lehnt den statischen Charakter der Syntax ab und verschafft der Statistik Zugang zur Sprachanalyse, die immer auf der Suche nach validen Korrelationen ist. Man sieht leicht, wie Chomskys Sprachkonzeption angemessen für die traditionelle, auf fixen syntaktischen Regeln basierende KI (»GOFAI«) ist, während Piagets Vorstellung besser zum *machine learning* passt, das in der Bestimmung wiederkehrender Motive in den Beziehungen der Daten besteht. Kein Wunder also, dass sich Yann LeCun, der in den 1990er-Jahren die Durchquerung der Wüste des *machine learning* selbst erlebt hat und heute einer der weltweit führenden Spezialisten ist, auf seine Seite schlägt. Die praktischen Implikationen dieser Debatte sind weitreichend: Google Translate, eines der ehrgeizigsten *machine-learning*-Projekte, strebt nicht danach, strenge grammatikalische Regeln von der einen Sprache in die andere zu übertragen, sondern gründet sich auf Millionen von bestehenden Übersetzungen, um eine möglichst wahrscheinliche Formulierung vorzuschlagen.

Wo ist der Bezug zum freien Willen? Auch hier besteht Yann LeCun auf der Vorhersehbarkeit des Verhaltens, das er nach Lust und Laune bei den Nutzern von Facebook beobachten kann. Stellen wir hingegen die These einer Form von Entscheidungsfreiheit im Gebrauch von Wörtern auf. In epistemologischer Perspektive würde das wieder die Einführung einer Kausalität nötig machen, und damit auch die Suche nach einer idealen Grammatik à la Chomsky. In praktischer Hinsicht würde ein solches Zufallsmoment die Einrichtung der Korrelationen ruinieren: doppelt schade. So lässt sich also Yann LeCuns Leidenschaft für linguistische Debatten verstehen. Die kompositionelle Logik erlaubt es dem *machine learning*, sein ganzes Potential zu entfalten, und reiht sich in die allgemeinere These eine zuhöchst vorhersehbaren Gesellschaft ein.

EINE ÖKONOMIE OHNE MARKT

Die KI stellt das Prinzip des Marktes in Frage, auf dem klassischerweise die Schwankung des Preises Angebot und Nachfrage in Übereinstimmung bringt. Der Bereich der Fahrdienste ist ein erhellendes Beispiel, wenn man die Funktionsweise von Uber aus Kalifornien und DiDi aus Peking vergleicht.

Beginnen wir mit Uber. Nicht ohne Schwierigkeiten bekam ich einen Termin mit Jonathan Hall, dem Chefökonomen des Unternehmens. Der Sitz von Uber in San Francisco findet sich nur einige Straßen entfernt vom Tenderloin-Viertel, mit seinem Elend unter freiem Himmel. Der Ort bleibt dem Image des Unternehmens treu: laut, chaotisch, zappelig. Die Aufzüge spucken einen beständigen Strom von Besuchern aus, die ihre Tickets an einem Dutzend im Foyer platzierten Automaten ziehen müssen. Von allen *open spaces,* die ich bisher besuchen durfte, war das ohne Zweifel der eindrucksvollste, erfüllt von der unausgesetzten Bewegung der Angestellten, die von A nach B laufen. Jonathan Hall tauchte in einem Glaswürfel auf und stürzte sich in eine Hochleistungspräsentation über rationale Antizipation, Wettbewerbsvorteile und die Granularität des Marktes. Anders als mein Gegenüber habe ich keinen Doktortitel in Wirtschaftswissenschaften von der Harvard University. Ich versuchte ihm wohl oder übel zu folgen.

Unter all den Subtilitäten der Algorithmen von Uber merke ich mir eine Sache: Jonathan hält es mit dem *spot market* und widersteht der Versuchung des *dispatch*. Wenn die Nachfrage in bestimmten Gebieten besonders hoch ist, erhöht die Plattform den Preis, um Fahrer anzulocken, und weist ihnen nicht autoritär bestimmte Kunden zu. Anders gesagt betrachtet Uber seine Fahrer als rationale Individuen, die auf ein Preissignal reagieren: ihre Entscheidung vorwegzunehmen kommt nicht in Frage. Das Prinzip des finanziellen Anreizes muss genügen, um den Markt zu regulieren (eine bessere oder schlechtere Fahrt für einen bestimmten Kunden), es ist nicht nötig, auf Zwang zurückzugreifen (ein bestimmter Kunde muss mitgenommen werden). Gewiss gibt es auch rechtliche Gründe für diese Politik: Ein selbstständiger Fahrer, dem alle Fahrten vorgeschrieben werden, könnte von einem Richter als Angestellter qualifiziert werden. Aber Jonathan bringt als Liberaler auch feurig ideologische Argumente vor: Es ist notwendig, am Prinzip eines Marktes festzuhalten, der auf dem freien Willen seiner Teilnehmer basiert, anstatt in die Logik der Planwirtschaft zu kippen, wie es »die Evangelisten der KI« fordern. Jonathan ist sich dessen bewusst, dass man die Verkümmerung von Gehirnkapazitäten riskiert, wenn man Individuen wie Automaten behandelt, und dass das früher oder später zu noch größeren Risiken führt (als Beispiel nennt er Flugzeugunfälle, bei denen die Besatzung durch zu starke Gewöhnung an den Autopiloten ihre grundlegenden Reflexe eingebüßt hatte). Darüber hinaus erübrigt der Abgleich von Angebot und Nachfrage durch den reinen Mechanismus des Preises das zudringliche Sammeln von Informationen und Daten, etwa bezüglich der Persönlichkeit des Fahrers, die eine KI ebenfalls auswerten würde, um die Abläufe zu optimieren. »Und das ist umso besser«, resümiert Jonathan, »die Anonymität des Marktes gibt allen eine Chance.«

Aber was sagen nun die Evangelisten der KI dazu? Bei DiDi, auf der anderen Seite des Pazifiks, haben die Ingenieure die bewusste Entscheidung getroffen, das System des *dispatch* dem der Anreize vorzuziehen. »Es ist effektiver«, erklärt mir Wu Guobin, der uns in diesem Buch bereits begegnete. Zum Beweis seiner Aussage zeigt er mir auf einem riesigen Bildschirm die *heat map*, eine Karte von Peking, die in hunderte, unterschiedlich eingefärbte Mikrozonen eingeteilt ist. Sogenannte »prädiktive« Algorithmen, mit allen Daten gefüttert, die DiDi über die Jahre gesammelt hat sowie beständig und in Echtzeit durch Verkehrsdaten verbessert, erlauben es, den Zustand des Verkehrs und die Anzahl der Kunden vorherzusagen, Stunde für Stunde, Minute für Minute. In einem geschlossenen und repetitiven System wie dem einer Stadt ist die Vorhersehbarkeit sehr hoch: Wu Guobin verbessert ohne Unterlass die Genauigkeit seiner Vorhersagen über Angebot und Nachfrage von Fahrdienstleistungen. Wenn man mit großer Genauigkeit bestimmen kann, wer einen Wagen brauchen wird, wann und wo und wohin, warum sollte man dann das Risiko eines Preissignals auf sich nehmen, das immer ein bisschen zu spät kommt und dem sich der Fahrer auch entziehen kann? Wenn man über die Gesamtheit der Daten verfügt, warum sollte man sich auf den Markt beziehen? Ist es nicht viel einfacher, die Fahrten im Voraus zu vergeben, auf die Gefahr hin, die Fahrer gemessen an ihrer Produktivität zu vergüten?

Die KI könnte den Wert einer Fahrt in differenzierter Weise berechnen, ohne den Preis von Anfang an bekanntzugeben, und das dank Mechanismen, die gemeinen Sterblichen unverständlich sind, etwa »teilspielperfekte Nash-Gleichgewichte«.[89] Alle gewinnen dabei: der Fahrer, der sich ganz bequem leiten lassen kann, der Kunde, dessen Wartezeit sich verkürzt, und natürlich DiDi, das die Anzahl seiner Fahrten maximiert.

Genau das ist es, was die berühmte Definition der Marktwirtschaft von Friedrich Hayek, dem Oberhaupt der österreichischen Schule der Wirtschaftswissenschaften, die in der zweiten Hälfte des 20. Jahrhunderts so einflussreich gewesen ist, obsolet machen könnte. Für Hayek ist der Markt ein Katalysator zerstreuter Informationen. Über die Konkurrenz setzt er Individuen in Beziehung, die unterschiedliche und zuweilen widersprechende Ziele verfolgen, ohne irgendein Urteil zu fällen. Die Schwankung des Preises ist eine Art, Informationen zu übertragen, um alle Partikularabsichten möglichst gut zu befriedigen. Der Markt repräsentiert weniger den Anspruch auf Effektivität oder Gleichgewicht, er ist vielmehr ein Prinzip der Koordination menschlicher Anstrengungen, das ohne Zwang wirkt. Um diesen sozialen und moralischen Aspekt zu unterstreichen, verwendet Hayek das Wort »Katallaxie«, vom Griechischen *katallattein,* was »tauschen« bedeutet, aber auch »in die Gemeinschaft aufnehmen«.[90] Katallaxie ist ein Weg, jemandem Vertrauen zu schenken, ohne gleich Freunde zu werden, sich zu verbinden, ohne sich zu kennen, eine Gesellschaft zu bilden, ohne gemeinsame Werte einzufordern. Wie Sokrates weiß auch der Markt, dass er nichts weiß. Er wird sich also bemühen, das Entstehen einer spontanen Ordnung zu begünstigen, ohne sie kontrollieren oder die Details der alltäglichen Transaktionen überhaupt verzeichnen zu wollen. Umgekehrt geht die Planwirtschaft von der Illusion aus, dass eine zentrale Institution in der Lage sein könnte, alles zu wissen und also alles vertikal zu organisieren; individuelle Entscheidungen werden dabei unweigerlich zermalmt. Deshalb steht der Dirigismus in den Augen Hayeks am Beginn des Totalitarismus.[91]

Hayek äußert sich ganz theoretisch: Wenn man über die vollständige Information verfügen würde, wenn man die Gesamtheit der individuellen Vorlieben und die Mittel zu ihrer Befriedigung kennen würde, dann wäre die Frage nach der optimalen Verteilung der Ressourcen reine Logik und nicht mehr länger Ökonomie.[92] So wird die Allwissenheit zur einzig möglichen Rechtfertigung der Planwirtschaft. Sie würde es erlauben, nicht nur die Transaktionen einer unendlichen Zahl von Akteuren vorherzusehen, sondern dabei auch ihre Intentionen zu kennen (ihre »Ziele«, wie Hayek sagt). Ist das nicht genau die Ambition der KI? Realisiert der Algorithmus nicht genau diese gigantische Kombinatorik? Wenn man die Welt in einer einzigen *heat map* darstellen könnte, wenn die Vorhersagen über die Gesamtheit unseres Verhaltens eine ausreichende Genauigkeit erzielen würden, dann könnte man sich den Markt sparen und in zentralisierter Art und Weise Angebot und Nachfrage aufeinander einstellen. Die Logik würde die Stelle der Katallaxie einnehmen. Ein jeder würde seinen *dispatch* erhalten, um zu studieren, zu arbeiten, zu lieben, so wie ein DiDi-Fahrer auf den Weg zu seinem nächsten Kunden geschickt wird. Ob der Algorithmus von einem Privatunternehmen oder von einer Staatsregierung verwaltet wird, ob der *dispatch* die Form eines *nudge* oder einer Verpflichtung annimmt, ist nicht so wichtig: Die Hauptsache ist, dass eine vorgefertigte Instruktion einen persönlichen Entscheidungsprozess, gegründet in der Verhandlung zwischen Preis und Verlangen, ersetzt. Deshalb hält Jonathan, der Ökonom von Uber, den *dispatch* für »eine sowjetische Idee«. Wie wir später noch sehen werden, existiert eine tiefgreifende

Verbindung zwischen der KI und der chinesischen Variante des Kommunismus.

Der Widerspruch zwischen Uber und DiDi beleuchtet ein radikales Dilemma: Angenommen, dass die KI eine quasi-vollständige Information liefern könnte, müssen wir dann aus Prinzip am Markt festhalten, oder müssen wir uns aus Gründen der Effektivität einer Form totaler Planwirtschaft ergeben? Wird Jonathan, der jetzt noch von liberalen Idealen begeistert ist, sich den praktischen Vorteilen des konkurrierenden Modells anschließen?

Auch hier greift die KI geradewegs den freien Willen an; in diesem Falle die Fähigkeit des *Homo oeconomicus,* auf einem freien Markt seine eigenen Entscheidungen zu fällen.

EIN RECHTSSYSTEM OHNE SCHULDIGE

Der massive Einsatz von KI im amerikanischen Rechtssystem zieht große Aufmerksamkeit auf sich. Ich werde zwei unterschiedlich wichtige Fragen unterscheiden: Die erste, spektakulärer, aber weniger grundlegend, betrifft die Automatisierung in der Anwendung des Rechts. Schon jetzt werden Algorithmen von Gerichten eingesetzt, um die Rechtsprechung dort zu erleichtern, wo unsere Gesetzeskorpora zu komplex werden.[93] Auch Anwälte ihrerseits beginnen entsprechende Technologien zu verwenden. Nicole Clark, die ich in einem Teesalon in Los Angeles getroffen habe, hat ein Start-up gegründet, das mittels *machine learning* das Zustandekommen von Urteilen analysiert und entsprechend Plädoyers anpasst. Es ist nicht ausgeschlossen, dass Gerichtsprozesse zu Wettkämpfen zwischen KIen werden. Heute stützt Nicole sich auf Entscheidungen, die ein menschlicher Richter formuliert hat, und unterzieht sie einer hochverfeinerten semantischen Analyse; morgen könnte sich Nicoles Maschine gut und gerne daran machen, die Maschine des Richters zu interpretieren, während jeder versucht, den Algorithmus des anderen zu durchdringen. Die Probleme im Gefolge dieser Innovationen sind bekannt und ausgiebig behandelt worden: einerseits das Risiko der Diskriminierung (vor kurzem wurde erkannt, dass Algorithmen, die das Risiko der Rückfälligkeit einschätzen sollen, strukturell voreingenommen gegen die schwarze Bevölkerung sind[94]), andererseits die Unmöglichkeit, ein Urteil vollständig zu erklären, auf Grund jener Black Box des *machine learning*, der wir bereits begegnet sind.

Aber diese Probleme, so schwerwiegend ihre Konsequenzen auch sein mögen, sind doch im Grunde technischer Natur und könnten mit dem Fortschritt der KI vermutlich gelöst werden, wenn sie in die Lage versetzt wird, ihre Verzerrungen zu korrigieren und Verfahren der »Nachvollziehbarkeit« zu entwickeln. Die Prinzipien der Verantwortlichkeit und der Transparenz bei der Verwendung von Algorithmen werden immer mehr geteilt.[95] Insofern es die Aufgabe der modernen Justiz ist, jedes Fünkchen persönlicher Rache abzulehnen und das Recht in einer ausgeglichenen und leidenschaftslosen Weise anzuwenden, scheint die Automatisierung der Anwendung des Rechts nicht mit den Prinzipien unserer demokratischen Gesellschaften im Widerspruch zu stehen. Wie eine häufig zitierte Studie gezeigt hat, hängen die Gedankengänge und Abwägungen menschlicher Richter vom Zustand ihres Magens ab: Ihre Urteile tendieren dazu, am Ende des Vormittags härter auszufallen als nach dem Mittagessen.[96] Die KI könnte dieser offensichtlichen Quelle des Unrechts Abhilfe schaffen. Hat nicht Cesare Beccaria, der Jurist der Aufklärung, der unseren Begriff des Strafrechtssystems verwandelt hat, den »Automatismus« der Strafen gefordert und jegliche Interpretation des Gesetzes durch den Richter mit Misstrauen betrachtet?[97] Er hätte den Aufschwung der KI, die Verheißung der Objektivität, begrüßt.

Die zweite und in meinen Augen entscheidendere Frage ist die nach der Automatisierung der Achtung vor dem Gesetz. Es dürfte immer und immer schwieriger werden, nicht zu gehorchen. Wenn der Algorithmus das Gesetz integriert, macht er es zugleich unsichtbar und unwiderstehlich. Während eines Abendessens in Palo Alto diskutierte ich darüber mit Jesse Levinson, dem Gründer eines der renommiertesten Start-ups im Silicon Valley, namentlich Zoox, das sich zum Ziel gesetzt hat, die erste Flotte autonomer Taxis herzustellen und auf die Straße zu bringen. Wie wird die berühmte Intelligente Stadt mit ihren vernetzten Fahrzeugen aussehen? Es wird legitim sein, dort »manuelle« Autos zu verbieten, die auf Grund ihrer Unvorhersehbarkeit eine Gefahr für die anderen darstellen. Man wird sich nicht mehr an der Straßenverkehrsordnung vorbeimogeln können, gesetzt den Fall, dass überhaupt noch eine Straßenverkehrsordnung existiert, wenn Überholvorgänge und Kreuzungssituationen in Echtzeit optimiert werden können. Schluss mit überhöhter Geschwindigkeit, mit zu abrupten Spurwechseln, mit bei Gelb über die Ampel huschen. Und wenn man, fragte ich, wegen eines wichtigen Notfalls zu schnell fahren muss, etwa um eine niederkommende Frau ins Krankenhaus zu bringen? »Man kann sich einen Notfallknopf vorstellen, der einem Vorfahrt verleiht«, überlegt Jesse. Aber man wird eine Rechtfertigung vorbringen müssen. Jesse begreift sich selbst als liberal im europäischen Sinne des Wortes (eine Seltenheit im Valley) und gibt zu, dass die KI so gesehen zu einem Verlust des Verantwortungsgefühls[98] führt und zugleich Bürokratisierung riskiert. Was ist das schließlich für ein Gesetz, dem man aus Notwendigkeit gehorcht, und nicht willentlich? Wird man nicht zum Bürger, indem man sich selbst beherrscht? Was bleibt vom Rechtsstaat, wenn man seinem Einfluss nicht mehr physisch entkommen kann? Der kanadische Rechtsphilosoph Ian Kerr hat das auf den Namen »Autopia« getauft, der Name einer Attraktion im Disneyland Paris: Die Kinder glauben, ein kleines Auto selbst zu fahren, während ein versteckter Mechanismus sie immer in der Mitte der Straße hält und Unfälle unmöglich macht. Die Intelligente Stadt setzt Autopia in die Praxis um. Wir werden zu Kindern hinter Spielzeuglenkrädern.

Diese Logik kann sich theoretisch auf die Gesamtheit des gesellschaftlichen Lebens ausdehnen. Die Polizei von Los Angeles (LAPD) wendet die Methode des *predictive policing* an, die sich auf prädiktive Algorithmen stützt, um bereits präventiv an dem Ort zu sein, wo ein Verbrechen wahrscheinlich stattfinden wird.[99] Stellen wir uns eine Gesellschaft vor, in der das Verbrechen unmöglich geworden ist. Ist das eine pazifistische Utopie oder eher ein totalitärer Alptraum wie in dem Film *Minority Report*, in dem die Polizei bereits auf Grund vermeintlicher Intentionen Festnahmen tätigen kann? Michel Foucault hat auf die Bedeutung der »Gesetzwidrigkeiten« hingewiesen, jener Grauzone zwischen Recht und Unrecht, wo die Abweichler von heute die Regeln von morgen prägen. Es geht nicht darum, das Recht zu verneinen, sondern »das Gleichgewicht von Toleranzen, Unterstützungen und Interessen« anzuerkennen, wie Foucault in *Überwachen und Strafen* schreibt. Gesetzwidrigkeiten öffnen einen Spielraum für Transgression, in dem sich die verschiedenen sozialen Klassen vermischen können. Indem sie unserem kartesischen Geist entkommen, schaffen sie die unzähligen Möglichkeiten einer vernunftgeleiteten Handlung, die kein Text jemals erschöpfend definieren könnte. Würde die Legalität nicht ohne Illegalität ihren Sinn verlieren?

Die Automatisierung der Achtung vor dem Gesetz droht, das Rechtssubjekt in ein Gehorsamsobjekt zu verwandeln. Parallel dazu, aber mit noch grundlegenderen Auswirkungen, überträgt sie die juristische Verantwortung vom Menschen auf die Maschine. So erklärt es mir Zach Harned, Jurist und Gründer der »Artificial Intelligence and Law Society« an der Stanford University. Wer ist heute verantwortlich, wenn ein falsches Rezept für ein Medikament ausgestellt wird? Der Arzt, nicht die Pharmaindustrie. Wenn aber morgen das Rezept selbst von einer KI ausgestellt wird, wem ist dann die Schuld zuzuschreiben? Die Automatisierung der Entscheidungsfindung bringt den ganzen juristischen Bereich der Verantwortlichkeit durcheinander. Momentan kann ein Softwarehersteller nicht für falsche oder schlechte Empfehlungen belangt werden. Dieses Paradigma stammt noch aus dem Industriezeitalter und wird angepasst werden müssen, schätzt Zach. Wer könnte dem Passagier eines autonomen Fahrzeugs Vorwürfe machen, wenn es bei Rot über die Ampel fährt?

Sobald der Nutzer einer KI nicht mehr für seine eigenen »Handlungen« verantwortlich ist, ist es dann der Schöpfer eines KI-Programmes? Nicht, wenn man bedenkt, dass der Algorithmus mit einer gewissen Autonomie agiert. Die Perspektive einer Superintelligenz zu verwerfen, hindert nicht das Zugeständnis, dass die Maschine in der Lage ist zu lernen. Könnte man im Falle des *machine learning* einen Informatiker für eine Entscheidung anklagen, die er nicht direkt programmiert, sondern deren Möglichkeitsbedingung er allerhöchstens bereitgestellt hat? Niemand hat dem autonomen Fahrzeug den Befehl gegeben, bei Rot über die Ampel zu fahren; angesichts der Millionen Situationen, die sie schon kennengelernt hat, hätte die KI beispielsweise abschätzen können, dass es besser ist, das Risiko einzugehen, als zwischen der Ampel und dem nachfolgenden Fahrzeug, das gerade beschleunigt, eingequetscht zu sein. Einfache Wahrscheinlichkeitsrechnung!

Daher stammt die Diskussion um die Rechtspersönlichkeit von Robotern, die von einem Forscher der Rand Corporation, neben anderen finsteren Überlegungen zur allgemeinen Überwachung und zu autonomen Waffensystemen, aufgebracht worden ist. »Die Roboter müssten in der Lage sein, Prozesse zu führen, aber auch, der Justiz übergeben zu werden. Aber wo soll das enden? Werden wir ihnen auch das Recht geben, Waffen zu tragen, wie es der zweite Verfassungszusatz vorsieht?« Diese Perspektive lässt mich sprachlos. Roboter vor Gericht? Nach diesem seltsamen Treffen in einem der ältesten und einflussreichsten Think-Tanks in den USA spazierte ich am Strand von Santa Monica herum und versuchte, eine Form von Materialität wiederzufinden, die die KI beständig zu bedrohen scheint: der tiefe Sand, die frischen Wellen des Pazifiks, die felsige Steilküste in der Ferne.

Vergeblicher Trost. Der französische Anwalt Alain Bensoussan, Gründer der »Association du droit du robot«, hat die Idee einer Rechtspersönlichkeit des Roboters mit Bravour und Erfolg vorgetragen – sodass das Europäische Parlament 2017 für eine Resolution gestimmt hat, die die Europäische Kommission mit der Erstellung entsprechender Richtlinien beauftragt. Die Argumentation von Alain Bensoussan basiert auf der zukünftigen Fähigkeit der selbstlernenden KI, quasi-autonom Entscheidungen zu treffen, für die der Programmierer des Algorithmus nicht mehr verantwortlich gemacht werden kann. Man müsste den Roboter also mit einer Seriennummer anstatt einer Identität, einem Kapital, das sich nach dem Risiko bemisst, und einer Haftpflichtversicherung ausstatten. Ebenso wie das Industriezeitalter die moralische Person der Unternehmen hervorgebracht hat, so wird es das digitale Zeitalter möglich machen, die juristische Person von Algorithmen zu denken. So werden bei Unfällen oder Streitsachen die Computersysteme direkt miteinander kommunizieren können, um unter sich über das Verschulden zu beraten. Recht zu sprechen wird unter diesen Umständen umso leichter sein, als Roboter, zumindest für den Moment, weder Böswilligkeit noch Lüge kennen. Da es schwierig ist, einen Algorithmus ins Gefängnis zu stecken, werden sich diese Verfahren in der Hauptsache um Fragen des Schadensersatzes drehen, und man könnte sich vorstellen, dass KI-Unternehmen vorsorgliche Fonds für solche Fälle einrichten. Zwei autonome Fahrzeuge stoßen auf einer Kreuzung zusammen? In wenigen Sekunden können sie ihre jeweilige Verantwortlichkeit analysieren und den Schadensfall regeln.

Dieses Thema wird heute von Juristen auf der ganzen Welt diskutiert.[100] Es erregt lebhafte Reaktionen. Im April 2018 haben über zweihundert Experten, darunter zahlreiche Juristen, einen offenen Brief unterschrieben, der die Resolution des Europäischen Parlamentes anprangerte. Einerseits glauben sie, dass selbstlernende Systeme noch nicht die Reife erlangt haben, die ausreichend wäre, um sie als autonom zu beurteilen: ein technisches Argument, das der Fortschritt der KI rasch entwerten könnte. Andererseits beschwören sie eine Art juristische Tautologie: Den Robotern Rechte zuzusprechen stehe per Definition im Widerspruch mit den Rechten des Menschen, wie sie in verschiedenen europäischen Texten bestimmt werden. Da das Naturrecht für den Menschen erdacht worden ist, könne es nicht auf andere Daseinsformen angewandt werden. Diese Argumentation gründet auf einer bedingungslosen Achtung vor dem aktuellen naturrechtlichen *status quo* und verschließt aus Prinzip die Augen davor, dass die bewusste Entscheidung dem Menschen aus den Händen gleiten könnte. Zwischen den Zeilen wird also anerkannt, wie sehr die Einführung einer moralischen Person für Roboter die grundlegenden Strukturen unseres Rechtssystems auf den Kopf stellen würde, die auf der Annahme eines Individuums beruhen, das einen freien Willen besitzt und sich zwischen dem Guten und dem Bösen, zumindest zwischen der Achtung des Gesetzes und seiner Übertretung, entscheiden kann.[101]

Warum diese Dramatisierung? Sosehr die Zuerkennung einer juristischen Person für ein autonomes Fahrzeug eine einigermaßen harmlose These bleibt, im Grunde nichts als eine Versicherungsfrage, so hätte doch die Anwendung desselben Arguments auf die Logik des *nudge* sehr viel tiefgreifendere Konsequenzen: den damit verbundenen Verlust der juristischen Person für Menschen. Wenn die Neurowissenschaften im Verbund mit den Anwendungen der KI uns zwingen zuzugeben, dass wir einen großen Teil unserer Handlungen nicht verantworten, müssen wir dann nicht in der Tat einen Teil unserer Rechte und Pflichten an Roboter abgeben? Je effektiver der *nudge* ist, umso weniger kann man das Individuum für seine Handlungen verantwortlich machen. Das einzige Motiv menschlicher Täterschaft wäre, ganz genau, nicht den Empfehlungen der Maschine gefolgt zu sein. Stellen wir uns also, um die Logik der KI bis zum Schluss zu ziehen, vor, wir bewegen uns durch ein Feld aus Drehkreuzen und werden durch die Magie des *nudge* von hier nach da geschoben. Wenn wir mit jemandem zusammenstoßen und ihn verletzen, wäre es dann nicht unvernünftig, uns vor Gericht zu ziehen? Wir haben nichts anderes gemacht, als einen vorbestimmten Weg abzuschreiten, der uns wohlweislich empfohlen wurde und seinerseits, der utilitaristischen These folgend, dazu bestimmt ist, der gesamten Gemeinschaft zu nutzen. Das Verschulden kann nur bei dem fehlerhaft positionierten Drehkreuz liegen, und es wird sicherlich gut genug programmiert sein, um das Opfer in Echtzeit zu entschädigen.

Warum sollte die Erklärung der Menschenrechte, verfasst in einer Epoche vor Darwin, als die Essenz des Menschen noch in der natürlichen Ordnung der Teleologie verhaftet war, unveränderbar sein? Wenn die Systeme der KI in der Lage sind, unser Verhalten vorherzusehen, zu beeinflussen beziehungsweise zu lenken, können wir dann noch mit Selbstsicherheit behaupten, dass wir »frei geboren« sind, wie Rousseau es dachte und wie es der erste Artikel der Erklärung der Menschenrechte von 1789 behauptet? Robotern eine juristische Person zuzuerkennen, läuft also auf juristischer Ebene wiederum darauf hinaus, das Ende der Aufklärung zu billigen.

Entsprechend ist niemand mehr schuldig. Verantwortlich ist nur der Algorithmus.

EINE GESELLSCHAFT OHNE VORURTEILE

Der Kampf gegen Diskriminierung ist zu einer ununterbrochenen Besessenheit in den Kreisen progressiver Amerikaner geworden, in denen ich häufig verkehrte. Beständig muss man unter Beweis stellen, dass man nicht zum Lager der Unterdrücker gehört. So wohnte ich beispielsweise einer Konferenz über Demokratie bei New Amercia bei, einem einflussreichen Think-Tank, parteiunabhängig und recht konventionell. Die Diskussion drehte sich um das mangelnde Vertrauen der öffentlichen Meinung gegenüber den traditionellen Institutionen. Dann kam der Moment für Fragen aus dem Publikum. Eine Teilnehmerin fragte, ob nicht das ganze Problem auf die Tatsache zurückzuführen sei, dass die USA von weißen Männern gegründet worden waren. »Vollkommen«, war die begeisterte Antwort des Referenten. Der Rest des Podiums, bestehend aus Akademikern und Forschern, nickte eifrig, um nicht für immer als Verräter, als *white supremacists* an der Macht gebrandmarkt zu werden. Die Frage verdiente es vielleicht, gestellt zu werden, aber die Einstimmigkeit der Antwort erweckte mein Misstrauen. Eine andere Initiationserfahrung: eine Arbeitsgruppe über »Frauen in der Tech-Branche«, die in der Tat unterrepräsentiert sind. Die Organisatorin ließ uns alle auf einer Linie Aufstellung nehmen und forderte uns auf, einen Schritt nach vorne zu machen, wenn wir weiß waren, einen weiteren, wenn wir männlich waren, einen Schritt zurück, wenn wir kein Diplom hatten, usw. Das Ergebnis bestand in einer »Skala der Privilegien«, über die wir eingeladen waren zu diskutieren, nachdem wir uns im Kreis gesetzt hatten wie bei den Anonymen Alkoholikern. Ich fand die Übung vollkommen kontraproduktiv: Sie schrieb jeden in seiner Identität nach Gender, Herkunft oder »Rasse« fest und reduzierte uns auf genau die biologischen und historischen Gegebenheiten, die zu überwinden eine Gesellschaft uns ermöglichen sollte.

Vor Gesprächen wurde ich mehrere Male gefragt, warum ich mich »als weißer Mann« für die KI interessierte. Bis dahin hatte ich niemals von mir als »weißer Mann« gedacht (genauso wie ich mich nicht als »1,85 m groß und braune Augen« identifiziere). Ich beharre auf dem Gedanken, dass das letzte Ziel des Antirassismus darin bestehen muss, die Hautfarbe gleichgültig zu machen, und nicht darin, Interessengemeinschaften zu schmieden. Aber wie dem auch immer sei, jegliche ruhige Diskussion über diese Themen ist strikt unmöglich.

Kein Wunder also, dass sich im Kern der Debatte um die KI auch die Frage der »algorithmischen Verzerrung« findet, ein Gegenstand zahlloser Publikationen[102] und nicht minder zahlloser wohlmeinender Absichtserklärungen von Seiten der Informatiker.[103] Verzerrungen können sich im Grunde auf zwei Wegen einstellen: zunächst dadurch, dass der Programmierer, zumeist männlich, weiß und cisgender, seine eigenen Vorurteile in den Parametern, die er für die KI etabliert, durchscheinen lässt; sodann, und das ist gefährlicher, wenn ein *machine-*

learning-Algorithmus auf der Basis einer Datensammlung trainiert wird, die ihrerseits verzerrt ist. Entsprechend waren die ersten Gesichtserkennungsprogramme nicht in der Lage, dunkelhäutige Individuen zu identifizieren, weil die expliziten Kriterien die betreffenden Farbkontraste nicht berücksichtigten und zugleich weil die Bilder, die zuvor in die Maschine eingespeist worden waren, hauptsächlich Weiße darstellten.[104] Die Soziologin Angèle Christin, eine Französin, die heute in Stanford unterrichtet, hat diese Phänomene in Redaktionen und an Gerichten studiert. Sie konnte feststellen, wie sehr die prädiktiven Algorithmen, die von der Strafjustiz verwendet werden, um die von den Angeklagten ausgehenden Risiken zu evaluieren, gegen Schwarz voreingenommen und verzerrt sind, und das in jeder Stufe des Verfahrens – wenn es festzustellen gilt, mit welcher Wahrscheinlichkeit der Angeklagte nicht vor Gericht erscheinen, rückfällig oder gewalttätig werden oder gegen Bewährungsauflagen verstoßen wird. Selbst angenommen, dass der Algorithmus in vollendet neutraler Weise entwickelt und mit einer untadeligen Datensammlung trainiert wurde, dann kann er trotzdem nicht anders, als die Verzerrungen der amerikanischen Gesellschaft selbst zu reproduzieren und zu verfestigen. In diesem Blickwinkel erscheint die KI als eine eminent konservative Kraft, die die Zukunft nach der Vergangenheit misst. Einfach gesagt, wenn die Schwarzen historisch betrachtet die Tendenz gezeigt haben, vermehrt rückfällig zu werden (aus Gründen, die in lange politische Verläufe eingeschrieben sind), dann wird jetzt jeder Schwarze mechanisch als Risiko eingestuft werden. Der Algorithmus schließt das Individuum in einer Identität ein, die es nicht gewählt hat.

Ob sie nun von den Algorithmen hervorgebracht oder nur verstärkt werden, haben diese Verzerrungen ein starkes Misstrauen gegenüber der KI zur Folge. Angèle Christin konnte feststellen, dass zahlreiche Richter sich den Technologien verweigern, die ihnen zur Verfügung stehen, oder das Sozialarbeiter die Daten, die sie an die Maschine weitergeben, genau so auswählen, um zum erwünschten Ergebnis zu kommen. Die paradoxe Konsequenz der algorithmischen Verzerrungen ist also, dass die menschlichen Verzerrungen wieder zum Vorschein kommen! Wir vertrauen lieber auf unsere eigene Urteilsfähigkeit, deren Grenzen, aber auch Tugenden wir kennen, anstatt das Schicksal eines menschlichen Wesens auf gut Glück einem Algorithmus zu überlassen.

Für die amerikanische Gesellschaft geht es dabei um viel. Auch zahlreiche Forscher arbeiten an Programmen, die in der Lage sein sollen, die algorithmischen Verzerrungen zu eliminieren oder abzuschwächen. Ebenfalls in Stanford, auf der schattigen Terrasse einer Studentencafeteria, treffe ich Professor James Zou, der die KI im biomedizinischen Bereich anwendet. Wenn es um die Analyse von Genmaterial geht, ist er mit Verzerrungen konfrontiert, die mit dem Vorherrschen kaukasischer Bevölkerungen in den Datenbanken zusammenhängen. Er ist asiatischer Herkunft und entschlossen, dieses Ungleichgewicht zu korrigieren. »Die KI ist von Natur aus habgierig«, erklärt er mir. Warum habgierig *(greedy)?* Weil sie die Daten nach der größten Gruppe optimiert, um unverzüglich Regelmäßigkeiten herauszuarbeiten und sich weniger um die Abweichungen zu kümmern. Man muss sie also dazu zwingen, inklusiver zu sein, indem man den Algorithmus in Echtzeit adjustiert und ein berechnetes Maß an Zufälligkeit einführt. »Es gibt technische Lösungen«, versichert mir der Professor, bevor er wieder zurück in sein Labor trippelt.

Ich glaube James Zou aufs Wort, umso mehr als heute zahlreiche Studien seinen Optimismus rechtfertigen.[105] Die KI korrigiert sich selbst in nicht nachlassendem Rhythmus. Um den Preis dieser Verbesserungsarbeit, so die überraschende Schlussfolgerung von Angèle Christin, werden und müssen die Algorithmen von den Progressiven in Gang gehalten werden. Die Informatiker werden fähig sein, ihre eigenen Verzerrungen und Vorurteile zu identifizieren und ihre Algorithmen vor ihnen zu beschützen. Eine subtile Dialektik: Der Mensch bleibt für die Beseitigung dessen notwendig, was am algorithmischen Urteil noch zu menschlich ist. So könnte die KI zu einer »blinden« Behandlung individueller Situationen gelangen, was seit der Antike das Ideal der Gleichheit konstituiert: Es ist kein Zufall, dass Themis, die Göttin der Gerechtigkeit, mit verbundenen Augen dargestellt wird.

Angewandt auf die Verwaltung sozialer Beziehungen könnte die KI uns also helfen, unsere individuellen Vorurteile zu überwinden oder zumindest beiseitezulassen, in Einklang mit den aktuellen Anliegen der amerikanischen Intelligenzia. Diese tiefe Übereinstimmung zwischen der progressiven politischen Agenda und den Techniken der KI wurde mir zuerst bewusst, als ich Rumman Chowdhury in den Höhen ihrer 35. Etage besuchte, deren Aufgabe es ist, eine »verantwortungsbewusste KI« für Accenture, eine multinationale Consultingfirma, zu entwickeln. Ich wandelte zunächst etwas in diesem labyrinthischen Arbeitsplatz herum, den sich mehrere Unternehmen teilen, und genoss im Vorbeigehen das Panorama San Franciscos bei gutem Wetter. Ich war das dritte Mal vor dem Horizont auf und ab gegangen, als ich schließlich Rumman ausmachen konnte, die gerade dabei war, ihr völlig besenreines Büro spurlos zu verlassen. Mit ihrer grünen Stirnlocke, tausenden von Followern auf Twitter und einem demonstrativen Enthusiasmus für gesellschaftliche Fragen kann sie es nicht verbergen, zur mächtigen Gemeinschaft der kalifornischen Demokraten zu gehören, nach der letzten Mode gekleidet, überqualifiziert und gegenüber Ungerechtigkeiten nicht zu bremsen.

Rumman ist gleichermaßen auf Informatik und Politikwissenschaften spezialisiert und entwickelt für Accenture ein Gleichheits-Instrument *(fairness tool)*, das es erlauben soll, auf digitalem Wege mögliche Diskriminierungen innerhalb eines Unternehmens zu identifizieren und zu korrigieren. Die Algorithmen sind angelegt, um Verzerrungen zu quantifizieren, ob es sich nun um die Ungleichheit zwischen Männern und Frauen auf der Karriereleiter handelt oder um Barrieren für die Diversität in Einstellungsverfahren. Idealerweise wird es also die KI sein, die mit Neueinstellungen beauftragt wird. Zunächst aus einem technischem Grund: Accenture empfängt tagtäglich mehrere tausend Lebensläufe und keine menschliche Truppe kann das korrekt analysieren. Aber vor allem auf Grund einer radikalen Vision von Gleichheit: Die Maschine kann Kandidaten objektiver auswählen, jenseits unserer unmittelbaren Komfortzone. Während wir eine natürliche Tendenz dazu haben, Profile einzustellen, die uns ähneln, die auf der gleichen Schule waren oder den gleichen Sport treiben (ganz zu schweigen von Gender und Hautfarbe), stellt das *fairness tool* alle auf den Boden der Gleichheit. Ich wagte eine leicht provokante Frage: Ist es nicht besser, mit Kollegen zusammenzuarbeiten, die uns spontanes Vertrauen einflößen? Ist ein gewisser Grad an Homogenität nicht für das Funktionieren eines Unternehmens notwendig, das doch nach wie vor eine private Entität ist, wo Leute nach eigenem Ermessen zusammenfinden? Rumman sah mich fassungslos an. Ich war ihr von einer gemeinsamen Freundin, die für die Datenverwaltung der Stadt San Francisco verantwortlich ist, empfohlen worden. War es möglich, dass ich nicht zu den Guten gehörte? Ein als cooler Reporter verkleideter Trumpist? War das eine von reaktionären Kräften ausgeheckte Falle?

Rumman bot der Widrigkeit die Stirn und entschloss sich, mir auf eher pädagogische Art und Weise die Vorteile des *fair-*

ness tool zu erklären. In ihren Augen ist der Kampf gegen »kulturelles Matching« kein Mittel, um die Produktivität zu steigern, sondern ein Ziel in sich. Es geht nicht nur um die interne Politik von Accenture, sondern weiter gefasst um die Forderung nach sozialer Gerechtigkeit, was umso dringender ist, als dergleichen multinationale Firmen allmählich den Sieg über die Regierungen davontragen. Rumman zitierte Jefferson: Um die Tyrannei der Mehrheit zu vermeiden, gilt es, unnachgiebig die Vorurteile gegen die Minderheiten auszumerzen, bis hin zur kleinsten möglichen Minderheit: dem Individuum. Die Fundamente unserer offenen und demokratischen Gesellschaften selbst stehen hier auf dem Spiel. Ich hütete mich davor, zu widersprechen.

Geben wir also zu, dass die KI technisch in der Lage wäre, diese Verzerrungen zu eliminieren, und verallgemeinern wir den Mechanismus über den Arbeitsplatz hinaus. Stellen wir uns vor, dass die KI von *fooding-* oder *dating-*Apps uns dazu anregt, unsere Vorurteile abzulegen, mit Gerichten aus aller Herren Länder und Partnern jeglichen Geschlechts zu experimentieren. Natürlich wird es sich um eine KI handeln, an der die Entwickler herumbasteln: Sich selbst überlassen hätte das *machine learning* die Tendenz, die Muster der Vergangenheit zu wiederholen. Ganz grundsätzlich aber würde sich diese Ambition in jene utilitaristische Form des Egalitarismus einreihen, die für die KI charakteristisch ist und in der jedes Individuum nach seinem potentiellen Nutzen bestimmt wird und nicht nach seiner Herkunft oder seinem Milieu. Ohne Zweifel wäre eine Gesellschaft ohne Verzerrungen und Vorurteile effektiver, blühender, flüssiger. Dennoch muss man sich bewusst sein, dass das Konzept der Verzerrung keine Grenze kennt: War es anfangs auf biologische Gegebenheiten begrenzt (wie Geschlecht oder Hautfarbe), bezieht es sich inzwischen auch auf die sexuelle Identität, auf das Bildungsniveau oder die soziokulturelle Umwelt. Man kann also gleichermaßen für das diskriminiert werden, was man »natürlicherweise« ist, und für die Art und Weise, wie man sich »kulturell« konstruiert. Werden Unternehmen also dazu übergehen, nicht mehr die Besten einzustellen, um nicht diejenigen zu diskriminieren, die einen niedrigeren IQ haben oder durch schlechte Bildung benachteiligt sind? Werden wir schlecht gebaute Partner heiraten mit dem Ziel, nicht der Grossophobie zu erliegen? Die Mitarbeiter amerikanischer Unternehmen sind heute paralysiert von der Angst, einen Satz fallen zu lassen, der als diskriminierend aufgefasst werden könnte,[106] oder sich in einer Weise zu verhalten, die als unangebracht beurteilt werden könnte,[107] sodass jegliche authentische Beziehung zwischen Personen unmöglich gemacht wird. Welche Gefühlsregungen werden in einer unverzerrten Gesellschaft noch erlaubt sein? Die, die eine wohltrainierte KI Ihnen vorschlägt. Fragen Sie Ihren Algorithmus, mit wem Sie in den nächsten Urlaub fahren.

Diese Logik lässt einen doppelten Verzicht auf den freien Willen erkennen: Auf der einen Seite wird das Objekt der Wahl als »nicht verantwortlich« für seine persönlichen Charakteristiken, ob angeboren oder erworben, angesehen; auf der anderen Seite delegiert das Subjekt der Wahl aus Angst, bewusst oder unbewusst in tief eingefleischte Vorurteile zu verfallen, seine Entscheidung an eine Maschine. Welches Kriterium wird der KI noch bleiben, sobald das Individuum auf einen Holzschnitt, eine schlichte Abstraktion aus Einsen und Nullen reduziert ist? Der wechselseitige Nutzen. Entsprechend wird sich die KI nicht damit begnügen, unsere spontanen Neigungen vorherzusehen und aufzudecken, sondern sie wird sie auch im Namen der fairen und optimalen Befriedigung aller Individuen unterdrücken.[108] Meiner Ansicht nach sind das einfach nur zwei Stadien des Utilitarismus, ein erstes, das einen subjektiven Nutzen zu erfüllen sucht (so wie er, freilich auch unbewusst, vom

Individuum bestimmt wird), und ein zweites, das einen objektiven Nutzen zu erfüllen sucht (worin mit Blick auf die Harmonie der Gruppe persönliche Vorlieben übergangen werden). Eine lustige Dialektik, in der der Knecht unserer Wünsche nach und nach deren Herr wird.

Wonach wird diese Welt ohne »kulturelles Matching« und ohne Diskriminierung aussehen? Nach dem Ideal einer offenen Gesellschaft, das ist keine Frage. Vielleicht aber auch wie der Alptraum der besten aller Welten, ohne Geschichte, ohne Hinterlassenschaft. Denn unser kulturelles Matching formt auch heute noch, im Guten wie im Bösen, das lebendige Gewebe unserer Gesellschaft. Obwohl ich den inhärenten philosophischen Wert einer unverzerrten Gesellschaft anerkenne, möchte ich doch mit etwas mehr Ruhe die Einwände entwickeln, die ich Rumman gegenüber skizziert habe, und so für einen Moment den *advocatus diaboli* spielen. Dazu möchte ich zunächst Edmund Burke heranziehen, der in seiner Epoche als progressiv galt. In einer berühmten Passage seines Werks *Bemerkungen über die Französische Revolution,* das 1790 erschien, lässt sich Burke zur seltenen Eloge des Vorurteils *(prejudice)* hinreißen. Misstrauisch gegen die zu reine Ausübung der Vernunft versucht Burke sowohl den revolutionären Willen zur *tabula rasa* als auch das unterschwellige Unterfangen, menschliche Beziehungen nach einer rein logischen Ordnung einzurichten, abzuurteilen. Demgegenüber fasst er das Vorurteil als einen unschätzbaren Wegweiser des guten Benehmens auf, der sich nicht aus einem individuellen, zwangsläufig oberflächlichen Kalkül speist, sondern aus dem »Kapital der Zeit«, jener Anhäufung von Wissen und Erfahrung, aus denen eine Kultur besteht. Ein Vorurteil ist das Kondensat einer langen, kollektiven Geschichte aus Versuchen, Irrtümern und Korrekturen. Es überliefert uns eine Form von Klarheit, die sich über Jahrhunderte bewährt hat, aber prompt zur Verfügung steht. Wo das Nachdenken sich in improvisierten Gedankengängen festfährt, gibt uns ein Vorurteil eine gewisse und schnelle Antwort, die voller Empfindungen ist und zur Tat neigt. So »wird die Tugend durch das Vorurteil von einer Reihe getrennter Handlungen zu einer Gewohnheit«. Dieses Vorurteil zugunsten des Vorurteils hindert indes nicht die kritische Analyse: Die Aufgabe der Denker ist es nach Burke, die »latente Weisheit« der Vorurteile zu erforschen und eine Auswahl unter ihnen zu treffen; so wie sich auch Descartes nach einer sehr kurzen Untersuchung mit einer von den Ahnen ererbten »provisorischen Moral« begnügt.

Es wäre verlockend, die intellektuelle Illusion, die Burke anprangerte, mit den Mechanismen der KI zu vergleichen. Die französischen Revolutionäre stellten sich Individuen als vernünftige Wesen vor, die fähig sind, verbindlich miteinander auszukommen; die KI konstatiert vielmehr die Extravaganz dieser Wesen und nimmt sich vor, sie zu korrigieren. Im Grunde wurde der Anspruch auf Rationalität einfach von der individuellen Entscheidung auf die Maschine übertragen, und an die Stelle des Gemeinwillens hat sich das Prinzip der Nützlichkeit gesetzt, um das soziale Feld zu organisieren. Lassen sich andererseits nicht in der Verzerrung auch einige der positiven Qualitäten wiederfinden, die Burke dem Vorurteil zugeschrieben hatte? Mögen sie auch Individuen gegenüber ungerecht sein, so bergen die Verzerrungen doch das Versprechen der Kontinuität. Nach dem guten alten Vorurteil: Gleich und Gleich gesellt sich gern. Das von Rumman so gefürchtete kulturelle Matching ermöglicht uns, eine gemeinsame Geschichte zu verfolgen.

Die KI spielt eine zentrale Rolle dabei, eine Gesellschaft ohne Verzerrungen einzuläuten. Aber inwiefern ist das noch eine Gesellschaft und nicht nur eine einfache Anhäufung von Individuen, die vor jeder willentlichen Interaktion zittern und von

Algorithmus' Gnaden bewegt werden? Bleibt auch nur ein wenig *affectio societatis* übrig, wenn sich hinter jedem Affekt ein verzerrendes Vorurteil verbirgt?

EIN RECHTSSTAAT OHNE DEMOKRATIE

Die KI zerstört die traditionelle demokratische Organisation, in der eine Regierung das Gemeinwohl verfolgen und aus dem Gemeinwillen hervorgegangene Gesetze anwenden soll, tiefgreifend. Der Gesellschaftsvertrag der Aufklärung wird hinterfragt, und die fiebrige Politik, die heute in der Mehrzahl der westlichen Demokratien herrscht, findet darin zu großen Teilen eine Erklärung. Ein komplettes institutionelles Modell löst sich unter unseren Augen auf, ohne dass bisher ein anderes Modell entstehen würde.

Das erste Element dieser Krise ist technischer Natur: Die Regierenden sind vom Aufschwung der KI überholt worden und nicht in der Lage, die laufenden Entwicklungen zu verstehen. Als der französische Premierminister in seiner politischen Grundsatzrede im Juli 2017 die KI erwähnte, erstaunten sich die Kommentatoren über so viel Avantgardismus, wo doch das Thema sonst nur nebenbei und isoliert berührt wurde. Die Formulierungen lassen tief blicken. »Die Revolution der Künstlichen Intelligenz wird uns alle betreffen, in allen Bereichen der Produktion«, erklärte der Premierminister ganz richtig. Und dennoch wurden im weiteren Verlauf der Rede alle diese Bereiche der Produktion in der denkbar klassischsten Weise abgehandelt, während die KI auf eine zukünftige »nationale Strategie« verschoben wurde, als ob es sich um einen eigenen Bereich, um einen neuen Sektor handeln würde. Die Regierung entscheidet sich, der KI einen Bericht zu widmen, aber macht mit ihren

Agrarplänen, Industriestrategien und Kulturausgaben so weiter, als wäre nichts gewesen. Als Kontrast genügt es, die Debatten der Abgeordnetenkammer während der Julimonarchie zu überfliegen, um zu erkennen, wie sehr sich die Redner, welchem Lager sie auch angehören mochten, über die laufende industrielle Revolution bewusst waren und sie nicht nur an und für sich diskutierten, sondern quer über die Gesamtheit der Themen, von der Kinderarbeit bis zum Zollrecht.[109] Eine Fragestellung ist dann wirklich zentral, wenn sie nicht mehr isoliert behandelt wird. Dieser Prozess ließ sich am Thema der Umwelt beobachten. Was die KI betrifft, scheint die Politik gegenüber der Tech-Branche in unaufholbarem Rückstand.

Frankreich muss sich nicht besonders schämen: Die Vereinigten Staaten, das Heimatland der KI, sind mit derselben Nachlässigkeit konfrontiert. Im Anschluss an den Skandal um Cambridge Analytica hat die Befragung Mark Zuckerbergs vor dem amerikanischen Kongress ein grausames Licht auf die Inkompetenz des Gesetzgebers geworfen, der nichts als allgemeine Fragen stellen konnte und ohne Schwierigkeiten von dem jungen Facebook-Gründer hinters Licht geführt wurde. Versuche, diese Defizite bezüglich der Public Policy auszugleichen, hat es zwar bereits gegeben, aber sie haben keine Früchte getragen. In Washington habe ich Kei Koizumi getroffen, ehemals die Nummer 2 des *Office of Science and Technology Policy* (OSTP), eine direkt an das Weiße Haus angebundene Institution für Technikforschung. Kei ist nicht der typische hohe Funktionär: Er trägt einen Ohrring, eine rosa Armbanduhr und ein T-Shirt mit Krokodilprint. Unter Obamas Präsidentschaft hat er drei substantielle Berichte zur KI vorgelegt, die sowohl den Bereich der Grundlagenforschung, der öffentlichen Regulierung und der gesellschaftlichen Folgen abdeckten. Diese Initiativen sollten auf der höchsten Ebene etwas in Gang bringen. Der Präsident war persönlich beteiligt und die gesamte Bundesverwaltung sollte mobilisiert werden. »Sie haben angefangen zu verstehen«, seufzt Kei, »aber das steht nicht immer auf der Tagesordnung der Regierung.« Die Wahl Donald Trumps hat die Arbeit des OSTP tatsächlich brutal ausgebremst. Hinter dem nonchalanten Benehmen Keis spüre ich eine tiefsitzende Enttäuschung. Als hätte ein kleiner Funken zu glühen begonnen, um geschwind unter dem ersten Hauch von Parteienpolitik zu verlöschen. Es ist Keis letzte Hoffnung, die er seither in der prestigeträchtigen *American Association for the Advancement of Science* nährt, dass die Zivilgesellschaft hier an die Stelle einer versagenden Regierung tritt.

Manche Staaten setzen alles auf eine Karte, um die Oberhand zurückzugewinnen. Angeregt von den Schriften des ehemaligen britischen Diplomaten Tom Fletcher,[110] hat Dänemark etwa einen offiziellen »Tech-Botschafter« bestellt, der sich um die Beziehungen zu den großen digitalen Unternehmen kümmert. Der Amtsinhaber Casper Klynge, ein Karrierediplomat, hat heute seinen Sitz im Silicon Valley. Als ich ihn traf, war er seit zwei Jahren im Amt. Man könnte von vornherein denken, dass ein solcher Vorstoß dazu angetan ist, die Arroganz der Tech-Giganten noch weiter zu steigern, indem man ihnen einen quasisouveränen Status zuerkennt. Die Absichten der dänischen Regierung aber sind ganz das Gegenteil, sie hofft, die Rolle der Staaten auf diesem Terrain wieder zu stärken. Casper begreift sich als klassischer Diplomat, der Berichte in seine Hauptstadt telegraphiert und die Interessen der Bürger seines Landes vertritt. Während er die nie dagewesene Macht der GAFA völlig anerkennt, ist er dennoch überzeugt davon, dass die Nationalstaaten weiterhin eine entscheidende Rolle dabei spielen, den Prinzipien der liberalen Demokratie Achtung zu verschaffen. Der dänische Vorstoß findet bereits Nachahmer: Frankreich hat

Ende 2018 einen »Digitalbotschafter« nominiert (mit etwas bescheidenerem Geschäftsbereich). Deutschland denkt darüber nach. Angesichts der digitalen Imperien muss die Diplomatie sich anpassen und neue Koalitionen müssen sich bilden. Welche Repräsentanz ist für Dänemark wichtiger, die in Athen oder die in Palo Alto?

Casper versucht mit Enthusiasmus und Aufrichtigkeit, mich von der Wichtigkeit seiner Mission zu überzeugen. Ich würde ihm gerne glauben. Aber die Erzählung von seinem Verdruss macht mich skeptisch. Als er im Silicon Valley ankam, fand sich der Herr Botschafter vor verschlossenen Türen. Halb im Scherz gibt er zu, dass die Abteilungen für Public Affairs ebenso schwer zu knacken sind wie die Rückzugsorte der Taliban, die er während seiner Arbeit in Afghanistan besucht hat. Eines Tages kam Casper mit Diplomatenkollegen aus zweiundzwanzig Ländern für Gespräche im Sitz eines GAFA-Unternehmens zusammen, und das Unternehmen hielt es für geeignet, den hochrangigsten Volontär zu schicken! Und als der dänische Premierminister in Davos die Verantwortlichen von Facebook und Google treffen wollte, ließ man ihn einfach abblitzen. Nachdem sie mit der Devise Mark Zuckerbergs, »schnell vorankommen und Sachen kaputtmachen«, zu den Königen der Welt geworden sind, machen sich die alten Start-ups keinerlei Gedanken über die traditionellen staatlichen Institutionen und lassen es sich nicht nehmen, diese das auch spüren zu lassen. Mit all seinen guten Absichten kommt mir Casper vor wie Don Quichotte vor den Datenmühlen.

Da die einzelnen Staaten so machtlos erscheinen, vielleicht muss man sich bei einem so naturgemäß transnationalen Thema an die multilateralen Institutionen wenden? Und warum nicht gleich an die wichtigste von ihnen, die UNO?

Mit einer etwas jugendlichen Gemütsbewegung betrat ich den

Sitz der Organisation am Ufer des East River. Ich ging an den 193 Fahnen vorbei, die ich so oft auf einem Fernsehbildschirm gesehen hatte. Hier trifft sich der ganze Planet, um seine Probleme zu diskutieren und seine Konflikte zu schlichten. Wie könnte man nicht dem kosmopolitischen Ideal Kants treu bleiben? Wie könnte man sich nicht wünschen, dass eine Form von Weltregierung eines Tages die Einigkeit der Menschheit erreicht, der einzigen Spezies, die sich selbst denken kann? Werden unsere in diesem Konklave vereinigten Führer es nicht auch schaffen, die digitalen Umbrüche in den Griff zu bekommen?

Diese Überzeugung scheint Salem Avan, der Verantwortliche für technologische Fragen in der Verwaltung der UNO, nicht zu teilen. Ich fand ihn ausgesprochen direkt für einen Diplomaten. Nein, auf institutionellem Niveau ist noch keinerlei politische Leitlinie definiert worden. Nein, die Mitgliedsstaaten scheinen sich nicht darum zu bekümmern und stellen auch keine entsprechenden Forderungen. Nein, die Idee einer weltweiten Regulierung, etwa für Cybersecurity oder KI, wird nicht in Erwägung gezogen.

»Aber zum Glück« rutscht es Salem heraus, »haben wir unsere eigenen Spezialisten, die digitalen Blauhelme.«

»Ah, und wo sind sie?«

»Da drüben«, antwortet er mit einem ironischen Lächeln und deutet auf einen Gang hinter der Glaswand des Konferenzraums.

Ich drehte mich um. Die digitalen Blauhelme sind ein knappes Dutzend. »In der Hauptsache symbolisch«, gesteht Salem. Ich fühlte mich wie im Büro eines depressiven Sheriffs, kurz bevor die Indianer angreifen. Ist das wirklich die ganze Streitmacht, die die Regierungen der Welt vereint aufbringen konnten? Salem macht keinen Hehl aus seiner Frustration. Am Vortag hat er eine Truppe von Amazon empfangen, um die Möglichkeit einer technischen Kooperation zu besprechen. Der Gedanke an Amazons tausende KI-Forscher auf höchstem Niveau erfüllt ihn mit Neid. Hier stehen wir: 193 Staaten betteln bei einer E-Commerce-Plattform um Hilfe beim Verstehen, Entscheiden und Handeln.

Die Krise ist nicht nur technischer Natur. Es fehlt den Staaten nicht einfach nur an Budget oder Erkenntnis. Salem erinnert mich daran, dass die UNO um die Idee der nationalen Souveränität herumgebaut ist. Genau die wird aber von Netzwerken, die naturgemäß ortlos sind, schonungslos in Frage gestellt. Es geht nicht mehr darum, die Staaten ausgehend von ihrem Eigeninteresse zu vereinen, sondern darum, ein Thema zu behandeln, das sie selbst übersteigt. Die KI macht die UNO obsolet. Eine Institution, die einstmals bei all ihren Beschränkungen fähig war, Frieden zu stiften und Kriegen vorzubeugen, wird durch einige Zeilen Code völlig paralysiert. »Wir brauchen eine digitale UNO«, resümiert Salem, mit einem anderen Führungssystem, anderen Kontrollwerkzeugen, anderen Handlungsmöglichkeiten. Und vielleicht in einem anderen Leben …

In der Zwischenzeit gestehen die Regierungen ihre Schwäche ein und richten immer mehr Appelle an die Riesen der KI. Sie bitten sie, die Normen einfach selbst zu definieren, mit denen die Nutzer und im weiteren Sinne die ganze Gesellschaft regiert werden. Dass die souveräne Autorität so an eine Gruppe von Privatunternehmen delegiert wird, stellt eine außergewöhnliche Umwälzung dar. Unter dem Deckmantel des momentan sehr modischen, in Frankreich zudem durch das PACTE-Gesetz von 2019 besiegelten Konzepts einer »sozialen Verantwortung der Unternehmen« fordert der Staat von denen, die unsere Daten verarbeiten, *de facto* die Stelle des Gesetzes einzunehmen. Wenn Facebook seine eigenen Kriterien anwendet, um zu bestimmen, welche Inhalte akzeptabel sind, wird es zum hauptsächlichen

Regulator der Meinungsfreiheit, unter Missachtung des amerikanischen ersten Verfassungszusatzes oder, auf französischer Seite, des Gesetzes von 1881. Jahrhunderte von juristischer Bemühung, die stets feine Grenze zwischen Schutz und Zensur zu bestimmen, lösen sich in Luft auf. Was vom Mythos des Gemeinwillens als einziger Legitimation der Gesetzgebung noch übrig ist, wird von Codes pulverisiert, die im Verborgenen entworfen wurden. Sie müssen sich entsprechend an die Informatiker von Facebook wenden, wenn einer Ihrer Posts gelöscht oder Ihr Profil willkürlich geschlossen wurde.[111] Gewiss sind die Staaten noch nicht verschwunden und wird zur Not ein Richter intervenieren können: Aber was nutzen jahrelange Verfahren gegenüber der Plötzlichkeit der Algorithmen? Wo die Justiz noch den Anschein des Rechtsstaates wahren und sich Bedenkzeit verschaffen kann, können die Normen, die eine private KI entwickelt, immer nur mit dem Zeitgeist gehen, aus Angst, die Nutzer zu empören. Algorithmen und soziale Verantwortung sind die beiden Seiten einer beunruhigenden Rückkehr der kollektiven Moral.

Diese Abgabe von Autorität wird weitgehend akzeptiert und theoretisiert. Mark Zuckerberg hat sich auf die Mission begeben, die Norm zu fabrizieren; dazu hat er im Februar 2017 einen langen Essay veröffentlicht, in dem er zur Bildung einer »globalen Gemeinschaft« aufruft. Facebook und Facebook allein wird diese Gemeinschaft organisieren und sich darum kümmern, dem Bösen vorzubeugen, die Sensationsgier zu korrigieren, die Standards für gutes Benehmen aufzustellen und den Bürgern die Instrumente der aktiven Politik zur Verfügung zu stellen. Wie könnte man darin nicht die Definition der Souveränität erblicken? Der französische Präsident hat den Begriff der »Koregulation« geprägt, um die Beziehung zwischen einer Regierung und den amerikanischen Plattformen zu bestimmen, ohne sich über diese ausdrückliche Schwächung der kollektiven Beschlussfassung zu entrüsten.[112] Die Idee der Volkssouveränität, so anfechtbar sie im Prinzip auch sein mag, wird ohne Diskussion verabschiedet. Der Ökonom Robert Atkinson plädiert in derselben Weise für Mechanismen der Selbstregulation, die die Gesamtheit der Akteure einschließen und auf einer Art gesellschaftlichem Konsens beruhen.[113] Die Akteure der Tech-Branche ihrerseits sind überglücklich dabei, sich diese neue Macht zu erobern. Ian, der zappelige Gründer von ZipRecruiter, gibt gerne zu, dass die ethischen Kriterien, die den Arbeitsmarkt lenken, von seiner Firma intern definiert werden. Er träumt lautstark davon, dass er und seine Unternehmerfreunde endlich die politischen Repräsentanten, unfähig und betrügerisch wie sie sind, in den Hintergrund drängen, um dann alle Probleme der Gesellschaft zu lösen. In etwas gemäßigterer, aber nicht weniger entschlossener Art und Weise vervielfältigen die Internet-Giganten ihre Arbeitsgruppen für »Ethik der KI«. Indem sie ihre guten Absichten vor sich hertragen, verbinden sie sich mit der allgemeinen Tendenz zur Privatisierung des Rechts. Sie geben sich selbst die Prinzipien, die zu achten sie sich anheischig machen und die sie über ihre Nutzer verhängen.

Die am stärksten strukturierte Initiative in diesem Sinne ist die *Partnership on AI*, die von der erweiterten GAFA-Familie gegründet wurde und finanziert wird: Amazon, Apple, DeepMind, Facebook, Google, IBM, Microsoft und vielleicht auch bald ihre chinesischen Kollegen wie Baidu. Ich habe die Generaldirektorin dieser Partnerschaft, Terah Lyons, in einem großen Loft mit unverputzten Backsteinwänden, gerade gegenüber dem Firmensitz von LinkedIn in San Francisco, getroffen. Terah ist zuvorkommend, nach der neuesten Mode gekleidet und mit einer diskreten, vernetzten Armbanduhr ausgerüstet. Ohne auch nur eine Sekunde aus ihrer Professionalität auszuscheren, erklärt sie mir die Herausforderungen der Partnerschaft: ethische Fragen diskutieren, bewährte Praktiken entwickeln, die technischen Standards ausarbeiten, Zukunftsthemen identifizieren usw. Ausgleichende algorithmische Gerechtigkeit, Nachvollziehbarkeit der Entscheidungen, Wettbewerb, Privatleben, Anonymität, Dateneigentum: Alle von der KI aufgebrachten Fragen sind auf dem Tisch. Es ist verlockend, sich von dem wohlstrukturierten Vortrag Terahs, deren gute Absichten unzweifelhaft erscheinen, verführen zu lassen. Aber nicht vor einigen Fragen über ihre eigene Laufbahn: Bevor sie für die GAFA arbeitete, war sie im Weißen Haus für Fragen mit Bezug zur KI zuständig. Die *Partnership on AI* ist tatsächlich der private Nachfolger der von Präsident Obama lancierten *Future of Artificial Intelligence Initiative*, einem staatlichen Projekt, das die Akteure der Tech-Branche involvierte und im Dezember 2017 in substantiellen Empfehlungen mündete. Dieselbe Person also, die für die Staatsgewalt in Kooperation mit den betreffenden Unternehmen an der Regulierung Tech-Branche gearbeitet hat, arbeitet heute mit genau diesen Unternehmen, um eigene Regulierungsvorschläge zu entwerfen und der Staatsgewalt zur Beratung vorzulegen. Man kann nicht besser illustrieren, wie sehr der Gesetzgeber, auf Gedeih und Verderb, seine traditionelle Rolle aufgegeben hat. Ob sie sich nun an »Koregulation« versucht oder die Unternehmen sich selbst regulieren lässt, hat sich die politische Macht von der Fiktion des Gemeinwillens freigemacht. So wie unsere persönliche Entscheidungsfähigkeit an die Maschine delegiert wird, so wird die Hervorbringung kollektiver Normen den Herstellern dieser Maschinen überlassen. Heute gilt mehr denn je: *code is law.*

Die gewohnten politischen Streitigkeiten, von der Steuer bis zum öffentlichen Dienst, erscheinen einigermaßen lächerlich, wenn die traditionellen Attribute der Souveränität von Tech-

Unternehmen ausgehöhlt werden. Die Währung »Libra«, die Facebook eingeführt hat, droht das letzte Vorrecht des Staates, nämlich Geld zu prägen, zu erobern. Durch die Fähigkeit, ganz präzise in unsere Entscheidungen einzugreifen, kontrolliert die KI die Individuen intimer als das Gesetz und effektiver als das Gewaltmonopol. Wir tun weiterhin so, als wäre nichts geschehen, und unterhalten weiterhin das Theater einer kollektiven Beschlussfassung, wo doch die wahrhafte normative Gewalt schon jetzt auf die Algorithmen übergangen ist. Bewusst oder unbewusst haben sich die Bürger abgespalten und ihre Daten mit sich genommen. Sie haben sich einem neuen Herrn angedient.

Die Machtlosigkeit der Staaten erklärt sich aus technischen Gründen, aber auch durch die grundlegende Hinterfragung des Gesellschaftsvertrages, der seit über zweihundert Jahren die Grundlage unserer politischen Systeme bildet und aus dem Gesetz die Emanation des Gemeinwillens machen soll. Nach der gleichen Logik, die zur allgemeinen Disintermediation des Handels und der Dienstleistungen führt,[114] macht die KI das Konzept der politischen Repräsentation zunichte: Warum bekomme ich mit einer Bewegung des Daumens Produkte nach Maß und personalisierte Empfehlungen, muss mich aber in der Politik mit einem Abgeordneten, der nur alle vier oder fünf Jahre gewählt wird, zufriedengeben? Daher, wenig überraschend, die immer wiederkehrenden Rufe nach direkter Demokratie oder nach imperativen Mandaten. In seinen *Betrachtungen über die Regierung Polens* legt Rousseau dar, dass nur praktische Hindernisse, wie ein zu großes Territorium oder eine zu zahlreiche Bürgerschaft, die Einführung einer repräsentativen Versammlung rechtfertigen. Aber diese Hindernisse sind im digitalen Zeitalter verschwunden, in dem jeder egal wann über egal was abstimmen kann. Wir können noch einen Schritt weiter gehen:

Den Gemeinwillen etwa durch ein Referendum nach der absoluten Mehrheit zu bestimmen, erscheint recht einfältig und ungenau gegenüber der Optimierung der persönlichen Präferenzen, zu der die Algorithmen fähig sind. Warum speisen wir nicht die Meinungen und Überzeugungen der Bürger in eine KI ein und lassen sie dann die Fragen der Politik lösen?[115] Und welches Thema gibt es überhaupt noch gemeinsam zu besprechen in einer utilitaristischen Welt, in der eine KI die verfügbaren Ressourcen dem größten Glück der größten Zahl entsprechend verteilt, ob es sich nun um Rohstoffe, Produkte oder intellektuelles Kapital handelt? Bentham reduzierte die Rolle der Regierung darauf, die physische Sicherheit der Bürger zu gewährleisten; darüber hinaus empfahl er, still zu sein (*be quiet*, wie man zu Kindern sagt). Gewiss, die Regierungen sind heute weit davon entfernt, still zu sein; sie entfalten in jeder Hinsicht große Geschäftigkeit, um ihre Legitimität unter Beweis zu stellen. Aber ist das nicht die Geschäftigkeit der Verzweiflung, der Schwanengesang des repräsentativen Systems? Was haben sie mit ihren Verboten und Drohungen einem Bürger noch zu bieten, der sich bequem von Empfehlung zu Empfehlung führen lässt? Ist nicht die Idee der Abstimmung, als individueller und informierter Entscheidung, inkompatibel mit dem Ende des freien Willens?

Ich habe versucht, Lee Drutman, einen Politikwissenschaftler, der heute für den Think-Tank New America arbeitet, bezüglich dieses Themas zu überreden, aber ohne Erfolg. Lee bleibt skeptisch, ob und wie die KI unsere institutionellen politischen Strukturen auf den Kopf stellen könnte. Dieses Thema, das vor einigen Jahren in den Kreisen der Macht aufgekommen ist, erscheint ihm schon wieder altmodisch. Lee geht sogar so weit, Polarisierungsphänomene im Zusammenhang mit sozialen Netzwerken zu bestreiten. Ich bereite mich schon darauf vor, unverrichteter Dinge abzuziehen, als sich Lee plötzlich auf seinem Stuhl aufrichtet, alle akademischen Referenzen beiseitelässt und eine eher persönliche Überlegung anstellt: Werden sich die Bürger einer automatisierten Gesellschaft, in der wir bei unseren Entscheidungen mehr und mehr von Robotern betreut werden, nicht einfach aus dem demokratischen Prozess zurückziehen und den Autokraten freie Fahrt lassen? Lee benutzt den Ausdruck *check out:* Werden wir die Politik aufgeben, wie man ein Hotel mit seinem Gepäck verlässt, ohne zurückzukehren? Wird die Sucht nach Wohlergehen nicht eine definitive Gleichgültigkeit zur Folge haben? Das war bereits die Sorge Tocquevilles: In einer individualistischen Gesellschaft, in der die Lust an materiellen Genüssen die Bürger vom öffentlichen Interesse entfernt, können die kollektiven Entscheidungen aus Nachlässigkeit in den Händen der Erstbesten landen, die sich darum kümmern wollen. »Wenn sich die Masse der Bürger bloß mit Privatgeschäften befassen will, dann brauchen die kleinsten Parteien nicht daran zu verzweifeln, daß sie die Staatsgeschäfte an sich reißen werden.«[116]

Dieser *check out* scheint mir auch die Grundlage dafür zu sein, dass Lee meine vorangehenden Fragen so prompt zurückgewiesen hatte. Die Bürger ziehen sich nicht aus Faulheit oder Leichtsinn aus dem demokratischen Prozess zurück, sondern weil sie das Gefühl haben, ihren Willen auch anders befriedigen zu können. Es ist, als hätten ihnen die KI und die Firmen, die sie zur Verfügung stellen, einen ausreichenden Nutzwert geboten, um sich der kollektiven Entscheidung zu überheben. Wenn mein Wohlergehen optimal durch eine Unzahl von Apps und vernetzten Objekten gesichert ist, wozu soll ich dann noch einen Abgeordneten wählen? Wenn Facebook über meine Redefreiheit entscheidet, warum soll ich dann einen Kongress wählen, der den ersten Verfassungszusatz diskutiert? Wenn das wohlregulierte

Ballett der autonomen Fahrzeuge unseren Bedürfnissen entspricht, wozu brauchen wir dann noch öffentliche Verkehrsmittel? Weil die KI zugleich personalisiert und kollektivistisch ist, weil sie sich um mich als einmaliges Wesen kümmert und zugleich das ordentliche Funktionieren der Gruppe verbürgt, tendiert sie dazu, den Bereich der gemeinsamen Entscheidungsfindung einzuengen, bis zu dem Punkt, an dem man auch ohne Politik auskommt.

Diese Entstehung einer Alternative zur klassischen Demokratie wird mir in San Francisco von Amira Yahyaoui offenbart, einer sprudelnden Unternehmerin. Vor unserem Treffen war ich etwas beunruhigt, denn die einzige Amira Yahyaoui, die ich im Internet finden konnte, war eine junge tunesische Menschenrechtsaktivistin, die vom Regime Ben Alis verfolgt wurde, lange unter schwierigen Bedingungen im französischen Exil lebte und dann die NGO Al Bawsala gründete, die einen entscheidenden Einfluss auf die Ausarbeitung der neuen tunesischen Verfassung gehabt hat. Was war der Zusammenhang mit der Gründerin von Mos.com, einem Start-up mit dem Ziel, die Bürokratielast im Leben der Amerikaner zu senken und im Besonderen die Beantragung von Universitätsstipendien zu erleichtern (ein zentrales Problem in Amerika, wo das Immatrikulationsrecht oft unerschwinglich teuer ist)?

Ich muss schnell und all meinen Vorurteilen zum Trotz akzeptieren, dass es sich um ein und dieselbe Person handelt, redegewandt, charmant, in einem geblümten T-Shirt. Ihre Rede fließt von originellen Gedanken nur so über. Wir sprechen französisch. Es ist etwas so Seltenes, von einem Gedanken in Bewegung überrascht zu werden! Amira meint, dass die KI eine Epoche der »Rechte ohne Demokratie« einläuten wird. Die digitalen Dienstleistungen, die sich an unsere intimsten und geheimsten Bedürfnisse anpassen, geben uns das berechtigte Gefühl, dass uns alles zusteht. Wir akzeptieren keinen Papierkram, keine Unbequemlichkeit, keine Verspätung mehr? Wunderbar! Die Technologie hat in uns einen Anspruch auf Service entstehen lassen, den keine Erklärung der allgemeinen Menschenrechte ersetzen kann. Nicht jeder kann ein Aktivist sein, aber wer benutzt nicht sein Smartphone? Man muss sich also eher an den Konsumenten wenden als an den Bürger. »Wir müssen den Menschen so erziehen, dass er spürt, das Recht auf alles zu haben«, erklärt Amira provokant. Das ist übrigens genau das Ziel von Mos.com: Anstatt zwischen tausenden von Verfahren und Kriterien verloren zu gehen, wird der amerikanische Student von der Plattform betreut. Es ist nicht nötig, die Texte, die uns regieren, oder die Berechnungen, die unsere Entscheidungen erleichtern, im Detail zu kennen, es genügt, sich von der KI leiten zu lassen. In einer Welt, die vom Prinzip der Nützlichkeit gelenkt wird, »wird es eine Entscheidung sein, sich treiben zu lassen«, räumt Amira das Problem aus. Ich versuche mich an einem schüchternen Plädoyer für den freien Willen. Amira unterbricht mich gnadenlos: »Das ist mir wurscht.« Die Sache ist klar.

Wie oft haben wir nicht schon einem Politiker zugehört, der sich beklagt, die *millennials,* die mit digitalen Werkzeugen aufgewachsen sind, würden Rechte einfordern, ohne Pflichten anzunehmen? Vielleicht ist das genau die Eigenschaft einer Generation, die gleichzeitig mit dem *machine learning* groß geworden ist, und das Zeichen eines unheilbaren Bedeutungsschwundes des gewählten Amtes. Ist es so verwunderlich, dass sich die gewählten Repräsentanten so sehr vor der KI fürchten, die ihnen Stück für Stück die Legitimität entzieht?

Diese Rede würde seltsam klingen, würde sie nicht von einer politischen Aktivistin gehalten, deren Einsatz unstrittig ist. Was Amira betrifft, gibt es keinerlei Inkohärenz: Genauso wie sie für die Grundrechte der Tunesier, angefangen bei der Meinungsfreiheit, gekämpft hat, so versucht sie heute, im amerikanischen Alltag Zusatzrechte – wie das Recht zu studieren für die, die aus bescheidenen Verhältnissen stammen – festzuschreiben. In beiden Fällen handelt es sich um Rechte, die mit einer demokratischen Wahl nichts zu tun haben. Sie müssen ganz im Gegenteil jedem politischen Einfluss widerstehen, welche Macht auch immer herrschen mag. Wie Amira es unverblümt ausdrückt: »Die Regierungen sind ein Klotz an unserem Bein.« Sie wird ihrem Verschwinden nicht ungern zusehen. Ihre Instinkte liegen also auf einer Linie mit den Thesen von Yascha Mounk, einem Politikwissenschaftler, den ich in London im Büro von Tony Blair getroffen habe. Yascha hat die Abkoppelung von einerseits »Rechten ohne Demokratie«, die von Richtern oder Bürokraten garantiert werden, und andererseits »Demokratien ohne Rechte«, autoritär und plebiszitär, wie die Entwicklungen in Russland, in der Türkei, in Ungarn und sogar in den USA zeigen, theoretisiert.[117] Aber wo Yascha, der Zentralist, eine Krise des Liberalismus befürchtet, dort erblickt Amira, die Kalifornierin, freudig einen Triumph der Technologie.

So könnte man sich also das Entstehen einer Form von Regierung durch Nützlichkeit vorstellen, die in diffuser Art und Weise von den KIen des Netzes sichergestellt wird. Die sozialen Plattformen können die Berechnung von Lust und Leid sehr viel effektiver bewerkstelligen als die Regierungen. Der Umstand verblüfft mich, dass Amira zu ihrem prinzipiellen Individualismus steht, während sie zugleich ein starkes Gemeinschaftsgefühl rühmt, und zwar bezogen auf die Gemeinschaft der Unternehmer im Silicon Valley, wo sie wunderbar aufzublühen scheint. Ist dieses offensichtliche Paradox nicht genau das Herz des Utilitarismus? Das größte Glück – aber für die größte Zahl!

EINE PHILOSOPHIE OHNE SUBJEKT

Der Leser erinnert sich vielleicht noch an Eugenia, die Gründerin von Replika, die uns im ersten Kapitel auf ihrem Skateboard begegnet ist. Liegt es an ihrer russischen Herkunft oder an der Natur ihres Produktes, jenes seltsamen virtuellen Kameraden, der Liebe stiften und Tote auferwecken kann? Jedenfalls war es stets Eugenia, die sich gerne metaphysischen Überlegungen hingab. Ohne Vorwarnung, mitten in unserer Unterhaltung, offenbarte sie mir den Namen ihrer ersten Firma, die sie 2013 gegründet hat: 1000 Plateaus.

Ich hatte nicht im Geringsten damit gerechnet, in San Francisco auf einer Forschungsreise zur KI Gilles Deleuze wiederzufinden, den Größten unter den Postmodernen und den Meister meiner Studienjahre![118] Zwei Universen verschmolzen plötzlich: das der Unternehmer im T-Shirt und das der Philosophen mit Hut. Gab es einen verborgenen Pfad zwischen dem Valley und Vincennes, zwischen den neuronalen Netzwerken und der *French Theory?*

Deleuze hat Eugenia davon überzeugt, dass das Individuum nicht existiert. In der Einleitung zu *Tausend Plateaus* führen Deleuze und sein Koautor Félix Guattari das Konzept des »Rhizoms« ein. Im Unterschied zu den Wurzeln der Bäume, die in die Erde abtauchen, um sich zu ernähren, ist das Rhizom ein unter der Erde verlaufender Sproß, der seiner eigenen Logik folgt und zufällig die Form von Nesseln oder Ried annimmt. Anders gesagt, das Individuum verzweigt sich nicht mehr länger in ein Netzwerk, sondern das Netzwerk selbst bringt die Illusion des Individuums hervor. Ist es ein Zufall, dass Deleuze das Fortschreiten des Rhizoms als ein »maschinelles« Phänomen beschreibt?[119] An dem Tag, an dem Replika in der Lage sein wird, unsere intimsten Gedanken zu erraten und zu lenken, wird die KI unter Beweis gestellt haben, dass die allergenaueste Personalisierung mit einem Individualitätsverlust ohne Widerkehr verbunden ist: Wenn meine emotionalen und gedanklichen Vorgänge simple Variablen sind, die mit Millionen anderer Daten vermischt und von anonymen Algorithmen ausgewertet werden, was bleibt dann von meinem »Ich«? Weit davon entfernt, ein autonomes, urteils- und entscheidungsfähiges Wesen zu sein, wird aus dem Subjekt eine einfache, vorübergehende Emanation der Ströme, die es übersteigen. Der Gedanke der Vielheit setzt sich an die Stelle einer Ontologie des Baumdiagramms.

In diesem Sinne gibt *Tausend Plateaus* dem Tod des Menschen, den Foucault vorhergesehen hat und den der Burning Man in Szene setzt, einen positiven Wert. Endlich können wir die Ritterrüstung der bewussten Subjektivität ablegen, um uns in eine revolutionäre, minoritäre, begehrende Zukunft fortziehen zu lassen, um einige von Deleuzes Ausdrücken zu verwenden. Indem wir unseren Körper und unseren Geist nie dagewesenen Konfigurationen unterwerfen, indem wir uns entlang des Rhizoms mit seinen plötzlichen Verzweigungen treiben lassen, werden wir uns den Strömen annähern, die die Einheit der Welt bilden, der »Ebene der Immanenz«, die Deleuze von Buch zu Buch erforschte. Es liegt eine Form von Eigentlichkeit darin, die Unordnung und das Chaos zu akzeptieren, in die wir eingetaucht sind. Was zählt, ist nicht mehr länger das experimentierende Subjekt oder das experimentierte Objekt, sondern das Experiment selbst, jenseits des Ich, »etwas, das weder individuell noch persönlich und gleichwohl singulär ist, (...) dionysische Maschine zur Sinnproduktion«.[120] Wo das Subjekt Bedeutungen einfordert, fixe und wohldefinierte Begriffe, schwitzt das Rhizom einen »Sinn« aus, der weder nachvollziehbar noch reproduzierbar ist, ein wenig wie die »Black Box« der neuronalen Netzwerke. Was den freien Willen angeht, so wird er ausgelöscht zugunsten höchst zufälliger Begehren, die aus der maschinellen Verknüpfung von Punkten im Rhizom hervorgehen. Die Wurzeln erhalten ihre Unabhängigkeit im Verhältnis zu den Bäumen.

Die Preisgabe des Subjekts, die für die postmoderne Theorie charakteristisch ist, wurde vielfach kommentiert und kritisiert.[121] Dennoch hat diese Idee als eine natürliche Folge der digitalen Netzwerke und mehr noch der KI wieder an Schwung gewonnen. Gewiss hat nicht jeder im Valley Deleuze gelesen. Aber die Mode des Buddhismus etwa ist zweifellos ebenso ein Weg, intellektuell einfacher, aber praktisch effektiver, um dem Individuum ein Ende zu setzen und es im großen einheitlichen Ganzen aufzulösen. In der Firmenzentrale von Google finden sich zahlreiche Meditationsräume, und mehrere meiner Gesprächspartner – um mit Adrien Treuille oder Amira Yahyaoui zu beginnen – erklärten sich zu mehr oder weniger säkularen Formen des Buddhismus hingezogen. Man muss diese Suche nach dem Nichts ernst nehmen, oder besser nach einer universellen Daseinsform, die von dem tauben Gestein der Individualität befreit ist.

Wenn er auch das Lob der technologischen Singularitäten sang, so war Deleuze doch misstrauisch gegenüber dem Fortschritt des Digitalen und sah das Risiko, Rechtssubjekte in »Dividuen« zu verwandeln, die auf abstrakte Zahlen reduziert sind. Seit Anfang der 1990er-Jahre analysierte er in der entstehenden Sprache der Daten den Übergang von einer Disziplinargesellschaft zu einer Kontrollgesellschaft, die weniger mit Repressionen arbeitet als vielmehr mit einem perversen System von Anreizen.[122] »Wir stehen am Beginn von etwas Neuem«, behauptete er zu Recht. Während die Disziplin außerhalb des Individuums verblieb, durchdringt die Kontrolle das alltägliche Verhalten. »Der Mensch der Kontrolle ist eher wellenhaft, in einem kontinuierlichen Strahl, in einer Umlaufbahn.« Der Bürger, der ein Dividuum geworden ist und in so viele digitale Koordinaten zerlegt wurde, wie es Systeme gibt, die sich für ihn interessieren, geht wider Willen in die Netze der allgemeinen Überwachung und der Logik des *nudge*. Es ist kein Zufall, dass sich Yuval Harari am Ende seines Werks *Homo deus* den Begriff des »Dividuum« bei Deleuze ausgeliehen hat, um den Menschen post-*sapiens* zu bezeichnen, aus dem keine stabile Subjektivität mehr hervorgehen kann und der vollständig durch die Daten bestimmt wird, die er bereitstellt. Die Frage des Dataismus, die Harari aufgeworfen hat und die dieses Buch motivierte, findet also eine einfache und eisige Antwort: Indem man das Subjekt negiert, hat man den Liberalismus getötet und den Weg freigemacht für eine Form permanenter Kontrolle, die umso perverser erscheint, als sie auf tausende Plattformen verteilt und nicht in politischen Institutionen zentralisiert ist. Gegen wen soll man rebellieren, wenn wir selbst Klick für Klick unseren Käfig bauen? Wie es Deleuze in der Unterscheidung des Disziplinar- und des Kontrollzeitalters poetisch zusammenfasste: »Die Windungen einer Schlange sind noch viel komplizierter als die Gänge eines Maulwurfbaus.«

Ich werfe es Deleuze vor, dass er die Beziehung zwischen dem Begriff des Rhizoms, diesem Flechtwerk voller Momente philosophischer Beschwingtheit, und dem des »Dividuums«, diesem schreckenerregenden kapitalistischen Machwerk, nicht hergestellt hat. Mir scheint, dass dieses die getreue politische Übersetzung von jenem ist. Ist die Ebene der Immanenz nicht das Äquivalent zur Kontrolle über den Strahl? Wenn man das Individuum als Prüfstein des Denkens unterdrückt, darf man sich nicht wundern, wenn es in den Händen einer KI landet. Eine Philosophie ohne Subjekt führt zu einer Gesellschaft ohne Freiheit.

Nachdem ich in Amsterdam René Descartes besucht hatte, nahm ich mir die Zeit, in das Van Gogh Museum zu gehen. Der Andrang dort war so gewaltig, dass man die Ellenbogen spielen lassen musste, um sich einen Weg zu den Gemälden zu bahnen. Man hatte kaum Zeit, einen Blick auf ein Selbstporträt zu werfen, da hatten einen die Wogen der Menschenmassen schon zum nächsten geschoben. Ich bin immer der Überzeugung gewesen, dass Museen in Zellen organisiert sein müssten: Eine Nische bliebe für diese oder jene Leinwand reserviert und man könnte eine gute halbe Stunde mit ihm verbringen, auf einem Sofa ausgestreckt, mit einem Glas in der Hand wie in einem elisabethanischen Theater. Man ginge wieder nachhause, nachdem man vor zwei oder höchstens drei Gemälden geplaudert, gedöst, geweint und gelacht hätte. Es ist besser, sich von den Wellen eines einzigen Kornfeldes sanft davontragen zu lassen, als vor fünfzehn Selbstporträts von einem Fuß auf den anderen zu treten. Eine KI könnte mit Leichtigkeit die Nischen stündlich nach der Vorliebe eines jeden verteilen.

Was mich bei meinem Besuch am meisten verblüffte, war, dass so gut wie alle Besucher Fotos machten. Nicht Selfies, die allenfalls die menschliche Eitelkeit erklären könnte, sondern Fotos. Sie schauten kaum die Leinwände an, sie spazierten herum und schwenkten ihre Bildschirme vor sich, um so viele Aufnahmen wie möglich anzuhäufen. Es fiel mir schwer, das zu verstehen. Man findet im Internet dutzende hochaufgelöste, perfekt zentrierte und ausgeleuchtete Bilder vom *Selbstporträt des Künstlers*. Mit welchem Interesse füllt man sein Familienalbum mit unscharfen, schrägen, von Händen, Rucksäcken und Frisuren verstellten Selbstporträts von Van Gogh? Wer wird sich jemals diese Fotos ansehen? Entscheidend ist es, zu horten und zu archivieren. Eine Spur zu bewahren. Ich habe dieses Gemälde gesehen und diese Wahrheit muss in die Ewigkeit der *cloud* eingeschrieben werden.

Um Klarheit über ein so seltsames Verhalten zu erlangen, muss ich einen Umweg über die Wissenschaft vom Außergewöhnlichen nehmen: die Theologie. Ist der allwissende Gott nicht genau dafür erfunden worden, um der Zeuge unserer Taten, der Zuschauer unserer kleinen Schicksale zu sein? Gewiss, er richtet uns. Vor allem aber sieht er uns. Wir leben nicht vergebens, da ja die kleinste unserer Sünden, so lässlich sie auch sein mögen, am Buch der Welt teilhaben. Irgendwo im Himmel existiert eine perfekte Kopie unseres Lebens, die wie ein Schatz in Erwartung des Jüngsten Tages gehütet wird. Die Bibel wiederholt es in allen Tonarten: »Und kein Geschöpf ist vor ihm verborgen, sondern es ist alles bloß und aufgedeckt vor den Augen dessen, dem wir Rechenschaft geben müssen.« (Hebr 4,13) »Denn eines jeden Wege liegen offen vor dem Herrn, und er hat acht auf aller Menschen Gänge.« (Spr 5,21) »Meinst du, dass sich jemand so heimlich verbergen könne, dass ich ihn nicht sehe?, spricht der Herr. Bin ich es nicht, der Himmel und Erde erfüllt?, spricht der Herr.« (Jer 23,24) usw. Der heilige Augustinus täuscht sich nicht: Er muss Gott in sich selbst finden, einen Gott, der nicht nur seine Handlungen beobachtet, sondern auch seine Empfindungen, seine innersten Gedanken. Ist das nicht die größte Beruhigung, die die Religion uns zu bieten hat? Nicht so sehr die Ewigkeit unserer Seele, als die Registrierung unseres Daseins.

Kehren wir aber in unsere säkulare Welt zurück, in der Gott, wenn er auch nicht verschwunden ist, so doch keinen alltäglichen Gesprächspartner mehr darstellt. Zur Angst vor der Endlichkeit fügt sich die Angst vor dem Nichts. Wir vergehen und nichts hat Bestand. Es wird nichts abgepaust und nichts erinnert. Die Zeit wird das, was wir gewesen sind, für immer zerstören. Dieses Bewusstsein unserer Nichtigkeit kann den Weg freimachen für eine authentische Betrachtung der Existenz und ihres Genusses. So hat Sartre, ein Ontologe und Wintersportler aus Leidenschaft, im letzten Kapitel von *Das Sein und das Nichts* das Skifahren interpretiert: Wir gleiten dahin und der Schnee verwischt unsere Spuren, als ob nichts gewesen wäre. »Gleiten«, erklärt Sartre, »ist das Gegenteil von Verwurzeln.« Die Wurzel, die Sartre in *Der Ekel* so gut beschrieben hat, muss den Boden durchgraben und aufbrechen, um sich dauerhaft zu fixieren. Die Gleitbewegung hingegen lässt die Welt intakt. Der Traum des Menschen ohne Gott: die Materie erobern, ohne sie aufzureiben; besitzen, ohne zu verletzen. »Wenn wir uns auf dem Hang gleiten lassen«, resümiert Sartre, »haben wir die Illusion, keine Spuren zu hinterlassen, verlangen vom Schnee, sich wie das Wasser zu verhalten, das er heimlich ist.« Leben und verschwinden; verschwindend leben, ein einfaches Bewusstsein, das auf der Welt ruht. Die anfängliche Angst vor der Auflösung kann sich in die reine Freude der Vergänglichkeit verwandeln. Wenn wir im Rückblick unsere eigenen Spuren nicht sehen können, dann können wir auch dorthin gehen, wohin es uns gut dünkt. Unser Bewusstsein geht dem Nichts, das wir sind und jeden Augenblick wieder werden, auf den Grund und zeigt uns unsere Verantwortungen. Man kann sich für die Böswilligkeit entscheiden, die Wurzel. Oder die Freiheit akzeptieren, das Gleiten.

Die Besucher des Van Gogh Museums haben die Wurzel gewählt. Daten zu produzieren, so viele Daten wie möglich zu produzieren, ist der Versuch, eine Spur zu hinterlassen und die Absurdität einer sich selbst überlassenen Existenz abzulehnen. Da Gott mir nicht mehr zusieht, werde ich mich selbst an seine

Stelle setzen, eine virtuelle Kopie meines Lebens erschaffen, sie in der *cloud* horten und sie in den sozialen Netzwerken teilen. Ich werde mir meine Fotos vom *Selbstporträt des Künstlers* nie mehr ansehen, aber die Tatsache, dass ich dieses Gemälde gesehen habe, wird für immer Bestand haben (oder zumindest solange genügend Energie verfügbar ist, um die Server am Laufen zu halten). Die Maschine reproduziert die göttliche Allwissenheit. Dieser irrwitzige Versuch, unsere eigene Vergänglichkeit zu leugnen, könnte noch eine krankhafte Wendung nehmen. Die *Quantified Self*-Bewegung etwa folgt dem Anspruch, das gesamte Dasein eines Individuums zu messen und zu speichern, vom Blutdruck bis zur Urlaubserinnerung.[123] Eine KI wird daraufhin diese Daten auswerten und eine ganze Persönlichkeit rekonstruieren können. Um etwas Vokabular von der Bibel zu borgen, »kein Geschöpf ist vor der KI verborgen, sondern es ist alles bloß und aufgedeckt vor den Augen jener, der wir Rechenschaft geben müssen.«

Man lüftet nicht aus freien Stücken alle seine Geheimnisse. Das Verlangen nach Transparenz ist eine Lösung aus Mangel an Alternativen, sobald die Hoffnung auf Transzendenz aufgegeben ist, aber man die Beklemmung einer spurlosen Existenz ablehnt. Gott ist tot; es lebe die KI?

V

GEOPOLITIK DER KI

Warum China die Welt beherrschen wird

Jedes Land, jede Kultur packt die KI auf ihre Art an, der jeweiligen Auffassung von Individuum und Gesellschaft entsprechend. China nimmt sich ihrer mit besonderer Leidenschaft an und entwirft rund um diese Technologie eine Alternative zum westlichen Entwicklungsmodell. Das Ausmaß des chinesischen Projekts wurde mir klar, als ich an einem sonnigen Tisch am Union Square saß, mitten in einem für San Francisco typischen Malstrom aus Obdachlosen, Touristen und Start-up-Unternehmern. Ich hatte Martin Chorzempa am Telefon, der für das Peterson Institute eine gründliche Studie über das »Sozialkredit-System« geschrieben hat. Dieses personalisierte Bewertungssystem, das die chinesischen Autoritäten entwickelt haben, erweckt in der westlichen Presse die schlimmsten orwellianischen Vorstellungen. Handelt es sich um eine einfache Maßnahme, um den Zugang zu Bankkrediten zu vereinfachen, wie es zu Beginn präsentiert wurde, oder um die allgemeine Erfassung der Bevölkerung in einer Datenbank, die jedem Bürger algorithmisch einen Punktestand auf Basis seines Verhaltens zuweist und ihn entsprechend belohnt? Der Forschungsaufsatz, an dem Martin Chorzempa mitgewirkt hat, hat sich um eine präzise und ausgeglichene Analyse verdient gemacht.[124] Vor meinem Aufbruch nach China wollte ich eine klare Vorstellung davon haben.

Nach Martin und seinen Koautoren verfolgte das Sozialkredit-System, das 2014 aufkam, ursprünglich den Zweck, die ökonomische und soziale Entwicklung zu verbessern und dafür die Vertrauenswürdigkeit zu messen, die die Bürger einander zumessen können. Bankkredite waren nur eine Facette dieses Systems, das gleichermaßen der Steuerflucht vorbeugen und die Transparenz der Verwaltung erhöhen sollte. Es ging um die Ausarbeitung einer Hightech-Regierungsform, die den echten Wert eines jeden anerkennen können sollte. Martin gab zu, dass diese anfänglichen guten Vorsätze förderlich für das Wachstum und auch für die soziale Inklusion gewesen sein müssten. Aber das Sozialkredit-System hat sich zu einem beispiellosen Überwachungsinstrument entwickelt, das schon heute dazu führt, dass Millionen chinesischer Bürger kein Flugzeug mehr besteigen dürfen, weil sie zu laut Musik gehört, ihren Hund ohne Leine Gassi geführt oder unziemliche Nachrichten in den sozialen Netzwerken gepostet haben. Die Verallgemeinerung dieses Systems, das sich heute noch in der Testphase befindet, scheint unausweichlich. Das Sozialkredit-System hüllt sich in ein gewisses Mysterium: Ein Journalist von *Caijing,* dem unabhängigsten Magazin Chinas, vertraute mir etwas später in Peking an, dass er seinen eigenen Punktestand gar nicht kenne und dass das Thema weitere Nachforschungen verdient hätte.

Daher die Frage, die Martin im Untertitel seines Aufsatzes stellt: Ist das Sozialkredit-System ein Zeichen des Fortschritts oder eine Bedrohung des Privatlebens? Die Antwort ist mehrdeutiger, als man meinen würde. Man könnte natürlich stets davon träumen, dass das Sozialkredit-System zu seiner ursprünglichen Berufung zurückfindet. Aber die Logik der KI selbst drängt zu einer beständigen Vergrößerung der verfügbaren Datenbasis. Um die Bonität eines Kreditnehmers präzise einzuschätzen, ist es aus algorithmischer Perspektive nicht abwegig, auch seine Schulnoten, seine Familienverhältnisse oder seine politischen Meinungen miteinzubeziehen. Ist es nicht gerecht, dass der anständige Bürger, dessen Verlässlichkeit und Treue die ganze Welt bezeugen kann, leichter ein Darlehen bekommt als der abgerissene, betrügerische, manipulative Unhold? Wenn es über die simple Kreditgeschichte hinaus Möglichkeiten gibt, Verhaltensweisen abzuschätzen, warum sollte man sie nicht heranziehen? Folgt Facebook mit seiner neuen Währung »Libra« nicht demselben Weg? Scheinbar ist die Überwachung weniger aus der Politik abgeleitet als vielmehr technisch erforderlich. Das Sozialkredit-System ist ununterscheidbar ein ökonomischer Fortschritt, ein Vektor Richtung sozialer Gleichheit und eine Bedrohung des Privatlebens zugleich.

Ich legte auf und wurde von Zweifeln gequält. Ich hatte bei Martin eine gewisse Befangenheit gespürt. Wie könnte man nicht von der Philosophie hinter dem Sozialkredit-System beunruhigt sein? Ich bin im Schatten der Fukuyama-Doktrin aufgewachsen, die wirtschaftlichen Wohlstand und individuelle Freiheit miteinander assoziiert. Mir wurde immer erklärt, dass das eine ohne das andere nicht geht, weshalb die Liste der liberalen Demokratien mehr oder weniger mit der Liste der entwickelten Länder übereinstimmt. Das geistige Eigentum, die Meinungsfreiheit und der Rechtsstaat befördern die Innovation und die Investition; im Gegenzug bringt die wirtschaftliche Entwicklung eine Mittelklasse hervor, die auf ihre Rechte bedacht ist. Noch heute schreibt ein Historiker wie Niall Ferguson den Erfolg des Westens der Ausübung von Freiheiten zu, wie etwa dem Eigentumsrecht oder dem Prinzip der Konkurrenz.[125] Das Sozialkredit-System scheint genau das Gegenteil zu zeigen: Indem die Gesamtheit der Bürger einem quasi totalen Transparenzregime und beständigem sozialem Druck unterworfen werden, werden die Ergebnisse maximiert, zu denen die Algorithmen fähig sind. Das ist der Preis des Gemeinwohls.

So ungebremst, wie sie sich in China entwickelt, löst die KI die zwei Seiten einer Gleichung voneinander, die ich für ewig untrennbar gehalten hatte: Wohlstand und Freiheit, Wachstum und Menschenrechte. Mir gegenüber, 25 Meter über das Chaos des Union Square hinausragend, erhob sich die Statue Nikes, der Göttin des Sieges. Ist sie nicht gerade dabei, das Lager zu wechseln? Korrespondiert der Triumph der USA im 20. Jahrhundert nicht mit einem technologischen Paradigma, das obsolet geworden ist? Sind in einer Welt, in der der Fortschritt von der Ansammlung von Daten abhängt, nicht unweigerlich autoritäre Länder im Vorteil? Wird das Privatleben, einst Unterpfand der Kreativität, zu einem Optimierungshindernis?

Gegenüber diesen für die Zukunft unserer Zivilisation entscheidenden Fragen finden die verschiedenen Gesellschaften, die ich bereist habe, verschiedene Antworten, die auf ihren jeweiligen Werten basieren. Der Einfachheit halber unterscheide ich ein konfuzianisches China, ein stoisches Europa und ein protestantisches Amerika.

CHINA ODER DER TRIUMPH DES KONFUZIUS

Während meiner Forschungsreise habe ich dreimal mehr Zeit in den USA verbracht als in China. Mir ist zu spät bewusst geworden, dass ich es andersherum hätte machen müssen. Wenn auch das Herz des weltweiten Fortschritts weiterhin in Kalifornien schlägt, sind doch die neuen chinesischen Giganten eine ernste Bedrohung für die GAFA und ihre Satelliten.[126] So verzeichnet DiDi, um ein Beispiel zu geben, täglich mehr Fahrten in China als Uber auf der ganze Welt. Vor allem aber, und unabhängig von den Debatten über Chinas Aufholbedarf,[127] ist die KI in China ein Gesellschaftsprojekt, als solches definiert in der nationalen Strategie der Regierung vom Juli 2017.

Um den chinesischen Appetit auf KI zu verstehen, entschloss ich mich, Gott zu treffen: Kai-Fu Lee, der es auf 50 Millionen Follower auf Weibo (dem chinesischen Twitter) bringt und einen TED Talk zum Thema »Wie die KI die Menschheit retten kann« *(sic)* gehalten hat, der bereits über zwei Millionen mal angesehen wurde. Sein Name fiel in allen Gesprächen mit Ehrerbietung. Nachdem er in den USA studiert und sich auf dem Gebiet der Spracherkennung einen Namen gemacht hatte, legte Kai-Fu Lee eine glänzende Karriere bei Apple, Microsoft und Google hin. Vor nun etwa sechs Jahren hat er Sinovation Ventures gegründet, den inzwischen wichtigsten chinesische Risikokapitalfonds, der über zwei Milliarden Dollar betreut. Seither investiert er in Firmen, die dazu angetan sind, mit seinen alten Arbeitgebern zu konkurrieren, und entfaltet einen unermüdlichen Aktivismus zur Vermittlung und Förderung der KI. Der Sitz von Sinovation Ventures in Peking ist ein *open space* nach kalifornischem Vorbild, Ingenieure in T-Shirts und vor riesigen Bildschirmen reihen sich aneinander. In einem der anschließenden Räume kann man sich mit einer der jüngsten Innovationen vergnügen, die Sinovation Ventures finanziert hat: eine automatische Kasse, die die vor ihr abgestellten Lebensmittel erkennt und berechnet; ein Getränkeautomat, der einem einfachen Kühlschrank gleicht, aber den Preis der Getränke automatisch vom Konto des Kunden abbucht (der Kunde wird demnächst per Gesichtserkennungssoftware identifiziert). Ich ging vor einem Bildschirm vorbei und sah mich in Punkte und Linien zerlegt, während sich neben meinem Abbild bedrohlich chinesische Schriftzeichen aufreihten. Eine Ehrentafel stellt die erfolgreichsten Investitionen des Fonds aus, je nach Performance mit Abzeichen versehen: zwei Einhörner für ein Start-up, das auf mehr als fünf Milliarden Dollar geschätzt wird (wie Meitu mit seinen Bildbearbeitungsprogrammen oder Bitmain mit seinen

Chips für die Bitcoinproduktion); ein Einhorn für die, die die Marke von einer Milliarde überschreiten (wie Face++, führend in der Gesichtserkennung); und Ermutigungen für den Rest. In ganz China zählt man etwa hundert Einhörner, der übliche Ausdruck für Start-ups, die die Hürde der Milliarde nehmen. Das entspricht etwa einem Drittel aller Einhörner in der Welt und 40 % des Schätzwertes. Zum Vergleich gibt es in Frankreich nur ein Unternehmen, das Anspruch auf diesen Titel machen kann: BlaBlacCar. Der Besuch im Büro von Sinovation Ventures gibt mir einen Vorgeschmack unseres Platzes auf der Welt.

Bevor ich zu Gott geführt werde, bemerke ich auf dem Boden eine einfache, bemalte Schale, die als Aquarium für einen einzelnen Fisch dient. Eine bescheidene Seerose treibt darin herum und beschreibt einen verwickelten Weg von der einen Seite zur anderen. Dieser Hauch einer Tradition, die mitten in der technologischen Sturmflut vergessen scheint, rührt mich. So ist China: versunken in der ungezügeltsten Modernität, aber durchzogen von zurückhaltenden Reminiszenzen seiner vieltausendjährigen Zivilisation.

Gott empfängt mich mit einer Höflichkeit, die mir *a posteriori* etwas mitleidsvoll erscheint, als hätte er sich Mühe gegeben, den Repräsentanten eines entlegenen, halbwilden Volksstammes nicht zu kränken.[128] Er hat gerade ein Buch namens *AI Superpowers* veröffentlicht, von dem er mir ein Exemplar zusteckt. Es ist nicht einfach, ihn von seiner rhetorischen Marschroute abzubringen. Die Gesetzestafeln der KI setzen sich unerbittlich durch. Dank der KI wird das chinesische Volk gepflegter, gebildeter, mobiler, aufgeklärter sein. Im Gegenzug wird das Volk gerne die Gesamtheit seiner Daten teilen, die natürliche Ressource der digitalen Wirtschaft: Das Privatleben ist kaum Teil der Sorgen des Landes, das von einer Kultur des Gemeinwohls geprägt ist, die so alt ist wie Konfuzius. Niemand würde

Anstoß an Kameras in Klassenzimmern nehmen, wenn sie den Unterricht verbessern und Rückschlüsse aus der Korrelation von Schülerverhalten, schulischer Leistung und Lehrmethoden ermöglichen. Wo ein Westler, mehr noch ein Europäer, spontan misstrauisch werden würde, schließt ein Chinese den Fortschritt in die Arme. Ich spüre, wie Gott in Wallung gerät. Der Schlüssel der chinesischen Entwicklung liegt einerseits im fließenden Zugriff auf die Daten, andererseits in der strategischen Planungsfähigkeit der Regierung. Aber es ist auch und vor allem eine Frage der Mentalität. Der typische amerikanische Unternehmer ist in einer bürgerlichen Familie aufgewachsen, wie Mark Zuckerberg, dessen Eltern Ärzte waren. Er amüsiert sich. Er lässt sich Zeit. Bestenfalls naiv und schlimmstenfalls ein Heuchler, träumt er davon, »die Welt zu verändern«. Der chinesische Unternehmer hingegen kommt oft aus einfachen Verhältnissen, wo die Erinnerung an extreme Armut nur eine Generation zurückliegt – das beste Beispiel ist Jack Ma, der Gründer von Alibaba, der Englisch lernte, indem er Touristen Stadtführungen anbot. Er arbeitet rastlos und hat nur ein Ziel im Kopf: Profit. Das konnte ich bei Westwell feststellen, dem Start-up aus Shanghai, das uns weiter oben bereits begegnete, wo sich meine Gesprächspartner freundlich über die »Franzosen, die das Leben genießen« lustig machten. In China ist es einfach, am Wochenende einen Termin zu machen: niemand hört auf zu arbeiten. Jack Ma hat sein Arbeitsideal in drei Zahlen zusammengefasst: 996. Von neun Uhr morgens bis neun Uhr abends arbeiten, sechs Tage die Woche. Und dieser Aufruf zum Profit verändert die Welt, oder zumindest China, mit hoher Geschwindigkeit. Chinesische Start-ups sind weniger idealistisch, dafür effektiver. »Die Leute hier sind hungrig«, bekräftigt Gott und blickt mir geradewegs in die Augen. In den Vereinigten Staaten und mehr noch in Europa ist dieser Hunger verschwunden.

Um den Wettbewerbsvorteil Chinas zu illustrieren, besteht Gott auf der wachsenden Bedeutung der »sensorischen KI«, die aus uns allen, aus den armen Sterblichen, die nicht programmieren können, kleine allmächtige Götter machen wird: die Demokratisierung des Göttlichen. Vernetzte Gegenstände werden nach und nach die Grenzen zwischen dem virtuellen Universum und der physischen Welt verwischen, um eine neue Konfiguration einzugehen, die Kai-Fu Lee »OMO« (online-merge-offline) getauft hat. Schon jetzt hat die Fast-Food-Kette KFC in Zusammenarbeit mit Alibaba ein Bezahlsystem eingeführt, das auf Gesichtserkennung basiert: Man muss nur in die Kamera schauen und automatisch wird das Konto belastet. So träumt Kai-Fu Lee vom Supermarkt der Zukunft, in dem der Kunde sofort erkannt und mit Produktvorschlägen versorgt wird, die sich auf seine Ernährungsgewohnheiten, den Füllstand seines Kühlschranks und den Terminplan seiner Woche beziehen. Diese Perspektive ist für einen Westler ebenso schreckenerregend, gibt Kai-Fu Lee zu, wie sie einen Chinesen begeistert. Darüber hinaus erlauben die industriellen Kapazitäten Chinas die massive Herstellung von vernetzten Gegenständen. Der führende Hersteller auf dem Gebiet, Xiaomi, wird Ihr gesamtes Haus vernetzen, vom Wasserfilter über die Zahnbürste bis zu den Glühbirnen. Die zig Millionen jährlich in China, vor allem in Shenzhen, hergestellten vernetzten Objekte lassen ihre amerikanischen Entsprechungen weit hinter sich. In Zukunft werden sie nicht mehr auf den Gebrauch im Haushalt beschränkt sein; Kai-Fu Lee denkt bereits an virtuelle Lehrer, die sich dem Niveau jedes einzelnen Schülers anpassen und den Grad seiner Aufmerksamkeit per Gesichtserkennung erkennen können. Die Kombination aus einer Kultur, die sich wenig um das Privatleben bekümmert, und einer dynamischen Industrie führt strukturell zur Machtposition des chinesischen Modells.

Man muss Gott ernst nehmen. Wie man auch immer über das politische und ökonomische System Chinas urteilen mag, so ist es doch beruhigend, einem offenherzigen Gesprächspartner mit klarer Motivation zu begegnen. Nach Wochen voller rhetorischer Mäander in den USA empfand ich in China die oft beunruhigenden, aber immer offenen und tabulosen Gespräche als eine Erleichterung. Ganz im Unterschied zur Verlogenheit des Silicon Valley, wo jeder Verständnisversuch durch repetitive und gehaltlose Slogans vernebelt wird, verbergen chinesische Unternehmer ihre Ziele nicht. Ist es nicht paradox, dass man erst in eine Diktatur fahren muss, um frei zu sprechen, ohne den bleiernen Mantel der *political correctness?* Sobald man den Pazifik überquert, bekommt man sofort das Gefühl, an dem Ufer angekommen zu sein, wo die Geschichte voranschreitet. Keine Innovation geht weit genug, kein Traum ist verrückt genug. Kurz vor meiner Abreise bekam ich einen Vorgeschmack davon, als ich anlässlich eines Abendessens in Paris eine chinesische Forscherin von der École polytechnique traf, die mir ganz fröhlich erklärte, wie man die Gesamtheit unserer Empfindungen reproduzieren und auf unsere zukünftigen Klone aufspielen könnte. Was uns empört, begeistert sie. Dieser Optimismus ist übrigens ansteckend. Meine Landsleute, die ich in Shanghai oder Peking getroffen habe, lassen sich oft vom chinesischen Modell verführen. Sie haben begonnen, unseren dekadenten Demokratien zu misstrauen, die von ununterbrochenem Palaver und übertriebener Vorsicht geprägt sind. Einer von ihnen beschrieb mir voll Stolz, wie seine acht Jahre alte Tochter beim Legospielen Überwachungskameras an ihrem Plastikhaus installierte, um die Lieferanten zu erkennen. Willkommen in der Zukunft!

China verschafft sich die Mittel, die den Ambitionen entsprechen. Im Bereich der akademischen Forschung schickt es sich an, seinen Rückstand aufzuholen. Mike Wooldridge, der Leiter der Informatikabteilung in Oxford, zeigte mir entsprechend das Programm seiner nächsten Konferenz: Mehr als die Hälfte der Referenten trug einen asiatisch klingenden Namen. »Noch vor gut fünfzehn Jahren war es so gut wie keiner«, konstatierte der Professor, der überzeugt davon ist, dass China dabei ist, zur herrschenden Macht der KI zu werden. Viele chinesische Forscher machen einen Umweg über die USA, aber anders als ihre europäischen Kollegen kehren sie oft in ihr Heimatland zurück, so wie Kai-Fu Lee, der zunächst die chinesische Niederlassung von Microsoft leitete, bevor er sich auf eigenen Flügeln erhob. Darüber hinaus können inzwischen zahlreiche Studenten eine exzellente akademische Laufbahn machen, ohne ihr Heimatland zu verlassen. Eines der renommiertesten Forschungszentren ist die Universität von Tsinghua, nordöstlich von Peking. Dort treffe ich Professor Jun Zhu, der beispielhaft für die neue Generation chinesischer Informatiker ist: Nach seinem Abschluss in Tsinghua hat er nur einige Jahre der Forschung als Postdoc an der Carnegie Mellon University und in Stanford verbracht, bevor er zurückkam, um an seiner *alma mater* zu unterrichten. Jun Zhu empfängt mich in seinem Büro an einem Samstagmorgen und lässt mich gegenüber einer einschüchternd mit Gleichungen bedeckten Wandtafel Platz nehmen. Der einzige Unterschied zu einem Wochentag ist, dass er Hausschuhe trägt. Jun Zhu steht in ständigem Austausch mit seinen Kollegen auf der ganzen Welt, besonders in den Vereinigten Staaten, und fühlt sich durch seine Rückkehr nach China in keiner Weise benachteiligt. Ganz im Gegenteil: Tsinghua hat sich gerade mit einem »Institut für KI« ausgestattet, das von der Regierung und dem Privatsektor großzügig finanziert wird. Das Institut wird mehr als fünfzig Forscher in einer interdisziplinären Perspektive verbinden. Die nationale Strategie zugunsten der KI entfaltet sich unaufhaltsam.

Der weltweite Wettbewerb um die KI übersteigt aber den akademischen Rahmen. Die Stärke Chinas bei der Entwicklung industrieller Anwendungen liegt nach Jun Zhu in der Verfügbarkeit von Daten – bezüglich des Volumens als auch der Einfachheit des Zugangs. Das entspricht ganz der These von Kai-Fu Lee: Die KI steht am Beginn des »Zeitalters, in dem sie in die Tat umgesetzt wird«. Sie braucht nicht so sehr Erfinder, Kreative und Visionäre als vielmehr eine Armee von Ingenieuren und Unternehmern, die sich mit Leib und Seele der Sache geweiht haben. Die Zahlen sprechen für sich: Die Forschungs- und Entwicklungsabteilung von Huawei zählt alleine 80 000 Angestellte! Bezüglich der jährlich angemeldeten Patente auf dem Gebiet der KI, mehr als 15 000, kann China mit den USA und Japan mithalten. In seinem Sitz in Peking rekrutiert Microsoft zu 80 % einheimische Ingenieure. China ist bereit. Die Werkbank der Welt wird ihr Motor sein, das 21. Jahrhundert asiatisch.

Dieser technologische Optimismus, der die ganze Gesellschaft durchdringt, wird von einem Gefühl der Überlegenheit beziehungsweise der Revanche begleitet. So ging ich ziemlich angeschlagen aus einem Mittagessen mit den Leitern der Forschungsabteilung von Tencent hervor, einem der chinesischen Netz-Giganten. Wir trafen uns in einem traditionellen Restaurant, einer unwahrscheinlichen Pagode rings unter Glastürmen, mit Lampions, schmiedeeisernen Kerzenständern und goldenen Schriftzeichen auf feuerrotem Grund. Ich saß einer ganzen Delegation gegenüber, vielleicht ein halbes Dutzend Personen. Mein hauptsächlicher Gesprächspartner, der sich »Sam« nennen ließ, hatte in der Vergangenheit für die Regierung gearbeitet und war der Staatsgewalt eng verbunden geblieben. Er pöbelte mich sogleich an, ohne rednerische Vorsichtsmaßnahmen, auf gut Chinesisch. Er hielt mich scheinbar persönlich für die Europäische Datenschutz-Grundverordnung (DSGVO) verantwortlich, die er als zugleich idealistisch, selbstmörderisch und anmaßend beurteilte. Ich bemühte mich, ihm zu erklären, dass ich nicht die Europäische Kommission repräsentierte, aber er ließ sich nicht abbringen: Ich war Franzose, also musste ich die Positionen meiner Regierung vertreten. Der Ton wurde lauter. Zusätzlich erschwert wurde die Situation durch einen dieser drehbaren Präsentierteller in der Mitte des Tisches, von dem sich jeder verschiedene Gerichte picken konnte. Alle machten sich durcheinander an dem Teller zu schaffen, sodass die Spannung des Gesprächs durch einen diskreten mechanischen Kampf um die absonderlich gefärbten Speisen verdoppelt wurde.

Sam schien mir persönlich vorzuwerfen, dass ich die Regulierung der Innovation vorziehen und mich als Schulmeister der ganzen Welt aufspielen würde, während ich nicht in der Lage war, auch nur einen kleinen digitalen Helden vorweisen oder hervorbringen zu können. Da ich ausweglos die Inkarnation der Europäischen Union abgab, fühlte ich den Stich einer fernen kontinentalen Eigenliebe und verteidigte am Ende die Prinzipien der DSGVO, und das mit umso mehr Vehemenz, als ich kein Wort von dem, was ich sagte, glaubte. So drehten wir uns im Kreis, umgeben von dem verlegenen Schweigen unserer Tischgenossen, bis mir Sam die verborgene Quelle seines Ressentiments offenbarte. »Vor fünfzehn Jahren«, erzählt er mir (auf Englisch), »habe ich in Paris studiert. Damals war ich überwältigt von so viel Modernität. Man konnte auf dem Markt mit Kreditkarten bezahlen, das war damals in China undenkbar. Heute habt ihr immer noch eure Kreditkarten, während wir e-payments direkt mit unseren Smartphones ausführen!« Das nennt man zuweilen *leapfrogging*, wörtlich Bockspringen: Ein Land lässt eine Etappe in seiner Entwicklung einfach aus und schreitend direkt zur nächstfolgenden fort. Sams Botschaft ist klar: China findet nach Jahrhunderten der Erniedrigung wieder seinen Platz in der Weltwirtschaft. Und Europa mit seinen schulmeisterlichen Regulationen ist dabei, das bisschen moralischen Kredit zu verspielen, das noch übrig ist.

Zum Abschied überreicht mir Sam das Buch seines Chefs, Ma Huateng, des Gründers von Tencent.[129] Auch darin findet man selbstverständlich die Überzeugung, dass die KI die Gesellschaft verwandeln wird. Ma Huateng ist der Begründer des Konzepts »Internet Plus«, seit 2015 offizielle Regierungsdoktrin, die die Integration traditioneller Industrien in den digitalen Kosmos fördert. Sein erklärtes Ziel ist es, die »KI überall einzuführen«. Anders gesagt, nichts kann mehr dem Netz entkommen. Internet Plus soll den vernünftigen Konsum, das soziale Leben, die inklusive Finanzwirtschaft, die öffentliche Verwaltung und selbst die private Wohltätigkeit unterstützen. Das zentrale Werkzeug, das Tencent für diesen Zweck entwickelt hat, ist WeChat, ein Messenger, der quasi-universelle Funktionen erfüllt. Mit WeChat kann man kommunizieren, aber auch einkaufen, eine Nachricht auf sozialen Netzwerken posten, Besorgungen machen oder sich im Krankenhaus anmelden. Man muss sich vorstellen, dass WhatsApp, Facebook, PayPal, Skype, Uber, Amazon, Instagram und Tinder gemeinsam eine App bilden. Eine Milliarde Menschen nutzt jeden Monat WeChat. Selbst ich hatte keine andere Wahl, als die App herunterzuladen, um meiner Reportage nachgehen zu können: In China macht man seine Termine und bestellt man sein Taxi mit WeChat. Man verbindet sich mit den anderen und mit der Welt, indem man die von der App generierten Strichcodes scannt. Selbst ganze Unternehmen nutzen die App intern. Kaum jemand antwortet mehr auf E-Mails oder bezahlt mehr mit Bargeld. Im Westen konnte ich meinen Facebook-Account löschen und mein Leben ganz normal weiterleben. In China würde WeChat abzulehnen meinen professionellen, sozialen und emotionalen Tod bedeuten. Ma Huateng ruft mit Zuversicht ein neues Zeitalter aus, in dem *Made in China* nicht mehr Billigprodukte bezeichnen wird, sondern das Paradigma der Modernität.

Bis dahin bleibt zweifellos noch eine gute Strecke zurückzulegen. Der ehemalige Vizepräsident von SAIC Motor, dem größten Automobilhersteller Chinas, vertraut mir entsprechend an, dass die traditionelle Industrie auf dem Gebiet der Robotisierung noch hinterherhinkt. Aber die Richtung ist klar und alle Schichten der Gesellschaft drängen auf Veränderung. Die industrielle Revolution hat China ins Hintertreffen geraten lassen, bis hin zur Erniedrigung der Opiumkriege und der militärischen Niederlage gegen das britische Empire. Diese »große Divergenz« Europas, das in vollem Aufschwung begriffen war, degradierte China brutal von einer Weltmacht zu einem Entwicklungsland.[130] Die KI soll China möglich machen, das Blatt wieder zu wenden.

»Genauso wie China vor zweitausend Jahren die erste Bürokratie hervorgebracht hat, wird es auch die erste auf Daten gegründete Gesellschaft begründen«, verkündet man mir im Sitz von Microsoft in Peking. Das Vertrauen der Individuen zueinander, das strukturierende Element aller Kollektivität, wird dabei eher von Online-Punkteständen und WeChat-Gruppen erzeugt werden als von physischen Interaktionen. Wie wird eine solche Gesellschaft aussehen? Ganz nebenbei kann man in China bereits zahlreiche, von einer KI genährte Gadgets entdecken, die etwas von der Zukunft der Menschheit erahnen lassen. Microsoft etwa hat hier Versuche und Experimente mit Xiaoice angestellt, einer KI, die Auskünfte geben und Musik komponieren kann und einmal zu einem vollständigen virtuellen Kameraden werden soll. Das Start-up SenseTime entwickelt Gesichtserkennungsanwendungen, die den Stammkunden in einem Geschäft, aber auch die einzelne Kuh in einer Herde identifizieren können. Die erste Sitzung in der Rechtswissenschaftlichen Universität in Peking wurde von einem Roboter eröffnet, der auch den Kurs hielt. Vor manchen Fußgängerüberwegen in großen chinesischen Städten erspähen riesige Bildschirme schlechte Bürger, die nicht den Zebrastreifen benutzen, und zeigen ihren Namen und ihr Foto an, um sie zu beschämen. Polizisten auf Kreuzungen tragen Brillen, in die Kameras und Gesichtserkennungssoftware integriert sind. Die Provinz Zhejiang hat den Bau der ersten vernetzten Autobahn angekündigt, die von Anfang an für autonome Fahrzeuge gedacht ist: Sie wird mit Sensoren ausgerüstet sein, um den Verkehr automatisch flüssig zu halten, und mit Solarpanelen, um Elektroautos aufzuladen. In demselben Sinne hat Baidu, das chinesische Google, eine Partnerschaft mit der Region Xiong'an unterzeichnet, um dort *ex nihilo* die erste »KI-Stadt« zu entwickeln. Die Szene aus *Minority Report,* in der man per Netzhautscan die U-Bahn betritt, dürfte bald Realität geworden sein.

Die Bedingung für die Entwicklung dieser Technologien ist einfach: der Verzicht auf Intimität. Jeder muss dazu bereit sein, zu sehen und gesehen zu werden. Wie oft habe ich es nicht gehört, auch aus dem Munde Kai-Fu Lees, dass das Privatleben kein chinesisches Konzept ist und dass es in China ein »Recht, sich abseitszuhalten« nicht gibt? Der Geschäftsführer von Baidu, Robin Li, hat diese Mentalität in einer Erklärung zusammengefasst, die von vielen meiner Gesprächspartner zitiert wurde: »In Bezug auf das Privatleben sind die Chinesen offener und weniger zimperlich als die Westler. Wenn man es opfern muss, um Zugang zu mehr Wohlergehen und Sicherheit zu erlangen, zögern sie ziemlich oft nicht.« Diese kulturelle Eigenart wird nicht als Schwäche in Bezug auf das Selbst gesehen, sondern ganz im Gegenteil als Entsagung im Dienste der anderen. Ich erinnere mich unter anderem an ein Gespräch mit dem Erfinder von Hi

Nounou, einem Roboter, der den Gesundheitszustand von Senioren überwacht. Hi Nounou erinnert daran, die Medikamente pünktlich einzunehmen, misst den Blutdruck, registriert Anzeichen von Angstzuständen, schlägt Alarm im Falle eines Sturzes, kommuniziert mit der Versicherung und ist sogar für eine rudimentäre Unterhaltung gut. Um die Qualität seiner Algorithmen zu verbessern, erfasst er im Gegenzug alle Daten seiner Nutzer. Die Nutzer haben die Möglichkeit, ihre Daten nicht zu teilen; in der Praxis akzeptieren alle. Wäre es nicht ungeheuerlich egoistisch, nicht an der Entwicklung eines Produktes mitzuwirken, von der man selbst profitiert? Hi Nounou stellt ein exzellentes Gleichnis für die kommende Gesellschaft dar, in der immer eine digitale Tagesmutter [frz. *nounou*] bereitstehen wird, um uns zu Hilfe zu eilen. Wir werden ihr nichts verbergen und sie wird uns nie im Stich lassen.

Der westliche Begriff der »Überwachung« ist nicht geeignet, um diese vollendete Transparenz zu beschreiben. Er bezieht sich auf eine Intentionalität, auf einen Polizeistaat oder auf kapitalistische Geier, die versuchen, die Individuen zu manipulieren. In diesem Fall aber überwacht jeder sich selbst und tröstet sich damit, eine *nounou* bei der Hand zu haben. Entsprechend verwischen die Grenzen zwischen Privatwirtschaft und öffentlichem Dienst. Was zählt, ist die maximale Ansammlung von Daten. Worin liegt der Unterschied, ob Alibaba meine Glaubwürdigkeit auf dem Markt einschätzt oder ob die Regierung mir Punkte im »Sozialkredit-System« gutschreibt? Derjenige, der über die größte Datenmenge verfügt, wird für mich am nützlichsten sein. Daher die unvermeidliche Tendenz zur Zentralisierung. Jinglei Cheng, der Gründer eines auf KI spezialisierten Investmentfonds, verwendete einen Ausdruck, der mir im Gedächtnis geblieben ist: »der See der Daten«, in den die Flüsse münden, die aus unendlich vielen Quellen in der Industrie, in der Regierung und in den Plattformen hervorsprudeln (eine andere Gesprächspartnerin sagte mir: »Die Daten sind wie das strömende Wasser.«). Dieser See ist eine grundlegende natürliche Ressource für die Versorgung der Algorithmen, das Wohlergehen der Bürger und den Austausch zwischen den Sektoren. Dieser See ist einzigartig. Eines Tages wird er ganz China mit KI versorgen. Alle Unternehmen können ihn anzapfen, unter der Bedingung, wiederum ihre Daten einzuleiten. Wäre es dann nicht auch logisch, dass sich diese Unternehmen nach und nach neu ordnen und zu einem einzigen zusammenschließen, dem Datenleviathan, der unsere Einkäufe verwaltet und unsere Herzensangelegenheiten löst? Jedenfalls wird dem kein Wettbewerbsrecht im Wege stehen. Das wäre in Europa inakzeptabel, erkennt Jinglei Cheng an. Und genau das ist es, was China einen entscheidenden Vorteil verschafft.

Die Zusammenarbeit der Regierung und der Plattformen wird also nicht als ein Verrat aufgefasst, sondern ganz im Gegenteil als die koordinierte Suche nach dem Gemeinwohl. Wie es mir Qiang Gu, der Kopf der Öffentlichkeitsarbeit von Microsoft China, mit einem gewissen Euphemismus erklärt, »ist der chinesische Gesetzgeber beim Thema Datenzugang recht offen«. Die Plattformen ihrerseits sind indessen bereit, dem Staat zu dienen. Ich war völlig baff, im Zuge eines Gesprächs mit dem Botschafter eines europäischen Landes zu erfahren, dass Jack Ma seinem Premierminister vorgeschlagen hatte, die Ausstellung von Visa Alibaba anzuvertrauen! Keine Domäne der Souveränität scheint den chinesischen Internet-Giganten untersagt, sie sind zugleich kommerzielle Plattformen und Agenturen der Regierung.

Ich träumte davon, das »City Brain« zu besuchen, das Alibaba in Hangzhou, einer kleinen Ortschaft von sechs Millionen Einwohnern südwestlich von Shanghai, entwickelt, um diese Verschränkung des Öffentlichen und des Privaten besser zu verstehen. Dieses »Gehirn der Stadt« ist eine KI, die die urbanen Abläufe optimieren soll. In der Tat engagiert sich jede der großen chinesischen Plattformen, im guten Einvernehmen mit der Regierung ein Ziel in allgemeinem Interesse zu verfolgen und dabei ihr technologisches Know-how ins Spiel zu bringen. In dieser impliziten Aufgabenteilung in der digitalen Welt hat sich Baidu der autonomen Fahrzeuge angenommen, Tencent der e-Medizin, iFlytek der Spracherkennung und schließlich Alibaba der autonomen Stadt. Das ist etwa so, als würde die amerikanische Regierung die Verwaltung der Krankenversicherung an Google und die Neustrukturierung des Straßenverkehrs an Amazon übertragen. In diesem Falle wird mit dem City Brain in der Stadt experimentiert, in der Jack Ma aufgewachsen ist und wo Alibaba stets seinen Hauptsitz hatte.

Ich habe über mehrere Monate und auf tausend Wegen versucht, einen Termin in Hangzhou mit einem Experten von Alibaba zu ergattern, der mir die Funktionsweise des City Brain konkret hätte zeigen können. Einige Tage vor meiner Abreise nach China, nachdem ich mein Anliegen in nicht enden wollenden Telefongesprächen vorgebracht hatte, glaubte ich mich schon dem Ziel nahe. Man hatte mir schon gesagt, dass sich in China alles im letzten Moment fügt. Dann wurde plötzlich alles abgesagt, und mir wurde eine vage Einladung zu irgendeiner jährlichen Konferenz als Ersatz angeboten. Das City Brain sollte also Mythos und Allegorie bleiben, undeutlich beschrieben in einer Handvoll englischsprachiger Artikel, die ich aufzutreiben vermochte, ohne ihre Quellen verifizieren zu können. Schließlich aber wurde dank einer privaten Bekanntschaft der Kontakt zu einem jungen Mitarbeiter von Alibaba hergestellt, der durch einen glücklichen Zufall in der Truppe von Alicloud arbeitete, die für das City Brain zuständig war. Er lud mich in die Büros von Alibaba in Peking ein und gab mir sehr diskret eine umfassende einstündige Präsentation. Ich ließ mir keine Silbe davon entgehen.

Die Hauptfunktion der von City Brain entwickelten Algorithmen ist es, den Verkehr flüssig zu halten. Die Verkehrsdaten stammen aus verschiedenen Quellen: GPS der Fahrzeuge, Sensoren auf den Straßen, aber auch Videoüberwachungskameras, deren Bilder die Autoritäten an Alibaba übermitteln. Das City Brain kann also automatisch Empfehlungen formulieren, die sich sofort auf dem Boden der Tatsachen auswirken: Anpassung der Ampelschaltung in Echtzeit, Öffnung oder Schließung von Spuren wenn nötig, Entsendung von Verkehrspolizisten, Informationstafeln an den Straßen und in erster Linie direkte Benachrichtigungen der Fahrer, in Abstimmung mit den wichtigsten Navigationsgeräten. Das System verbindet also private und öffentliche Mittel für optimale Effektivität. Seit seiner Einführung sind Staus um 11 % zurückgegangen. Dieselbe Logik kommt bei der Straßenreinigung, der Zuweisung von Parkplätzen und der Kontrolle der Luftqualität zur Anwendung. City Brain verwendet die Daten der öffentlichen Autoritäten und erzeugt im Gegenzug eine Dienstleistung für die Nutzer: ein Austausch von Gefälligkeiten, bei dem beide Parteien auf ihre Rechnung kommen.

Andere Dienstleistungen von Alibaba sind indessen beunruhigender und kaum bekannt. City Brain hat beispielsweise auch der Polizei erlaubt, ihre Datenbanken zu fusionieren und zu modernisieren. Dank spezialisierter Kameras, die in der ganzen Stadt Hangzhou verstreut sind, haben die Ingenieure von Alibaba ein Gesichtserkennungs-System installiert, das auch die Informationen, die in den sozialen Netzwerken und im Internet im Allgemeinen zirkulieren, mitberücksichtigen kann. Das Ziel besteht darin, jeden Bürger von Hangzhou identifizieren zu können und in standardisierter Form seine Bewegungen, sein Verhalten und seine sozialen Beziehungen vor Augen führen zu können. Nach einigen Millisekunden weiß man, wer Sie sind, wo Sie sind, was Sie tun und wen Sie als Letztes getroffen haben. City Brain findet ein einzelnes Auto in der Stadt nur ausgehend vom Nummernschild und einen Kriminellen ausgehend von seinem Foto. Die Polizei kann sich auch auf die prädiktive Analyse von City Brain stützen, um Verbrechen vorzubeugen. Mein Gesprächspartner erklärt mir mit Stolz all diese technischen Meisterleistungen, die ihm nicht das geringste Dilemma bedeuten. Gegen meine behutsamen Einwände stellt er die Evidenz des gesunden Menschenverstandes: Wollen wir denn nicht in Sicherheit leben? Die städtischen Autoritäten zeigen sich heute zufrieden mit den Resultaten und der Bürger bemerkt überhaupt nichts von der Überwachung, deren Objekt er ist. Gestützt auf diesen Erfolg bereitet sich Alibaba darauf vor, City Brain in fünfzehn weiteren Städten einzusetzen, darunter auch im benachbarten Malaysia. Die städtische Optimierung ist nur der Anfang. Die Technologie von City Brain ließe sich in Zukunft auch auf die Städteplanung, das Wassermanagement oder das Stromnetz anwenden. »Die Bürger werden keine andere Wahl haben, als permanent online zu sein.« City Brain wird sie noch besser kennenlernen und ihre Lebensbedingungen noch weiter verbessern können und dabei all diejenigen genau kontrollieren, die auch nur ein klein wenig vom geraden Weg abkommen.

Mein junger Gesprächspartner zeigte sich so enthusiastisch und zuversichtlich, dass ich nicht den Mut hatte, mich zu empören. Unsere Vorstellungen sind wahrscheinlich nicht zu vereinbaren. Was für ihn eine Utopie im Werden ist, ist für mich bereits eine reale Dystopie. »China ist wie eine Pyramide aufgebaut, von der Spitze aus organisiert«, hatte er mir zu Beginn mitgeteilt. Man muss verstehen, dass die Chinesen unsere reflexhaften Vorbehalte gegenüber einer Zentralmacht oder den Ordnungskräften nicht teilen. Um sich davon zu überzeugen, muss man nur eine Stunde im Polizeimuseum von Peking verbringen. Es ist wie ein Besuch am Checkpoint Charlie, nur alles umgekehrt: Dissidenten werden nicht als Helden, sondern als Verräter präsentiert, Repression ist nicht verachtenswert, sondern legitim. Die Festnahme der Verschwörer vom Kuomintang erhält einen Ehrenplatz und die Gedenkfeiern auf dem Tian'anmen-Platz werden für die exzellente Koordination der Sicherheitskräfte gerühmt. Eine Plakette am Eingang erklärt, um alle Missverständnisse auszuräumen, wie »die Polizei nach und nach, unter dem Hirtenstab der Kommunistischen Partei Chinas, das Vertrauen und die Unterstützung der Partei und des Volkes gewonnen hat«. In einem Land, das die Geschichte der Überwachungsmethoden bis auf das Jahr 221 vor Christus zurückführt, in die Zeit des Kaisers Qin Shi Huang, fühlt man sich kaum dazu eingeladen, die etablierte Ordnung anzufechten.

Das chinesische Paradigma zeichnet sich klarer ab: ein Datensee, der sich aus verschiedenen Quellen speist und mit dem Segen der Regierung sowie unter dem wachsamen Auge der Polizei von den KI-Giganten ausgenutzt wird. Der Bürger, von morgens bis abends und von abends bis morgens vernetzt, gewinnt dabei an Wohlergehen und Sicherheit. Wer wäre verrückt genug, sich darüber in einem Land zu beklagen, das noch lebhafte Erinnerungen an Bürgerkrieg und Hungersnot besitzt?

Zur Erklärung dieser beunruhigenden Gleichgültigkeit gegenüber Freiheitsrechten liest man mitunter, dass die chinesische Gesellschaft in ein individualistisches, konsumorientiertes und amoralisches Zeitalter eingetreten ist.[131] Meiner Meinung nach ist das ein voreiliges Urteil und verstellt durch ein westliches Interpretationsmuster den Blick auf eine komplexe Gesellschaft.

China wirft sich nicht ins Rennen des Fortschritts und gibt dabei alle Ethik auf. Ganz im Gegenteil: China schließt die KI deshalb umso lieber in die Arme, als diese Technologie mit seinen Grundwerten harmoniert.

Kai-Fu Lee hatte mich darauf hingewiesen, dass Privatleben und Intimität keine zentralen Elemente in der philosophischen Tradition Chinas darstellen. Man muss nur einmal in China mit dem Zug fahren, um festzustellen, dass der Respekt vor dem, was wir »Intimdistanz« nennen, so gut wie nicht existiert. Kai-Fu Lee rühmte hingegen die Werte des Konfuzianismus: Freundschaft, Loyalität, Sorge um andere, Hingabe an das Vaterland. Werte von kollektiverer Natur, die die Leichtigkeit erklären, mit der die Bürger ihre Daten den Autoritäten überlassen. Ich wollte mir Gewissheit darüber verschaffen und begab mich in den Konfuziustempel in Peking, der im Zuge des von den Autoritäten geförderten Wiederauflebens des Konfuzianismus vor kurzem renoviert worden ist. Er besteht in einer Folge von Pagoden, zwischen denen man sich frei bewegen kann, eine majestätischer als die andere, verbunden mit marmornen Stufen. Ich stellte amüsiert fest, dass die Gesimse mit Ornamenten aus konzentrischen Kreisen bemalt waren, die an menschliche Augen denken ließen – als ob tausend Blicke auf den Besucher gerichtet wären: die ersten Videoüberwachungskameras? Am Ausgang des Tempels vermittelt eine Dauerausstellung die offizielle Sicht der Regierung auf Konfuzius, rehabilitiert als die zentrale Figur des chinesischen Denkens. Es geht vor allem darum, die Verdienste einer gemäßigten und zentralisierten Macht zu rühmen, die die Länder vereint. Sodann wird Konfuzius als ein Mann der Wissenschaften beschrieben, der immer auf die Innovation vertraut hat. Das erklärt auch, warum dem offiziellen Text zufolge »alle Perioden des wissenschaftlichen und technologischen Fortschritts mit einem Aufschwung des Konfuzianismus zusammengefallen sind«. Ein riesiges Tortendiagramm auf einer Schautafel stellt das globale BIP im Jahr 1800 dar, von dem China 33 % ausmacht, die europäischen Mächte nur 28 %. Der Einfluss des Konfuzianismus, kann man lesen, erklärt die wirtschaftliche Macht des Chinesischen Kaiserreichs. Die Botschaft ist klar: Das Wiederaufleben der Doktrin wird China wieder zu seinem naturgemäßen Rang führen. Konfuzianismus, technologischer Fortschritt und ökonomische Dominanz werden ausdrücklich miteinander verknüpft. Der Tempel des Konfuzius ist auch der Tempel der KI.

Ich habe in der Folge die Texte des Konfuzius, die uns in Form von Dialogen mit seinen Schülern überliefert sind, nach den tiefen Beziehungen durchforscht, die ihn mit der KI, wie sie in China begriffen wird, verbinden. Das erste gemeinsame Element ist die Achtung vor der Autorität. Sokrates läutete die westliche Philosophie ein, indem er die Regeln seiner Stadt hinterfragte, und zwar gleich so, dass er für die Verführung der Jugend hingerichtet wurde. Konfuzius hingegen, um ein paar Jahrzehnte fast sein Zeitgenosse, trat während seines ganzen Wanderlebens als Kandidat um öffentliche Ämter an, von einem Hof zum nächsten. Er theoretisierte auf unterhaltsame Art und Weise die Pflicht, den Autoritäten zu dienen: »Bin ich denn ein Zierkürbis, der immer zum Trocknen aufgehängt bleibt, ohne je gegessen zu werden?« Wo Sokrates mit dem *status quo* brach, bemühte sich Konfuzius, zum richtigen Gleichgewicht der Gesellschaft beizutragen, und begriff seine Lehre als Hinführung zur Ausübung politischer Verantwortung. Wo sich Platon nicht mit Dionysios von Syrakus verstand, rühmte sich Konfuzius, Gehör bei Ministern zu finden; kurzzeitig wurde er selbst zum Siegelwahrer ernannt. Diese Sorge um Gehorsam bildet eine Kontinuität mit dem Gehorsam des Kindes: »Ein guter Sohn sein, einfach nur ein guter Sohn und Bruder sein, das heißt bereits an der Regierung teilnehmen.« Die Gesellschaft ist eine große Familie, in der ein jeder an seinem Platz zu bleiben hat. In dieser Perspektive ist der *nudge* ein Weg, effektiv Rollen zu verteilen, und das in einer völlig legitimen Kontinuität zwischen Privatunternehmen und öffentlichen Autoritäten. Alibaba tut also seine Pflicht, wenn es den Verkehr in Zusammenarbeit mit der Stadtverwaltung von Hangzhou reguliert, und es wäre unmoralisch, nicht dem vorgeschlagenen Routenverlauf zu folgen.

Zweite Überraschung bei der Konfuziuslektüre: das Misstrauen gegenüber der Privatsphäre. Das sich selbst überlassene Individuum ist ohnmächtig. Die Einsamkeit ist suspekt. Während die aristotelische Ethik eine Arbeit an sich selbst in einer Art innerlicher Meditation verlangt, verwirklicht sich der *ren*, die konfuzianische Form der höchsten Tugend, in der sozialen Interaktion. Man wird danach beurteilt, wie man sich gegenüber seinen Eltern, seinen Freunden, seinem Herrscher verhält, und danach bemisst sich auch das Vertrauen, das einem im Gegenzug zugestanden wird. Und man ist es den anderen schuldig, sich nicht in sich selbst zurückzuziehen wie die Eremiten, die Konfuzius verdammt. Wäre es nicht eine Schande, »seinen Schatz am Busen zu verbergen und das Land ins Verderben laufen zu lassen«? Ebenso erscheint es heute als egoistisch und unverantwortlich, den Datenschatz am eigenen Busen zu verbergen und ihn nicht mit dem Rest der Gemeinschaft zu teilen.

Konsequenterweise erscheint sozialer Druck als eine Quelle der Vervollkommnung: »Man gehe nur zu dritt spazieren, dann ist sicher, dass man im anderen einen Meister findet, das Gute berücksichtigend, um es nachzuahmen, und das Böse berücksichtigend, um es zu berichtigen.« Indem wir uns gegenseitig beobachten, können wir uns individuell veredeln und als Kollektiv vorankommen. Wie könnte man darin nicht eine ferne philosophische Rechtfertigung des Sozialkredit-Systems erblicken, das die Regierung mit Hilfe von Algorithmen einsetzt, um die Bürger zu ermutigen, bezüglich der erbrachten Leistungen und des Beitrags zum Gemeinwohl aufeinander achtzugeben?

Unter den Kontrollinstrumenten hat die Scham einen besonderen Platz. So verstößt etwa Konfuzius einen seiner Schüler mit den Worten: »Meine Freunde, schlagt die Trommel, ächtet ihn öffentlich, ich bin mit euch.« Jemanden zu denunzieren, auszubuhen und zu verstoßen, gehört zu den zulässigen Praktiken in einer wohlgeordneten Gesellschaft. Man darf sich also nicht wundern, wenn heute in manchen chinesischen Städten diejenigen, die ihre Schulden nicht begleichen können, ihr Gesicht auf riesigen Bildschirmen wiederfinden. Schlagt die Trommel und verbreitet die Daten!

CCCC. Das ist die magische Abkürzung, die mir Fudam zuhaucht, ein Nuklearphysiker, mit dem ich mich in Shanghai in einem veritablen Verschwörerversteck treffe: ein kaum zu findendes Café, im ersten Stock eines eigenartigen Hauses versteckt. Wir sind die einzigen Gäste. Fudam, der gesuchtes und sehr feines Englisch spricht, macht keinen Hehl aus seiner Kritik an der Regierung, einem Riesen auf tönernen Füßen, von Widersprüchen durchzogen. Er ist mit nostalgischer Eleganz gekleidet und führt leidenschaftliche Selbstgespräche. Ich habe das Gefühl, in einem Roman von Malraux zu sein, und warte nur darauf, dass jeden Moment Polizisten in beigen Regenmänteln hereinbrechen. Wer ist CCCC? Ein Anführer mit geheimer Identität? Die Losung für den Beginn des Staatsstreichs? Nein. CCCC bezeichnet das herrschende Regime: das kapitalistische konfuzianische kommunistische China. Das scheint eine exzellente Beschreibung des zeitgenössischen China zu sein. Kapitalistisch, weil es den Unternehmern gestattet, sich im Spiel der Konkurrenz zu bereichern. Konfuzianisch, weil es das Gemeinwohl über alle Bedenken hinweg in den Vordergrund stellt. Kommunistisch, weil der Staat weiterhin der oberste Garant für soziale Ordnung bleibt. In diesem politischen Kontext ist die Entwicklung der KI eine goldene Gelegenheit. Indem es sich diese Technologie rückhaltlos zu eigen macht, sollte China in der Lage sein, gleichzeitig die USA auf ihrem eigenen ökonomischen Terrain zu schlagen, seine traditionellen Werte wiederzubeleben und die Kontrolle der Partei über die Gesellschaft zu stärken. In der neuen Gegenüberstellung von Wohlstand und Freiheit hat China sein Lager ohne Reue gewählt.

Der Inkarnation von CCCC begegnete ich während eines Abendessens in Gestalt eines Dutzends junger Unternehmer der chinesischen Tech-Branche. Sie gehörten meiner Generation an und hatten Unternehmen für e-Learning, Videospiele, medizinische bildgebende Verfahren, Risikokapital, *virtual reality* oder Automatisierung juristischer Dienste gegründet. Wir trafen uns im Untergeschoss eines japanischen Restaurants, begleitet von nur einer Person des anderen Geschlechtes: der »Organisatorin«, die dafür bezahlt wird, solche regelmäßigen Treffen zu arrangieren (das wäre also, wenn überhaupt noch nötig, ein weiterer Beweis, dass Roboter noch lange nicht menschliche Tätigkeiten übernehmen werden!). Zu Beginn stellte sich ein jeder förmlich auf Englisch vor und wechselte einige Worte mit mir. Dann wurde die Unterhaltung recht schnell und mit Hilfe von Sake etwas freier. Ich folgte stückweise, dank der großzügigen Bemühung meines Tischnachbarn um Simultanübersetzung. Ich funkte nur hin und wieder dazwischen und stellte Fragen zur Technologie, auf die ich nach Fortschreiten der Stunden immer gewagtere Antworten erhielt. Als wir bei der Nachspeise angekommen waren, drehte sich das Gespräch um den bevorstehenden Krieg gegen die USA, und der Tisch teilte sich in diejenigen, die vorhatten, die Waffen zu ergreifen, und diejenigen, die ins Exil gehen würden. Die kriegerischen Ausrufe und das laute Gelächter, die diese Debatte begleiteten, weckten in mir keinen geopolitischen Optimismus.

In dieser männlichen, ausgelassenen und fröhlichen Atmosphäre lösten sich auch die letzten Zügel, die man der Zunge angelegt hatte. Ich lauschte fasziniert dieser einstimmigen Lobeshymne auf das CCCC. Die Künstliche Intelligenz wird es ermöglichen, die Bevölkerung noch besser zu kontrollieren, wie schön! Ausgewählte Sätze, gleichsam Aphorismen des digitalen Zeitalters:

»Im alten Kampf zwischen Kontrolle und Freiheit werden Ordnung und Effektivität triumphieren.«

»Nur sehr wenige Leute sind kreativ. Am Dasein der großen Masse interessiert nur der Beitrag zum BIP.«

»Menschliche Wesen können keine freien Entscheidungen treffen.«

»Die meisten Leute ziehen es vor, ihr Gehirn nicht zu gebrauchen. Deshalb ist es noch einfacher, sie zu manipulieren.«

»Die Zukunft wird sein, wie von Asimov angekündigt. Wenige Prozent werden alle anderen kontrollieren.«

»In Zukunft wird man die kleinste Bewegung jedes Bürgers kennen.«

»Je mehr die Regierung Ihre Existenz digitalisiert, umso mehr kontrolliert sie Sie.«

Und mein Favorit: »Die KI unterstützt die Kommunistische Partei bei der Verlängerung der Zeit, die man am Smartphone verbringt und dabei verblödet.«

Wie so oft in China wurden meine Einwände wohlwollend aufgenommen und vehement zurückgewiesen. Was soll die Garantie von Freiheiten bringen, wenn diese nur zu Chaos und Unglück führen? Lehrt uns die Geschichte nicht, dass die Masse einen Anführer braucht? Wenn sich dieser Anführer in Ihrem

Telefon versteckt, wenn er Ihnen zur Befriedigung aller ihrer Bedürfnisse verhilft, bevor Sie diese überhaupt formuliert haben, was für ein Fortschritt! Selbst der Humanist der Truppe, der »Renaissancebildung« fördern wollte, fand es völlig unbedenklich, Kameras mit Gesichtserkennungssoftware zu verwenden, um die Emotionen der Kinder zu identifizieren.

Man kann sich keinen heftigeren Kontrast zu einer ähnlichen Gruppe kalifornischer *geeks* vorstellen, die die Innovationen-die-die-Welt-verändern feiern. Dabei handelt es sich um die gleichen Unternehmer, die für die gleichen Techniken ausgebildet wurden, die gleichen Risiken eingehen und an den gleichen Produkten arbeiten. Aber wo der amerikanische Gründer einer Videospiel-Firma versuchen wird, Sie zu überzeugen, dass sein Videospiel den Nutzer bei der Entwicklung kognitiver Fähigkeiten unterstützt, seine sozialen Beziehungen fördert und sein Selbstvertrauen stärkt, wird sein chinesischer Kollege Ihnen ohne Umschweife erklären, dass digitales Suchtverhalten zugleich Abhängigkeit von der Plattform und bedingungslosen Gehorsam gegenüber der herrschenden Macht erzeugt: zwei Fliegen mit einer Klappe! Ich kann nicht anders, als diese Aufrichtigkeit tröstlich und nützlich zu finden. Das CCCC erlaubt die Darstellung der letzten politischen Konsequenzen einer zügellosen Anwendung der KI.

Wenn sich die Chinesen auch bestimmter, mit der KI verbundener Gefahren bewusst sind, etwa die der wachsenden Ungleichheiten, bewegt sich ihre Antwort doch in demselben ganzheitlichen Rahmen. So schlägt etwa Kai-Fu Lee, der privat sehr viel gemäßigter über die Kraft der KI spricht als auf der Bühne eines TED Talks, eine Art Grundeinkommen vor, das die Automatisierung der Arbeit kompensiert, aber an Bedingungen und gemeinnützige Dienste gebunden ist. Dieses »soziale Gehalt« wird Aktivitäten belohnen, die einen Mehrwert für das Kollektiv schaffen – im Unterschied zur Vorstellung eines bedingungslosen Grundeinkommens, wie es im Silicon Valley gedacht wird. Wieder einmal erscheint mir die Frage nach dem »Ende der Arbeit« weitestgehend überinterpretiert; aber es ändert nichts daran, dass die chinesische Lösung auf dem Interesse der Gruppe basiert, der der Einzelne nicht nur seine Daten, sondern auch seine Zeit und sein Leben zur Verfügung stellen muss. Um die Mängel des CCCC zu lindern, braucht es einfach nur noch mehr CCCC!

Wollte ich in einem Satz den heute in China herrschenden Gemütszustand zusammenfassen, würde ich mich damit begnügen, den Ökonomen Zhu Min, die einstige No. 2 des Internationalen Währungsfonds, zu zitieren, der mich zum Mittagessen in ein Sternerestaurant nahe der Verbotenen Stadt eingeladen hatte:

»Was vermissen wir aus der Epoche vor der KI? Nichts.«

EUROPA ODER DER STOISCHE FREITOD

Im alten Griechenland wurde ein General aus Rhodos gefangengenommen, in eine Grube geworfen und wie ein wildes Tier gehalten. Ein Passant riet ihm dazu, sich verhungern zu lassen. »Solange ihm das Leben bleibt, kann der Mensch alles hoffen«, antwortete der General. In einem seiner Briefe an Lucilius prangert Seneca diese Haltung energisch als »verweiblicht« an. Nein, das Leben muss nicht um jeden Preis erkauft werden. Man muss bereit sein, eher zu sterben, als seine Würde aufzugeben. Der Freitod ist ein integraler Bestandteil im Werkzeugkasten des stoischen Weisen; er ist das letzte Mittel der Selbstbeherrschung, wenn die äußeren Umstände zu unvorteilhaft werden. Deshalb »vermag die Fortuna nichts gegen den, der zu sterben weiß«.

Das ist eine gute Zusammenfassung der europäischen Haltung gegenüber der KI. Zu Recht weigern wir uns, unsere individuellen Rechte, die Früchte einer tausendjährigen Geschichte, aufzugeben. Wir sind bereit, unseren Wohlstand zu opfern, um uns nicht in einer Grube wiederzufinden, unsere Daten vor aller Augen auszubreiten und von KIen am Leben gehalten zu werden. Die Hacker aus Berlin, die ich im Zuge einer anderen Reportage kennengelernt habe,[132] widmen ihr Dasein dem Kampf gegen Online-Überwachung und der Förderung von Schutzmethoden wie verschlüsselten Messengern oder anonymisierten Browsern über Tor. Die europäischen Autoritäten haben einen spektakulären Schritt in die gleiche Richtung unternommen und die DSGVO verabschiedet, ein Reglement, das die personenbezogenen Daten der Bürger schützen soll. Die Logik besteht darin, die Kontrolle über die eigenen Daten als Teil der fundamentalen Persönlichkeitsrechte festzuschreiben, was auch immer die industriellen Konsequenzen sein mögen. Mehr Rechte, weniger KI: Die Gleichung ist klar. Die offene Frage ist, ob man unter diesen Bedingungen noch davon ausgehen kann, im Wettbewerb der Weltwirtschaft mitspielen zu können, oder ob man sich damit bescheiden muss, über kurz oder lang eine digitale Kolonie zu werden. Wenn wir also schon in ein paar Jahrzehnten untergehen müssen und Europa zu einer einfachen Station auf der Neuen Seidenstraße geworden ist, soll es daran nicht gelegen haben: Zumindest haben wir in Würde gelebt.

Die Verweigerung der Transparenz korrespondiert dabei mit einem tiefgreifenden kulturellen Anspruch. In *Über den Prozeß der Zivilisation* hat der deutsche Soziologe Norbert Elias gezeigt, wie die Privatsphäre in Europa über Jahrhunderte Stück für Stück entstanden ist, vom Aufkommen der Gabel bis zur Bemeisterung des Begehrens. Es galt, den Ruf des Stammes und die animalischen Triebe zu unterdrücken. Die Nacktheit, die sexuellen Beziehungen, der Schlaf und selbst der Tod wurden nach und nach »privatisiert«, dem Blick Unbekannter entzogen. Man hörte auf, mit den Fingern zu essen und Konflikte mit Gewalt zu regeln. Zivilisiertes Verhalten, gemacht aus Selbstbeherrschung und Respekt vor dem anderen, dreht sich darum, sich physisch und emotional von seinen Mitmenschen zu isolieren. Nur durch eine Form von Intimität können wir eine eigene Persönlichkeit entwickeln. Wir sind dazu eingeladen, unsere öffentliche Haltung von unseren eigentlichen Emotionen und Gedanken zu trennen, als wäre eine gewisse Heuchelei unabdingbar für den Prozess der Zivilisation. So »wächst kontinuierlich die Wand, die sich zwischen Mensch und Mensch erhebt, die Scheu, die Affektmauer, die durch die Konditionierung zwischen Körper und Körper errichtet wird.« Wird man diese Wand plötzlich einreißen, indem man unbeschränkt seine persönlichsten Daten zirkulieren lässt?

Am königlichen Hof spuckte man auf den Boden, stellte Norbert Elias fest; eine Praxis, die mit dem Fortschritt der Sitten verschwunden ist. In China habe ich gesehen, wie Taxifahrer das Fenster runterlassen, um auf die Straße zu spucken. Eine etwas jämmerliche Anekdote, aber sie zeigt doch den radikalen Kontrast zwischen der europäischen Zivilisation, die stolz auf ihren Individualismus ist, und der chinesischen Kultur, die sich weniger um Schamgefühle schert. Für uns steht es außer Frage, unsere mühsam erworbenen Werte aufzugeben. Lieber sterben als auf den Boden spucken.

Der Freitod ist eine respektable Entscheidung, für Individuen wie für Zivilisationen. Was hingegen kritikwürdig erscheint, ist die Verleugnung, die unseren technologischen Niedergang umgibt. In San Francisco habe ich Repräsentanten des französischen Staates getroffen, die mir erklärten, dass Frankreich gute Karten hätte, um aus der KI einen Erfolg zu machen: Stammte der erste Mikrocomputer nicht aus Frankreich? Hätte aus dem Minitel nicht das werden können, was heute das Internet ist? Sind die USA nicht im Stillen neidisch auf unsere Auffassung der digitalen Ethik? Hat der Präsident der Republik nicht angekündigt, dass Frankreich ein »Weltführer« in der KI werden muss – aber dafür Summen auf den Tisch gelegt, die im Vergleich zu den Investitionen der GAFA, auch in der Grundlagenforschung, lächerlich erscheinen? Hat die Präsidentin der Île-de-France nicht beschlossen, ihre Region zum »Silicon Valley Europas« zu machen, indem sie einen »KI-Wettbewerb« ausgeschrieben hat, der mit einer Million Euro dotiert ist, also dem mittleren Jahreseinkommen eines ordentlichen Informatikers im Valley? Es wäre ein Leichtes, solch dröhnende Erklärungen zur KI in großer Zahl zusammenzutragen, während wir doch weder die entsprechenden finanziellen Mittel zur Verfügung stellen noch (zu Recht) bereit sind, die kulturellen Konsequenzen zu tragen.

Meine Begegnung mit Christian Igel, dem Direktor des Wissenschaftszentrums für KI an der Universität Kopenhagen, hat denselben bitteren Nachgeschmack hinterlassen. Sein Institut zählt zwar zu den dreißig weltbesten in den *computer sciences*, aber er erleidet die Konkurrenz der amerikanischen Giganten mit voller Wucht. Die besten Forscher werden in der Tat von den Forschungsabteilungen Googles oder Facebooks weggeschnappt, wo sie unendlich besser bezahlt werden, dieselbe akademische Freiheit genießen und der Universitätsbürokratie entkommen. Es ist schwierig geworden, einen wissenschaftlichen Mitarbeiter anzustellen, so ungleich ist der Kampf; das war noch vor zehn Jahren nicht so. Gewiss kann man sich im Namen des Gemeinwohls oder der Lebensqualität gegen ein großes Gehalt entscheiden. Aber die Möglichkeiten, die den Forschern vom Privatsektor zur Verfügung gestellt werden, überzeugen noch den Desinteressiertesten. Professor Igel hat vor kurzem einen Aufsatz zusammen mit einem seiner Doktoranden geschrieben, der momentan bei Microsoft arbeitet: Sein ehemaliger Student hat ihm Zugang zu einer Datenbank gewährt, wie die Universität sie niemals hätte bieten können. Ebenso unterlag sein Institut in einem KI-Wettbewerb zur digitalen Segmentierung von Bildern des Gehirns, weil die privatwirtschaftlichen Gegner Zugang zu mehr Rechenleistung hatten. Es ist immer noch möglich, so hofft Christian Igel, dass die Regierungen stärker in die Grundlagenforschung investieren und dass das europäische Modell der KI schließlich doch sein Gütesiegel von Respekt und Qualität durchsetzen kann. Aber aktuell sieht es kaum danach aus.

Manche versuchen eine gefährliche Synthese zwischen dem Schutz der Rechte und der technologischen Entwicklung. Das ist das Thema des Berichts von Cédric Villani, eine Summa von zweihundert Seiten, die heute die offizielle französische Regierungsdoktrin zur KI darstellt. Der Autor empfängt mich in der rue de l'Université, in einer schwach beleuchteten Höhle, halb Pasteurs Labor, halb Antiquitätenhandlung. Die blaue Spinne, die er als Brosche trägt, scheint einem deutlich größeren Bestiarium entwischt, das über die Wände und Regale seines Büros wuselt. Ich erkenne einen gewaltigen vergoldeten Skorpion, Elefantenskulpturen, eine kleine Vishnu-Statue und andere tierische, schwerer zu erkennende Formen. Dann ist da noch ein Cap mit dem Logo der *Ariane 5*, wissenschaftliche Medaillen, ein Miniaturtamburin, ein Foto mit Mark Zuckerberg und natürlich Stapel französischer und englischer Bücher. Cédric Villani erhebt sich, geht im Zimmer auf und ab, rückt seinen Krawattenschal zurecht, erhebt einen Finger: Die Wahrheit wird aus seinem Mund erklingen. Aber ach! Sein Telefon vibriert, er setzt sich wieder und beginnt ein Gespräch über sein nächstes Buch.

Als er nach zehn Minuten feststellt, dass ich immer noch da bin, den Stift in der Hand, das Lächeln steif, komplimentiert er mich hinaus und verschiebt unseren Termin. »Salut, Grégoire!«, triumphiert er und schiebt mich zum Aufzug.

Zunächst dachte ich über eine grausame Rache vermittels giftiger Spinnen nach. Aber ich akzeptierte mein Schicksal, entsagte meiner Eigenliebe und kehrte zurück. Beim zweiten Mal konnten wir etwas ruhiger sprechen.

Cédric Villani scheint in der idealen Position zu sein, um eine Politik zur KI zu entwerfen, er ist ein weltweit renommierter Mathematiker und frischgewählter Abgeordneter in den Rängen der Mehrheit des Präsidenten. Ihm ist völlig klar, dass heute China und die USA den Ton angeben, dass Europa bisher keine bedeutenden Unternehmen auf dem Gebiet hervorbringen konnte und dass unsre Zukunft uns davonzulaufen droht. Es geht also darum, »sich nicht in der Mitte eines Duopols wiederzufinden«, und die Zeit drängt, wenn der Rückstand aufgeholt werden soll. Villanis Realismus, weit entfernt von den Beschwörungsformeln seiner neuen Kollegen in der Politik, duftet wohltuend nach wissenschaftlicher Methode. Die extravagante Kleidung und Rhetorik dieses geradewegs aus dem 19. Jahrhundert entsprungenen Dandys, in alle Ewigkeit Dreiteiler und Taschenuhr, maskiert eine kalte und beruhigende Rationalität. Wehe, Villanis Antwort auf unsere technologische Schwäche führt klassischerweise über den Staat. Sein Bericht ist getrüffelt mit neuen, überflüssigen Ausschüssen, die dort Erfolg haben sollen, wo die private Initiative gescheitert ist: Unter den vorgebrachten Vorschlägen zählte ich etwa einen interministeriellen Koordinator für die Transformation des Staates, ein »public lab« über die Veränderung der Arbeitswelt, ein vereidigtes Corps öffentlicher Experten für das »Auditing« der Algorithmen, ein beratendes Komitee für KI-Ethik, ein Datenforum, eine zentrale

Auskunftsstelle zur KI, ein an die French Tech geknüpftes KI-Label, eine Agentur für disruptive Innovation, ein Netzwerk aus interdisziplinären KI-Instituten. In öffentlicher Hand soll es schließlich sogar liegen, »Begegnungen zwischen datenhaltenden Unternehmen und Start-ups zu fördern«, denn sie sind offensichtlich nicht in der Lage, sich zu unterhalten, ohne dass ein Funktionär das fünfte Rad am Wagen gibt.

»Ist das nicht ein wenig dirigistisch?«, frage ich ihn, während ich meine Liste durchgehe.

»Das ist eine echte Frage«, antwortet er zu meinem echten Erstaunen.

Er erinnert mich an die bekannte Rolle der DARPA, einer Behörde des amerikanischen Verteidigungsministeriums, in der Finanzierung des Silicon Valley. Aber er erkennt auch die Niederlagen der souveränen *cloud* oder der europäischen Suchmaschine an, rein politische Ambitionen ohne industrielle oder ökonomische Realität. »Man muss das Entstehen innovativer Unternehmen fördern, ohne sie dabei zu verwöhnen«, schließt er mit einer ganz aristotelischen Form des rechten Maßes.

Diese Hoffnung, die in einen Dirigismus 2.0 gesetzt wird, erscheint vergeblich mit Blick auf die Unfähigkeit der europäischen Demokratien, sich strategisch zu organisieren. Ich bin mir nicht sicher, ob Villani wirklich daran glaubt. Wenn es nötig ist, Start-up-Unternehmern eine »zentrale Auskunftsstelle zur KI« anzubieten, hat man dann nicht Schumpeters Definition des Unternehmers als turbulenter und explosiver Persönlichkeit, hungrig nach Macht und Unabhängigkeit, bestrebt, ein privates Reich zu gründen, verworfen?[133] Noch grundsätzlicher verrät die Berufung auf den Staat die strukturelle Schwäche Europas beim Sammeln von Daten, diesem zentralen Moment für die Entwicklung der KI. Villani erkennt das an und beklagt beispielsweise die Animosität der Regierung bei der Verwendung von medizinischen Daten: Das zentralisierte Frankreich verfügt über eine der vollständigsten medizinischen Datenbanken der Welt (die berühmte SNIIRAM, die von der Krankenversicherung betreut wird), aber gewährt nur extrem selten ihre Nutzung, aus offensichtlichen Vertraulichkeitsgründen. Der Gesundheitsminister bremst also bewusst den Fortschritt der medizinischen Forschung, um zu verhindern, dass auch nur die geringste sensible Information über Patienten bekannt wird. Damit sind wir im Kern des stoischen Freitodes angekommen. Wir sterben buchstäblich lieber mangels Behandlungsmethoden, bevor wir unser Privatleben antasten.

Villani nimmt diese Spannung sehr wohl wahr. Er würde sie gerne mit einem Zauberspruch auflösen: »Schutz und Innovation müssen gleichzeitig stattfinden.« *Gleichzeitig* ist der wohlbekannte Slogan der Doktrin Macrons. Bezüglich des Zugriffs auf Daten müsste man also die Rechte auf die personenbezogenen Daten garantieren und *gleichzeitig* Anreize für die Bürger schaffen, sie zur Verbesserung der KI der Gemeinschaft zur Verfügung zu stellen. Deshalb besteht der Bericht Villanis auf der Etablierung eines »Gemeinschaftseigentums der Daten«, das zum freiwilligen Teilen ermutigt. Villani spricht vom »Vertrauen« zwischen Bürger und KI, besonders bezüglich des öffentlichen Dienstes. Angenommen, wir sind in der Lage, mit der DSGVO und anderen Regulierungen unsere Daten zu kontrollieren, warum entscheiden wir uns dann nicht, sie für das Wohlergehen der Gemeinschaft einzusetzen? Ein Satz in Villanis Bericht macht dieses Bestreben explizit: »Das neue Recht des Individuums auf die Übertragbarkeit seiner personenbezogenen Daten könnte sich so in die staatsbürgerliche Logik einschreiben, um dem Staat und den territorialen Kollektiven die Sammlung dieser Daten mit dem Ziel neuer KI-Anwendungen im öffentlichen Interesse zu erlauben.« Eine öffentliche Agentur, ein *chief data officer* wie Villani sagt, wäre der vertrauenswürdige Dritte, dem die Bürger ihre Daten in aller Ruhe abtreten könnten. So könnte man zum Beispiel zustimmen, seine GPS-Daten mit einer öffentlichen App zur Verbesserung des Verkehrsflusses zu teilen. Zwischen dem staatsbürgerlichen Datenbeschaffer und der zentralen öffentlichen Stelle entstünde eine »Genehmigungsbeziehung«.

Im Wesentlichen sagt Villanis Bericht: Nun haben wir euch eure Rechte gesichert, fasst also Vertrauen und widerruft sie wieder! Und wie könnte man sich verweigern, ohne ein blinder Passagier zu werden, der von Optimierungstechnologien profitiert, ohne etwas beizutragen? Diese Logik gewährt in meinen Augen der Staatsgewalt einen unvernünftigen Kredit, als ob Regierungen immer weise und gemäßigt sein müssten. Darüber hinaus kann man sich schlecht vorstellen, welche Daten diesem Imperativ des allgemeinen Interesses entgehen sollen. Meine medizinischen Daten werden die Forschung verbessern. Die Daten meines Stromverbrauchs, die von »intelligenten Zählern« aufgegriffen wurden, werden die Verwaltung des Netzes optimieren, also die Energieproduktion senken, also den Planeten retten. Meine Browser- und Suchverläufe im Internet werden dazu beitragen, die Verbreitung von *fake news* besser zu verstehen und ihr vorzubeugen. Die Daten bezüglich meines Sexualverhaltens werden bestimmte Krankheitsübertragungen begrenzen und dabei helfen, Diskriminierung zu erkennen. Und werden meine genetischen Daten nicht dazu beitragen, die Evolution der Bevölkerung besser zu kontrollieren? Was ist der Unterschied zwischen dem Modell des *Gleichzeitig* und dem Gemeinwohl auf Chinesisch, abgesehen davon, dass die Knechtschaft freiwillig wird?

Cédric Villanis Versuch, eine Alternative zum europäischen Freitod zu formulieren, ist lobenswert. Doch jenes *Gleichzeitig*, befrackt mit einer beruhigenden Phrasendrescherei über das Teilen und den Bürgersinn, ist ein Hirngespinst. Entweder werden die Daten schlussendlich im Namen des Gemeininteresses autoritär eingesammelt, oder man muss anerkennen, dass das Recht des Individuums auf seine Daten eine suboptimale Situation erzeugt und die Entwicklung einer mit den USA und China konkurrenzfähigen Digitalindustrie bremst. Verurteilt sich Europa, um seinen Werten treu zu bleiben, selbst zum Verschwinden?

Es gibt allerdings ein Land in der europäischen Familie, sagen wir einen etwas entfernten Cousin, das es geschafft hat, rechtzeitig abzuspringen und ein globales KI-Zentrum zu werden: Israel. Dort sind Start-ups entstanden, die den ganzen Planeten erobert haben, wie Waze, Gett oder Moovit. Die KI ist zum technologischen primären Sektor der *start-up nation* geworden,[134] etwa 800 Millionen Dollar werden hier jährlich investiert. Das Technion in Haifa, im Norden des Landes, rangiert auf der angesehenen Liste von CSRankings unter den zehn führenden Universitäten in der Informatik und hat vor kurzem mit Intel ein Zentrum für KI begründet. Im Laufe meiner bisherigen Gespräche hatte ich Wind von zahlreichen Unternehmen bekommen, deren KI-Entwicklung in Tel Aviv sitzt (angefangen bei ZipRecruiter). Dabei ist der israelische Binnenmarkt unbedeutend und seine Politik des Respekts vor dem Privatleben, von einer starken Autorität *ad hoc* garantiert, scheint auf dem Niveau der europäischen Standards. Die Europäische Union hat Israel als eines der wenigen Länder anerkannt, das ihren Ansprüchen an den Datenschutz entspricht.

Ich machte auf meinem Rückweg Station in Tel Aviv und versuchte das Wunder der israelischen Tech-Branche in dieser sehr speziellen geopolitischen Situation zu verstehen. Während es im ganzen Verlauf dieser Reportage eine echte Prüfung gewesen war, Interviewtermine zu bekommen, zeigte mir Israel eine sehr viel einladendere Seite der KI. Eine einzige Nachricht auf LinkedIn war dutzende Einladungen und Kontakte wert. Ich war kaum aus dem Flugzeug gestiegen, da war mein Terminkalender schon voll. Am Abend schleppten mich Freunde durch die arabische Altstadt von Jaffa, an den Strand von Mezezim oder durch die Bars des Stadtviertels Florentin. Am Tag meiner Abreise fand ich die Zeit, in aller Frühe durch die Altstadt von Jerusalem zu spazieren, kreuz und quer durch die steinernen Gassen voller Schatten aus biblischer Zeit. Nach all den Wochen und Monaten, die ich in Staus in Washington, Los Angeles und Peking verbracht hatte, konnte ich in Tel Aviv wieder durchatmen. Das Land, in dem Milch und Honig und Bier und Algorithmen fließen, wo sich die Wunder der Vergangenheit mit den Chimären der Zukunft vermischen. Man stelle sich Moses vor, der auf Waze nach seinem Weg durch die Wüste sucht.

Die israelischen Start-ups haben es geschafft, sich durchzusetzen, und exportieren einzigartige Technologien in die ganze Welt. Gespeist von Daten aus Europa, China und den Vereinigten Staaten bringen sie Algorithmen auf der Höhe der Kunst und Innovation hervor. Anders gesagt, die Stärke Israels beruht im Wesentlichen auf den Gehirnen. Es scheint zwei kulturelle Erklärungen für dieses erstaunliche Weiterbestehen in einer Welt, die vom *brain drain* geplagt wird, zu geben. Die erste ist die jüdische Leidenschaft für die Intelligenz. Israel rühmt sich, den weltweit größten Anteil an Bürgern mit einem wissenschaftlichen Studienabschluss vorweisen zu können (1,5 %, gegenüber 0,7 % in den USA). Jeder versucht ein *besserwisser* zu sein, wie man auf Jiddisch sagt: einer, der alles weiß, aber der auch alles hinterfragt, ohne sich von den Tabus der amerikanischen Gesellschaft oder der Zensur des chinesischen Regimes bremsen zu lassen.

Ich begegnete einem solchen *besserwisser* in Gestalt von Joab Rosenberg, dem Gründer von Epistema. In seinem Büro findet man anstelle der Selbstgestaltungs-Slogans, die das Silicon Valley verpesten *(live your dreams …)*, Porträts von Aristoteles, Hannah Arendt und Wittgenstein. Joab ist ein anerkannter Spezialist für Datenforschung, hat für große amerikanische Firmen wie Palantir gearbeitet und gibt mir nebenbei zu verstehen, dass er gerade eine Doktorarbeit über Wittgenstein in Cambridge beendet. Wir gehen einen Kaffee in der Sonne auf dem Boulevard Rothschild trinken, umgeben vom Gewühl der Elektroroller. Epistema hat die Aufgabe, durch Datenanalyse Diskussionen unter Spezialisten oder Forschungsaufsätze zu entschlüsseln, um ihre Argumente besser zu verstehen, zu strukturieren und vorwegzunehmen. Zu diesem Zweck versucht Joab, das *machine learning* wieder mit Kausalität und logischen Regeln zu verbinden und so die einfachen Korrelationsbeziehungen hinter sich zu lassen. Er teilt diese Ambition mit Peter Thiel, der in Epistema investiert hat. Aber sein ultimatives Ziel ist es, algorithmisch den Verlauf von Spinozas *Ethik* zu rekonstruieren. Wir sprechen über Informatik, Militärstrategie, Philosophie, Theologie. »Genau deshalb sind wir das Volk des Buches: Weil wir das Studium lieben«, resümiert er. Die KI passt zum Streben der jüdischen Kultur, zunächst, weil sie eine neue Herausforderung an die menschliche Intelligenz stellt und die Grenzen der Wissenschaft erweitert, sodann aber auch, weil sie die Möglichkeit eines universalen Wissens umreißt, das ebenso gut Probleme des flüssigen Autoverkehrs wie Beweisführungen Spinozas auflösen kann. Wenn jede Sprache auf die Logik rückführbar ist und wenn sich die Logik nur durch die Sprache auswirken kann, wie es Wittgenstein gesehen hat, dann könnte die KI tatsächlich zur menschlichen Erkenntnis vorstoßen. Besser als die Tora!

Mit seinem graumelierten, sorgsam geschnittenen Bart und

seiner lockeren Ausstrahlung gleicht Joab so sehr einem Start-up-Unternehmer, dass man fast vergessen könnte, dass er ein Oberst der Armee gewesen ist und das berühmte Talpiot-Programm leitete, in dem die israelischen Streitkräfte die vielversprechendsten Studenten rekrutierten. Und das ist der zweite, der pragmatischere Grund für den israelischen Erfolg mit der KI: die Verschränkung von militärischen Technologien und zivilen Anwendungen. So erklärt es mir jedenfalls Professor Isaac Ben-Israel in seinem Büro in der Universität Tel Aviv. Dieser Würdenträger des techno-militärischen Ökosystems, Physiker, General, ehemaliger Abgeordneter, wurde soeben vom Premierminister bestellt, ein nationales Programm zur Künstlichen Intelligenz vorzubereiten. Er ist überzeugt davon, dass die KI der nächste große Exportsektor für Israel sein soll. Sie bringt alles mit: Sie kann von einer kleinen Elite entwickelt werden, verlangt keine zu großen Investitionen und liefert Werkzeuge, um die Sicherheit des Landes zu erhöhen. Deshalb besteht Isaac Ben-Israel auf der Bedeutung der Wehrpflicht. Mit 17 Jahren legen junge Israelis eine Prüfung von hauptsächlich wissenschaftlicher Natur ab; eine kleine Minderheit von ihnen (etwa 1 %) wird für Eliteeinheiten wie die Unit 8200 angeworben, wobei ihnen eine gewisse Flexibilität in der Verfolgung ihrer Studien gewährt wird. Ihnen wird Zugang zu den neuesten Spitzeninnovationen geboten und sie machen eine unersetzliche praktische Erfahrung. Im Zuge dieser Ausbildung wird die KI vor allem im geheimdienstlichen Bereich angewandt, um beispielsweise Terroristen zu identifizieren. Sobald sie auf dem Arbeitsmarkt angekommen sind, verwenden zahlreiche dieser brillanten Köpfe das Wissen und die Disziplin, die sie in der Armee erworben haben, um zivile Innovation hervorzubringen. Ein stillschweigendes Übereinkommen erlaubt ihnen, Technologien zu verwenden, die eigentlich urheberrechtlich geschützt sind, solange sie nicht gegen die militärische Geheimhaltung verstoßen. Professor Ben Israel zweifelt nicht am zugleich ökonomischen und militärischen Wert der KI. Sodann stürzt er sich in eine semiologische Analyse des Begriffs »Intelligenz«, die ganz andere Realitäten erkennen lässt als Geheimdienste und KI. Eine erstaunliche Allianz aus absolutem Pragmatismus und spekulativen Höhenflügen.

Als ich das Büro von Isaac Ben-Israel verließ, wollte der Zufall, dass ich sogleich die Bestätigung seiner Aussagen erlebte. Ich hatte einen Termin in einem ganz neuen Start-up, Run:AI, das die Abläufe des *machine learning* mit Techniken der »Parallelismus« beschleunigen will. Eine Gruppe junger Leute empfing mich warmherzig. Ich bemerkte ihre sportliche Ausstrahlung. »Alle waren hier in den gleichen Einheiten beim Militär«, erklärten sie mir sogleich. Sie waren Teil jenes auserwählten Prozents aus der wissenschaftlichen Elite des Landes und sind in einer einzigartigen Legierung aus militärischer Disziplin und akademischem Anspruch ausgebildet worden. Was lernt man bei der Armee? Nicht nur technologische Kompetenzen, sondern auch »Verantwortungsgefühl«. Wie ich sie so sehe, organisiert, ausgeglichen, nüchtern in ihrem Benehmen und in ihrer Art zu reden, ermesse ich den Kontrast zum Silicon Valley, wo egomanische und aufgekratzte *nerds* offenbare Opfer einer endlosen Pubertätskrise sind. Hier gibt es keinen Kicker und keine kindischen Couchen. Meine Gesprächspartner sind kaum 25 Jahre alt, aber ich finde in ihnen schon die ruhige, ironisch angehauchte Entschlossenheit des altehrwürdigen Isaac Ben-Israel. Anders als ihre amerikanischen Kameraden haben sie schon sehr früh gelernt, dass das Leben kein Spiel ist. Im Guten wie im Bösen von althergebrachten Werten durchdrungen, halten sie sich wenig mit »Sinnsuche« auf. Im israelischen Kontext ist Innovation keine Frage der persönlichen Entwicklung, sondern des kollektiven Überlebens.

Isaac Ben-Israel besteht auf der Regulierung des Datenzugangs und auf der Achtung vor dem Privatleben. In dieser Hinsicht reiht sie die *start-up nation* gut in die europäische Familie ein. Israel ist nicht China und versucht nicht, aus der KI die Regel im gesellschaftlichen Leben zu machen. Aber seine Berufung zur Exportnation und die technologische Exzellenz erlauben es, eine kreative Elite zu kultivieren, die mit den beiden Riesen rivalisieren kann. Dieses Modell ist an einen ganz bestimmten kulturellen Kontext gebunden und scheint mir schwer nachzuahmen. Israel produziert Algorithmen für den Rest der Welt und wäscht sich dann, wie Pontius Pilatus, die Hände.

DIE USA ODER DIE KRÄMPFE DER PROTESTANTISCHEN MORAL

Ich hatte mich darauf vorbereitet, einem *geek* mit Brille zu begegnen, und finde mich an der Seite eines Aktivisten mit Dutt wieder, der einen Biofruchtsaft auf der Terrasse des Sitzes von Google schlürft. Jakob Uszkoreit, ein renommierter Informatiker, ist der Autor avancierter Theorien, die bedeutend dazu beitragen, dem neuronalen Netzwerk der KI ein »Gedächtnis« zu geben.[135] Er hält eine flammende Rede über die Achtung vor dem Privatleben, deren Aufrichtigkeit anzuzweifeln ich keinen Grund habe. Er wettert gegen »Echokammer-Effekte«, die bei YouTube oder Facebook häufig sind, und versichert mir, dass Google nur ganz »moderat« die Spuren unserer Suchverläufe aufbewahrt und Möglichkeiten der Depersonalisierung anbietet. Vielleicht liegt es an seiner deutschen Herkunft, dass er mich an die Hacker erinnert, die ich vor zwei Jahren in Berlin getroffen habe und die sich ihre Zeit damit vertreiben, Abwehrmaßnahmen gegen Google zu entwickeln. Wenn Google also angeklagt wird, kognitive Filterblasen zu erzeugen,[136] die besonders die Verbreitung von Verschwörungstheorien erklären,[137] war Jakob dann ein Doppelagent, der germanische Tugend in das Herz der GAFA trägt?

Sein guter Wille gereicht mir zum Vorteil, meine persönliche Neugier zu befriedigen, und ich frage ihn, wie das Ranking der Suchergebnisse zustande kommt. »Das Thema ist nicht, die Informationen anzuzeigen, die du gerne sehen würdest, sondern die Information, die du in Wirklichkeit suchst.« Die Algorithmen von Google verarbeiten die Daten gründlich, die die Nutzer im Internet hinterlassen haben, um ihre innersten Wünsche besser zu verstehen, jenseits der ausdrücklichen Vorlieben. Wenn ich eingebe »Auto kaufen«, dann habe ich vielleicht Lust, einen Jaguar zu sehen, aber Google kennt den Zustand meines Geldbeutels aus meinen Suchverläufen (oder meinen Nachrichten auf Gmail) und wird mir deshalb eher einen Twingo zeigen, damit der Service für mich nützlicher ist. Da haben wir ihn, den Geist des *nudge*, der dazu berufen ist, sich um unser Wohlergehen zu bekümmern und uns Entscheidungen nahezulegen, auf die wir selber gar nicht gekommen wären. Wo wir gerade dabei sind: Was denkt Jakob über den freien Willen? »Wir Menschen verstehen uns doch selbst nicht«, erklärt er mir folgerichtig; es ist besser, den objektiven Daten zu trauen als dem subjektiven Urteil. Und erkennt er in der Konfiguration der Suchmaschine selbst eine utilitaristische Logik? »Absolut, ohne jeden Zweifel.« Entsprechend hat Google den Anspruch, mich zu unser aller Befriedigung besser zu kennen als ich mich selbst.

Besteht nicht ein inhärenter Widerspruch zwischen dem Schutz des Privatlebens und der von Google angewandten Technologie (von seinem Geschäftsmodell ganz zu schweigen)? Jakob gibt es zu: »Das ist ein Paradox. Um die KI zu verbessern, muss man so viele Daten wie möglich sammeln.« Um meine Suchanfragen zu optimieren, müsste Google idealerweise auch meinen Stromverbrauch oder mein Verhalten auf Dating-Sites kennen. Man kann so viele Ethikkomitees gründen, wie man will, dieses Paradox ist nicht aufzulösen. In Jakobs betretener Miene erkenne ich die Spannung, die in Amerika im ganzen digitalen Ökosystem herrscht. Mehr Daten heißt mehr Effektivität. Weniger Daten heißt mehr Freiheit. Es gibt keine goldene Mitte.

Für Kai-Fu Lee ist die Einstellung des Silicon Valley, Gutes zu tun und damit Profit machen zu wollen, heuchlerisch. »Schizophren« wäre der treffendere Ausdruck. In einem berühmten Buch hat Max Weber den Geist des Kapitalismus, definiert als das Streben nach Gewinn, mit der protestantischen Ethik in Beziehung gebracht, die aus der Arbeit eine Berufung und aus der Askese eine Lebensregel macht. Man muss ein erfolgreicher Geschäftsmann sein, aber nicht, um sein Vermögen zu genießen, sondern um den biblischen Geboten zu gehorchen. Der ökonomische Erfolg verschafft uns die Sicherheit, dass Gott uns in die Reihen der Auserwählten aufgenommen hat. Kapital anzuhäufen ist eine Pflicht, wie sie durch das Gleichnis von den anvertrauten Talenten so schön illustriert wird: Der Herr belohnt die Knechte, deren Wirtschaften Früchte getragen hat, und bestraft den, der das Geld versteckt hatte, ohne es zu investieren. Die gleichzeitige Konstitution einer Privatsphäre ist eine notwendige Bedingung für die direkte Beziehung zu Gott und mehr noch für die Entwicklung des Moralempfindens. Das protestantische Amerika verdankt seinen Erfolg diesem subtilen Gleichgewicht zwischen Rentabilitätsstreben und Intimitätskultur. Das beste Beispiel dafür ist Benjamin Franklin, Gründervater der Vereinigten Staaten, unermüdlicher Erfinder und Unternehmer, aber auch ein peinlich genauer Moralist, der in seinem Tagebuch über seine eigenen Handlungen streng zu Gericht saß. Nun aber kann Google heute nicht gleichzeitig effektiv und tugendhaft sein; um dem Individuum zu dienen, muss es nackt ausgezogen werden. Die KI zwingt dazu, den Geist des Kapitalismus von der protestantischen Ethik zu trennen. Darum haben die USA, wie ich es mehrere Male gehört habe, ihre Bestimmung verloren. Jakob wird niemals Franklin sein.

So lassen sich die Qualen meiner amerikanischen Gesprächspartner besser verstehen, die hin- und hergerissen sind zwischen dem Bemühen, es – moralisch – gut zu machen, und dem Imperativ, es – technisch – besser zu machen. Die Krise der protestantischen Moral stürzt die Akteure der Tech-Branche in ganz reale Schwierigkeiten und drängt sie zur Suche nach spirituellen Alternativen, dem Buddhismus beispielsweise. Besonders gut sichtbar ist diese Schizophrenie beim Thema Erziehung. Bei jedem Interview stellte ich die gleiche Frage: Wie halten Sie es zu Hause mit der Zeit, die die Kinder am Bildschirm verbringen dürfen? Wie Steve Jobs, der seinen Kindern das iPad verboten hat, beschränkte in meinen Stichproben die überwältigende Mehrheit die Online-Zeit strikt, und zwar zugunsten von Büchern, Sport und Freunden. Dieselben Leute, die einen TED Talk nach dem andern halten, um uns zu erklären, wie die Technologie die Welt retten wird, zeigen sich plötzlich weniger optimistisch, sobald es um ihren eigenen Nachwuchs geht. Francesca Rossi von IBM war ganz verzweifelt, dass ihre Kinder so viel Zeit auf YouTube verbringen, und Leslie Kaelbling vom MIT bedauerte, dass sie nicht genügend Bücher lesen. Alle wirkten beleidigt, wenn ich auf den recht offensichtlichen Widerspruch zwischen ihren Reden und ihren Handlungen hinwies. Ganz gewiss hatten sie alle gute Gründe. Jenseits solcher individueller Situationen ist es indes schwer, sich des allgemeinen Eindrucks zu erwehren, dass die KI-Experten hochgradig süchtig machende Techniken erdenken, die heute dafür verwendet werden, um das Verhalten der Massen zu manipulieren, während sie sorgfältig darauf bedacht sind, ihre Nächsten zu verschonen. Ich hütete mich wohl davor, die knifflige Frage der wissenschaftlichen Verantwortung anzuschneiden. Yann LeCun fühlt sich in keiner Weise von der Verwendung seiner Entdeckungen in der Gesichtserkennung in China betroffen, und man kann es ihm nicht vorwerfen. Aber man muss zugeben, dass die KI die jugendliche Unschuld des protestantischen Kapitalismus beendet hat und dass ein tiefes Unbehagen die ganze amerikanische Gesellschaft quält.

Besonders die Rolle der KI bei der Verschärfung von Ungleichheiten ist eine Sorge, der immer wieder Ausdruck verliehen wird. Einer verbreiteten These zufolge könnte sich die Stagnation des Gehaltsniveaus mit dem Anstieg der Kapitalrendite verbinden und so die bestehenden Ungleichheiten vervielfachen. Andere Ökonomen sehen es etwas gelassener, wie Philippe Aghion, der an einer schumpeterianischen Perspektive festhält, in der die Innovation die soziale Mobilität erhöhen und die traditionellen Hierarchien in Unternehmen umstürzen wird.[138] Die Fragen nach der Aufteilung von Arbeit und Kapital wird in Zeiten der KI heiß diskutiert. Hingegen bestreitet niemand die neue Bedeutung, die kognitiven Ungleichheiten zukommt, oder die Stück für Stück unüberbrückbar werdende Kluft zwischen den Sendern und den Empfängern des *nudge,* zwischen den Herren des Codes und den Datenlieferanten. Jerry Kaplan spricht für zahlreiche Analysten, wenn er sich eine Gesellschaft vorstellt, die gespalten ist in »Yuppies« einerseits, die hochgebildet sind, die technologischen Mechanismen durchschauen und sich regelmäßig einen *data detox* gönnen, und »Hippies« andererseits, bildschirmsüchtig und subventioniert durch eine mehr oder weniger gelungene Form von Grundeinkommen. Sosehr ökonomische Ungleichheit in der protestantischen Konzeption des individuellen Verdienstes akzeptabel bleibt, so sehr verstößt die

Idee, dass der eigentliche Wert menschlicher Wesen so unheilbar auseinanderlaufen könnte, gegen die grundlegende Gleichheit in der amerikanischen Demokratie. Lee Drutman hat offen die Frage gestellt, wie das politische System die allgemeine Verdummung der Bürger überleben soll.

Dasselbe Dilemma zwischen Wohlstand und Freiheit zeigt sich auch in der Politik. Das ging mir während einer minimalistischen Mahlzeit in einem modischen Grill mit der *chief data officer* von San Francisco, Joy Bonaguro, auf. Das Amt wurde 2014 geschaffen, um die Daten der Stadt zu managen, und kann sich auf eine ganze Mannschaft von Informatikern stützen. Joy ist progressiv, trägt einen Bubikopf und ist sehr schlagfertig; also wollte ich ihr nicht widersprechen, aber als wir uns einige Monate später in Frankreich erneut trafen, nahm ich meinen Mut zusammen, und wir hatten angeregte Diskussionen über die Ausmaße der #MeToo-Bewegung. Joy arbeitet zusammen mit Forschern aus Harvard über die Ethik der Algorithmen und verteidigt den Schutz des Privatlebens. Sie preist die juristischen Gegebenheiten im Bundesstaat Kalifornien, die die Kontrolle der Nutzer über ihre Daten stärken, namentlich über den Verbraucherschutz. Sie ist entzückt davon, mit der KI Grundbesitzer aufspüren zu können, die ihre Anwesen unterbewertet haben, um Steuern zu vermeiden, aber sie weigert sich, Räumungsbescheide öffentlich zu machen, um nicht die säumigen Schuldner zu stigmatisieren. Man kann also nicht argwöhnen, dass sie vor den Mächten des Überwachungskapitalismus einlenken würde. Dennoch beklagt sie sich lebhaft über das dichte bürokratische Gestrüpp in Kalifornien, das die Stadtverwaltung daran hindert, die Daten optimal zu nutzen. Die verschiedenen Behörden der Verwaltung haben nicht das Recht, ihre Informationen auszutauschen, obwohl es zum Beispiel sehr nützlich wäre, die Daten beispielsweise des Gesundheits- und des Sozialamtes abzugleichen, um herauszufinden, ob ein bestimmter Psychiatriepatient zuwendungsberechtigt ist. Man darf sich die USA nicht als rechtsfreie Zone vorstellen: Kalifornien hat inzwischen seine eigene Version der europäischen DSGVO verabschiedet.

Ganz in der Tradition der Linken versteht Joy die Daten als ein Gemeingut und träumt davon, alle Daten der Stadt zu integrieren, um den öffentlichen Dienst zu verbessern. Aber sie hat mit den gleichen Widersprüchen gegenüber ihren Anwendern zu ringen wie die GAFA in der Beziehung zu ihren Nutzern: Wie kann man ihr Wohlergehen sichern und gleichzeitig ihre Intimität achten? Joy hat es bereits aufgegeben, den Ausdruck der »Anonymisierung« von Daten zu verwenden, und zieht den der »Desidentifikation« vor, da sie anerkennt, dass echte Anonymität in der Welt der KI ein unerreichbares Ideal ist. Es gibt keinen Zwischenbereich: Für Facebook wie für die Stadt San Francisco ist die Tugend zum Feind der Leistung geworden. Die einen wie die anderen lagern ihre Schuld aus, indem sie dicke Berichte über verantwortungsbewusste KI veröffentlichen, eine moderne – und kostspielige – Form der Sühne.

DIGITALER IMPERIALISMUS

Regierungen und Führungsetagen werden von der Frage der Cybersecurity umgetrieben. Aber diese verbirgt eine andere, grundlegendere Frage: Wie werden diese drei Modelle – konfuzianisch, stoisch, protestantisch – mit fortschreitender Entwicklung der KI interagieren? Wird es Raum für verschiedene Regierungen geben, die von verschiedenen Werten geleitet werden, oder gilt es, sich auf neue Formen des Imperialismus vorzubereiten?

Kehren wir noch einmal in das Sternerestaurant nahe der Verbotenen Stadt zurück, wo mich Zhu Min empfangen hat, der einflussreiche Ökonom, ehemals Vizegouverneur der chinesischen Zentralbank und No. 2 des Internationalen Währungsfonds. Zwischen zwei Kommentaren über die Küche der Region Yunnan, deren Spezialitäten er in Hülle und Fülle bestellt, gibt Zhu Min seiner Zuversicht in die KI Ausdruck, die die Menschheit retten und China, bald Weltführer auf diesem Gebiet, seinen angestammten Platz wiedergeben wird. Das sanfte Gesicht meines Gastgebers, sein elegantes Benehmen und seine sparsame Sprechweise verleihen ihm eine gewisse metaphysische Aura. Er geizt auch nicht mit Ausführung über die zwei Facetten des Menschen, eine bösartig und eine edel. Der Ökonom verwandelt sich in einen östlichen Weisen. Er lässt sich Zeit. Inmitten des traditionellen Dekors, mit Blick auf einen offenen, gepflasterten Hof, entwischen wir der Hektik Pekings. Ich erinnere mich an Zeilen von Claudel, Spuren der Zeit, als ich mir als Aufnahmeprüfling den Kopf vollstopfte: »Was bei Europäern der Erholung und dem Spiel dient, das widmen die Chinesen der Zurückgezogenheit. Inmitten des Bienenstocks, zwischen den Straßen, in denen eine unreine Menschlichkeit sprudelt, behält er sich jene Orte der Muße vor, die eine leere Fläche oder die Erbschaft einer einsamen Person mit Mauern umschließen, uralte Laren daneben.«[139] Wir sitzen nicht bei einem *business lunch*, sondern in einem dieser Orte der Muße. Was sollte dabei herauskommen, wenn nicht die Wahrheit?

Mein Gastgeber bietet mir großzügig einen Nachschlag von allen Gerichten an, vielleicht um mich besser auf das abschließende Urteil vorzubereiten: »Die Europäer sind vollständig überholt, und zwar sowohl finanziell als auch militärisch, technologisch und politisch.« Unsere Zukunft besteht darin, Alibaba herunterzuladen, damit wir unseren Käse an Chinesen verkaufen können. Also sprach Zhu Min.

Um diese Aussagen zu stützen, kommt der Ökonom in Zhu Min wieder zum Vorschein und erklärt mir einen weniger poetischen Begriff: die Lieferkette *(supply chain)*. Die KI wird die Unternehmen dazu bewegen, ihre Produktionseinheiten möglichst nahe an ihre Märkte zu bringen. Zunächst wird der maßgeschneiderte Charakter des Endprodukts laufende Justierungen in der Herstellung nötig machen: Man wird nicht mehr sechs Wochen auf ein Teil warten müssen, das per Container verschifft wird.[140] Sodann werden durch die Robotisierung der Fabriken die Kosten für menschliche Handarbeit vernachlässigbar, wodurch Standortverlagerungen jegliches Interesse verlieren.[141] Unter diesem Maßstab steht China ideal da, insofern es auf seinem Staatsgebiet eine sehr starke Gewerbekapazität entwickelt hat.

Was mir Zhu Min in aller Ruhe ankündigt, ist nicht weniger als das Ende der Globalisierung. China hat jahrzehntelang bescheiden als Werkbank der Welt gewirkt und dabei die westlichen Länder dahin geführt, ihre industrielle Basis nach und nach aufzugeben, während es deren Bevölkerung mit alltäglichen Konsumgütern zu unwiderstehlichen Preisen versorgte. Wir haben eine Überdosis *Made in China* bekommen. Heute kehrt sich die Situation um. Während die KI uns gebietet, die Wertschöpfungskette zu verkürzen und lokal zu produzieren, finden wir uns nackt. Kai-Fu Lee sagt nichts anderes: Wenn die KI von der Epoche der Innovation in die Epoche der Exekution übergeht, werden die Länder im Vorteil sein, die schnell und personalisiert Milliarden vernetzter Gegenstände herstellen können. Die Spitzenreiter der KI, also China und zumindest heute noch die USA, werden naturgemäß das Kapital und die Investitionen auf sich konzentrieren. Die anderen werden in der Lethargie versinken. »Noch eine kleine Nachspeise?«, fragt mich Zhu Min großmütig.

Es ist möglich, dass der Prozess der Angleichung, der in der

Globalisierung des Industriezeitalters wirkt, sich schlagartig umkehrt. Die berühmte »Elefantenkurve« des Ökonomen Branko Milanovic hat gezeigt, dass seit dem Ende der 1980er-Jahre die Einkommen der großen Mehrheit der Weltbevölkerung spektakulär gestiegen sind (der Rücken des Elefanten); demgegenüber sind die Einkommen der mittleren und oberen Klassen in den Industrienationen stagniert (der Rüssel, der nach unten fällt). Daher der Groll der alten Kolonialherren über eine Globalisierung, die hauptsächlich – ihren alten Kolonien zugutekommt. Nichtsdestoweniger ist aufs Ganze gesehen der Rückgang von Ungleichheiten auf globalem Niveau unbestreitbar. Die KI nun fordert diese Dynamik heraus und etabliert wieder imperiale Pole.[142] Der Elefant wird zum Kamel, dessen zwei Höcker mit China und den USA korrespondieren. Globalisierungskritiker werden bald ihren Traum erfüllt sehen, aber in überraschender Art und Weise: indem sie selbst zu digitalen Kolonien werden.

Zhu Min zeigt gegenüber seinen europäischen Gästen eine makellose Freundlichkeit. Chinesische Manager bestehen regelmäßig darauf, dass ihr Land noch niemals imperialistisch aufgetreten ist, zumindest jenseits der unmittelbaren Nachbarschaft. Die »neue Seidenstraße« indessen, ein Programm massiver Investition in strategische Infrastrukturen rund um den Globus, beunruhigt die Europäische Union, die China als »systemischen Rivalen« einschätzt, während doch einzelne Mitgliedsstaaten wie Italien oder Griechenland dem Gesang der Sirenen erliegen. Jenseits dieses alles in allem ganz klassischen, ökonomischen Wettbewerbs erwächst eine neue Sorge: Wie wird ein digitaler Imperialismus aussehen?

Diese Frage stelle ich William Carter, Spezialist für Cyberverteidigung im *Center for Strategic and International Studies* (CSIS), einem Think-Tank in Washington, der dem Sitz eines multinationalen Konzerns gleicht. Der Kontrast zwischen Williams kindlichem Gesicht und dem Ernst der Themen, die er behandelt, macht diese Unterhaltung so surreal, wie es ein Drohnenangriff in Afghanistan ist, der von einem klimatisierten Zimmer im Pentagon aus geführt wird. William weiht mich in das für die amerikanische Militärdoktrin zentrale Konzept des »Ausgleichs« *(offset)* ein. Da sie im Bereich der konventionellen Waffen von ihren Gegnern überholt worden sind, haben die USA gelernt, ihre technologischen Vorteile auszuspielen, seien es Kernwaffen, Präzisionsschläge oder heute KI. Letztere ist der laufende *third offset*. Algorithmen helfen bei der Verbesserung traditioneller Geheimdiensttechniken; das Verteidigungsministerium investiert im Rahmen des »Project Maven« massiv in Gesichtserkennung, die etwa in Westafrika bereits zum Einsatz kommt. Algorithmen bilden das Herz der Cybersecurity, vor allem für den besseren Schutz sensibler Infrastrukturen vor digitalen Angriffen. Ebenso brennend ist die Frage nach autonomen Waffensystemen, die die Autoritäten des amerikanischen Militärs dazu geführt hat, die Notwendigkeit menschlicher Intervention vor jeglicher Schussfreigabe klar zu bestätigen. Aber diese Innovationen, die Stoff für Phantasien bieten, bleiben doch alle im Rahmen einer klassischen militärischen Konfrontation, in der es darum geht, ein Territorium zu beschützen und feindliche Soldaten auszulöschen. Indes kann man sich schlecht vorstellen, wie die chinesische Volksarmee Paris oder Washington stürmt.

Um den Einsatz des digitalen Imperialismus wird aber anders gespielt als durch die Perfektionierung militärischer Techniken. William überreicht mir ganz einfach den Schlüssel: »Heute ist es nicht mehr nötig, Territorien zu kontrollieren, um Leute zu kontrollieren.« Das Ziel eines Krieges ist es sehr selten gewesen, eine grüne Wiese zu erobern, sondern vielmehr ging es um die

Unterwerfung von Regierungen und die Versklavung von Bevölkerungen. Das ist die These von Clausewitz, dem berühmten preußischen Philosophen der Militärstrategie. Nach seiner Definition ist der Krieg »ein Akt der Gewalt, um den Gegner zur Erfüllung unseres Willens zu zwingen«, oder, in der bekannten Formel, »eine bloße Fortsetzung der Politik mit anderen Mitteln.« Der Krieg ist in erster Linie eine Handlung von Menschen, um andere zu beherrschen. Die Besetzung eines Gebietes ist ein einfaches Mittel im Dienste dieses Machthungers. Wenn uns die KI durch ausgeklügelte Techniken des *nudge* erlaubt, Individuen aus der Distanz zu durchschauen und zu kontrollieren, warum sollten sich dann die Eroberer von Morgen noch die Mühe machen, sich physischer Räume zu bemächtigen? Ist es nicht viel wirtschaftlicher, effektiver und unseren friedlichen Kulturen angemessener, sich mit der Manipulation des Verhaltens zu begnügen? Es nützt mehr, Millionen von Kaufvorgängen zu dirigieren, als Städte zu plündern. Das Ergebnis ist das gleiche: ein ökonomischer Gewinn und eine Befriedigung des Hochmuts.

Als Zhu Min den französischen Bauern also vorschlug, ihren Käse auf Alibaba zu verkaufen, hatte er vielleicht weniger das Überleben Europas im Sinn als vielmehr dessen endgültige Unterjochung. Indem sie Alibaba ihre Daten überlassen, um Zugang zur Plattform zu bekommen, liefern die Bauern sich dem chinesischen E-Commerce-Giganten aus. Stellen wir uns für einen Moment die Geschichte von Bertha vor, Chefin einer Familienkäserei im Jura, die seit sechs Generationen Comté herstellt. Bertha verkauft nicht mehr viel auf dem Markt von Lons-le-Saunier, die Einwohner gehen lieber in den Supermarkt zum Einkaufen. Das beste Geschäft macht sie mit Export, vor allem nach Belgien und Deutschland, aber mehr und mehr auch nach China, wo Comté als *appellation d'origine contrôlée* anerkannt und fast ein Luxusprodukt ist. Bertha klagt aber über die Margen, die sich ihr Zwischenhändler vorbehält. Und da wird ihr vorgeschlagen, Alibaba zu nutzen, das sich um die ganze Logistik kümmert und nur eine bescheidene Provision nimmt. Bertha ist von diesem Service begeistert und eröffnet gleich noch ein Konto auf Alipay, um die Transaktionen zu vereinfachen. Die Analyse ihrer Telefonrechnungen durch Alipay überzeugt sie schnell davon, ihren gewohnten Anbieter zu wechseln und sich ein Gerät von Huawei zu kaufen. Bald exportiert sie den Großteil ihrer Produktion nach China. Aber die Bestellungen sind unregelmäßig, was die Vorratshaltung erschwert. Um die Nachfrage ihrer neuen Kunden besser abschätzen zu können, nimmt Bertha die Dienste von AliGenie in Anspruch, ein persönliches Assistenzprogramm, das imstande ist, das Verhalten von hunderten Millionen Nutzern zu analysieren. AliGenie kann die Initiative ergreifen: Es schlägt Bertha vor, ihre Kühe durch Gesichtserkennung zu identifizieren, sodass die KI die effektivsten Tiere und die beste Zeit zum Melken bestimmen kann und beim geringsten Anzeichen von Krankheit Alarm schlägt. Um ihre Produkte zu bewerben, lädt Bertha Taobao herunter, das soziale Netzwerk von Alibaba, das über ein automatisches Übersetzungsprogramm verfügt. Taobao verschafft ihr auch laufenden Zugang zu Informationen aus den chinesischen Medien, und Bertha gewöhnt es sich an, sie online zu kommentieren. In den Chats, die sich daraus zuweilen entwickeln, vergisst sie nie, ihren Comté zu erwähnen.

Fünf Jahre später blüht Berthas Betrieb. Die Kleinbäuerin lächelt über die Geschichten ihrer Kollegen, die sich in den Subventionsanträgen der europäischen Agrarpolitik festgefahren haben. AliGenie kümmert sich um ihre Geschäfte: Es regelt die Aktivitäten des Betriebs, bestimmt das Produktionsvolumen, überblickt die Vorräte und macht die Buchhaltung. Auch für ihre privaten Einkäufe nutzt Bertha gewohnheitsmäßig Alipay, sodass der Großteil ihrer Transaktionen dem europäischen

Bankensystem völlig entgeht: Die Werte, die sie erzeugt, fließen direkt in das chinesische BIP. Bei den letzten Wahlen hat Bertha für den Kandidaten der Parti National gestimmt. Sie ist inzwischen überzeugt davon, dass die Europäische Union eine Diktatur ist, von der man sich schnellstmöglich befreien muss. Ihre letzte Urlaubsreise, nach China, wie es AliGenie vorgeschlagen und Alitrip organisiert hat, hat sie hingegen von den Tugenden des chinesischen Kommunismus überzeugt, der alles so vorzüglich organisiert und allen nutzt. Darüber hinaus hat sie vor Ort einen ihrer Kunden, den ihr Alipay empfohlen hat, kennengelernt und hat sich auf eine vielversprechende Liaison mit ihm eingelassen. Der Algorithmus hat die seltene Perle für sie ausgewählt: Er hat in Frankreich studiert, begeistert sich für Kulinarik und hat gerade eine Textilfabrik im Jura eröffnet, um den europäischen Markt besser zu bedienen. Berthas einzige Sorge ist es, den Punktestand von 4,6 Sternchen auf Alibaba zu halten; zu diesem Zweck befolgt sie peinlich genau die Vorschläge von AliGenie und versäumt es niemals, auf Taobao die chinesischen Nationalfeiertage zu begehen. Sie hat sogar eine diskrete chinesische Flagge am Giebel ihrer Käserei angebracht, unter der sie ihr Profilbild aufgenommen hat.

Und so begab es sich, dass China Bertha eroberte, ohne einen Schuss abzugeben.

VI

PRIME DIRECTIVE

Wie wir die Kontrolle zurückbekommen

Zurück zum Ausgangspunkt. Ich beendete meine Forschungsreise mit einem Besuch bei demjenigen, der sie motiviert hatte: Yuval Noah Harari, ein Historiker und Denker von weltweitem Renommee, dessen Buch *Homo deus* mit der finalen Niederlage des bewussten und autonomen Individuums endet. Das Gebäude im Zentrum von Tel Aviv, wo er sein Hauptquartier aufgeschlagen hat, ist nach seinem Bilde geschaffen: außen bescheiden, innen brodelnd. In der obersten Etage kümmert sich ein gutes Dutzend junger Leute um die Terminplanungen, Konferenzen und Forschungen dieses Stars wider Willen. Sie teilen mit mir ein ebenso gemütliches wie einfaches veganes Mittagessen. Nach all den Wochen auf der Suche nach *Homo deus* finde ich nun alle Freuden der Geselligkeit mit *Homo sapiens* wieder.

Hunderte von Gesprächen und Lektüren haben nur den Anfangsverdacht von Harari bestärkt. Wie ein Kapitän, der seinem Fürsten die Gewürze aus der Neuen Welt bringt, präsentiere ich dem Meister meine Erzählungen vom *nudge*. Ich schildere ihm den chinesischen Enthusiasmus für eine auf der KI gegründete Gesellschaft. Yuval nickt neugierig, aber nicht überrascht. Ja, der freie Wille wird von der Wissenschaft angefochten und von der Technologie weggefegt. Nein, die neue Welt wird nicht liberal sein und die extreme Personalisierung der Produkte mit der Kollektivierung der Entscheidungsprozesse verbinden. Ja, alles wird sich ändern, vom Rechtssystem, das die Idee der Schuld aufgeben muss, bis zur Demokratie, die nicht mehr auf der Mehrheitswahl basieren kann. Nein, wir können uns nicht mehr auf unsere primären Instinkte, unsere voreiligen Urteile, unsere unbewussten Wünsche verlassen. Aber ist das im Grunde ein Problem? Indem sie mich auf ein simples biochemisches Subjekt reduziert, erlaubt mir die KI ein Bewusstsein meines wahrhaften Seins, mit all seinen Verleugnungen und Abhängigkeiten, auszubilden. Yuval erklärt manchmal, dass eine KI, die die Bewegungen seiner Pupillen beim Betrachten von Werbung verfolgt, ihm die eigene Homosexualität hätte offenbaren können, bevor sie ihm selbst klargeworden war – und ihm so lange Jahre jugendlicher Qual ersparen. Man könnte ihm antworten, dass genau diese Jahre der Qual und des Zweifels es gewesen sind, die seine Individualität begründet und bereichert haben. Wenn man sich aber, wie Yuval, darauf verlegt hat, jegliches Leiden auszulöschen, das seine wie das der anderen, das der Menschen und das aller lebenden Wesen, dann ist das ein zu teurer Preis. Dann ist es besser, auf Selbsterkenntnis zu verzichten. Warum nicht die Introspektion automatisieren?

In diesem Sinne öffnet die KI den Weg für eine Art persönliche Befreiung. Indem man die Triebfedern versteht, die uns denken und handeln lassen, emanzipiert man sich von sich selbst. Ein Bewusstsein der Determinismen, die uns lenken, verschafft uns eine gesunde Distanz zu unseren eigenen Wünschen. Gewiss kann man sie immerzu befriedigen, aber muss sie nicht mehr zum Epizentrum aller Handlungen und Gedanken machen. Besonders die Sexualität wird keine Obsession mehr sein, sondern ein einfaches Vergnügen, das wir unserem so leicht überlisteten Fleisch großzügig zugestehen. Twitter wird uns weniger irritieren, wenn wir unsere eigenen Reaktionen vorhersehen können, die von den Algorithmen des sozialen Netzwerkes mit schreckenerregender Präzision vorweggenommen werden. Als würden wir für uns selbst zu alten Spielkameraden werden, um die man sich illusionslos kümmert. Dadurch verwandelt sich die ganze Philosophie des Liberalismus: Es geht nicht mehr darum, die zügellosen Lüste eines Konsumenten zu befriedigen, sondern ihm zu helfen, sich von ihnen zu lösen. Mir wird bewusst, das Yuval, trotz seiner Aufrufe zu einer kritischen Prüfung des Dataismus, keinerlei Absicht hat, sich wieder mit dem Individuum anzufreunden, das so viele Übel über seinesgleichen und die Umwelt gebracht hat. »Der beste Liberalismus«, fasst er auf meine Nachfragen hin zusammen, »ist derjenige, der uns von unseren unsinnigen Begierden befreit.«

Nach diesem Gespräch kommt mir wieder Spinoza in den Kopf. Verspricht er uns nicht im letzten Buch seiner *Ethik* die Freiheit durch die Bewusstwerdung der Ursachen und der Natur unserer Affekte? Denn »man könnte sich kein besseres, in unserer Macht stehendes Heilmittel gegen die Affekte vorstellen als ihre wahrhaftige Erkenntnis«[143] – die dritte und letzte Gattung der Erkenntnis für Spinoza. Um unsere Triebe und Emotionen zu kontrollieren, muss man ihre Wahrheit ermitteln, das Quäntchen Ewigkeit verstehen, das sie verbergen, anstatt zu versuchen, sie zu unterdrücken. Spinoza macht keinen Hehl aus der Komplexität dieser Aufgabe, aber, wie er am Ende der *Ethik* schreibt, »alles was bemerkenswert ist, ist ebenso schwer wie selten«. Könnte die KI nicht eine solche Erkenntnis leichter zugänglich machen, indem sie uns auf Wunsch ein beweiskräftiges, detailliertes Protokoll unseres Selbst liefert?

Ich bin hin- und hergerissen zwischen der Lust, Yuval noch einmal zu diesem Thema zu befragen, und der Angst, ihm auf die Nerven zu gehen: Stellen Sie sich vor, es klingelt an Ihrer

Tür und jemand schreit »überhaupt, was ist mit Spinoza?«. Ich werfe einen zögerlichen Blick auf das letzte Stockwerk des Gebäudes und bemerke die stolz am Balkon befestigte Regenbogenfahne. Dieses Symbol des Friedens und der Diversität, das später auch von der LGBTQ-Community beansprucht wurde, lässt für mich keinen Zweifel an den Zielen des Projektes von Yuval Harari zu, die er mit einem großen Teil seiner Zeitgenossen teilt, wenn man dem Erfolg seiner Bücher glauben kann. Die neue Menschheit wird von den belastendsten und hinderlichsten Begierden befreit sein, sie wird pazifistisch, ökologisch und gemeinschaftlich sein. Das ist die schlussendliche Bedeutung von *Homo deus:* nicht die Eroberung der Autonomie, sondern ein persönlicher Weg zur »Glückseligkeit«, wie Spinoza sagen würde. In dem Maße, wie sie zu unserer Manipulation fähig ist, macht sich die KI perverserweise zur Gehilfin unserer Befreiung.

Tatsächlich bezieht sich Yuval Harari weniger auf Spinoza als vielmehr auf den Buddhismus, besonders die Vipassana-Meditation, die er während langer Auszeiten, mehrere Monate jedes Jahr, praktiziert. Jedem seine Methode, das Wesentliche ist, den herrischen Charakter der Affekte und Leidenschaften auszulöschen. Indem man sich selbst meistert, verliert man gleichzeitig das Bedürfnis nach Selbst. Man komplimentiert das stürmische und kapriziöse Individuum aus sich hinaus. Warum sollte man die andauernden Frustrationen, die unsere egoistischen Triebe nach sich ziehen, vermissen? Wenn die Gesellschaft Yuvals Truppe ähneln würde, wären wir da nicht alle glücklicher, »seliger«? Das Ende des Individuums erzeugt vielleicht kurzfristig einige politische Probleme, aber es bietet dem *Homo sapiens* auch eine mächtige metaphysische Lösung und ermöglicht ihm, das hinter sich zu lassen, was in ihm noch Tier ist.

Yuval Harari verkörpert unseren *Zeitgeist*. Er bietet ein klares und vollständiges Denkmodell, ohne sich zu weit in den Bereich der Empfehlungen für die Politik vorzuwagen. In dieser Perspektive verharren seine *21 Lektionen für das 21. Jahrhundert*, in denen er versucht, Fragen der multilateralen Politik vom Grundeinkommen bis zur Bildung zu lösen, auf halbem Weg, sie sind zugleich zu konkret und zu undeutlich. Aber es gibt Forscher und Intellektuelle, die, bewusst oder nicht, sein post-individualistisches Programm in ihren jeweiligen Bereichen anwenden. Das ging mir während einer sehr langen Diskussion in New York mit Glen Weyl auf, einem brillanten Ökonomen aus meiner Generation, der sich durch das gemeinsam mit Eric Posner veröffentlichte Buch *Wir sind der Markt! Radikale Utopien für das digitale Zeitalter* einen internationalen Namen gemacht hat. Seine Thesen, die auf den ersten Blick nichts mit denen aus *Homo deus* zu tun haben, scheinen mir ebenso mit dem Entwurf einer neuen Menschheit beschäftigt, der mit der Aufklärung und ihrem Autonomieideal bricht.

Um seine Theorie zusammenzufassen: Glen Weyl schlägt die Abschaffung des Privateigentums, der letzten Verkörperung schmählicher Monopole, vor, um es durch ein System permanenter Versteigerung zu ersetzen. Jeder setzt spontan einen Preis für die Gesamtheit seines Besitzes fest, um sie dem ersten Bieter zu übertragen. Darüber hinaus würde jeder Eigentümer eine jährliche Steuer auf sein Kapital bezahlen. Je höher folglich der Preis eines bestimmten Gutes fixiert wäre, umso sicherer könnte sich also der Eigentümer seiner Güter sein, umso mehr Steuern müsste er aber auch zahlen. Das Prinzip besteht darin, das Kollektiv entsprechend der Stabilität zu entlohnen, die man für sich und seine Vermögen zu bewahren wünscht. Das setzt wohlgemerkt voraus, dass das Besitzinventar eines jeden öffentlich ist und laufend aktualisiert wird. Dem Markt, synonym mit Effektivität und Gerechtigkeit, würde also nichts entgehen, er würde beständig jede feststehende Situation herausfordern. Ausgehend von den Lektüren Adam Smiths oder Henry Georges und gestützt auf jüngste ökonomische Forschungen versucht Glen so, den Liberalismus zu erneuern und die Vermögensrenten zu brechen. Ich kann seinen Ambitionen nur Beifall spenden, wie ich gegen seine Schlussfolgerungen heftig aufbegehren muss.

Glen lud mich ein, meine eigenen Forschungen bei Microsoft vorzustellen, aber mein Referat über die Theorien Proudhons steckte dort nicht wirklich die Köpfe in Brand. Danach führte er mich auf einen Spaziergang im Laufschritt durch Williamsburg, ein Viertel in Brooklyn auf der Höhe der Gentrifizierung, das dennoch die Geschichte seiner Einwohner, verschiedenste aufeinanderfolgende Migrantengruppen, in einem heruntergekommenen Charme bewahrt. Bei dieser Gelegenheit begriff ich Glens Motivation auch jenseits seiner ökonomischen Arbeiten. Ich gebe unser Gespräch aus dem Gedächtnis wieder, während sich in meiner Erinnerung die Bilder von schiefen Gebäuden, zu breiten Fußgängerüberwegen und eisernen Feuertreppen, die wie Spinnennetze an den Häusern hängen, vermischen.

»Nun also«, sorgte ich mich, »wenn man deine Ideen in die Tat umsetzt, dann gehört nichts mehr wirklich mir? Ich müsste beständig das Privileg erarbeiten, mein Haus, mein Auto, meinen Computer behalten zu dürfen? In dem Bewusstsein, dass mich ein Millionär von heute auf morgen enteignen könnte?«

»Ja. Aber wieso hast du dein Haus für alle Ewigkeit verdient, wo du doch nur einmal dafür bezahlt hast, oder, noch schlimmer, deine Vorfahren? Wenn du dich nicht darum kümmerst, wenn du nicht in das Haus investierst, könnte dann nicht jemand anderes viel besseren Nutzen daraus ziehen?«

In der Tat. In seinem Buch stellt sich Glen Hyperloop vor, eine Firma der Zukunft, die dank seines Systems in der Lage wäre, auf einen Schlag und mit einem Klick alle Grundstücke auf der Strecke San Francisco–Los Angeles aufzukaufen. Ich entschloss mich, nicht mit dem allzu bürgerlichen Argument »mein Haus, meine Hausschuhe« zu jammern. Nicht lockerlassen hingegen konnte ich bei dieser Obsession der Nützlichkeit.

»Und selbst wenn? Wie Proudhon so richtig gesagt hat, ›der Missbrauch des Eigentums ist der Preis, der für seine Innovationskraft und seine Bestrebungen gezahlt wird: Mit der Zeit wird es sich richtigstellen. Lassen wir es machen.‹«

»Welche Innovationskraft? Das Eigentum verlangsamt die Innovation. Welche Bestrebungen? Es schafft Kapitalertrag. Es ist weniger eine Frage der Nützlichkeit als eine Frage der Gleichheit. Mein Vorschlag ist ein Kapitalismus ohne Kapital. Würdest du eine zentralisierte Umverteilung vorziehen?«

Das ist ein schwerer Schlag. Zwei intellektuelle Abgründe tun sich vor mir auf: den Kapitalertrag verteidigen oder den Sozialismus rechtfertigen. Aber dennoch halte ich es für ein starkes Stück, im Namen der Gleichheit einem Fremden mein mit Gewohnheiten und Erinnerungen gefülltes Haus abtreten zu müssen.

»Damit es Gleichheit gibt, müssen noch Individuen übrig sein, unter denen diese Gleichheit Sinn ergeben kann. Aber wie soll sich eine Individualität ohne die Objekte aufbauen, in denen sie sich spiegelt? Dass ein Kind an seinem Kuscheltuch hängt wie ein Erwachsener an ein paar alten Klamotten oder dem Haus seiner Familie, ist eine archaische anthropologische Gegebenheit. Um ein Selbst zu sein, braucht es einen Platz, um bei sich zu sein.«

»Das Individuum existiert nicht ohne den Austausch, der es gestaltet. Warum um jeden Preis einzigartig sein wollen? Schau, wie schon heute in der Sharing Economy das Erlebnis wichtiger ist als der Besitz. Wir befreien uns nach und nach vom Warenfetisch, wie Marx gesagt hätte.«

Nun sind wir zum Kern der Sache vorgedrungen. In der britischen Presse liest man regelmäßig Geschichten über Familien, die seit Jahrhunderten ein Landgut bewahren. Die Erben leben elend in ihren Schlössern, haben kaum oder kein festes Einkommen, tragen die Tweedjacken ihrer Ahnen und widmen ihr Leben der Pflege eines Rosenparterres oder der Restauration einiger Holzbalken. In Glens System würden diese ruinierten Junker sofort zugunsten eines ehrgeizigen Investors enteignet, der das Anwesen in einen Coworking Space für WeWork umwandelt. In meinen Augen sind die ruinierten Junker ein Schatz der Zivilisation.

»Ohne ein Individuum, das in einem stabilen Besitz verankert ist, gibt es keine Überlieferung, keine Geschichte.«

»Ohne ein Individuum, das an sein Revier gebunden ist, gibt es keine Gewalt, keine Trauer.«

Wir kamen an das Ufer des East River. Nach all diesen verstopften und lauten Straßen beruhigte mich der Anblick des Flusses sofort. Wir verlangsamten unsere Schritte. Das Dénouement des Dramas ist nah. Es genügt noch ein kleiner Stups und Glen erklärt mir seine Beziehung zum Buddhismus. Er träumt von einer Welt ohne Leiden, die sich beständig optimiert, immer noch komplexere Netzwerke aufbaut und immer noch sich steigernde Freuden bereithält. Auf die Person, die diese Freuden erlebt, kommt es wenig an: Das Wesentliche ist das Experiment selbst, nicht der Experimentator. Und wer sollte diese ganze Komplexität organisieren können, diese unendlich vielen, permanenten Versteigerungen, und das bei totaler Transparenz? Wer sollte in der Lage sein, anstelle des ohnmächtigen und überforderten Individuums Entscheidungen zu treffen, wenn es vom Zufall des Marktes von einer Behausung in die nächste getrieben wird? Eine KI selbstverständlich. Der Kreis schließt sich. Für Harari verwandelt die KI das Individuum in ein »Dividuum«. Für Glen öffnet das Verschwinden des Individuums, das seinen ererbten Heiligenschein verloren hat, den Weg für eine optimale Organisation des Austausches durch die KI. Es ist die gleiche, stark vom Buddhismus beeinflusste Vision, die von zwei komplementären Entwürfen illustriert wird.

Mit seiner Stiftung RadicalxChange versucht Glen, eine regelrechte soziale Bewegung rund um seine Ideen zu begründen, wie Henry George in seiner Zeit. Er hat einen Nerv unserer Epoche getroffen und erhält viel Unterstützung. Im Grunde hat er das Aufkommen des Dividuums, das im Netz zerstreut und einer permanenten Überwachung unterworfen ist, in die Praxis übersetzt und dafür die ganze Strenge der Wirtschaftswissenschaften aufgewandt. Die KI wird für ein Optimierungsprojekt genutzt, das ihr vielleicht nicht inhärent ist, aber dem sie doch wunderbar dient. Es entsteht also ein kohärentes Bild von der Zukunft, das von den Denkern der ersten Riege mit Begeisterung vorgetragen wird. Ist es das, was wir wollen?

Aus Vorsicht hatte ich ein Gegengift in meinen Rucksack gesteckt: *Antifragilität,* das Hauptwerk von Nassim Taleb. Ich habe während meiner Reise immer wieder in kleinen Dosen darin gelesen, um mich stärker gegen das zu mithridatisieren, was Taleb »Neomanie« nennt: die Illusion der Modernität. Nassim Taleb ist ein origineller, gelehrter und strenger Intellektueller, der sich von der Finanzwirtschaft zum akademischen Milieu bekehrte und als Risikoforscher berühmt für das Konzept des »schwarzen Schwans« wurde. Ohne auch nur im Geringsten zu zögern, opferte ich das Finalspiel der Fußballweltmeisterschaft, um mit ihm in seinem Rückzugsort in Larchmont, einem piekfeinen Vorwort nördlich von Manhattan, zu Mittag zu essen.

Nassim Taleb ist ein Koloss. Zunächst körperlich, da er Muskeltraining auf hohem Niveau betreibt. Vor allem aber intellektuell: er ist vielsprachig, ein eifriger Leser der antiken Philosophie, ein renommierter Statistiker, er kennt die *trading rooms* genauso wie die jüngsten medizinischen Publikationen, er verkörpert das humanistische Ideal des universalen Denkens. Seine unkonventionellen und häufig radikalen Positionen haben ihm zahlreiche Feinde eingebracht. Er genießt es. Bevor wir uns zu Tisch setzen, erledigt er noch etwas abgelenkt einen *tweet clash,* wie Obelix einen letzten Römer vermöbelt, bevor er ein Wildschwein verschlingt. Ich wage es nicht, den Strom seiner Worte und Ideen zu unterbrechen. Die KI interessiert ihn kaum: ein vorübergehendes Phänomen in einer Serie von Innovationen, die sich noch nicht im Lauf der Zeit bewährt haben. Als guter Schüler Karl Poppers wartet Taleb, ob sie den Annullierungen wird widerstehen können, die nicht ausbleiben werden. Wie sollte die Technologie den Menschen verändern können, der seit Platons Zeit so aussichtslos er selbst geblieben ist?

Nassim Taleb fährt mich in seinem Tesla zum Bahnhof zurück. Frankreich hat das Finale gewonnen. Bevor wir uns verabschieden, nehme ich meinen Mut zusammen. Sein Auto ist permanent mit dem GPS verbunden und parkt bereits alleine ein: Verändern solche Erfindungen nicht unser Verhältnis zu Risiko und Zufall, zwei zentralen Elementen seiner Philosophie? Nassim zuckt mit den Schultern und lässt mich mit einer sibyllinischen Wahrheit stehen: »Die Daten repräsentieren eine negative Konvexität.« Ciao.

Eine negative Konvexität. Im Lichte der Begriffe, die in *Anti-*

fragilität entwickelt werden, bedeutet das, dass die Daten fragil sind. Ein unvorhergesehener Schock droht sie in Luft aufzulösen. Die kleinste Abweichung von ihrer normalen Bahn wird auf dem Gebiet des Wissens mehr Verluste als Gewinne ergeben. Anders gesagt, die frenetische Anhäufung von Daten ist weit davon entfernt, eine Erkenntnis zu stabilisieren, vielmehr macht sie sie extrem flüchtig. Die Anhäufung erzeugt einen »Lärm«, eine Masse zu wichtiger Informationen, die die Genauigkeit des Signals zerhacken. »Daten in großer Menge sind toxisch«, stellt Taleb klar.[144] Der Anteil an inadäquaten Daten und damit das Risiko einer falschen Korrelation steigt mit Datenanhäufung exponentiell. Deshalb trifft die Optimierung auf inhärente Grenzen. Je mehr alles mit Just-in-time-Verfahren funktioniert, desto mehr wird man darauf warten können, dass ein Vorfall die Gesamtheit des Systems blockiert. Taleb wählt das Beispiel des Flughafens, der so gut durchdacht ist, der derart ökonomisch mit Zeit und Raum umgeht, dass die simple Verspätung eines Flugzeugs die ganze Mechanik kaputtmachen und ein unkontrollierbares Chaos hervorbringen kann. In ganz allgemeiner Hinsicht erzeugen Komplexität und Vernetzung Fragilität: Ein Algorithmus erkennt die Beschilderung eines Zebrastreifens nicht und eine ganze *smart city* bricht zusammen.[145] Demgegenüber erweist sich ein suboptimales System, das Raum für Überraschung und Irrtum lässt, als »antifragil«, es ist in der Lage, Schocks abzufangen und sie positiv zu wenden.

Solche anormalen, unvorhergesehenen und riskanten Ereignisse sind genau das, was die Natur, die Gesellschaft und das Wissen fortschreiten lässt. Es sind die berühmten »schwarzen Schwäne«, die Taleb in einem seiner älteren Bücher beschrieben hat: Zweitausend Jahre lang glaubte die Menschheit, dass alle Schwäne weiß seien, bis die Entdeckung eines einzigen schwarzen Schwanes die vermeintlich unbestreitbare Theorie ruinierte.

Wir müssen uns auf die Lauer nach schwarzen Schwänen in Australien legen, uns bereithalten, unser Verhalten und unser Wissen entsprechend unvorhergesehener Elemente zu verändern. Jenseits technologischer Fragen erklärt sich Talebs Argwohn gegenüber der KI auch aus seiner Vorliebe für den Zufall, die Bedingung für spontane Ordnung. Optimierung erzeugt Fragilität, Fragilität drängt zur Regungslosigkeit. In den autonomen Häfen Chinas kann die geringste Störung, und sei es nur ein Kaugummi auf einem Signalstreifen, schwerwiegende Folgen haben. Also muss der Hafen geschützt und gesichert und unter eine Glasglocke gestellt werden. Aber indem man das tut, nimmt man ihm die Möglichkeit, sich zu entwickeln und zu verbessern. Ist das nicht der Gipfel des Paradoxes? Die Optimierung widersetzt sich der Perfektionierung. Erstere wird im Hinblick auf ein genau bestimmtes Ziel ausgeführt, während Letztere die immerwährende Anpassung an die Umstände voraussetzt, deren Ziel undefinierbar bleibt. Eine bis ins Detail der Logik der KI unterworfene Welt wäre unheilbar entropisch, eine Art vergletscherter Stabilität. Wiederholung des Austausches, Unwandelbarkeit des Berufs, Unwiderruflichkeit der Liebe.

Als ich diesen Einwand dem Ökonomen Robert Atkinson unterbreitete, antwortete er mir, dass man gewiss im Denken Ikonoklast bleiben müsste, aber nicht in der Praxis. Anders gesagt würde er Meinungsverschiedenheiten auf dem Niveau der Theorie fördern, aber er kann das Interesse nicht nachvollziehen, wenn es sich um Medizin oder Wirtschaftswissenschaften handelt. Lässt sich aber ein kritischer Geist *in abstracto* kultivieren, wenn er sich nicht in genau den wichtigsten Bereichen unseres Daseins betätigen kann? Nassim Taleb zögert übrigens nicht, sich in Gesundheitsthemen als Ikonoklast zu zeigen, und schreibt auch hier antifragile Kräfte den Methoden zu, die Jahrtausende der Erfahrung als Erbschaft mitbringen: So unterzieht er sich etwa aus intellektueller Überzeugung byzantinischen Fastenriten, im Glauben, dass man dem Körper mit gezielten und punktuellen Schocks den besten Dienst erweisen kann (hierin stimmen auch bestimmte zeitgenössische Theorien über die Heilkräfte der »Autophagie« überein). Wie könnte eine von der KI regierte Welt ohne derlei Experimente fernab des akademischen Konsenses jemals etwas anderes hervorbringen als die eintönige Wiederholung der gleichen Schlussfolgerungen und der gleichen Irrtümer? Und durch welches Wunder sollten wir uns die Fähigkeit, auch gegen die Gruppe zu denken, bewahren, wenn wir ihr in unserem alltäglichen Verhalten gehorchen?

Die Evolution der Natur zeigt in grundlegender Art und Weise die Rolle des Zufalls. Ich habe meine Gesprächspartner oft gebeten, sich vorzustellen, dass eine KI damit beauftragt gewesen wäre, die Beziehungen zwischen den ersten Bakterien in der Ursuppe vor drei oder vier Milliarden Jahren zu optimieren. Hätte die KI nicht mit dem Ziel, das Wohlergehen der Bakterien zu verbessern und Anomalien auszulöschen, den Weg versperrt, der am Ende zur Menschheit geführt hat? Denn die Evolution ist eine Aufeinanderfolge von Irrtümern. Der Biologe Stephen Jay Gould hat mit seinem Begriff der »Zweckentfremdung« sehr pädagogisch gezeigt, wie die natürliche Selektion bei weitem keiner geraden Linie folgt, sondern mit den Materialien herumtüftelt, die sie gerade in ihrer Reichweite findet. Sie verfolgt kein Ziel: sie tastet auf der Suche nach Neuem herum. So hatten etwa Meereswirbeltiere bereits lange vor der Eroberung des Lebensraums auf der Erde Füße, aber diese wurden erst beim zweiten Mal für die Fortbewegung »zweckentfremdet«. Die Fische haben sich nicht gesagt: Tja, Füße wären schon sehr praktisch, um das Wasser zu verlassen. Sie haben ein mehr oder minder nützliches (suboptimales) Organ benutzt, um sich neuartigen Erlebnissen zu widmen. Eine KI hätte ihnen wahrscheinlich empfohlen, diese sperrigen Füße endlich loszuwerden, die beim Schwimmen stören und das Risiko erhöhen, Opfer eines Räubers zu werden. Wenn das Leben also nicht grundlegend von Zufallsmechanismen bewegt würde, wäre auch nie der Mensch erschienen, um die KI zu erfinden.

Dieselbe Logik könnte man vielleicht auf den Städtebau anwenden. Durch Planung sind unbewohnbare Räume, menschenleere Neustädte oder heruntergekommene Wohnblocks entstanden. China baut heute ohne Unterlass funktionale und unmenschliche *smart cities*, die Spuren der Vergangenheit werden wegrasiert; dieses architektonische Desaster wird seinen Höhepunkt im Bau von Xiong'an finden, einer nach dem Willen von Präsident Xi auf die grüne Wiese gebaute Megacity, hundert Kilometer südlich von Peking. Wohin indessen strömen die chinesischen Touristen in Paris? In das Marais, nach Montmartre, auf den Montagne Sainte-Geneviève, in diese Labyrinthe aus Gassen, die von dem monotonen Rationalismus des Barons Haussmann, zu Recht Attila genannt, verschont geblieben sind. Die Ästhetik und die Bequemlichkeit eines Wohnorts bestehen in seiner Geschichte und seinem Gefolge an Mängeln. Ich habe einen chinesischen Forscher bei Alibaba gefragt, wie Paris aussehen würde, wenn sein Aufbau von einem City Brain organisiert worden wäre. »Die Fahrzeit würde sich halbieren«, war die Antwort. Na wunderbar!

Während meiner Gespräche bei Uber in San Francisco gesellte sich der KI-Forscher Kenneth O. Stanley zu uns, Autor eines Essays, der den »Mythos der Zielvorgabe« anprangert.[146] Seine These ist simpel: Die größten Entdeckungen, in der Geschichte der Wissenschaften wie im Leben eines Individuums, ereignen sich außerhalb der Zielvorgaben, die man gesteckt hatte. Gleich auf den ersten Seiten gesteht der Autor ein, dass sein eigenes Fachgebiet, die KI, völlig besessen ist von Optimierungskriterien und -abläufen. »In dem Maße, wie das Feld der KI von Zielvorgaben überwuchert wird, ist es wahrscheinlich unausweichlich, dass eines Tages die KI-Forscher beginnen werden, die Funktion von Zielvorgaben überhaupt zu hinterfragen.« Dieses seltene Plädoyer für die Serendipität gibt sich als frontale Opposition zur Mehrheit der KI-Techniken, die heute Anwendung finden. Der Fortschritt ist unmöglich *ex ante* zu bestimmen: Er enthält und verhängt seine eigenen Normen. Wenn man tagtäglich Zielvorgaben braucht, dann muss man es auch verstehen, sie aufzugeben, wenn sich ein interessanterer Weg präsentiert. Wie Nassim Taleb versucht auch Kenneth rational zu erklären, warum ein Exzess an Rationalität sich selbst schadet. Unvorhersehbarkeit repräsentiert keinen Mangel an Kenntnis, dem Abhilfe geschaffen werden muss, wie die aktuellen Beweihräucherer der KI zu denken scheinen.[147] Sie ist vielmehr ein grundlegendes Element in der Evolution des Wissens.

Wenn man die Theorien von Harari oder Weyl durch diese Linse betrachtet, dann muss man zu dem Schluss kommen, dass eine optimale Gesellschaft, in der die Dividuen mit dem Ziel zusammenkommen, das Wohlergehen zu steigern und das Leiden zu verringern, eine tote Gesellschaft ist, die Innovation und Abweichung strukturell unmöglich macht. Es ist auch eine fragile Gesellschaft, die unter der ersten Zuckung zusammenbrechen könnte. Vielleicht wird China das Lehrgeld zahlen. In der Zwischenzeit müssen wir, um die Evolution zu retten, um unseren Kampf gegen die Entropie fortzusetzen[148] und um die Idee einer Zivilisation in Bewegung zu bewahren, auch etwas Zufälligkeit bewahren. Um diese Zufälligkeit möglich zu machen, ist es zwingend, eine Form von individueller Autonomie wiederherzustellen, die fähig ist, die KI zu durchkreuzen, sie zu überraschen und ihr zu widersprechen. Wie den Sirenen des Utilitarismus widerstehen? Wie kein Dividuum werden?

Um auf diese Fragen zu antworten, ist es notwendig, wieder auf das Thema des freien Willens zurückzukommen. Wenn uns die zeitgenössische Forschung wirklich mit der unseligen Trias von Psychologie, Neurowissenschaft und Verhaltensökonomie in eine Form totaler Determination stürzt, dann scheint jeder Versuch zur Wiederherstellung einer individuellen Entscheidungsfähigkeit vergebens. So können wir uns wie Charles Bovary dem Fatum überlassen, heute verkörpert von der KI.

Dieses Problem ist so alt wie die Philosophie. Die zeitgenössische Forschung hat nur eine tausendjährige Frage aktualisiert: Wie können wir frei und verantwortlich sein, wenn unser Denken das simple Produkt von Kräften ist, an die es nicht heranreicht? Lukrez hat versucht, die Komplexität des Lebendigen in den epikureischen Schneesturm der Atome einzuführen, und schloss auf die Existenz eines *clinamen,* einer spontanen und unvorhersehbaren Abweichung der Atome von ihrer Bahn. Erasmus von Rotterdam setzte die Existenz der freien Entscheidung als Bedingung von Gut und Böse voraus, und das zur großen Empörung Luthers, der es nicht ertrug, dass etwas von der göttlichen Allwissenheit ausgenommen sei. Henri Bergson widmete in Bezug auf die Positivisten ein Gutteil seines Werkes der Trennung des menschlichen Bewusstseins von den Gesetzen der Physik. Ilya Prigogine fand in der Quantenphysik einen Grund, eine Form von Indeterminismus des menschlichen Tuns zu rechtfertigen. Wie die Wissenschaften fortschreiten, bleibt die gleiche Fragestellung bestehen und lässt neue Thesen entstehen. Mit Blick auf diese lange Geschichte würde die Behauptung anmaßend erschienen, dass die zeitgenössischen Neurowissenschaften den freien Willen endgültig beerdigt hätten. Sie fachen nur eine Debatte wieder an, die Jahrhunderte des Nachdenkens sichtlich nicht lösen konnten.

Die Frage des freien Willens ist nicht nur eine Wiederholung, sie scheint mir in ihren Termini auch widersprüchlich. Ebenso wenig, wie man die Worte »Ich lüge immer« aussprechen kann, ohne sich zu widersprechen (das Paradox des Kreters), kann man behaupten, dass man determiniert ist. In der Tat setzt die Behauptung einer Wahrheit (in diesem Falle die des Determinismus) ein Vertrauen in den mentalen Prozess voraus, der zu ihr führt. Wenn nun dieser Prozess selbst determiniert ist, wie könnte er auch nur den geringsten Erkenntniswert besitzen? Wenn mich äußerliche Faktoren, die ich nicht kenne, zur Annahme des Determinismus drängen, wird dieser dann nicht zu einer simplen These, die zufällig von den Verknüpfungen des Gehirns formuliert wird? Impliziert nicht demgegenüber die Tatsache selbst, dass nach einer Erkenntnis gesucht wird, die Annahme einer unabhängigen Urteilsfähigkeit? Wie der Philosoph Jules Lequier ironisch sagte, man müsste eher zugeben, dass Gewissheit den freien Willen impliziert, anstatt sich zu fragen, ob der freie Wille gewiss ist.[149] Allerdings ist dieser Sieg des freien Willens aus Mangel an Alternativen nicht wirklich befriedigend. Denn der Indeterminismus prallt auf seinen eigenen Fehlschluss. Die willkürliche Handlung oder den unerwarteten Gedanken zu reklamieren, heißt das nicht, sich dem Zufall auszuliefern? Wie könnte eine völlig willkürliche Aussage wahr sein, wenn nicht per Zufall? Sperren sich nicht die Capricen des Willens gegen jegliche wissenschaftliche Strenge? Die Behauptung »Ich besitze einen freien Willen« kehrt in der Tat wieder zur Behauptung des Gegenteils zurück.

Diese Aporien lassen sich nur auflösen, indem man zwei verschiedene Konzeptionen des freien Willens differenziert, die auf der Unvorhersehbarkeit einerseits und auf der Überlegung andererseits basieren. Die erste Schule, für all die Verwirrungen verantwortlich, interessiert sich hauptsächlich für die Freiheit im »freien Willen« und besteht auf der Fähigkeit des Menschen, sich über die Verkettung von Ursache und Wirkung zu erheben. Deshalb muss sie sich auf ein übernatürliches Element beziehen, das unserer Spezies zu eigen ist: ein besonderer, von Gott verbürgter Wille, wie ihn Descartes in der Zirbeldrüse installiert hat,[150] oder ein Bewusstsein, vor dem die Unendlichkeit der Möglichkeiten vorbeizieht, wie bei Sartre, der daraus auch die absolute Verantwortung für unsere Entscheidungen ableitet.[151] Es gäbe also ein *fiat*, einen Akt der Entscheidung, der unerklärlich ist und im Widerspruch zu jeglicher wissenschaftlicher Erklärung steht. Durch den Ausweg der Zirbeldrüse entkommt Descartes dem Korpus der physikalischen Gesetze, zu deren Begründung er doch beiträgt; und Sartre seinerseits verwirft die Entdeckungen der Neurowissenschaften bereits von vornherein, da sie nur für die »Faktizität« des physischen Seins relevant seien, und nicht für die mysteriöse »Nichtung«, die das Bewusstsein ermöglicht. Solche Theorien bringen den freien Willen unrettbar in Opposition mit dem Determinismus und das Vorgehen der Philosophie in Widerspruch mit der Absicht, universale Gesetzmäßigkeiten zu etablieren. Sie nähren eine Art ewigen und unfruchtbaren Streitgesprächs zwischen Natur und Wissen, Wissenschaft und Bewusstsein, für das jede Epoche sie in ordentliche Termini kleidet.

Es ist also notwendig, die Frage selbst ins Verhältnis zu setzen. Warum hängen wir so sehr am freien Willen? Am Ende seines exzellenten Buches über Algorithmen, in einer Passage über den *nudge*, räumt Dominique Cardon das Thema brutal aus: »Mit der Anhäufung von kulturellem Kapital betten sich die sozialen Akteure immer mehr in multiple und interdependente Universen ein, wertschätzen auch stärker die Vorstellung einer Selbstbestimmung des Subjekts und fürchten die von außen einwirkenden Zwänge, die ihren freien Willen überlagern könnten.«[152] Alles in allem ist der freie Wille demnach ein bürgerliches Anliegen, ein Luxus der oberen Schichten, die sich wohltuende Sorgen um die Unabhängigkeit ihres Geistes machen. Ist die Suche nach willkürlichen Handlungen nicht die Laune eines verzogenen Kindes?

Ohne Zweifel, wenn der freie Wille als ein anmaßender Bruch mit der natürlichen Ordnung begriffen wird. Aber es gibt auch die Möglichkeit, die menschliche Verantwortung und also die Autonomie ohne die Beihilfe einer solchen Fiktion zu denken. Das ist der Anspruch der zweiten Schule, die sich auf den Willen im »freien Willen« konzentriert, der in der Lage ist, das Für und das Wider abzuwägen, bevor er einen Schluss zieht. Nennen wir das, um alle Missverständnisse zu vermeiden, »Willensfreiheit«. Die Tatsache, dass mein Urteil in physiologischer oder biochemischer Hinsicht vorhersehbar ist, hindert nicht, dass es in Form einer internen Überlegung mehr oder weniger herangereift ist und so die Möglichkeit hervorgebracht hat, Wahrheitsgrade zu differenzieren. Es wäre falsch, die menschliche Freiheit mit einem einfachen Zufall gleichzusetzen, der wundersamerweise die Kausalkette durchbricht. Wenn ich die Stichhaltigkeit meines Urteils beweisen kann, zählt sein Ursprung wenig. Diese Antwort brachte schon Leibniz in seiner Kritik an dem vor, was er Schicksal auf Türkisch nannte, »denn man sagt den Türken nach, dass sie Gefahren nicht meiden und selbst von der Pest verseuchte Orte nicht verlassen« auf Grund eines exzessiven Fatalismus.[153] Da Gott so oder so unsere Zukunft determiniert hat, warum widerstehen? Leibniz vertritt eine besonders strenge Version des Determinismus, in der unsere Handlungen nach dem Plan Gottes prädeterminiert sind, der die beste aller möglichen Welten gewählt hat. Trotzdem verwirft er entschieden das

Schicksal *à la turque* und verwundert sich über all die Zeit, die die Philosophen mit der Debatte über den freien Willen verbracht haben. Denn »die Bindung der Ursachen und Wirkungen verhängt kein unerträgliches Fatum, sondern bietet vielmehr ein Mittel, um es aufzuheben«: Im Bewusstsein der Gesetze, die die Natur regieren (beispielsweise Ansteckungsphänomene), kann ich auf ihrer Basis eine eigene Entscheidung treffen, um meine eigenen Ziele zu verwirklichen (in diesem Falle das Überleben). Dass diese Entscheidung ihrerseits das Ergebnis eines mechanischen Vorgangs im Inneren meines Geistes ist, schmälert meine Verdienste nicht: Um es mit Leibniz zu sagen, Gott zählt auf meine Rationalität, auf meine natürliche Neigung zugunsten der wohltuendsten Lösung, um seine Berechnungen der besten aller Welten zu realisieren: Er hat »vorhergesehen«, dass ich »freiwillig« einen Bogen um Pestgebiete machen werde. Um die Begriffe der Neurowissenschaften zu benutzen, könnte man sagen, dass die Evolution den Weg von einer Synapse zur anderen hervorgebracht hat, damit ich mein eigenes Urteil in befriedigender Art und Weise bilden kann. Leibniz ist auch ein Denker der Individualität, begriffen als »Monade«: Determiniert zu sein hindert nicht daran, einzigartig zu sein; ganz im Gegenteil, die Folge der Urteile, die zu treffen an mich herangetragen wird, konstituiert die Verlaufsgeschichte meiner Individualität.

Deshalb also steht der Determinismus in keinem Widerspruch zur Willensfreiheit – eine philosophische Position, die zuweilen Kompatibilismus genannt wird. Auf der einen Seite muss man einen freien Willen, der sich auf reinen Zufall beschränkt, der die Welt und meine eigene Geschichte in den Wind schlägt und mich paradoxerweise von aller Verantwortung entbindet, definitiv zu den metaphysischen Illusionen rechnen; auf der anderen Seite kann und muss die Fähigkeit autonomer Entscheidung in das Spiel der Biochemie eingeschrieben sein.

Der Neurowissenschaftler Stanislas Dehaene selbst gesteht zu: »Wenn wir vom freien Willen sprechen, müssen wir zwei unserer Annahmen zum Thema der Entscheidungsfindung deutlich unterscheiden: ihre grundlegende Indetermination (eine zweifelhafte Vorstellung) und ihre Autonomie (ein respektables Konzept).« Je komplexer mein Entscheidungsprozess ist, umso vorhersehbarer ist er aus neurowissenschaftlicher Perspektive und umso freier bin ich. Wer würde hingegen von einem Elektron in quantenmechanischer Unbestimmtheit oder von einem eratischen Verrückten sagen, dass sie »frei« sind?

Bleibt noch zu verstehen, worin diese interne Überlegung besteht. Der Philosoph Daniel Dennett, eine wichtige Figur des neueren amerikanischen Atheismus,[154] hat das Problem der Überlegung in überzeugender Weise mit dem der Intention verknüpft.[155] Wir treffen Entscheidungen in Abhängigkeit von Wünschen, Glauben, Bedürfnissen, kurz einer Intentionalität. Wir haben also gute Gründe, dies oder jenes zu tun. Aber auch die Bäume haben gute Gründe: Sie bilden Blüten aus, um sich fortzupflanzen, und Wurzeln, um sich zu ernähren. Was den Menschen auszeichnet, ist die Fähigkeit, diese Gründe zu reflektieren, sie sich zu vergegenwärtigen, also zu überlegen. Die Willensfreiheit besteht in einer Art reflektierter Intention. Anders als die Bäume sind wir Herren über den Prozess, der zu einer Entscheidung führt. Wir können ihn beschleunigen oder verlangsamen, bestimmte Erwägungen aus- oder einschließen. »Die Willensfreiheit«, schreibt Dennett, »hat ihren Ort nicht in der finalen Entscheidung, sondern in den vorhergehenden Entscheidungen, die die Überlegung beeinflussen.« So ist die finale Entscheidung *a posteriori* immer vorhersehbar gewesen, das heißt erklärbar in Abhängigkeit von einer bestimmten Intention (die berühmten »Tatmotive«). Diese Vorhersehbarkeit kann übrigens auch mit rein biochemischen Analysen übereinstimmen: Wir beginnen heute Entscheidungen auf neuronalen Karten nachvollziehen zu können, bevor sich diese überhaupt bewusst ausgedrückt haben. Aber der Prozess selbst, der zu diesen Entscheidungen führt, ist der Ort, an dem die Willensfreiheit aktiv ist, und zugleich der, an dem sich die Persönlichkeit bildet. Die Neurowissenschaften ihrerseits erforschen heute die spezifische Rolle von Neuronen bei der Entstehung einer Wahl und distanzieren sich von einer rein mechanistischen Sicht auf die Prozesse im Gehirn.[156]

Gewiss könnte man in der Argumentation einen Schritt zurückgehen und Dennett fragen, ob nicht auch seine »vorhergehenden Entscheidungen« wiederum von Unter-Entscheidungen abhängen, und immer so fort. Und warum nicht? Es sind all diese mentalen Schichten, manche Automatismus, manche Überlegung, manche Unbewusstsein, manche Reflexion, die gemeinsam eine Identität bilden und *in fine* ein Wort auslösen, eine Handlung, eine banale Bewegung oder eine verhängnisvolle Geste. Alexander Prescotts Experimente mit Affen haben besonders zum besseren Verständnis der Rolle des Unterbewussten beigetragen, das die Arbeit der Überlegung im Gedächtnis bewahrt.[157] Die Idee, dass sich Myriaden von Entscheidungen unter- und übereinanderfalten, hätte Leibniz, den Denker des unendlich Kleinen, entzückt. Ebenso wie wir nicht die einzelne Welle im Tosen des Meeres hören können, können wir nicht das Detail in der Gesamtheit der winzigen Entscheidungen unterscheiden, die sich in unserem Gehirn zusammenballen. Aber sie existieren, sie gehören uns an, sie gestalten uns.

In jedem Moment der Reflexion berücksichtigen wir verschiedene Erwägungen, die uns in den Sinn kommen, wir »wägen das Für und Wider«. Auch hier bieten uns die Neurowissenschaften eine präzise Beschreibung, wie die Entscheidungsneuronen aktiviert oder gehemmt werden können, und erhellen so unsere

Fähigkeit zu hinterfragen und zu überlegen.[158] Ist eine Frage ausgeräumt, verscharren wir sie in den Winkeln unseres Unterbewussten für die Zukunft. In den Begrifflichkeiten der Neurowissenschaften verbindet sich die Wiederholung mit einem Lernprozess und modifiziert die Nervenbahnen, formt die Verknüpfungen zwischen den Neuronen um.[159] Pianisten wissen, dass sich eine zu oft wiederholte falsche Note automatisch in der vom Gehirn befohlenen Fingerbewegung verfestigt und dass es viel Übung braucht, um eine anfängliche falsche Entscheidung zu korrigieren. Auf interessante Art und Weise verändert eine Entscheidung umso dauerhafter die neuronalen Verknüpfungen, je geduldiger sie erwogen wurde und gereift ist:[160] Die Intensität unseres Urteils kann unser zukünftiges Verhalten beeinflussen. Die Formbarkeit des Gehirns erlaubt es uns also, unsere Entscheidungen in unseren Körper selbst zu integrieren.

Sie haben sich vielleicht eines Tages für einen bestimmten Weg in die Arbeit entschieden; nach und nach ist diese Entscheidung zu einer Gewohnheit geworden und erlaubt Ihnen, auf dem alltäglichen Weg über andere Fragen nachzudenken, die zu anderen Entscheidungen führen. Die anfängliche Entscheidung war nicht zwangsläufig die beste: Die Streiks der Londoner U-Bahn haben gezeigt, dass viele Fahrgäste, die gezwungen waren, neu über ihre Route nachzudenken, bessere Optionen für sich fanden.[161] Aber es war die Ihre. Heute gehört Ihnen Ihr Weg in die Arbeit genau so, wie Sie ihm gehören. Die Wiederholung der gleichen Straßen, der gleichen Kreuzungen und der gleichen Verkehrsschilder korrespondieren mit einem Moment in Ihrem Leben und es wäre völlig vernünftig, dabei zu bleiben, selbst wenn man ein paar Minuten verliert. Wenn man die Begrifflichkeiten von Kahneman noch einmal hervorholt, könnte man die Hypothese aufstellen, dass System 2 keine vernünftige Entität ist, die von System 1 und seinen kognitiven Verzerrungen getrennt ist. Vielmehr wäre es System 2, das System 1 ernährt, indem es eine Unzahl von Entscheidungen in den Tiefen unserer Gewohnheit Revue passieren lässt, so wie sich System 1 zuweilen im System 2 bekundet, um eine neue Überlegung anzustoßen. In Wirklichkeit gibt es nicht zwei Systeme, sondern unzählbar viele Entscheidungskreisläufe, die kognitiven Lärm unterschiedlicher Lautstärke freisetzen. Wenn ich mich schlussendlich entscheide, trage ich immer meine ganze Geschichte mit mir. Während also der freie Wille ein Phantasma ist, insofern er als willkürlicher Akt begriffen wird, der mit dem gewöhnlichen Gang der Natur und der Gesellschaft bricht, besteht die Willensfreiheit im Gegenteil in der Fähigkeit, ein Versprechen zu geben, es zu halten und dabei seine ganze Persönlichkeit aufzubieten. Wie es der Neurobiologe Jonah Lehrer erklärt, »werden wir von unseren Entscheidungen definiert«, ob sie nun bewusst sind oder nicht.[162] Dieses Gewebe der Identität ermöglicht die Zuschreibung einer Verantwortung, unabhängig von allen biochemischen Determinismen.

Wir verfügen nicht von Geburt an über einen freien Willen, als hätte sich eine gute Fee über die Wiege des Menschengeschlechts gebeugt; anders als in der unglücklichen Formulierung in unserer Erklärung der Menschenrechte sind wir nicht »frei geboren«. Dafür können wir unsere Willensfreiheit kultivieren und stärken. Das ist der Schlüssel zu unserer Verantwortlichkeit, die weder (biologisch) gegeben noch (intellektuell) vorausgesetzt, sondern der Gegenstand einer langsamen Erarbeitung ist. Je komplexer unsere Entscheidungskreisläufe sind, je mehr unsere Reflexionsfähigkeit mobilisiert wird, umso mehr spiegelt jede Handlung, wie unbedeutend sie auch sein mag, wider, was wir sind. Je weniger wir hingegen überlegen, umso weniger kontrollieren wir uns selbst. Dennett spricht zu Recht von einer »moralischen Erziehung«, die uns bei der Auswahl der

Erwägungen helfen soll, die bei unseren Überlegungen ins Spiel kommen. Damit stellt er sich natürlich in eine humanistische Tradition. Wie Erasmus sich dem »geknechteten Willen« Luthers widersetzte, so können sich die Humanisten von heute auf die Neurowissenschaften stützen, um die Möglichkeit des persönlichen Urteils aufrechtzuerhalten. So können wir schlussendlich das Individuum unter den Daten wiederfinden und die KI in unseren Dienst nehmen.

Eine solche Konzeption ist nicht ohne politische Folgen. Die Rolle einer guten Regierung müsste es sein, sich um diese moralische Erziehung zu kümmern und die Autonomie der Entscheidungsfindung zu fördern. Das ist der deutliche Unterschied zu den anderen Theorien des öffentlichen Handelns, die an dieser Debatte teilnehmen. Im Regime des freien Willens ist die Annahme, dass wir erwachsen und verantwortungsvoll sind; das ist der freie Markt der Chicagoer Schule. In der Theorie des *nudge* werden wir nach Gutdünken unserer kognitiven Verzerrungen hin und her geworfen; das ist der libertäre Paternalismus der Verhaltensökonomie. Aber in meiner Hypothese der Willensfreiheit können wir uns stückweise die Mittel unserer Freiheit aneignen, unabhängig von biochemischen Determinismen und gar dank ihnen. Erinnern wir uns an Leibniz: »Die Bindung der Ursachen und Wirkungen verhängt kein unerträgliches Fatum, sondern bietet vielmehr ein Mittel, um es aufzuheben.« Indem eine Unzahl vorhergehender Entscheidungen im Unbewussten meiner neuronalen Schaltkreise herumgereicht wird, indem ich sozusagen meine eigenen kognitiven Verzerrungen ausbilde, kann ich die Ausübung meines Urteils befestigen. Man kann sich eine ganze Palette politischer Werkzeuge vorstellen, die das Zustandekommen persönlichen Überlegens fördern, ohne es beeinflussen oder sein Resultat beurteilen zu wollen.[163]

Es ist nicht das Individuum, das einen mysteriösen freien

Willen als souveränen Akt ausübt, eine mit Blick auf die zeitgenössischen Wissenschaften unhaltbare Position, sondern es ist die Ausübung der Willensfreiheit als Überlegung, die nach und nach das Individuum in seiner Originalität konstituiert. Daher die Wichtigkeit, diese Fähigkeit nicht an die Maschine zu delegieren! Nun sind wir also endlich wieder bei der KI angekommen. Die Entscheidung zählt weniger durch ihr Resultat als vielmehr durch ihren Prozess, der nach und nach unsere Persönlichkeit strukturiert. Um im Zeitalter der Algorithmen nicht zu Dividuen zu werden, um die Abweichungen hervorzubringen, die die Bedingung der biologischen und gesellschaftlichen Evolution sind, genügt es nicht, »willkürliche Akte« zu begehen, die ebenso ephemer wie oberflächlich sind. Man muss in der Lage sein, eine tiefgreifende und überlegte Wahl zu treffen, die vielleicht suboptimal hinsichtlich des Nutzens ist, aber unabdingbar zur Herausbildung einer Individualität. Damit handelt man nicht gegen sich selbst, man wird man selbst. Dennett erwähnt die Fähigkeit, Manipulationsversuche auszuspielen, eine Konsequenz der »moralischen Verantwortlichkeit« im Zusammenhang mit Überlegungen. Diese Qualität wird heute entscheidend, um der Bequemlichkeit von Empfehlungen zu widerstehen. Ich lehne dieses von Amazon vorgeschlagene Buch ab, nicht weil es mir nicht gefällt oder weil es mir nicht nützlich wäre, sondern weil ich ich bin. Dieser hochmütige Reflex ist eng mit einem Willen zur Autonomie verknüpft. Wo uns also Harari erklärt, dass die KI uns besser kennt als wir uns selbst und dass es besser wäre, unsere Entscheidungen mangels freiem Willen an sie zu delegieren, dort meine ich, dass die KI uns daran hindert, wir selbst zu werden und unsere Willensfreiheit in der Tätigkeit des Überlegens zu begründen. Wo sich Harari damit brüstet, dem Individuum zu entsagen und das Ich in der Meditation aufzulösen, dort schlage ich vor, das einzigartige Wesen, das wir sind, zu bestärken oder ihm zumindest die Möglichkeit einer Zukunft zu lassen. Wenn schon nicht für uns, dann wenigstens für den Fortbestand der Art. Man sieht leicht, dass diese quasi-metaphysischen Überlegungen einen unabdingbaren Wegweiser für unsere Beziehung zur Technologie darstellen.

Nehmen wir zwei Beispiele. Das erste ist anekdotisch: Google Maps. Sie können den *nudge* akzeptieren und sich leiten lassen, ohne überhaupt zu verstehen, wo Sie sind, und mit dem Risiko, dass bestimmte Zonen Ihres Gehirns veröden:[164] Die Quantität des Wohlergehens auf der Erde wird dadurch steigen. Sie können sich auch dazu entscheiden, plötzlich zufällig abzubiegen, nachdem Sie im Berufsverkehr einen Nervenzusammenbruch erlitten haben: Sie werden sich in einem noch schlimmeren Stau wiederfinden und nichts außer der Illusion des freien Willens dabei gewonnen haben. Schließlich könnten Sie auch ihre Willensfreiheit ausüben und versuchen, entweder Google Maps zu schlagen (was vielleicht wieder andere Staus nach sich zieht, aber immerhin ist der Egoismus eine Lebensentscheidung) oder eine Route zu finden, die Ihnen entspricht und von Kriterien ausgeht, die dem Algorithmus von Google Maps fremd sind. Diese spiegeln persönliche Vorlieben wider, die im Laufe der Zeit erworben wurden; etwa, Sonnenblumenfelder entlangzufahren, wenn Sie Van Gogh heißen. Gewiss könnten solche Kriterien auch in eine weiterentwickelte Navigations-KI, die bereits Ihre Bekanntschaft gemacht hat, integriert werden, aber das würde bedeuten, das Gift und die Medizin zu verwechseln, denn genau eine solche KI würde die Entwicklung einer Leidenschaft für Sonnenblumenfelder von vornherein verhindern, da sie in den statistischen Modellen als zu selten nicht auftaucht. *Exit* Van Gogh.

Dieselbe Argumentation könnte man für einen wesentlicheren Bereich geltend machen: die Liebe. Der Leser erinnert sich vielleicht an »Hang the DJ«, jene Folge von *Black Mirror,* in der eine KI alle möglichen Liebesbeziehungen in Simulationen durchspielt und schließlich den Nutzer direkt mit dem besten aller möglichen Partner in Kontakt bringt. In der Welt des *nudge* lässt man sich dummselig in die Betten der Seelenverwandten gleiten, ohne auch nur den geringsten Verführungsversuch unternehmen zu müssen (das war das Ideal des Chefs von Baihe, der chinesischen Dating-Site). Ein Rebell würde dieses Angebot ablehnen und die erstbeste Person heiraten, auch auf das Risiko schneller Scheidung hin. Was wird ein Mensch mit Willensfreiheit tun? Er würde gerne alle Stationen der Simulation selber erleben. Er weiß, dass der Prozess wichtiger ist als das Ergebnis. Schmachten, streiten, zurückkommen. Verführen, weinen, genießen. Ein Wesen aus Fleisch und Blut lieben, nicht eines aus Daten. Nicht aus Gründen der Romantik, sondern um die Möglichkeit zu haben, eine eigene Beziehung zu formen, die Frucht von abertausenden Reflexionen und Emotionen, die nach und nach in unsere Entscheidungskreisläufe eingegangen sind.

Das zeitgenössische Äquivalent zum Schicksal *à la turque,* über das sich Leibniz lustig gemacht hat, wäre es, wenn wir der KI und ihren Empfehlungen die Verwaltung unseres ganzen Lebens überlassen, unter dem Vorwand, dass die Algorithmen wie einstmals Gott die beste aller möglichen Welten auswählen können. Wir müssen unsere Urteilsfähigkeit benutzen, um unserer Qualität als Monade würdig zu sein und uns stückweise der Autonomie anzunähern. Vom mechanischen Türken, der uns am Beginn dieses Buches all die menschliche Arbeit gezeigt hat, die sich hinter der KI verbirgt, bis hin zum Schicksal *à la turque,* das Kontrastmittel gegen die Manipulation, sind uns die Türken ganz entschieden eine große Hilfe!

Auf der Ebene der politischen Philosophie bildet dieser Anspruch auf Autonomie den Kern der Kritik, die John Stuart Mill gegen Jeremy Bentham vorgebracht hat, dessen Einfluss auf den Geist des Silicon Valley wir gesehen haben. In seinem Buch über den Utilitarismus schlägt Mill bereits auf den ersten Seiten eine qualitative Differenzierung der Freuden vor und befreit sich so von Benthams Modell, das in seinen Berechnungen Nützlichkeit ganz homogen betrachtet. In der Tat existieren verschiedene Wege, das Glück zu suchen, die auf von Natur aus variierenden Zielen beruhen – eine tastende, intime Suche, die nicht auf eine gemeinsame Norm zurückgeführt werden kann. Schlussendlich definiert dieses persönliche Glück auch eine individuelle Moral. Das Spektrum der Werte entsteht also aus der Betätigung des Urteilsvermögens, nicht durch soziale Prägung. In seinem Essay über John Stuart Mill interpretiert Isaiah Berlin diese Beugung des Utilitarismus als das Entstehen eines »Rechts auf Irrtum«[165], eine Konsequenz aus der Fähigkeit eines jeden, sich zu suchen, sich zu verwandeln, sich zu verbessern. Dieses Recht auf Irrtum bedeutet im Kontext der KI das Recht, sich aus den sozialen Netzwerken zurückzuziehen, das Recht, Empfehlungen nicht zu folgen, das Recht, Benachrichtigungen abzulehnen, kurz gesagt das Recht, nicht der allgemeinen Definition von Nützlichkeit zu gehorchen und einen eigenen Weg zu verfolgen, auch gegen sich selbst. Das ist der tiefere Sinn der berühmten *privacy,* über die so viel gestritten wird: Es geht nicht darum, das Individuum vor den Blicken der anderen zu beschützen (alles in allem wird der Großteil der Daten anonymisiert und von blinden Algorithmen ausgewertet), sondern ihm zu ermöglichen, sich als solches außerhalb des Netzes, unberührt vom *nudge,* zu konstituieren. Man muss akzeptieren, dass das Recht auf Irrtum kurzfristig negative Effekte für das Kollektiv haben wird, weil es auch die Bedingung für allen zukünftigen Fortschritt darstellt. Niemand weiß, was die

Abweichung hervorbringen kann, aber niemand kann es riskieren, sie abzuschaffen.

Aus dem Recht auf Irrtum folgt recht logisch das Recht auf Unerreichbarkeit. Ein Recht, das selbstverständlich erscheint, aber bereits jetzt bedroht scheint. Die Einführung von intelligenten Stromzählern (»Linky«) in französischen Haushalten stellt eine autoritäre Datensammlung dar, wenn auch mit dem lobenswerten Motiv, die Stromproduktion zu optimieren und CO_2-Emissionen zu senken. Mit der gleichen Logik wird uns morgen die *smart city* dazu verpflichten, ausschließlich vernetzte Fahrzeuge zu benutzen, wie Jesse Levinson, der Gründer von Zoox, mir während unseres Gesprächs gestand. Die Kosten der Unerreichbarkeit und der Verbindungstrennung, für die politisch nur sehr schwer aufzukommen ist, werden sich in der Verlangsamung des Verkehrsflusses und in Unfällen beziffern. Aber der Schutz desjenigen, der sich nach Gutdünken bewegen will, anonym und unvorhersehbar, der weder sein Ziel bestimmt noch seine Route teilt, bedeutet auch die Bewahrung der Freiheit für den einsamen Spaziergänger und gewährt ihm die Möglichkeit, von seiner Route abzuweichen. In etwas paradoxer Weise erlaubt das der Stadt, ihre eigenen Antikörper zu entwickeln, antifragil zu bleiben, Schocks abfangen und sich weiterentwickeln zu können. Wie es Stuart Russell gesagt hat, ist die *smart city*, wie sie von KI-Puristen gedacht wird, eine tote Stadt. Sie kann nur zum Leben erwachen, wenn wir unsere Unerreichbarkeit durchsetzen und uns abmelden. Ihre schlimmsten Feinde bieten ihr die beste Chance auf Gedeihen.

Soll das Individuum im Zeitalter der KI erhalten bleiben, dann stellt sich eine inzwischen klar eingegrenzte Frage: Wie wird dieses Recht auf Irrtum, dieses Recht auf Unerreichbarkeit technisch umgesetzt?

Die erste und offensichtlichste Option besteht darin, sich freiwillig aus dem Netz zurückzuziehen und wieder an einen Entscheidungsmodus 1.0 anzuknüpfen, der naturgemäß fehleranfällig ist, aber dafür vielleicht wahrhaftiger. Dominique Cardon spricht davon, »wieder von Hand zu schalten«. Um dem *nudge* zu entgehen, ist der einfachste Weg, keine Daten abzusondern. Es existiert eine ganze Gegenkultur des Widerstands unter genau den Leuten, die sich am besten mit der Technologie auskennen. In Deutschland habe ich Hacker getroffen, die alte Nokia-Handys benutzen, am liebsten mit Prepaid-Karten, und regelmäßig ihre Telefonnummer wechseln. Auf einer *cryptoparty* im Hinterzimmer eines polnischen Cafés in Ostberlin haben sie mir die Grundlagen des digitalen Selbstschutzes beigebracht: Tor verwenden, um keine Spuren im Internet zu hinterlassen, die Kamera am Computer mit einem Aufkleber verdecken, die Geolokalisation des Smartphones ausschalten, ein VPN für alle Kommunikationen einrichten (ein Rat, der mir in China ziemlich nützlich war) und Apps nur in einem Peer-to-Peer-System runterladen, um das Teilen von Daten mit Dritten zu vermeiden. In Israel machte ich die Bekanntschaft von Adi Yoffe, einer kauzigen »Futuristin«, die eine Menschheit GAFA-kontrollierter Zombies fürchtet und für eine Rückkehr zur »Steinzeit« plädiert. Hipsterbärte und *data-detox*-Urlaube sind in ihren Augen die Vorzeichen; und abgesehen davon macht die jüdische Gesellschaft regelmäßig die Erfahrung der Unerreichbarkeit und des Abschaltens, einmal in der Woche am Sabbat und einmal im Jahr an Jom Kippur. In Berkeley hat mich Jaron Lanier davon überzeugt, mich aus den sozialen Netzwerken zurückzuziehen; wenn noch Beweise für seinen Nonkonformismus nötig wären, könnten das die Dreadlocks übernehmen, die ihm bis auf die Knie reichen. In Dänemark habe ich einen frühmorgendlichen Tee mit Pernille Tranberg getrunken, einer ehemaligen Tech-Journalistin, die in ihrem Institut Data Ethics Werkzeuge der »digitalen Selbstverteidigung« entwickelt, wie Adblocker oder falsche digitale Identitäten (sie nennt sich auf Facebook Pia). In Paris indessen hat der Minister für nationale Bildung auf seine Art, indem er nämlich Mobiltelefone in Schulen verboten hat, bewiesen, dass man kollektiv dem *nudge* entsagen kann: Ist die Bildung nicht der Entwicklung autonomer Persönlichkeiten gewidmet? Ein Leben offline ist möglich.

Wenn Unerreichbarkeit oder Anonymität nicht praktikabel sind, so gibt es auch andere Techniken, um den Algorithmen zu entwischen. Die raffinierteste ist die der »Verschleierung«, die von zwei Professoren der New York University in einem Widerstandshandbüchlein niedergelegt wurde.[166] Es geht darum, »absichtlich zweideutige, konfuse oder irreführende Informationen zu produzieren, um in die Datensammlung einzugreifen« – anders gesagt, einen digitalen Lärm zu erzeugen, der ausreicht, um das eigentliche Signal zu überdecken. Eine solche Strategie haben bereits die Piloten im Zweiten Weltkrieg eingesetzt und Aluminiumstreifen abgeworfen, um falsche Alarmsignale auf dem feindlichen Radar zu vervielfältigen. Die Strategie taucht in etwas spielerischer Form wieder in *Die Thomas Crown Affäre* auf, als der Meisterdieb aus dem Museum entkommt, indem er sich unter dutzende Komparsen mischt, die alle die gleiche, von Magritte inspirierte Kleidung tragen. Wenn man seine Spuren nicht verwischen kann, muss man sie vervielfältigen. Im Internet bieten so Dienstleister für virtuelles Klonen die Möglichkeit, mit falschen Identitäten die Algorithmen von Facebook oder Amazon zu verwirren. Die Autoren geben zahlreiche solche Beispiele und auch praktische Ratschläge. Ihr Ziel ist die

Camouflage, um weiterhin von den Diensten des Internets profitieren zu können, ohne ein Opfer der »asymmetrischen Machtbeziehung« zu werden, die die digitale Überwachung darstellt.

Diese Praktiken gehen oft mit einem stark linksgerichteten politischen Diskurs einher. In Oxford nahm ich an einer Konferenz des Essayisten Jonnie Penn teil und wurde so mit einer Form des Marxismus 2.0 bekannt, die den Fortschritt der KI mit der kapitalistischen Unterdrückung assoziiert (später habe ich auf der Homepage von Jonnie Penn entdeckt, dass zu seinen Kunden auch HSBC, Amazon und General Motors gehören: den Kaviarlinken stehen sonnige Tage bevor). Aber da hatte ich die radikalsten noch gar nicht gesehen. In Los Angeles kam ich mit Aktivisten in Kontakt, die die Verwendung prädiktiver Algorithmen durch die Ordnungskräfte *(predictive policing)* anprangern. Sie luden mich zu einem Treffen im Sitz der Stop LAPD Spying Coalition ein.

»Unsere Adresse ist in Skid Row, stört sie das nicht?«

»Nein, wieso?«

Nachdem ich einen Blick auf die Karte geworfen hatte, war ich ganz im Gegenteil erfreut von der Gelegenheit, ein Viertel in *downtown* Los Angeles zu entdecken, einer Stadt, die eher für ihre Vororte bekannt ist. Als ich die U-Bahn verließ, fand ich jene Mischung aus leitenden Angestellten und *junkies,* an die ich mich in San Francisco schon gewöhnt hatte. Ich rechnete damit, etwa zwanzig Minuten geradeaus laufen zu müssen, um zur genannten Adresse zu gelangen. Das Viertel war nicht besonders einladend. Ich achtete nicht mehr auf meine Umgebung, setzte meinen Weg fort und träumte vor mich hin, die Kopfhörer in den Ohren. Ich hatte noch sechs *blocks* vor mir, als ich von meinem Unterbewusstsein gewarnt abrupt stehen blieb. Meine Beine weigerten sich, über die Kreuzung zu gehen. Ich brauchte etwas Zeit, um zu verstehen. Es war, als wäre ich plötzlich in eine virtuelle Realität gestürzt. Ich war bereits in den Slums Limas, den Dörfern Rwandas, den Metropolen Indiens, den Zigeunerlagern Rumäniens gewesen, aber noch nie hatte ich die Empfindung eines derartigen Elends. So weit man sehen konnte, erstreckte sich ein totales Chaos aus Matratzen, Kartons, Planen, Sonnenschirmen, Zelten und Müllhaufen. Kein einziges Auto fuhr auf der Straße, wo sich ein Slum in steter Bewegung etabliert hat. Knöcherne Silhouetten schoben Einkaufswagen vor sich her, schrien und schwankten oder, noch beunruhigender, verharrten völlig regungslos, verstört, eine Crackpfeife an den Lippen, untergetaucht in einen wachenden Alptraum. Viele hatten sich auf dem Gehweg ausgestreckt. Die Porträts, die die Fotografin Suzanne Stein in diesem Viertel aufgenommen hat, zeigen eine atemberaubende Sammlung zerstörter Gesichter, alleingelassener Existenzen, die ihre ausgemergelten Körper durch ein Bühnenbild aus Beton schleppen und deren einziger Freund die Droge ist. Die irgendwo ergatterten und aufs Geratewohl übergezogenen Altkleider vermitteln den Eindruck eines permanenten Kostümballs, einer satanischen Maskerade, mit Melonenhüten, Sonnenbrillen, Markenhandtaschen und Leopardentüchern. In diesem Gewühl der halbnackten Körper, der Tattoos und der zahnlosen Münder gibt es keine Rasse, kein Alter und kein Geschlecht mehr; es herrscht die Gleichheit des Elendsviertels, die apokalyptische Brüderlichkeit. Die letzten Firmenschilder, die noch übrig sind, erinnern halb verborgen und umsonst daran, dass ein anderes Leben möglich ist. Die Krankenwagen sausen dröhnend vorbei, die Wohltätigen verteilen Mahlzeiten oder Decken: Aber wen kann man in Skid Row retten, dem Viertel mit der größten Konzentration von Obdachlosen in den USA, wo all die zahlreichen Aufbauprogramme zum Scheitern verurteilt sind? Hier geht es um etwas anderes als Armut: Es ist ein ruheloses Elend, das ewig von einem Leid zum nächsten hetzt wie auf den Bildern der Hölle von Hieronymus Bosch. Skid Row ist ein Schrei des Wahnsinns unter offenem Himmel, ausgestoßen mitten im Herzen der größten Weltmacht.

Es gelang mir schließlich nicht ohne Schwierigkeiten, einen Taxifahrer zu überzeugen, mich über den Umweg von Parallelstraßen zu meinem Ziel zu bringen. Ich bahnte mir einen Weg zwischen zwei Zelten hindurch bis zum Gitter am Eingang und betrat eine recht adrette Räumlichkeit, das neuralgische Zentrum des Community Action Network von Skid Row. Nach einigen Minuten führte man mich in ein kleines Zimmer, wo ich zu meiner Überraschung alle Verantwortlichen der Stop LAPD Spying Coalition beisammen fand: Jennie, Akil, Ahmed, Tiphanie, Peter. Ihr Misstrauen mir gegenüber war deutlich und wurde zum Glück etwas durch die Gutmütigkeit ihres Chefs Ahmed gemildert, eines wenig um die Reinheit der Lehre bekümmerten Afghanen. Das Ziel der Coalition ist edel: der Kampf gegen *predictive policing,* das seit zehn Jahren der Polizei von Los Angeles, einer Vorreiterin auf diesem Gebiet, Festnahmen auf der Basis von »vernünftigerweise verdächtigem Verhalten« erlaubt. Die Coalition konnte zwei Programme identifizieren, die heute die KI in die Schätzung der Wahrscheinlichkeit von Verbrechen integrieren: LASER, das individuelles Verhalten analysiert, und PredPol, das Risikozonen mit der Genauigkeit eines Straßenabschnitts etabliert. Da die Polizei von Los Angeles die Dienste von Palantir nutzt, einem der führenden Datenanalyseunternehmen, das für seine Arbeit mit Regierungen bekannt ist, kann sie sowohl das Kommen und Gehen der Verdächtigen als auch ihren gewohnheitsmäßigen Aufenthalt rekonstruieren. Da sich die Algorithmen auf Daten der Vergangenheit beziehen, führen sie logischerweise zur Stigmatisierung der Bevölkerungsgruppen, die bereits mit Verbrechen in Kontakt gekommen sind, und verstärken und legitimieren die rassistischen Verzerrungen und Vorurteile »unter einem Firnis von Objektivität«, wie mir meine Gesprächspartner erklären.[167]

»Aber ist denn diese Polizeiüberwachung trotz allem effektiv?«, war mein Unglück zu fragen.

Es war mir nicht gelungen, einen Termin mit dem LAPD selbst zu bekommen, die Abteilung für Kommunikation (seltsamer Name) hatte einem Polizisten, der dennoch mit mir zu sprechen bereit war, ausdrücklich zu schweigen befohlen. So war es also nötig, dass ich selbst den *advocatus diaboli* machte. Das schmeckte Jennie überhaupt nicht. Sie erinnerte mich schroff daran, dass das Ziel ihres Projektes »abolitionistisch« war, dass die Polizei also schlicht und ergreifend verschwinden sollte. Akil nutzte diesen gespannten Moment, wies auf die globale Perspektive der Arbeit der Coalition hin und sprach mit mir über das französische Algerien und das Geschick Palästinas. Ich verlor den Boden unter den Füßen in einem begrifflichen Durcheinander, in dem es um strukturellen Rassismus, weißes Dominanzstreben, Neokolonialismus, den 11. September und akademische Mittäterschaft ging. Peter, der junge Informatiker, der mit seiner Ausbildung gebrochen hat, um ein Antiüberwachungsaktivist zu werden, bekräftigt seinerseits, dass die KI von Natur aus repressiv sei und durch das Sammeln von Daten eine asymmetrische Machtbeziehung entstehe. Ist es nicht so, dass die KI, wie durch Zufall, aus dem Militär hervorgegangen ist?

Ich blieb fast drei Stunden in diesem engen Zimmer, in dem sich die Geister erhitzten. Diese diffusen Verschwörungstheorien führen zu der Unfähigkeit, den amerikanischen Rechtsstaat, mit allen seinen Makeln, von den schlimmsten Diktaturen zu differenzieren. Vor allem kam ich zu dem Schluss, dass der Widerstand gegen die Überwachung und den *nudge* sich keinesfalls in einen Kampf gegen die Technologie selbst verwandeln sollte. Was nutzt es, die eigene Fähigkeit zur Überlegung zurückzugewinnen, wenn ich mich ihrer so wenig bediene?

Der Wille zur Unerreichbarkeit ist eine Form moderner Einsiedelei, die die radikalsten Protestler anzieht. So gesund sie aus Sicht des Individuums sein mag, so kann sie doch niemals den Platz eines Gesellschaftsmodells einnehmen.

Man muss also einen Weg finden, um Willensfreiheit und KI miteinander zu arrangieren beziehungsweise die eine durch die andere zu stärken. In theoretischer Hinsicht war es eine Begegnung mit Matthieu Ricard, die mich auf einen guten Weg gebracht hat. Matthieu Ricard erschien mir als der ideale Gesprächspartner, er ist ein praktizierender und meditierender buddhistischer Mönch und ein Doktor der Zellulargenetik, der sich bestens in den zeitgenössischen Neurowissenschaften auskennt. Ich wurde nicht enttäuscht. Wenn unser Gespräch im Herbstnebel eines Schlosses im Bordelais auch kurz war, so lieferte es mir doch den Schlüssel, den ich seit Monaten gesucht hatte. Ricards Begriff von Verantwortlichkeit entspricht dem von Dennett: Charakteristisch für einen freien Akt ist es nicht, mit dem Gang der Dinge zu brechen, sondern ganz im Gegenteil aus der Kontinuität einer persönlichen Geschichte hervorzugehen. »Eine plötzliche, automatische Wahl ist das Ergebnis eines ganzen Lebens voller Entscheidungen.« Es ist nicht relevant, ob wir von den biochemischen Mechanismen unseres Gehirns determiniert sind, wenn wir uns entscheiden, ins Meer zu springen, um ein ertrinkendes Kind zu retten. Es ist nicht relevant, ob die bewusste Ausformulierung unserer Entscheidung einige Zehntelsekunden später erscheint als das eigentliche Fallen der Entscheidung. Denn es ist die Gesamtheit der Millionen von Überlegungen, die wir im Laufe unseres Daseins angestellt haben, die zu diesem Ergebnis führen. Und diese Überlegungen spiegeln unsere wahrhafte Persönlichkeit wider. Weil ich eines Tages die bewusste Entscheidung getroffen habe, einem Blinden in der U-Bahn zu helfen, oder weil ich mich nächtelang um ein krankes Kind gekümmert habe, muss ich Jahre später nicht lange darüber nachdenken, ob ich ins Meer springe. Wie Matthieu Ricard geschrieben hat, »die spontane, instinktive Moralität ist die Manifestation unserer tiefsten Qualitäten oder Makel.«[168] Weit davon entfernt, eine einfache rationale oder affektive Berechnung zu sein, arbeitet und trainiert sich diese Moralität wie ein Muskel.

Bezüglich der KI sieht Matthieu Ricard kein Problem darin, der Maschine Alltagsentscheidungen anzuvertrauen, die auf unseren grundlegenden Vorlieben basieren. Er würde sich nicht dagegen sträuben, sich Wikipedia in den Schädel einpflanzen zu lassen, wenn ihm das ermöglichen würde, schneller auf Informationen zuzugreifen. Er akzeptiert den *nudge* als Abkürzung. Aber nur unter der Bedingung, dass wir selbst diesen *nudge* definieren und ihm ethische Bauteile einfügen können, die aus unseren inneren Überlegungen entstanden sind. In einem buddhistischen Zugang setzen diese Überlegungen Introspektion und Meditation voraus, da nur sie imstande sind, eine tiefgreifende Verwandlung des Selbst zu bewirken. Es gibt keinen Grund, sich auf den Abweg des Utilitarismus ziehen zu lassen. Jeder muss seine eigenen Handlungskriterien aufstellen können. Wie man den neuronalen Verknüpfungen, die unser Leben moduliert hat, vertraut, dass sie eine gute Entscheidung treffen werden, oder vielmehr eine Entscheidung, die uns ähnlich sieht, ebenso könnte man sich auf den *nudge* stützen, um unsere eigene Moral fortzusetzen und zu bekräftigen. Nachdem man überlegt hat, muss man zu delegieren wissen, ob an das Unbewusste oder an die KI. Das ist umso wichtiger, als neurowissenschaftliche Studien schätzen, dass ein menschliches

Wesen am Tag durchschnittlich 35 000 Entscheidungen treffen muss![169] Die Maschine könnte uns dabei helfen, unsere kognitiven Fähigkeiten zu entlasten und uns auf die wirklich wichtigen Entscheidungen zu konzentrieren.

Dadurch werden die Begrifflichkeiten der Debatte radikal umgekehrt. Es ist nicht mehr der *nudge,* der das Individuum (oder vielmehr das Dividuum) leitet, sondern das überlegende Individuum sucht sich seinen eigenen *nudge* aus. Wie lässt sich das in den Bereich der Technik übersetzen?

Auf diese Frage versucht Harry Kloor eine Antwort zu geben. Er taucht plötzlich in einem Café auf, das völlig abgelegen in den Vororten von Redwood City liegt, zwischen einem Bahnübergang und einem Reifenhändler. Er hat einen Koffer in der Hand, den er um sich herumwirbeln lässt. Mit seinem Lockenkopf, seinen breiten Schultern und seiner enthusiastischen Geschwätzigkeit wirkt Harry Kloor wie ein Goldgräber, der gerade auf eine Ader gestoßen ist. Er übt alle Berufe aus, die Kalifornien erfunden hat: Unternehmer, Erfinder, Drehbuchautor, Regisseur. Er ist ebenso gut mit den Technophilen der X-Prize Foundation wie mit den Producern aus Hollywood vernetzt, auch in diesem bescheidenen Café hält es ihn nicht auf dem Platz und er wirbelt herum.

Auf den ersten Blick kann man sich keine Person vorstellen, die Matthieu Ricard so diametral entgegensetzt wäre. Allerdings teilt er mit dem buddhistischen Mönch die solide wissenschaftliche Ausbildung: Er ist der erste Student der Welt gewesen, der gleichzeitig zwei Doktortitel verliehen bekam, einen in Physik und einen in Chemie. Und seine Aussagen erstaunen mich. Nachdem er sich von Facebooks Talfahrt an der Börse, der Schlagzeile des Morgens, erholt hat, schlägt Harry einen gesetzteren Ton an. Es geht nicht darum, die Welt zu verändern oder unsere Avatare zum Mars zu schicken. Ganz im Gegenteil entdecke ich in seiner Rede viele meiner eigenen Schlussfolgerungen zur KI wieder: Nein, wir müssen keine Angst vor einer starken KI oder einer Superintelligenz haben, wie sie sich Elon Musk vorstellt, dieser groß gewordene Bengel, der Kino und Realität nicht trennen kann; nein, die KI ist naturgemäß nicht zur Begriffsbildung fähig, während schon jedes sechsjährige Kind beispielsweise das Konzept »saubermachen« von einer Teetasse auf ein Auto übertragen kann; ja, die KI reproduziert die Ergebnisse der menschlichen Intelligenz, aber nicht ihre Prozesse; ja, sie stellt eine Bedrohung für den freien Willen dar, indem sie unsere Entscheidungen, von der Routenwahl bis zum Berufsleben, leitet. Harry Kloor graut vor den Auswirkungen, die diese kognitive Faulheit auf die Menschheit haben wird. Als ich ihm gegenüber Deleuzes Prinzip des Rhizoms erwähne, reagiert er instinktiv: »Das ist Unkraut, das muss man ausreißen.« Nur Bäume mit tiefen Wurzeln können Entscheidungen fällen.

Ich nicke zustimmend und bin überrascht von so viel geistiger Verbundenheit. Wir planen schon, gemeinsam einen Aufsatz über die Frage des freien Willens im Zeitalter des *machine learning* zu schreiben. Aber noch über den Befund hinaus schlägt Harry auch eine Lösung vor, die er, nach *Star Trek,* »Prime Directive« nennt. Man muss dazusagen, dass Harry Ende der 90er-Jahre sechs Folgen dieser mythischen Science-Fiction-Serie geschrieben hat, was ihm eine gewisse Legitimität bei der Übernahme des Vokabulars verleiht. Die Prime Directive, oder »oberste Richtlinie«, ist das ultimative Gesetz, dass das Verhalten der Raumschiffbesatzung regiert. Obwohl sie in der Serie niemals explizit formuliert wird, so ahnt man doch, dass sie eine Art Prinzip der Nichteinmischung umreißt, das einer Zivilisation auf hohem technologischem Niveau verbietet, ihre Werte anderen durch Gewalt aufzudrängen (eine mögliche Anspielung, im Sinne der Erfinder von *Star Trek,* auf die Rolle der

USA im Vietnamkrieg). Im weiteren Sinne besteht die Prime Directive in der Vorstellung Harry Kloors in einer übergeordneten, moralischen Regel, die den Gebrauch von Technologien begrenzt; eine Regel, die man sich selbst gibt und die man aus eigenem Antrieb achtet, ohne sie mit anderen zu teilen oder sie zu einem universalen Gesetz zu erheben. Es ist eine persönliche Ethik, die den individuellen Zwecken John Stuart Mills nähersteht als dem kategorischen Imperativ Kants.

Um der KI wieder einen Sinn zu geben, müsste jeder seine eigene Prime Directive formulieren können, indem er sich im Voraus für die Normen entscheidet, denen er seine Algorithmen unterwerfen will. Anders gesagt, man müsste das eigene moralische Vorrecht ausüben und seinen *nudge* im Voraus festlegen, und zwar bewusst und freiwillig. So fände man wieder zu seiner Fähigkeit zu überlegen, zu seiner Willensfreiheit. Um aber die Optimierung der Präferenzen, die die KI bietet, zu nutzen, könnte man seine Entscheidungen in den Tiefen des Codes wie in denen des Unterbewussten vergraben, auch wenn man sie von Zeit zu Zeit überprüfen muss. Jeder würde also seine eigenen *nudges* produzieren: man würde seine alltäglichen Entscheidungen an die Maschine delegieren, aber nicht den Prozess, der zu ihnen führt.

Gleichzeitig würde die Mehrzahl der ethischen Probleme, die die KI aufgeworfen hat, verpuffen, die nur deshalb so unlösbar erscheinen, weil sie in universaler Art und Weise gestellt werden, anstatt mit Blick auf jedes einzelne Individuum behandelt zu werden. Kehren wir zum Beispiel der autonomen Fahrzeuge zurück, die »selbst« entscheiden sollen, ob sie den Fahrer oder den Fußgänger opfern. Jeder könnte, in Einklang mit seiner persönlichen Prime Directive, den Automobilhersteller über die eigene Entscheidung in diesem Fall informieren. Diese grundlegenden Kriterien, die explizit und frei fixiert werden, können im

Laufe des *machine learning* nicht verändert werden, selbst wenn dadurch für den Benutzer und für den Rest der Gruppe suboptimale Situationen entstehen können. Die Gesellschaft wird lernen, wie sie es immer getan hat, mit dem Problem der Koexistenz verschiedener Individuen umzugehen, die mehr oder weniger wohlmeinend, mehr oder weniger altruistisch sind. Und das Individuum wird die moralischen Konsequenzen seiner Entscheidung annehmen und mit dem Bewusstsein leben, den Fußgänger überfahren zu haben oder den Fußgänger möglicherweise überfahren zu können. In diesem Falle muss man einem Roboter auch nicht den Status einer juristischen Person zuschreiben, denn die Verantwortung für eine Handlung geht naturgemäß auf den Verfasser und Unterzeichner der Prime Directive zurück.

Was das Gesetz angeht, so könnte es seine Legitimität zurückgewinnen, indem es den Spielraum der moralischen Entscheidung bestimmt: Man könnte zur Not ein Abwägungsverfahren zwischen dem eigenen Tod und dem eines Unbekannten durchführen, wie es heute in unserer Gesellschaft 1.0 der Fall ist, in der sich recht wenige Autofahrer in den Graben stürzen, um einen Fußgänger zu verschonen, aber es wäre illegal, eine Prime Directive für das gezielte Überfahren von Fußgängern zu wählen. So weit die Verfahren der öffentlichen Regulierung heute hinter der Macht der Algorithmen herzuhinken scheinen, könnten so die *»checks and balances«*, wie Harry Kloor sagt, ihre Stärke zurückerlangen. Man hätte auf der einen Seite wieder verantwortliche Individuen, auf der anderen Seite das Gesetz, das geachtet werden muss, und zwischen den beiden eine ganze Bandbreite an Handlungsmöglichkeiten, die von den moralischen Prinzipien jedes Einzelnen abhängen.

Dieselbe Argumentation lässt sich auf die Ärzte anwenden, die sich im Voraus eine Vorstellung von der besten Behandlung machen und die KI ihre Vorgaben mit den eigenen Diagnosen kombinieren lassen. Wenn es um den Arbeitsmarkt geht, kann ich meine Vorlieben deutlich festschreiben, bevor ich mein Geschick an die Algorithmen von ZipRecruiter übergebe. Auf Dating-Sites könnte sich jeder die Mühe machen, sich die Eigenschaft des idealen Partners vorzustellen, auf die Gefahr hin, sich zu irren, und sie dann zu modifizieren. Man würde in der Ausformulierung der Prime Directive seine Fähigkeit zur Überlegung wiederfinden, die all unser Verantwortungsgefühl beansprucht und unsere ganze Individualität ausdrückt: Der Prozess der Entscheidungsfindung, der Daniel Dennett so wichtig ist, bliebe erhalten. Würde man dann in der Folge den Algorithmen seine alltäglichen Entscheidungen überlassen, brächten sie zwar einerseits weniger *performance,* wären aber andererseits respektvoller gegenüber der Diversität unserer Weltwahrnehmungen. Es geht nicht darum, die Rechenleistung der KI zu verwerfen, sondern nur darum, sie zu kanalisieren. Wie Odysseus, der sich an den Masten seines Bootes binden ließ, um dem Gesang der Sirenen zu widerstehen, werden wir die Arbeit der Überlegung auf uns nehmen, bevor wir zu unseren tausend täglichen Abenteuern aufbrechen. Es geht, in gewisser Weise, um die Vorabausstattung der Willensfreiheit.[170]

Selbstverständlich ist die List des Odysseus nur etwas wert, wenn er sich auch losmachen kann. Die Prime Directive wird jederzeit modifizierbar sein, aber nur durch die ausdrückliche Handlung ihres Verfassers, niemals automatisch. Nehmen wir den Fall, sich für ein Buch entscheiden zu müssen. Zwei Klippen sind zu meiden: einerseits blindlings das zu kaufen, was Amazon vorschlägt; andererseits sich endgültig auf eine begrenzte Auswahl an Büchern zu beschränken. Die Kriterien, die ich eigenmächtig meiner Prime Directive eingeschrieben habe, erlauben es mir, mich leiten zu lassen, ohne je die Herrschaft über meinen Geschmack zu verlieren. Allerdings muss ich diese Kriterien regelmäßig auf den Prüfstand stellen, damit meine persönliche Entwicklung nicht verödet. Wenn ich eines Tages eine Vorliebe für Bücher zur analytischen Philosophie zum Ausdruck gebracht habe, dann muss ich sie später auch um meine Neigung für freizügige Romane ergänzen können. Aber es darf nicht in der Hand des *machine learning* von Amazon liegen, diese Modifikation vorzunehmen, indem es meine Besuche auf Pornoseiten berücksichtigt. Denn ich muss, mit Blick auf mich selbst, diese neue Neigung (nebenbei gesagt, nach einer Überdosis analytischer Philosophie nur zu verständlich) moralisch akzeptieren. Das ist die Bedingung, um der Zersplitterung des Dividuums zu entgehen, das fraglos von einem Genuss zum nächsten geht, und um mich als autonomes Individuum zu etablieren.

Das Ideal der Prime Directive verkörpert also den Triumph der persönlichen Entscheidung über den kollektiven Nutzen, der individuellen Verantwortung über den biochemischen Fatalismus, John Stuart Mills über Bentham. Es ist das Recht auf Irrtum, das im Kern der KI festgeschrieben wird.

FÜR EIN RECHT AUF EIGENTUM AN PERSONENBEZOGENEN DATEN

Bleibt noch zu klären, welche Werkzeuge eingesetzt werden können, um eine Prime Directive umzusetzen. Ich begnüge mich hier mit simplen Hypothesen, denn im Wesentlichen geht es mir darum, auf gesicherter philosophischer Basis eine klare Vorstellung des zu erreichenden Zieles zu etablieren. KI-Forscher werden ohne Zweifel auch zu anderen Lösungen kommen.

Es ist nicht ausgeschlossen, dass die Technologie selbst eine Antwort auf die Probleme gibt, die sie erzeugt hat. So kann man bereits die Entwicklung von Techniken des *machine learning* beobachten, die versuchen einen Zufallsfaktor einzuführen. Die KI ist nicht zum Utilitarismus verdammt. Das ist nur eine der Richtungen, die die Grundlagenforschung heute nimmt. Kenneth Stanley etwa, der Informatiker, der den Mythos der Zielvorgaben anprangert, hat einen Vorgang zur »Entdeckung des Neuen« erdacht, der dem Roboter als einzige Anweisung die Suche nach einem nie dagewesenen Verhalten mitgibt, frei von jedem Zweck. Erstaunlicherweise kann ein solcher Befehl zu besseren Ergebnisse führen als ein klassischer Algorithmus, zum Beispiel um den Ausgang eines Labyrinths zu finden. Besser noch, ein zweibeiniger Roboter, der auf die Suche nach dem Neuen geschickt wird, lernt am Ende von selbst, zu gehen! Weniger radikal sind Techniken des »evolutionären Lernens«, die darauf zielen, in einer neuen Generation von Algorithmen 99 % der produktivsten Eigenschaften der vorhergehenden Generation zu erhalten und 1 % Zufall hinzuzufügen.[171] Dem Beispiel der biologischen oder sozialen Evolution folgend würde die Verbesserung aus einem Prozess resultieren, der absichtlich suboptimal angelegt ist.

Einen echten Bruch würde es darstellen, wenn der Nutzer selbst die Kriterien beeinflussen könnte, die die KI regieren. Als ich diese These Alexandre Lebrun unterbreite, dem ehemaligen Leiter der KI-Forschung bei Facebook Europe, erwähnt er die »Optimierungsfunktion«, eine codierte Zielvorgabe für den Algorithmus, die ihn möglichst gut seine Mission auf Grundlage der fixierten Parameter erfüllen lässt. Diese Funktion wird vertraulich behandelt: Niemand weiß, wie der Algorithmus von Google eingestellt ist, um die Zahl der Klicks zu maximieren und zugleich das Gefühl von Unbequemlichkeit zu minimieren. In der Perspektive der Prime Directive könnte jeder Nutzer selbst die Optimierungsfunktion justieren, um seine KI zu personalisieren. Das würde de facto jeden utilitaristischen Imperativ ausräumen, weil jeder Nutzer selbst festlegen könnte, was für ihn Erfolg bedeutet, ganz in der Logik John Stuart Mills. Diese interaktiv genannte Form des *machine learning,* in der der Mensch wieder seinen Platz bei der Etablierung der Parameter für die Maschine findet, ist heute das Thema zahlreicher theoretischer Entwicklungen.[172] Man kann sich vereinfachte Benutzeroberflächen vorstellen, die es auch Neulingen leicht machen, die Optimierungsfunktionen der Algorithmen zu verändern.[173] Wenn die Leistung dieser personalisierten KI zu Beginn noch schwächer sein wird und der reinen Befriedigung der Wünsche noch Enttäuschungen zumutet, so könnten sie doch auf lange Sicht den Sieg davontragen und damit auch beweisen, dass Fortschritt etwas anderes ist als Optimierung![174]

Bezüglich industrieller Anwendungen könnten solche Techniken Empfehlungssysteme erlauben, die die Möglichkeit zur Abweichung offenhalten. In New York habe ich Alex Elias getroffen, den Gründer des Start-ups Qloo, dessen Ziel es ist, individuelle Vorlieben aus verschiedenen Gebieten zu verschränken: Wenn Ihnen diese Musik oder dieser Film gefällt, dann sollten Sie auch einmal dieses Restaurant oder dieses Rendezvous ausprobieren. Qloo könnte also zum Netflix des Lebens werden und seine Nutzer in einer ganzheitlichen Empfehlungslogik einkapseln, der nichts entgeht. In gewissem Sinne steht dieser Wille zur »kulturellen Personalisierung« für alles das, was mir an der KI Angst macht. Aber Alex ist ein Intellektueller der Ostküste, er liebt Jazz und weiß um den Wert der Improvisation. Er weiß, dass der Besuch in einem Plattengeschäft unerwartete Perspektiven für ihn öffnet, während ihm Spotify nur eine bornierte Erfahrung bietet. Und er beobachtet in der Analyse der Suchanfragen auf Qloo, dass die Mehrheit der Amerikaner als Lieblingsbuch die Bibel angibt und als Lieblingsfilm den letzten Blockbuster. Wären sie der Gnade eines Optimierungsalgorithmus überlassen, würden sie wohl einem sehr konventionellen Weg folgen. Deshalb hat Alex in der Software von Qloo etwas eingeführt, das er »Diversifikationsfaktoren« nennt. Einerseits ist eine Prise absichtsloser Zufälligkeit in das Empfehlungssystem eingebaut, um Überraschungen und Nachfragen zu provozieren.[175] Andererseits hat der Nutzer die Definition einer bestimmten Anzahl Kriterien in der Hand: Das ist die Prime Directive in Aktion! Es bedarf zugleich des Zufalls, um ein eingeschlafenes Bewusstsein aufzuwecken, und der ausdrücklichen Entscheidung, um den Algorithmus zu lenken.

Alex gesteht ein, dass paradoxerweise die dem Individuum zugestandene Hoheit über die eigenen Vorlieben für Qloo Verluste an Effektivität und also auch Marktwert bedeutet. »Im Grunde«, ist sein lakonischer Schluss, »will die Mehrheit der Leute mit der Masse verschmelzen.« Aber zumindest lässt er ihnen eine Alternative und tröstet sich mit der Vorstellung, dass die kommenden Generationen sensibler für Diversität sein könnten. Man könnte also auf den freien Markt der Algorithmen zählen, Unternehmen hervorzubringen, die tugendhafter mit der Willensfreiheit umgehen, und darauf hoffen, dass diese nach und nach die Nutzer für sich erobern, die vom Versprechen auf Emanzipation angezogen werden. Bis es so weit ist, kann jeder selbst versuchen, die Maschine auszutricksen. Beispielsweise verwende ich Google Maps, aber achte darauf, die Geolokalisation auszuschalten: So profitiere ich von der Berechnung der Route, aber muss mich selber anstrengen, um die Straßen zu erkennen und meine Bewegung im Raum zu verstehen, anstatt blindlings einem kleinen blauen Punkt zu folgen. Auf Deezer suche ich mir Stücke aus einer Liste aus, deren Kriterien (»Sonate« zum Beispiel) ist selbst festgesetzt habe, und folge nicht den Vorschlägen. Ich schreibe mir selbst die Geburtstage meiner (echten) Freunde in den Kalender, ohne darauf zu warten, dass LinkedIn mich erinnert. Und ich schließe YouTube nach dem Video, das ich ausgesucht habe, auch wenn das zuweilen ein Kraftakt ist, da es so einfach und verlockend ist, sich dem Strom der Bilder zu überlassen.

Aber diese Kniffe sind lächerlich, denn der Markt ist verfälscht. Da unsere personenbezogenen Daten mehr oder weniger frei verfügbar für die Plattformen sind, die sie zusammenballen, verbringen wir, ohne es zu merken, unser digitales Leben damit, die KIen zu füttern, die uns im Gegenzug manipulieren. Der *nudge* ist allgegenwärtig, in Form von Werbungen, Benachrichtigungen, Empfehlungen, Nachrichten aus den sozialen Netzwerken oder Spam in unseren E-Mail-Fächern, und lässt keine Möglichkeit zur Überlegung. Sobald wir das Internet öffnen, stellen wir unsere Intimität in aller Öffentlichkeit aus, wie jener Kaiser aus dem Märchen von Hans Christian Andersen, der sich in prachtvolle Gewänder gekleidet glaubte, während er nackt war. Jeder kann diese Erfahrung ganz konkret machen. Der Webbrowser, den das Start-up myCo entwickelt hat, erlaubt es beispielsweise, alle ungebetenen Gäste auf einer Website zu visualisieren, Cookies und andere. Als ich das Experiment wagte, entdeckte ich davon mehr als hundert, die meine Bewegungsdaten, meine Klicks und meine Suchverläufe in alle vier Winde verschickten, um mein Verhalten besser zu interpretieren und zu lenken. Diese Plünderei ist völlig legal, weil wir uns freiwillig unter die Fuchtel der Plattformen stellen, indem wir den lieben langen Tag bei den Knebelnutzungsbedingungen auf »Akzeptieren« klicken. Die Tricks der Websites und Apps beim Sammeln von Daten sind grenzenlos und sind bereits breit angeprangert worden, besonders von Evgeny Morozov;[176] die App beispielsweise, die an Ihrem Smartphone die Taschenlampe aktiviert, nimmt sich im Gegenzug für diesen

Service die Gesamtheit Ihrer Geolokalisationsdaten. Ich erinnere mich an ein Abendessen in Paris, bei dem ich einem Unternehmer gegenübersaß, der stolz von seinem neuen »innovativen Projekt« erzählte; es bestand darin, die Bewegungen der Maus auf dem Bildschirm zu verfolgen, um die Profile der Internetnutzer zu verfeinern. Auf meine Fragen über den ein klein wenig übergriffigen Charakter dieser Technologie, antwortete er mit Schulterzucken, dass wir alle von diesem Service profitieren würden, und wandte sich wieder seinem Tischnachbarn zu, um über Philanthropie zu sprechen. Die Tartufferie 2.0 würde ein eigenes Buch beziehungsweise Theaterstück verdienen.

Wie soll man also von den digitalen Bürgern verlangen, eine Auslese unter den Algorithmen zu treffen, die sie lenken, wenn sie denselben mit jedem Klick und mit jeder geöffneten App den Rohrstock überreichen, um sich prügeln zu lassen? Solange wir unsere Daten nicht für uns behalten können, werden wir leistungsstarken KIen unterworfen sein, die jede freie Wahl und also auch die Entstehung von alternativen Modellen unmöglich machen. Die Europäische Datenschutz-Grundverordnung (DSGVO) hat es wohl versucht, eine Form von Kontrolle einzuführen und von den Akteuren des Internets mehr Transparenz zu verlangen. Aber das Ergebnis ist, dass wir noch häufiger auf »Akzeptieren« klicken, ohne auch nur die geringste reale Möglichkeit auf Anfechtung oder Verhandlung gewonnen zu haben.

Das grundlegende Prinzip besteht darin, die Beweislast umzukehren und von vornherein zu kontrollieren, welche Daten man zur Verfügung stellen möchte: Die Plattformen müssen unsere Bedingungen akzeptieren, nicht umgekehrt! Anonymität wäre dann die Werkseinstellung, Transparenz eine bewusst gewählte Ausnahme. Es wäre der Übergang vom »opt-out« zum »opt-in«. Pernille Tranberg, eine dänische Journalistin und Aktivistin, kämpft unter anderem für die Schaffung von Werkzeugen, die unsere personenbezogenen Daten zentralisieren, schützen und nur auf Grundlage unserer eigenen Kriterien von Privatleben teilen. Anstatt also die *privacy settings* im hintersten Winkel der Einstellungen von Facebook suchen zu müssen, könnten wir unsere Ansprüche automatisch geltend machen. Pernille gibt zu, dass ein solches System uns kurzfristig ärmer machen könnte, weil es die Digitalindustrie ihres Rohstoffs beraubt, aber sie hält daran fest, dass es auf lange Sicht ein europäisches Modell des Rechts und des Vertrauens etablieren könnte, in dem die KI mit freiwillig geteilten und korrekt anonymisierten Daten gefüttert wird.

Diese Verwandlung kann durch ein Gesetz herbeigeführt werden (daher die Debatten rund um *privacy by design* in der Entstehung der DSGVO), aber auch durch technologische Innovation: So hat Pierre Valade, ein brillanter Unternehmer mit der Ausstrahlung eines jungen buddhistischen Mönchs, Jumbo lanciert, einen »Assistenten für Privatleben«, der sich nach den Maßgaben seines Nutzers von selbst um alle verfügbaren Parameter der Vertraulichkeit auf den verschiedenen Plattformen kümmert. Jumbo sieht sich selbst als einen Anwalt oder Versicherer, der in unserem Namen unsere Intimität verwaltet. Pierre Valade glaubt nicht wie Mark Zuckerberg, dass der Westen seine Auffassung von Privatleben aufgegeben hat: Man muss nur einfache und adäquate Werkzeuge zur Verfügung stellen, um es zu schützen. Das Modell von Jumbo bleibt aber noch auf die Parameter beschränkt, die die Plattformen ihrerseits anbieten. Ich frage Pierre Valade, ob man nicht noch weiter gehen und sich vorstellen könnte, dass der Nutzer eines Tages *ex ante* seine eigenen Bedingungen festlegen wird, die dann von den verschiedenen Websites und Apps akzeptiert und geachtet werden müssten? Der Nutzer könnte also von Fall zu Fall entscheiden, diese oder jene Daten zu teilen, abhängig von Angebot und Nachfrage. Anstatt der Anwalt unserer Online-Transaktionen zu sein, würde Jumbo so zum Wächter unseres digitalen Vermögens. »Das wäre das ultimative Teil«, überlegt Pierre Valade. Aber zunächst muss eine kritische Masse an Nutzern erreicht werden, um Jumbo in eine starke Position gegenüber den Giganten der Tech-Branche zu bringen.

Diese Vorstellung ist verführerisch, aber gibt noch keine Antwort auf die Frage des blinden Passagiers: Wie könnte ich gratis auf die Dienste von Facebook oder Google zugreifen, ohne etwas dafür einzutauschen? Wenn man das Geschäftsmodell der KI zunichtemacht, beraubt man sich da nicht selbst ihrer Fähigkeiten? Werden wir den Rückgang der Qualität aushalten, der mit dem Versiegen des Stroms personenbezogener Daten einherginge, selbst wenn diese einfach anonymisiert wären? Ist das Opfer der Effektivität im Namen des Privatlebens realistisch? Professor Christian Igel von der Universität Kopenhagen gestand mir, dass er für gewöhnlich DuckDuckGo verwendet, eine Suchmaschine, die personenbezogene Daten respektiert, aber oft zu seinem geschworenen Feind Google zurückkehrt, um bessere Resultate zu erzielen.

Deshalb plädiere ich für die Einführung eines echten Rechts auf Eigentum an personenbezogenen Daten, das die Herrschaft des Individuums über seine Daten voll und ganz wiederherstellen und zugleich die Entstehung eines Marktes erlauben würde. Meine Inspirationsquelle zu diesem Thema ist Jaron Lanier, der uns bereits in Berkeley bezüglich des Spezialgebiets der sozialen Netzwerke begegnet ist.[177] Um der Manipulation durch die von Lanier so genannten »Sirenenserver« zu entgehen, müssen unsere Daten zu Gütern werden, deren Verwendung wir vertragsmäßig regeln können – einschließlich einer Vergütung für den Wert, den wir produzieren und der uns heute, im Tausch gegen einen diffusen kostenlosen Service, vorenthalten wird. Die Debatte zu dieser Frage wird wütend geführt. Wenn Glen Weyl gerade nicht damit beschäftigt ist, das Individuum im großen utilitaristischen Ganzen aufzulösen, führt er einen heilsamen Kampf für die Anerkennung der personenbezogenen Daten als »Arbeit«[178] (das Konzept unterscheidet sich leicht von der Idee des Eigentums, für die ich mich einsetze, würde aber zu den gleichen praktischen Konsequenzen führen). Zahlreiche Aktivisten haben sich dieser Sache angeschlossen, angefangen bei dem Whistleblower von Cambridge Analytica, der die Daten dem gleichen Eigentumsrecht unterstellen will, das heute auf Immobilien angewandt wird.[179] Ein Richter des Obersten Gerichtshofes der Vereinigten Staaten, Neil Gorsuch, hat eine abweichlerische Meinung geäußert und gefordert, dass personenbezogene Daten unter den Schutz des Vierten Verfassungszusatzes gestellt werden, das heißt, sie als ein Eigentum anzuerkennen, das nicht ungestraft durchsucht (und also gesammelt) werden darf, auf einer Stufe mit persönlichen Papieren und Besitztümern.[180] Der neue Gouverneur von Kalifornien hat einen Schritt in die gleiche Richtung gemacht und in seiner alljährlichen Ansprache die Schaffung einer digitalen »Dividende« versprochen, die von den Plattformen bezahlt wird. So erklärte er: »Die kalifornischen Konsumenten sollten ebenfalls an dem Reichtum teilhaben können, der ausgehend von ihren Daten geschaffen wird (...), denn wir erkennen die Tatsache an, dass Ihre Daten einen Wert besitzen und dass sie Ihnen gehören.«[181] Selbst wenn der Ausdruck »Dividende« Zweifel entstehen lässt, ob diese Maßnahme die Form einer Steuer und Umverteilung annehmen wird, und nicht vielmehr den eines individuellen Vertrages, so markiert das Argument doch einen bemerkenswerten Fortschritt. Wenn Kalifornien, die Wiege der digitalen Innovation, in diesem Sinne Gesetze macht, dann könnte sich der Rest der Welt wenigstens die Frage stellen.

Jenseits juristischer, ökonomischer und technischer Argumente[182] löst die Vorstellung eines Eigentums an personenbezogenen Daten zwei grundlegende Ansprüche ein, die ein zentrales Element der Prime Directive bilden: die Konstitution des Individuums und die Möglichkeit der Willensfreiheit.

Erinnern wir uns angesichts der Angriffe, denen es heute ausgesetzt ist, daran, dass das Privateigentum als solches unabdingbar für die individuelle Emanzipation ist. Erstaunlicherweise ist es Proudhon, der in seiner *Theorie des Eigentums* die umfassendste Apologie des Eigentums liefert; das Werk wurde posthum veröffentlicht und ist weit von den Launen seiner Jugend, an die sich die Geschichte leider erinnert (»Eigentum ist Diebstahl«), entfernt. Für den anarchischen Denker ist das Eigentum »die größte revolutionäre Kraft, die existiert«: Es kappt alle Abhängigkeiten gegenüber der politischen Macht und erlaubt so jedem, in der Sicherheit der eigenen vier Wände, eine eigene Persönlichkeit zu entwickeln, auch in Opposition zum Zeitgeist. Materielle Güter zu besitzen bedeutet, formale Rechte innerhalb einer konkreten Grundlage zu festigen. »Damit der Bürger etwas im Staat darstellt«, schreibt Proudhon, »genügt es nicht, dass er frei über seine Person verfügt; er muss seine Persönlichkeit, wie der Staat auch, auf ein Stückchen Materie stützen können, das er in voller Souveränität besitzt.« Nur der Eigentümer kann wahrhaft den Anordnungen einer zentralen Instanz Widerstand leisten, was deren Legitimität auch immer sein mag. In der freien Verfügung über seine Güter, mit der Möglichkeit, sie zu verkaufen oder sie brachliegen zu lassen oder sie gar zu zerstören, kann sich ein jeder der entfesselten Kreativität oder der unfruchtbaren Faulheit hingeben. »Warum sollte es nicht erlaubt sein, Brombeeren, Disteln und Dornensträucher zu kultivieren?«, fragt Proudhon scherzhaft. Vielleicht lösen diese Unkräuter eine gärtnerische Revolution aus. Vielleicht auch nicht.

Das ist die Ambiguität, aber auch die Kraft des Rechts auf Irrtum. Neuheit setzt Abweichung voraus; Abweichung verlangt Unabhängigkeit; Unabhängigkeit stützt sich auf Besitz. Nebenbei gesagt positioniert sich ein solcher Zugang wenig überraschend als das Gegenteil des Zugangs von Glen Weyl, nach dessen Ansicht ein für die Gruppe unproduktives Gut sofort an den abgetreten wird, der es besser nutzen kann. Das Problem der Gleichheit des Zugangs zu Vermögen fordert naturgemäß ein Nachdenken über die Regierungsform des Kollektivs heraus, ohne jedoch das Eigentum als Gesellschaftsziel im Dienste der Individualität und der Diversität in Frage stellen zu müssen.

Dieses theoretische Argument wird von der Geschichte bestätigt. Das Eigentum konnte erst nach erbitterten Kämpfen gegen die herrschende Macht entstehen. Wenn man den Grad der digitalen Plünderung verstehen will, dessen Opfer wir heute sind, genügt es, die Schriften von George Duby über die Ökonomie des Mittelalters zu lesen.[183] Zu Beginn des letzten Jahrtausends übergaben die an ihre Scholle gebundenen Leibeigenen ihrem Herrn das Wesentliche ihrer Produktion im Tausch gegen mehr oder weniger reale »kostenlose Services«: Schutz gegen Krieg oder Benutzung der Alltäglichkeiten des Dorfes (Ofen, Mühle, Presse). Es dauerte durchaus eine Weile, bis die Bauern schrittweise das Recht erhielten, ihre Äcker zu vererben, ihre Ernte frei zu verkaufen und schließlich über eine übertragbare Besitzurkunde zu verfügen und sie zu veräußern. Die Französische Revolution setzte dem feudalen Lehenssystem ein Ende und führte den allgemeinen Kataster ein: Der Leibeigene wurde ein freier Mann. Mit jeder technischen Innovation kamen wieder ähnliche Debatten auf. Einige Jahrhunderte nach der Erfindung des Buchdrucks setzte sich Beaumarchais an die Spitze eines Aufstandes von Schriftstellern, die die Anerkennung ihrer Autorenrechte forderten. Zur Zeit der industriellen Revolution erwirkten die Erfinder die Schaffung eines regelrechten Patentregimes. Das Individuum muss immer dafür kämpfen, frei über seine Besitztümer und seine Schöpfung gebieten zu können, ob sie nun materieller oder intellektueller Natur sind.

Wir heute sind digitale Leibeigene, wir treten unsere ganze Datenernte im Tausch gegen kostenlose Services von zweifelhaftem Wert ab, die unsere neuen Herren uns bieten. Wir posten jeden Tag eine Milliarde Fotos auf Facebook. Ja, eine Milliarde. Sind sie erst von Algorithmen ausgewertet, die mehr und mehr mit Gesichtserkennung arbeiten, wirft dieser Schatz für Facebook Quartalsgewinne in Höhe mehrerer Milliarden Dollar ab. Welcher Anteil davon entfällt auf den ursprünglichen Erzeuger? Keiner. Ein Trinkgeld in Naturalien: ein Netzwerk aus Freunden. Nicht nur ist es uns untersagt, mit den Herren über unsere Daten zu verhandeln, wie den Leibeigenen von einst, es ist uns auch verboten, sie auf dem Markt zu verkaufen: Im Mai 2018 wurde Oli Frost, ein genialer britischer *millennial,* der zehn Jahre seiner Facebookposts auf E-Bay versteigern wollte, gezwungen, das Angebot zurückzuziehen, weil es nicht mit den Nutzungsbedingungen von Facebook kompatibel war. Die Argumentation von Oli Frost indessen scheint unanfechtbar: »Wenn schon die ganze Welt Geld mit meinen personenbezogenen Daten macht, warum kann ich das dann nicht?« Die Versteigerung war bereits bis auf 400 Dollar gestiegen, aber der Herr hat diesen Verstoß gegen sein Vorrecht sichtlich nicht gutgeheißen. Das kann man verstehen: Der Europäischen Kommission zufolge wird sich der Wert der hiesigen personenbezogenen Daten 2020 der Billion Euro nähern, oder 8 % des BIP der Europäischen Union. Wäre es nicht ärgerlich, diesen Geldsegen mit den Bettlern, die ihn liefern, teilen zu müssen?

Es ist erstaunlich, dass wir diesen digitalen Feudalismus so passiv erdulden. Ohne Zweifel träumten die Leibeigenen des 17. Jahrhunderts keinen Moment davon, dem Herrn unter seinem

Thronhimmel zu widersprechen, und ebenso geheiligt erscheint heute die Figur des Tech-Unternehmers auf der Bühne eines TED Talks. Aber da alles immer schneller wird, kann auch die Revolution schneller kommen. Ein Recht auf Eigentum an personenbezogenen Daten, das heute nirgendwo auf der Welt existiert, würde dieser Beschlagnahmung ein Ende bereiten. Es würde dem Datenproduzenten einen Platz in der digitalen Wertschöpfungskette verleihen und ihm erlauben, seine Daten zu Geld zu machen – oder nicht –, nach den Vertragsbedingungen, die er sich ausgesucht hat und die von Mittelsmännern in seinem Namen mit den Plattformen verhandelt werden. Die Frage der Vergütung erscheint mir aber sekundär. Was wirklich zählt, ist, dass das Individuum durch die legale Zurückeroberung seiner Daten von neuem sein Dasein fühlt, wie der Bauer, der die Befriedigung verspürt, »sein« Feld abzuschreiten. Es steht ihm frei, nur Brombeeren, Disteln und Dornensträucher anzubauen oder, im Falle von Daten, sie nicht zu teilen, sie nicht in die Mühle der KI abzuliefern. Jeder könnte sich entscheiden, was er wie lange verbirgt, was er wem ohne Gegenleistung schenkt, was er zu welchem Preis verkauft. Durch die Schaffung eines solchen Raums individueller Souveränität könnte man wieder zu sich selbst finden.

In diesem Raum könnte die Willensfreiheit, das letztendliche Ziel dieses Buches, Gestalt annehmen. Die Bildschirme unserer Computer oder Smartphones sind heute wie ein Haus ohne Türen, in dem ständig Unbekannte ein und aus gehen: Wie soll sich nur die geringste Intimität ausbilden, wie soll man die kleinste reflektierte Entscheidung treffen in diesem pausenlosen Gerenne, das uns vor aller Augen stellt? Die aktuelle Ideologie des »Teilens«, so verführerisch sie sein mag, verschleiert die massive Beute, die von denen gemacht wird, die Daten horten. Regulationen wie die DSGVO, dank derer wir unzählige Male »Akzeptieren« klicken, habe eine Türe eingebaut, aber das Schloss vergessen. Seither fragen uns die Unbekannten: »Stört es Sie auch wirklich nicht, wenn ich kurz hereinkomme?«, während sie den Fuß schon durch die Tür geschoben haben. Schwierig abzulehnen. Das Eigentum der Daten wird endlich einen Riegel an der Tür anbringen, das Kräfteverhältnis umkehren und eine Ruhezone erschaffen, die unabdingbar für die Entwicklung einer unabhängigen Persönlichkeit ist. Der Gastgeber wird selbst und im Voraus über die Gästeliste entscheiden, indem er vertraglich die Bedingungen festsetzt, nach denen er seine Daten zu kommunizieren wünscht. Hobbes fragte in seinem *Leviathan*, wer denn nicht sein Haus abschließen würde, bevor er sich schlafen legt. »Die Natur selbst hat hierbei keine Schuld. Die Leidenschaften des Menschen sind ebenso wenig als die daraus entstehenden Handlungen Sünde.«[184] Niemand kann auf die Plattformen sauer sein, dass sie die Daten sammeln, die wir ihnen so freimütig anbieten. Aber es ist an der Zeit, pragmatisch vorzugehen und einen Riegel anzubringen, wenn wir als Individuen das Zeitalter der KI überleben wollen.

Ganz konkret könnte man sich also vorstellen, dass die Daten eines jeden in einer persönlichen digitalen Brieftasche versammelt werden. Wir setzen *ex ante* unsere eigenen Nutzungsbedingungen, die ein Ergebnis persönlicher Überlegung darstellen, in einem *smart contract* fest. Mit wem, wie, im Tausch wogegen sind wir bereit, unsere Daten zu teilen, und welche genau? Die verschiedenen Websites, Apps und Plattformen werden sofort über unsere eigenen *terms and conditions* informiert, sobald sie Kontakt mit uns aufnehmen. Sie sind es, die akzeptieren müssen, nicht umgekehrt. Ich könnte mich zum Beispiel entscheiden, meine Gesundheitsdaten kostenlos für Forschungszwecke zur Verfügung zu stellen, aber alle GPS-Daten für mich zu behalten, auf die Gefahr hin, für Dienstleistungen wie Waze, die heute diese Daten ausbeuten, bezahlen zu müssen. Was meine Daten aus dem

E-Commerce angeht, so werde ich sie ohne zu große Schwierigkeiten rausrücken, im Tausch gegen sehr gezielte Kaufempfehlungen (und nebenbei für eine Vergütung). Verfahren in Art einer Blockchain könnten die Nachverfolgbarkeit meiner Daten sicherstellen und so das »Gedächtnis« meiner anfänglichen Vertragsbedingungen bewahren; ein ähnliches Verfahren wird bereits von der Musikindustrie angewendet, um die geistigen Eigentumsrechte an den Stücken zu schützen.[185] Eine Unzahl von Finanzströmen in der Größenordnung von Mikrocents in Soll und Haben wird kontinuierlich unsere digitale Brieftasche durchfließen, während Mittelsmänner nicht auf sich werden warten lassen, um nach dem Modell von Rechteverwertungsgesellschaften den Preis der Daten zu verhandeln. Eine ganze Marktwirtschaft des unendlich Kleinen, ihrerseits von KIen verwaltet, wird sich an die Stelle des digitalen Feudalismus setzen.

Das finanzielle Element, das von dem Eigentumsrecht impliziert wird, wirft legitime Fragen auf. Warum sollte man einerseits für Dienstleistungen bezahlen, die bisher kostenlos waren, und sei es nur ein bescheidener Betrag? Reicht es nicht, die kommerzielle Nutzung von personenbezogenen Daten im Sinne der DSGVO zu verbieten? Aber das würde wohl zum Zusammenbruch des digitalen Geschäftsmodells führen und uns zahlloser Dienste berauben, die die KI uns leistet. Wenn man glaubt, dass eine Wertschöpfung vergütet werden sollte, dann muss diese kaufmännische Logik ebenso auf den individuellen Datenproduzenten wie auf die sammelnde Plattform angewendet werden. Wenn mir Waze die beste Route zeigt, aber ich es ablehne, Werbung für Restaurants an dieser Route auf meinem Bildschirm zu sehen, dann muss eine andere Art und Weise gefunden werden, um die Plattform abzufinden. Andernfalls werde ich zum blinden Passagier, der von den Daten der anderen profitiert, ohne seinerseits etwas zu teilen. Anonymität hat einen Preis.

Aber wird nicht aus der Perspektive des Individuums, das innerhalb seiner digitalen Brieftasche Preise verhandelt, das Niveau des Reichtums die Entscheidungen beeinflussen, sodass die Einkommens- und Vermögensunterschiede noch um kognitive Ungleichheit ergänzt werden? Um die Frage unverblümt zu stellen: Wird die Fähigkeit zur Überlegung zu einem Privileg derer werden, die es sich leisten können? Werden die Armen eine andere Wahl haben, als sich an den *nudge* zu verkaufen? Hier muss man die Fragen nach der Natur des Austausches (Güter, die geeignet sind, der Gegenstand eines Vertrags zu werden) und nach der Fähigkeit zum Austausch (der Grad der Umverteilung) unterscheiden. Man löst das Problem der Obdachlosen nicht dadurch, dass man das Privateigentum abschafft, sondern indem man allen Zugang zu ihm verschafft. Entsprechend ermöglicht das Dateneigentum ihnen den Zugang zu einer Konsumabwägung, in der ein jeder seine eigenen Prioritäten setzen kann, sei es Wohnung, Essen, Mobilität, Unterhaltung oder Privatleben. Wie kann man sicherstellen, dass diese Arbitrage zu einem späteren Zeitpunkt so frei und gleich wie möglich sein wird? Hier feiern alle Optionen der politischen Philosophie Auferstehung, von der Gleichverteilung der Reichtümer bis zum Raubtierkapitalismus. Ich für meinen Teil plädiere für die Einführung eines bedingungslosen Grundeinkommens, das die grundlegenden Bedürfnisse abdeckt.[186] Wenn man davon ausgeht, dass das Privatleben zu ihnen zählt, wird man den mittleren Preis für personenbezogene Daten logischerweise in der Berechnung der Höhe dieses bedingungslosen Grundeinkommens einfließen lassen, damit wirklich jeder frei die Bedingungen seines digitalen Vertrages festlegen und ganz bewusst die Stärke des *nudge* wählen kann. Das bedingungslose Grundeinkommen erlaubt es uns, unsere Autonomie zurückzukaufen, während wir weiterhin den technologischen Fortschritt unterstützen.

Wesentlich an diesem System ist, dass wir selbst in Übereinstimmung mit dem Grad an Öffnung, den wir mit unseren persönlichen Nutzungsbedingungen gesetzt haben, unseren eigenen *nudge* definieren. So würden wir auch dem Prinzip der Vertretung der Willensfreiheit treu bleiben. Denn die Qualität des *nudge* hängt von den zugelieferten Daten ab; indem ich im Voraus, über das Eigentumsrecht, die Nutzung meiner personenbezogenen Daten kontrolliere, kann ich im Nachhinein den Grad an Zufall, Zwang oder Nützlichkeit festlegen, der in meine Entscheidungen einfließen soll. Um auf der Suche nach Büchern totale Geistesfreiheit zu bewahren, lehne ich es ab, meine Such- und Kaufverläufe mit Amazon zu teilen (auf die Gefahr hin, dass die Bücher ein paar Cents teurer werden). Um unvoreingenommen geliebt zu werden, stelle ich Dating-Sites keine Informationen über meine Abschlüsse und mein Vermögen zur Verfügung. Um ganz sicher eine Arbeit in der Fischerei zu finden, zwinge ich die KI von ZipRecruiter dazu, diese Vorliebe zu berücksichtigen (auch wenn ich momentan in einer Bank arbeite). Ich bin es selbst, der entscheidet, und es sind Entscheidungen, die mein Selbst konstituieren. Anstatt mich von utilitaristischen KIen überfluten zu lassen, werde ich selbst die Kriterien definieren, die über meine Manipulation wachen. Diese Kriterien müssen jederzeit geändert werden und der Evolution meines Geschmacks und meiner Entscheidungen folgen können, sodass der Abwägungsprozess nicht ein für alle Mal fixiert wird, sondern sich ein Leben lang korrigieren und Fortschritte machen kann. Selbstverständlich wird diese Arbeit jeden Tag etwas Aufmerksamkeit verlangen. Nicht mehr und nicht weniger, als seine Schlüssel nicht zu vergessen.

Aus Sicht der KI wird das Eigentum an personenbezogenen Daten einen Effektivitätsverlust bedeuten, den man kollektiv akzeptieren muss. Wenn es auch jeder begrüßen kann, dass Facebooks Profit durch den Genauigkeitsverlust der gezielten

Werbung etwas abgehobelt wird, so wird auch der öffentliche Dienst von dieser Suboptimalität betroffen sein. Man könnte sich vorstellen, dass bestimmte Kategorien von Daten, die für die Gemeinschaft besonders wichtig sind, »nationalisiert« werden, wie man etwa auch Grundbesitzer für den Bau von Infrastrukturen enteignen kann, die als überlebenswichtig eingestuft werden. Aber ein solches Verfahren wäre nur die Ausnahme und würde unter richterliche Aufsicht gestellt, um die Verhältnismäßigkeit der Enteignung im Interesse der Allgemeinheit zu beurteilen. In den anderen Fällen wird man zugestehen müssen, dass die *smart cities* nicht ganz so *smart* sein werden, die autonomen Autos nicht ganz so autonom, die intelligenten Computer nicht ganz so intelligent. Durch die Möglichkeit zur individuellen Abweichung wird das Dateneigentum zu Verkehrsunfällen, CO_2-Emissionen und Liebeskummer führen. Es wird die Gesellschaft daran hindern, völlig glatt zu laufen. Dadurch wird es wieder die Möglichkeit einer Evolution schaffen und die einer Regression. Es ist eine schwere Verantwortung für einen Gesetzgeber, so viele plötzliche und konkrete Zufälligkeiten im Tausch gegen ein vages Versprechen von Fortschritt zu tolerieren. Aber auf diesem schmalen Grad wird sich der Kampf zwischen dem *nudge* und der Autonomie abspielen, zwischen glückseliger Knechtschaft und erneuerter Aufklärung.

Schon jetzt gibt es viele Start-ups, die an der Rückeroberung der Autonomie teilnehmen wollen. In Frankreich, dem Land des Urheberrechts, ist dieses Ökosystem besonders dynamisch. In Paris, in Lyon, in Marseille versuchen Unternehmer diesem Eigentum, das der Gesetzgeber noch ablehnt, Leben einzuhauchen. Manche arbeiten an einem *data wallet*, das durch die Anwendung des Rechts auf Datenübertragbarkeit aus der DSGVO jedem erlaubt, die Gesamtheit seiner Daten zurückzuerhalten und über ihre Verteilung zu bestimmen (z. B. Cozy Cloud oder digi.me in Großbritannien). Andere versuchen parallel dazu, personenbezogenen Daten einen monetären Wert zuzuschreiben, und nutzen dazu juristische Grauzonen (z. B. Mydataisrich, Pickcio). Wieder andere gründen »digitale Genossenschaften«, die die Daten ihrer Mitglieder vergemeinschaften und ihnen Dividenden ausschütten (z. B. myCo). Wie so oft wird die Technologie die Rechtsprechung zur Anpassung zwingen. Sollte es möglich sein, dass ich die Lösung derart in meiner Nähe finde, nachdem ich einmal den Planeten umkreist habe, wie Kapitän Haddock, der den Schatz des *Einhorns* bei sich in Moulinsart entdeckt?

EIN MANIFEST FÜR EUROPA

In einem weiteren Zusammenhang könnte Europa den rechtlichen, ökonomischen und kulturellen Rahmen für dieses neue Modell bilden, das es möglich macht, den Beitrag der Technologien mit offenen Armen zu empfangen und eine glaubhafte Alternative zum amerikanischen Utilitarismus sowie zum chinesischen Kollektivismus aufzubauen. Es ist eine letzte Chance, die wir nicht versäumen dürfen, bevor wir uns definitiv auf den Pfad des stoischen Freitodes begeben. Ich will daran glauben, dass wir die Aufklärung bewahren können, indem wir die Prime Directive im Kern unserer Politik installieren.

Wer könnte dieses Projekt besser verkörpern als Margrethe Vestager, seit 2014 europäische Kommissarin für Wettbewerb? Im Laufe ihres Mandats hat sie beispiellose Bußgelder für Google, Amazon, Apple und Facebook verhängt. Als Mitglied der linksliberalen dänischen Partei ist sie sowohl von der Kraft des Marktes, dem Individuum Entscheidungsfreiheit zu verleihen, als auch von der Notwendigkeit zur Regulierung überzeugt, um die Bildung von Monopolen, diesen immer wiederkehrenden Figuren der Herrschaft, zu verhindern. Ihre Aussagen über die KI und die Daten erschienen mir in Übereinstimmung mit meinen eigenen Schlussfolgerungen. Ich wurde nicht enttäuscht. Während man ihr zuhört, kann man davon träumen, aus diesen Seiten der Recherche und der Reflexion ein politisches Manifest für das Europa von morgen zu machen.

> »Heutzutage sind wir das Kanonenfutter der Maschine. Wenn Facebook eine physische Person wäre, würden wir es niemals akzeptieren, ihm unsere intimsten Informationen zu überlassen, wie wir es aktuell tun. Selbst die DSGVO gewährt uns nur eine sehr begrenzte Verfügungsgewalt über unsere Daten. Die Nutzungsbedingungen der Plattformen bieten uns eine binäre Entscheidung an: Alles akzeptieren oder uns zurückziehen. Wenn wir alle Cookies auf unseren Geräten ablehnen, kommt das dem Verlust des Internetzugangs gleich.«

In der Tat. Das ist übrigens eine Erfahrung, die jeder einmal machen sollte, um zu erkennen, wie sehr das Modell kostenloser Services auf Plünderung beruht. Man ängstigt sich umsonst, dass die KI uns am Arbeitsplatz ersetzt, ohne zu verstehen, dass wir für sie arbeiten!

> »Es ist eine Form des Feudalismus, wie sie zur Zeit der dänischen Monarchie im Mittelalter herrschte. Damals war die Arbeit eine Pflicht und der Bauer hatte keinerlei Eigentum am Boden. Genauso ist es heute: Sie liefern Ihre Datenproduktion bei den neuen Herren ab. Eine freie Gesellschaft hingegen gründet auf Eigentumsrechten und freiwilligem Austausch. Die europäische soziale Marktwirtschaft muss aus dem Markt den Knecht des Individuums machen.«

Das muss auch in einem echten Eigentum an personenbezogenen Daten seinen Ausdruck finden. Es wird an den Plattformen sein, persönliche Nutzungsbedingungen zu akzeptieren, die aus der Vermittlung digitaler Assistenten entstanden sind:

> »Das Problem ist, dass wir den Wechselkurs unserer Daten nicht kennen. In Zukunft muss es uns möglich sein, ihren Wert zu messen, auch in ökonomischer Hinsicht. Wer seine Daten vollständig schützen möchte, müsste für die Services bezahlen. Man könnte sich aber auch im Gegenteil für die Transparenz entscheiden und dafür vergütet werden. Zwischen diesen beiden Extremen sind zahlreiche Optionen möglich, nach den Wünschen und Erwägungen jedes Einzelnen.«

Das ist ein Mittel, um etwas freien Willen wiederherzustellen. Der biochemische Determinismus hindert die Ausübung der Urteilsfähigkeit nicht. Nein, der *nudge* ist kein Verhängnis, das ein blinder Utilitarismus vollzieht: Er kann und muss vom Empfänger eines *nudge* selbst gestaltet werden, nach seinen eigenen, im Voraus festgelegten Kriterien.

> »Persönliche Vorlieben müssen ausgedrückt und respektiert werden können. Wir müssen die Kontrolle über uns selbst behalten. Das ist eine Frage der menschlichen Verantwortung und der individuellen Autonomie.«

Angesichts dieses Umstandes gibt es auch keinerlei Grund, juristische oder moralische Verantwortung an die Maschine zu übertragen, insofern uns die Prime Directive erlaubt, unsere Entscheidungen zu treffen. Man könnte mehrere Ebenen unterscheiden, in konzentrischen Kreisen: Das Gesetz, das das Feld der möglichen Entscheidungen umfasst, die moralische Verantwortung, die auf vom Menschen festgelegten Kriterien beruht, und schließlich Versicherungspolicen, die sich auf die juristische Person des Algorithmus beziehen.

Worauf warten wir also noch?

»Die DSGVO hätte noch viel weiter gehen müssen. Man hätte eine echte Charta der digitalen Rechte aus ihr machen müssen. Aber im Grunde sind die Hindernisse weder technischer noch juristischer Natur. Das ist vor allem eine kulturelle und soziologische Frage. Wir sind in einem Grad manipulierbar, der in der Geschichte der Menschheit ohne Beispiel ist. Warum sorgen wir uns um das Bisphenol A in den Trinkfläschchen der Kinder, aber nicht um die Cookies auf ihren iPads? In der Folge des Skandals um Cambridge Analytica wächst glücklicherweise das Bewusstsein.«

Aber wäre ein solches Szenario nicht schädlich für die Gemeinschaft? Wenn ich alle meine Daten für mich behalte, aber trotzdem von dem Fortschritt profitiere, der sich den Daten der anderen verdankt, bin ich dann nicht ein blinder Passagier?

»Na und? Man kann nicht jedermann durch den Algorithmus sieben. Das ist wie mit Medikamentenversuchen in Dänemark. Nur einige wenige entscheiden sich dafür, bei solchen Versuchen teilzunehmen, aber alle profitieren von den Ergebnissen. Man muss akzeptieren, dass die *smart city* gar nicht so *smart* sein wird und dass manche Leute nicht mitspielen werden. Aber genau das wird die Möglichkeit zur Abweichung, zum Fehler bewahren, ohne die es keinen Fortschritt mehr geben kann.«

Daran erkennt man, wie sehr sich der Fortschritt von der Optimierung reinsten Wassers unterscheidet. Aber ist dieses Modell gegenüber der Effektivität der amerikanischen und chinesischen Giganten haltbar?

»Wollen wir ihnen etwa gleichen? Wir werden in der Lage sein, eine andere Qualität von KI zu produzieren, die überlegen darin ist, das Vertrauen der Nutzer zu gewinnen. Dank der Wettbewerbspolitik werden wir die Innovationskraft erhalten. Die Chinesen machen sich darüber lustig. Und die Amerikaner befinden sich in einem Zwischenbereich, da sie aus historischen Gründen von Seiten des Privatsektors akzeptieren, was sie von Seiten des Staates ablehnen würden.«

Durch den exzessiven Fokus auf digitale Planwirtschaft bringt sich China in eine Situation der Fragilität, im Sinne von Nassim Taleb. Es lässt sich auf das Risiko ein, unvorhergesehene Schocks nicht mehr abfedern zu können. In der momentanen Situation, in der die einen Europa verlassen und die anderen es neu erfinden wollen, würde es vielleicht schon genügen, seine Grundprinzipien, die so gültig sind wie je, auf die neuen Technologien anzuwenden. Und dann endlich robuste Investitionsprogramme aufzusetzen.

Aber wie können die Staaten noch so tun, als würden sie regulieren, wo sie doch ihre normative Verantwortlichkeit an die Plattformen delegieren?

»Die Gesetze hinken den Evolutionen der Technologie naturgemäß hinterher. Das ist ganz normal und führt uns in der Zwischenzeit dazu, den Weg der freiwilligen Kooperation einzuschlagen. Aber der klassische Rahmen des Rechtsstaates bleibt gültig.«

Mark Zuckerberg hat vor einigen Jahren davon geträumt, dass die »globale Gemeinschaft« Facebook ihre eigenen Normen hervorbringen könnte. Aber völlig überfordert vom weiten Feld der sozialen Verantwortlichkeit und vor Entscheidungen gestellt, die zu fällen bei weitem nicht Facebooks Aufgabe ist (bezüglich der Meinungsfreiheit, zum Beispiel), hat auch er sich dazu gezwungen gesehen, sich an die kollektive Regulierung zu wenden.[187] Um zu überleben, müssen die Plattformen akzeptieren, dass sie keine Souveräne sind. Indes kann eine solche Regulierung nur auf dem Niveau einer Nation angewandt werden. Sie müsste von einer globalen Regierung verkörpert werden, einer Art digitalen Weltbürgertums. Eine UNO der Daten zu schaffen, ist eine der großen Herausforderungen unseres Jahrhunderts.[188]

> »Wer Datenmarkt sagt«, resümiert Margrethe Vestager, »sagt Datendemokratie. Allerdings sollte diese Demokratie ihrerseits nicht virtuell sein. Eine kollektive Entscheidung entsteht durch persönliche Interaktion. Die Leute verspüren das Bedürfnis: Überall in Europa findet derselbe Wunsch nach Teilhabe und Engagement Ausdruck. Um den digitalen Raum zu regulieren, müssen wir also paradoxerweise konkrete Orte der Überlegung erschaffen. Mit euren 36 000 Kommunen in Frankreich seid ihr ganz gut aufgestellt!«

Und wenn der Horizont der KI die lokale Demokratie wäre?

DIE BESTIE MENSCH

Zurück in Paris, als *data detox,* stürzte ich mich in *Die Bestie Mensch* von Émile Zola. Die neue Maschinenzivilisation ersteht aus jeder Seite auf, mit ihren funkelnden Bahnhöfen, ihren Weichenstellwerken und ihren Fontänen aus heißem Dampf. Indes dreht sich die Geschichte um unsere Ambitionen und unsere Schwächen, es ist eine banale Geschichte aus Eifersucht, Geld und Macht. Zunächst hatte ich mich noch gefragt, warum Zola, ausgehend von jener berauschendsten Modernität, die Jules Verne träumen ließ, schließlich einen einfachen Krimi geschrieben hat. Die akademische Antwort lautet, dass er zwei verschiedene Texte, einen über die Welt der Eisenbahn, einen über das Justizsystem, verschmolzen hat. Aber vielleicht war es auch seine Absicht zu zeigen, dass die Technologie zwar alles in der Gesellschaft verändert, aber recht wenig an unseren Empfindungen. Die Maschine ist Kulisse. Indem er sich voll und ganz auf seine Lokomotive verlegt, jene *Lison,* die er so liebkost, wie mancher heute von seinen Algorithmen spricht, will Zolas Held seine inneren, menschlichen, allzu menschlichen Verletzungen vergessen. Aber sobald er von seinem gusseisernen Rückzugsort herabsteigt, öffnen sich die Wunden wieder, brennender denn je. Wir flüchten uns umsonst in die Technologie, das Raubtier in uns kommt geschwind zurück.

So bin ich also beim *Homo deus* ausgegangen, um bei der Bestie Mensch anzukommen. Indem ich das Individuum wieder in das Zentrum der Künstlichen Intelligenz stellte, wollte ich diese dreckige Bestie voller Laster, voller Rachsucht, aber auch voller verborgener Größe retten.

Ich überlasse die letzten Worte der Bahnwärterin Phasie: »Ach! Das ist eine schöne Erfindung, da kann man nichts sagen. Man ist schnell unterwegs, man ist geschickter. Aber wilde Bestien bleiben eben wilde Bestien, und selbst wenn man noch bessere Maschinen erfinden wird, wird es trotzdem noch wilde Bestien geben.«

DANK

Dieses Buch hätte ohne die begeisterte Unterstützung meiner Verlegerin Muriel Beyer und ihrer Truppe niemals das Licht des Tages erblickt. Nie genug werde ich Sébastien Le Fol von *Le Point* danken können, der mich aus meiner Höhle gelockt hat, um mich in die weite Welt zu werfen.

Unterwegs sind wundersame Wesen vor mir erschienen, die großzügig meine Schritte im Labyrinth der KI gelenkt und dabei ihre Expertise und ihr Adressbuch mit mir geteilt haben. Besonders würdigen möchte ich Chunlong Guo in Peking, Adrien Treuille in San Francisco und Anne Baer in Tel Aviv.

In Paris hat sich ein Trio von Freunden bereitgefunden, meine Arbeit im Entstehen zu kommentieren, zu korrigieren und zu kritisieren. Ein Dank an Alexandre Lebrun für seine wichtigen technischen Hinweise, an Dragos Gorduza für seine Recherchearbeit und an Gauvain Leclerc für seinen stets scharfen Blick.

Ich nutze dieses mein zwölftes Buch, um endlich auch meinen Eltern zu danken, den ersten und anspruchsvollsten Korrekturlesern, die mir die Achtung vor dem Satzbau und die Kunst, Worte zu wählen, beigebracht haben.

ANMERKUNGEN

1 Fernand Braudel, *Die Dynamik des Kapitalismus*. Klett-Cotta 1986.

2 https://www.economist.com/business/2014/10/04/philosopher-kings

3 Paul Valéry, *Le Bilan de l'intelligence* [1935]. Allia 2016.

4 Gottfried Wilhelm Leibniz, *Nova methodus pro maximis et minimis*, 1668.

5 Zur Geistesgeschichte der KI vgl. Martin Davis, *The Universal Computer*. W. W. Norton 2000.

6 Isaiah Berlin hat in seinen Ausführungen zum Werk John Stuart Mills die schöne Formel des »Rechts auf Irrtum« geprägt.

7 Das war das Ergebnis des Colloque Walter Lippmann von 1938, das zu einem wichtigen Bezugspunkt des Neoliberalismus der Nachkriegszeit wurde. Zu diesem historischen Punkt vgl. Serge Audier / Jurgen Reinhoudt, *Neoliberalismus – Wie alles anfing: Das Walter Lippmann Kolloquium*. kursbuch.edition 2019.

8 So bezifferte beispielsweise der Policy Hub des CEPR (Center for Economic Policy Research, mit Sitz in London) 2017 die Quote der Einführung der KI nach Sektoren, von 42 % in der Telekommunikation bis hin zu 18 % in der Tourismusindustrie.

9 Für rudimentäre Begriffsdefinitionen zum *machine learning*, teilweise auch auf Deutsch, vgl. https://developers.google.com/machine-learning/glossary/

10 Rob High, *The Era of Cognitive Systems: An Inside Look at IBM Watson and How It Works*. IBM Corporation, Redbooks 2012.

11 John McCarthy erfand den Terminus 1955. Im darauffolgenden Jahr legte die berühmte Konferenz am Dartmouth College das Fundament für die KI als akademische Disziplin.

12 Für eine kurze Einführung vgl. Michael Wooldridge, *Artificial Intelligence*. Penguin 2018.

13 Zu dieser Klassifikation vgl. Aurélien Géron, *Praxiseinstieg Machine Learning mit Scikit-Learn und TensorFlow: Konzepte, Tools und Techniken für intelligente Systeme*. O'Reilly 2018.

14 Vgl. Richard Sutton, *The Bitter Lesson*, 13. März 2019.

15 Kant hat diesen Prozess unter dem Terminus der »Subsumtion« beschrieben.

16 ami.withgoogle.com

17 Natural Language Processing, ein hochgeschätzter Bereich der KI, der dem Computer den Umgang mit Sprache beibringt. Über das Führen von Dialogen hinaus, umfassen Techniken des NLP auch Zusammenfassung, Übersetzung, das Extrahieren von Informationen, die Textherstellung, das Beatworten von Fragen usw.

18 Ein Chatbot ist ein »Sprachassistent«, der in der Lage ist, einen menschlichen Gesprächspartner nachzuahmen (schriftlich oder mündlich). Man findet Chatbots besonders häufig im Online-Kundenservice. Wer ist noch nicht im Gespräch mit dem Chatbot eines Telefonanbieters, der sich beharrlich weigert, die Feinheiten unserer Situation zu verstehen, wahnsinnig geworden?

19 John Searle, *Minds, Brains, and Programs*. In: *Behavioral and Brain Sciences*, Vol. 3, No. 3, 1980.

20 Garry Kasparov, *Deep Thinking. Where Machine Intelligence Ends and Human Creativity Begins*. Public Affairs 2017.

21 Edgar Allan Poe, *Maelzel's Chess Player*. In: *The Southern Literary Messenger*, Vol. 2, No. 5, 1836.

22 Vgl. Douglas Hofstadter, *Die FARGonauten. Über Analogie und Kreativität*. Klett-Cotta 1996, vor allem das vierte Kapitel, in dem »Eliza«, einer der ersten Chatbots, beschrieben wird.

23 Diese Argumentation wurde von Mike Elgan entwickelt, einem Forscher im Technology Department der University of Missouri.

24 Noel Sharkey, *The Evitability of Autonomous Robot Warfare*. In: *International Review of the Red Cross*, Vol. 94, No. 886, 2012.

25 Der berühmte Kosmologe verkündete im November 2017 beim Web Summit in Lissabon, dass die KI »das schlimmste Ereignis in der Geschichte unserer Zivilisation« werden könnte. In der Folge wies er in zahlreichen Interviews und Artikeln auf die Unmittelbarkeit der Gefahr hin.

26 Forscher vom MIT haben entsprechend die Nachbildung einer Schildkröte in 3-D erdacht, die für das menschliche Auge wunderbar zu erkennen ist, sie allerdings mit subtilen »gegenläufi-

gen Störungen« (Motiven, Farben usw.) versehen, sodass die KI die Schildkröte mit einem Gewehr verwechselt hat!

27 Stuart Russell / Peter Norvig, *Künstliche Intelligenz. Ein moderner Ansatz* [1995]. 3., aktualisierte Auflage, Pearson 2012.

28 Eine solche Hypothese wird detailverliebt von Max Tegmark als Einleitung seines Buches *Leben 3.0. Mensch sein im Zeitalter Künstlicher Intelligenz*. Ullstein 2019, ausgebreitet, vgl. das Präludium »The Tale of the Omega Team«.

29 Eher unwahrscheinlich: Wissenschaftlern gelingt es heute noch nicht, eine genaue Kopie des Gehirns eines Fadenwurms, Caenorhabditis elegans, zu erzeugen, obwohl es aus nur 302 Neuronen besteht.

30 Das ist die Argumentation von Gary Marcus, Psychologieprofessor an der New York University und KI-Spezialist, beispielsweise in seinem Artikel »Artificial Intelligence Is Stuck« (New York Times, 29. Juli 2017).

31 Das »symbol grounding problem«: Die KI vermag die Symbole, die sie unablässig hervorbringt, nicht in der korrespondierenden Realität zu verankern. Sie findet sich unfähig, wie im Experiment des Chinesischen Zimmers, Sinn zu produzieren.

32 Bostrom nennt das »perverse instantiation«, die Philosophen der KI beschreiben es in einem weiteren Sinne als die Frage des »goal-alignement«.

33 Ganz besonders in dieser Passage, die einem den Atem verschlägt: »One can speculate that the tardiness and wobbliness of humanity's progress on many of the ›eternal problems‹ of philosophy are due to the unsuitability of the human cortex for philosophical work« (sic).

34 Tegmark verfolgt diese Illusion bis zum Ende, indem er das Konzept der »substrate independence« aufstellt: Unser Bewusstsein wäre eine einfache *agency*, ein von aller materiellen Substanz unabhängiges Netzwerk, das also in unzähligen Formen reproduzierbar wäre.

35 Vgl. etwa D. Jirak / M. M. Menz / G. Buccino / A. M. Borghi / F. Binkofski, *Grasping Language. A Short Story on Embodiment*. In: *Consciousness and Cognition*, Vol. 19, No. 3, 2010.

36 Und ganz besonders sein letztes Werk, *Im Anfang war das Gefühl. Der biologische Ursprung der menschlichen Kultur*. Siedler 2017.

37 Antonio Damasio, *Der Spinoza-Effekt. Wie Gefühle unser Leben bestimmen*. List 2003.

38 Baruch de Spinoza, *Ethik*, Buch 2, Lehrsatz VII, Anmerkung.

39 Der grundlegende Aufsatz zu diesem Thema: Jean-François Bonnefon / Azim Shariff / Iyad Rahwan, *The Social Dilemma of Autonomous Vehicles*. In: *Science*, Vol. 352, No. 6293, Juni 2016.

40 Nach dem Muster des »trolley problem«, das Philippa Foot in den 1960er-Jahren formulierte.

41 Das berühmte »hard problem«, das der Philosoph David Chalmers gesetzt hat und zu dem es heute keinerlei Konsens gibt.

42 Baruch de Spinoza, *Ethik*, Buch 2, Lehrsatz XXIII.

43 Baruch de Spinoza, *Ethik*, Buch 3, Lehrsatz II, Anmerkung.

44 Vgl. Matej Hoffmann / Rolf Pfeifer, *The Implications of Embodiment for Behavior and Cognition: Animal and Robotic Case Studies*. In: Wolfgang Tschacher / Claudia Bergomi (Hg.), *Implications of Embodiment*, Imprint Academic 2012.

45 https://www.ibmbigdatahub.com/blog/embodied-cognition-future-ai

46 Gilles Deleuze, *Logik des Sinns*, 12. Serie: Über das Paradox.

47 Die Begegnung basiert auf dem *Discours de la méthode*, der Abhandlung *De homine* sowie *Les Passions de l'âme*.

48 Gaspard Kœnig, *Voyages d'un philosophe aux pays des libertés*. Éditions de l'Observatoire, 2018, vgl. das Kapitel über das Grundeinkommen.

49 Ebenso wie die »unsichtbare Hand«, die nur zweimal, in einem Nebensatz, im Werk Adam Smiths vorkommt, so gilt auch der »kreativen Zerstörung« nur ein Einschub einiger Seiten in einem Spätwerk Schumpeters, *Kapitalismus, Sozialismus und Demokratie*. Man muss sich vor Schlagworten hüten, die Nachwelt könnte ein Schelm sein.

50 Die Titel der Berichte sprechen für sich selbst: *In Defense of Robots* (April 2017), *False Alarmism: Technological Disruption and the US Labor Market* (Mai 2017), *The Future of Work* (Dezember 2018) usw.

51 Daron Acemoglu / Pascual Restrepo, *The Race Between Man and*

Machine. Implications of Technology for Growth, Factor Shares and Employment. In: *American Economic Review*, Vol. 108, No. 6, 2018.

52 Edward Alden, *The Work Ahead*. The Council of Foreign Relations, April 2018.

53 *The Future of Jobs Report*, World Economic Forum 2018.

54 David H. Autor, *Polanyi's Paradox and the Shape of Employment Growth*. National Bureau of Economic Research 2014.

55 Diese Methode des Natural Language Processing wird von dem Wissenschaftler Jim Glass entwickelt, der es sich zum Ziel gemacht hat, die Übersetzungsprogramme zwischen den 7000 Sprachen, die auf der Welt noch gesprochen werden, zu verbessern.

56 James Bessen, *AI and Jobs: The Role of Demand*. Boston University School of Law, Law and Economics Research Paper 2017.

57 Man denke an den spektakulären Burn-out Musks im Sommer 2018, der ihn die Tesla-Präsidentschaft gekostet hat.

58 Wie Oren Etzioni, der Chef des Allen Institute for Artificial Intelligence, sagt: »Einer der Gründe, warum ich die Diskussionen über Superintelligenz nicht mag, ist der, dass sie von dem ablenken, was wirklich ist.«

59 »Lindas Paradox«, das einen wichtigen Platz in Talebs *Antifragile* einnimmt, ist aus den Forschungen Kahnemans geborgt.

60 In seinem Buch *Deep Thinking* (Public Affairs 2017), in dem er seine Niederlage gegen Deep Blue nachzeichnet und aus ihr allgemeinere Schlüsse über die Technologie zieht.

61 Daniel Kahneman, *Schnelles Denken, langsames Denken*. Siedler 2012. Die folgenden Zitate sind Auszüge aus diesem Werk.

62 *Nudge* ist auch der Titel des programmatischen Buches, das Richard Thaler gemeinsam mit dem Juristen Cass Sunstein geschrieben hat. Das Konzept des »nudge« ist derart zentral für das Verständnis der Mechanismen der KI, dass ich mir erlauben werde, es aus dem Englischen zu borgen.

63 Diese Furcht teilt etwa auch der Schriftsteller Marc Dugain in seinem Buch *L'Homme nu. La dictature invisible du numérique* (Plon 2016), das allerdings etwas nuancierter sein könnte.

64 Beispielsweise in seinem Buch *Denken: Wie das Gehirn Bewusstsein*

schafft (Knaus 2014), besonders im Kapitel »Die Zukunft des Bewusstseins«.

65 Vgl. Sam Harris, *Free Will*. Free Press Paper 2012.

66 Vgl. Shoshana Zuboff, *Das Zeitalter des Überwachungskapitalismus*. Campus 2018.

67 Dominique Cardon, *À quoi rêvent les algorithmes. Nos vies à l'heure des big data*. Seuil, 2015.

68 In seinem Hauptwerk *Le Système technicien* (1977) nimmt Ellul die Technik als eine Totalität in den Blick, in Bezug auf welche jegliche Exteriorität unmöglich wird. Er schreibt: »Der Mensch in unserer Gesellschaft verfügt über keinerlei intellektuellen, moralischen oder spirituellen Bezugspunkt, von dem aus er die Technik beurteilen und kritisieren könnte.«

69 Jaron Lanier, *Zehn Gründe, warum du deine Social Media Accounts sofort löschen musst*. Hoffmann und Campe 2018.

70 Jaron Lanier, *Wem gehört die Zukunft? Du bist nicht der Kunde der Internetkonzerne. Du bist ihr Produkt.* Hoffmann und Campe 2014.

71 Die Tendenz des Internets, jeden in seinen eigenen Meinungen einzuschließen, ist bereits breit erforscht worden, beispielsweise von Cass Sunstein (sein Buch *Republic.com 2.0* bietet eine der ersten Beschreibungen von »Echokammern«) oder Eli Pariser (die den Begriff der »Filterblasen« geprägt hat).

72 Facebook hat sich übrigens in einer Studie, die einen Skandal auslöste, damit gerühmt, die Emotionen der Nutzer durch die Reihenfolge der Posts, die auf ihrem Profil erscheinen, manipulieren zu können.

73 Elanor Colleoni / Alessandro Rozza / Adam Arvidsson, *Echo Chamber or Public Sphere? Predicting Political Orientation and Measuring Political Homophily in Twitter Using Big Data*. In: *Journal of Communication*, Vol. 64, No. 2, 2014.

74 Falls Sie Ihren eigenen Suchtgrad messen möchten, haben Forscher eine »Facebook Addiction Scale« entwickelt, einen online verfügbaren Fragebogen.

75 *Hippocampal and Prefrontal Processing of Network Topology to Simulate the Future*, eine Studie von acht Forschern, die im Referenzorgan Nature 2017 veröffentlicht wurde.

76 Die sogenannten BATX (Baidu, Alibaba, Tencent, Xiaomi), das Gegenstück der amerikanischen GAFA (Google, Amazon, Facebook, Apple).

77 Besonders durch den Übergang vom »ranking«, das auf im Vorfeld fixierten Regeln beruhte, zum »matching«, das auf *deep learning* basiert.

78 *Dataclysm. Who We Are When We Think No One's Looking,* von Christian Rudder, dem Mitgründer von OkCupid.

79 https://www.facebook.com/notes/mark-zuckerberg/building-global-community/10154544292806634, Februar 2017.

80 Das ist die These von Ajay Agrawal, Joshua Gans und Avi Goldfarb in ihrem Buch *Prediction Machines. The Simple Economics of Artificial Intelligence* (Harvard Business Review Press 2018), das im Valley sehr beliebt ist und mir unter anderem von Hal Varian, dem Chefökonomen von Google, angepriesen wurde.

81 Auf Deezer finden man drei seiner Inventionen für Klavier unter dem beredten Titel »Bach by Design« sowie einige Originalkompositionen.

82 David Cope, *The Algorithmic Composer*. A-R Editions 2000.

83 Michael Edwards, *Algorithmic Composition: Computational Thinking In Music*. In: *Communications of the ACM*, Vol. 54, No. 7, 2011. Sehr beliebt unter Musikern war im 18. Jahrhundert das sogenannte *Würfelspiel,* eine Art verfrühtes »automatisches Schreiben«. Die Komponisten warfen die Würfel und schrieben die Folge der Noten auf.

84 Das Porträt *Edmond de Belamy* des Kollektivs Obvious, für das 15 000 Porträts in ein neuronales Netzwerk eingespeist wurden. Wie wir im ersten Kapitel gesehen haben, reicht das Werk nicht an den »Begriff« des Porträts heran und ist nichts als eine verschwommene Skizze, nicht sehr überzeugend.

85 Richard Evans et al., *De Novo Structure Prediction With Deep-learning Based Scoring*. In: CASP 13, 2018.

86 Entsprechend kann man nie zu 100 % sicher sein, dass »morgen die Sonne wieder aufgeht«. Wir können physikalische Gesetze nur aus der Tatsache deduzieren, dass sie sich bisher an jedem Tag wieder erhoben hat, seit der Mensch die betreffende Beobachtung anstellt.

87 Vgl. etwa Cristian S. Calude / Giuseppe Longo, *The Deluge of Spurious Correlations in Big Data*. In: *Foundations of Science*, Vol. 22, No. 3, 2017.

88 Kristoffer Stensbo-Smidt / Fabian Gieseke / Christian Igel / Andrew Zirm / Kim Steenstrup Pedersen, *Sacrificing Information for the Greater Good: How to Select Photometric Bands for Optimal Accuracy*. In: *Monthly Notices of the Royal Astronomical Society*, Vol. 464, No. 3, 2016.

89 Vgl. Hongyao Ma / Fei Fang / David Parkes, *Spatio-Temporal Pricing for Ridesharing Platforms*. In: TSMO 18, Februar 2018. Die Forscher zeigen den ökonomischen Vorteil des *dispatch* gegenüber einem System der Anreize. Diese Art und Weise, das Wohlergehen eines jeden zu optimieren, funktioniert nur unter der Annahme einer vollständig verfügbaren Information.

90 Vgl. Friedrich August Hayek, *Recht, Gesetz und Freiheit*. Mohr-Siebeck 2003.

91 Friedrich August Hayek, *Der Weg zur Knechtschaft*. Rentsch 1943.

92 Hayek entwickelt diesen Gedankengang in einem 1945 für die American Economic Review geschriebenen Artikel mit dem Titel *The Use of Knowledge in Society*.

93 Donald H. Berman / Carole D. Hafner, *The Potential of Artificial Intelligence to Help Solve the Crisis in Our Legal System*. In: *Communications of the ACM*, Vol. 32, No. 8, 1989. Die KI wird eingesetzt, um durch die Analyse der Gesetzgebung und Rechtsprechung die juristische Entscheidungsfindung zu beschleunigen.

94 Julia Dressel / Hany Farid, *The Accuracy, Fairness, and Limits of Predicting Recidivism*. In: *Science Advances*, Vol. 4, No. 1, 2018.

95 *Accountability, Responsibility and Transparency* (ART). Vgl. beispielsweise Virginia Dignum, *Responsible Artificial Intelligence: Designing AI for Human Values*, September 2017.

96 Shai Danziger / Jonathan Levav / Liora Avnaim-Pesso, *Extraneous Factors in Judicial Decisions*. In: *Proceedings of the National Academy of Sciences*, Vol. 108, No. 17, 2011.

97 Vgl. Cesare Beccaria, *Dei delitti e delle pene* (*Von den Verbrechen und von den Strafen*, 1764), ganz besonders das Kapitel 4: »Richter haben keinerlei Recht, die Strafgesetze auszulegen, weil sie selbst keine Gesetzgeber sind.«

98 »Loss of agency«, eine schwer zu übersetzende Formulierung.

99 Trotz zahlloser Nachfragen und trotz eines Kontaktes, der bereit war, mit mir zu reden, untersagte die Abteilung für Kommunikation des LAPD jedes Gespräch. Ich musste mich also damit zufriedengeben, mit seinen Gegnern zu sprechen, wie wir in Kapitel 6 sehen werden.

100 Vgl. etwa David Vladeck, *Machine Without Principals. Liability Rules and Artificial Intelligence*. In: *Washington Law Review*, Vol. 89, No. 1, 2014.

101 Diese Annahme ist grundlegend für das europäische, aber auch das amerikanische Recht, wie eine Entscheidung des Obersten Gerichtshofes von 1952 (Morissette v. United States) zeigt: »[Personal intentionality] is as universal and persistent in mature systems of law as belief in freedom of the human will and a consequent ability and duty of the normal individual to choose between good and evil.«

102 Für eine präzise Typologie der verschiedenen Typen algorithmischer Verzerrung vgl. *Algorithmic Bias in Autonomous Systems* von David Danks und Alex John London, 2017.

103 Der »Holberton-Turing-Eid«, eine ethische Grundsatzerklärung, die von zwei Informatikerinnen aufgestellt wurde, beginnt mit folgenden Worten: »Ich werde die höchste Achtung vor jedem menschlichen Leben beobachten. Ich werde es nicht erlauben, dass Gedanken an Alter, Krankheit oder Behinderung, Glaube, Herkunft, Gender, Nationalität, politische und religiöse Überzeugung, Rasse, sexuelle Orientierung, sozialen Stand oder andere Faktoren meiner Pflicht im Wege stehen.«

104 Die afroamerikanische Forscherin Joy Buolamwini wurde zum Opfer eines solchen Irrtums. Sie konnte zeigen, dass der Roboter sie besser erkennt, wenn sie eine weiße Maske trägt. Vgl. Joy Buolamwini / Timnit Gebru, *Gender Shades. Intersectional Accuracy Disparities in Commercial Gender Classification*. In: *Conference on Fairness, Accountability and Transparency*, 2018.

105 Haibo He / Edwardo A. Garcia, *Learning From Imbalanced Data*. In: *IEEE Transactions on Knowledge & Data Engineering*, No. 9, 2008. Die Autoren rekapitulieren die verschiedenen Methoden, die es

erlauben, signifikative Ergebnisse für die unterrepräsentierten Gruppen eines Datensatzes zu erzielen.

106 Gillian Tan / Katia Porzecanski, *Wall Street Rule for the #MeToo Era: Avoid Women at All Cost*. Bloomberg, 3. Dezember 2018. Dieser Artikel zeigt die negativen Auswirkungen der #MeToo-Bewegung auf die Beförderung von Frauen.

107 Society for Human Ressource Management 2018, Harassment-Free Workplace Series: The Executive View Topline Report. Die interviewten Männer erklären, dass sie es vermeiden, »mit Frauen zu sprechen« und »sich mit einer Frau in einem geschlossenen Raum aufzuhalten«, oder darauf achten, »zu Frauen mindestens einen Meter auf Abstand zu gehen«.

108 In theoretischer Hinsicht markiert dieses Umschwenken den Übergang von einer europäischen Auffassung der KI, wie sie unter anderem von der Max-Planck-Gesellschaft verteidigt wird und in der der Algorithmus an unser tatsächliches Verhalten angepasst sein muss, um eine Art von natürlicher Evolution zu reproduzieren, hin zum Ansatz der amerikanischen Schule (etwa der Harvard Business School), die von der KI fordert, unsere Entscheidungen wieder rationaler zu machen. Auf diese Unterscheidung hat mich die Forscherin Julia Puaschunder, der wir schon begegneten, hingewiesen.

109 So diskutierte man beispielsweise en détail die Erträge, die die königlichen Manufakturen abwarfen.

110 Thomas Fletcher, *The Naked Diplomat. Understanding Power and Politics in the Digital Age*. William Collins 2017.

111 So schloss Facebook etwa im Mai 2018 die Seite der »Identitären«, einer rechtsextremen Organisation, die gewiss verachtenswert ist, aber in keiner Weise illegal.

112 Diese Idee, die zur Eröffnung des 13. Internet Governance Forum im November 2018 entwickelt wurde, soll zusammen mit Facebook »ausprobiert« werden, um »gegen Hasskommentare zu kämpfen«.

113 Vgl. etwa Robert D. Atkinson, *The Location Privacy Protection Act of 2014*. Dieser Bericht wurde im Juni 2014 dem Senate Judiciary Subcommittee on Privacy, Technology and the Law vorgelegt.

114 Vgl. beispielsweise für den Finanzsektor Alain Clot, *L'économie nu-*

mérique à l'assaut de la finance. In: *Annales des Mines – Réalités industrielles,* Vol. Februar 2019, No. 1, 2019.

115 Vgl. Hila Mehr, *Artificial Intelligence for Citizen Services and Government*. Harvard Ash Center Technology and Democracy Fellow, August 2017: »Wenn auch die aktuellen Anwendungen der KI im Bereich der Politik noch hinter den Anwendungen im privaten Bereich zurückbleiben, so sind die Einsatzgebiete doch vergleichbar.«

116 Alexis de Tocqueville, *Über die Demokratie in Amerika,* 2. Band, 2. Teil, 14. Kapitel.

117 Besonders in seinem Erfolgsbuch *Der Zerfall der Demokratie. Wie der Populismus den Rechtsstaat bedroht*. Droemer 2018.

118 Ich habe versucht, ihn auf meine Art zu interpretieren, vgl. Gaspard Kœnig, *Leçons sur la philosophie de Gilles Deleuze*. Ellipses 2013.

119 Zum Zusammenhang von deleuzianischem Rhizom und digitalen Werkzeugen vgl. (um mich nicht zu wiederholen) eines meiner älteren Bücher: *Le Révolutionnaire, l'expert et le geek* (Plon 2015), besonders das Kapitel »Quand le réseau devient rhizome«.

120 Gilles Deleuze, *Logik des Sinns*, 15. Serie: Von den Singularitäten.

121 Besonders von Luc Ferry und Alain Renault, die darin in ihrem Essai *La Pensée 68* eine Form von »Antihumanismus« ausmachten.

122 Gilles Deleuze, *Postskriptum über die Kontrollgesellschaften*. In: Ders., *Unterhandlungen. 1972–1990*. Suhrkamp 1993.

123 Diese Bewegung habe ich im letzten Teil von *Le Révolutionnaire, l'expert et le geek* beschrieben und sie mit Borges' Novelle *Das unerbittliche Gedächtnis* in Beziehung gesetzt.

124 Martin Chorzempa / Paul Triolo / Samm Sacks, *China's Social Credit System. A Mark of Progress or a Threat to Privacy?* In: PIIE, Juni 2018.

125 So rühmt Niall Ferguson etwa in seinem Buch *Der Westen und der Rest der Welt. Die Geschichte vom Wettstreit der Kulturen* (Propyläen 2011) die sechs »Killerapplikationen« des Westens: Wettbewerb, Wissenschaft, Eigentum, Medizin, Konsum und Arbeitsmoral.

126 Vgl. beispielsweise den im MIT Sloan Management Review erschienenen Aufsatz *Lessons From China's Digital Battleground* von Shu Li, François Candelon und Martin Reeves, Sommer 2018.

127 Für eine nuanciertere Analyse der Kapazitäten Chinas bezüglich

der technologischen und kommerziellen KI-Entwicklung vgl. den Bericht des Future of Humanity Institute in Oxford, *Deciphering China's AI Dream*, von Jeffrey Ding, März 2018.

128 Später las ich in einem Interview, dass nach Kai-Fu Lees Einschätzung Europa bereits aus dem Spiel um die KI ausgeschieden ist. Nicht einmal eine Bronzemedaille. Unbedeutend, überholt, im Todeskampf begriffen.

129 Ma Huateng, *China auf Knopfdruck: Mobiles Internet und soziale Transformationen in einem aufstrebenden Land*. Europäischer Universitätsverlag 2020.

130 Die Ursachen für dieses Phänomen sind unter Historikern immer noch ein Diskussionsgegenstand. Vgl. etwa Kenneth Pomeranz, *The Great Divergence*. Princeton University Press 2000.

131 Vgl. etwa den vielbeachteten Essay des New-Yorker-Korrespondenten Evan Osnos, *Age of Ambition. Chasing Fortune, Truth, and Faith in the New China*, FSG, 2014.

132 Gaspard Kœnig, *Les Aventuriers de la liberté*. Plon 2016.

133 Diese kaum politisch korrekte Definition findet sich in Joseph Alois Schumpeters *Theorie der wirtschaftlichen Entwicklung*, im Kapitel »Das Grundphänomen der wirtschaftlichen Entwicklung«.

134 Diese unausweichlich gewordene Formulierung geht auf Dan Senor und Saul Singer und ihr Buch *Start-up Nation Israel. Was wir vom innovativsten Land der Welt lernen können* (Hanser 2012) zurück.

135 Der sogenannte »attention mechanism«, der die Vorhersagekapazität verbessert.

136 Vgl. etwa Engin Bozdag, *Bias in Algorithmic Filtering and Personalization*. In: *Ethics and Information Technology*, Vol. 15, No. 3, 2013.

137 Über die Verbreitung von Verschwörungstheorien durch den »Schneeballeffekt« vgl. Michela Del Vicario et al., *The Spreading of Misinformation Online*. In: *Proceedings of the National Academy of Sciences*, Vol. 113, No. 3, 2016.

138 Philippe Aghion / Benjamin Jones / Charles Jones, *Artificial Intelligence and Economic Growth*, National Bureau of Economic Research 2017.

139 Paul Claudel, »Visite«, in: *Connaissance de l'Est*, Mercure de France 1900.

140 Diese Argumentation wurde von Lutfey Siddiqi entwickelt, Professor an der London School of Economics, vgl. *Confronting the macroeconomic challenges of the fourth industrial revolution*. In: *LSE Business Review* 2018.

141 Dieses Phänomen wurde von Finbarr Livesey, einem Geopolitikforscher in Cambridge, studiert, vgl. *From Global to Local. The Making of Things and the End of Globalisation*. Pantheon 2017.

142 Nicolas Miailhe, *Géopolitique de l'intelligence artificielle. Le retour des empires?* In: *Politique étrangère,* No. 3, 2018.

143 Baruch de Spinoza, *Ethik*, Buch 5, Lehrsatz IV, Anmerkung.

144 Niemals um eine griffige Formel verlegen nennt Taleb dieses Phänomen den »fooled by data effect«.

145 Vgl. Ugo Bardi / Sara Falsini / Ilaria Perissi, *Toward a General Theory of Societal Collapse. A Biophysical Examination of Tainter's Model of the Diminishing Returns of Complexity*. In: *Biophysical Economics and Resource Quality,* Vol. 4, No. 1, 2019.

146 Kenneth O. Stanley, *Why Greatness Cannot Be Planned. The Myth of the Objective*. Springer 2015.

147 Vgl. etwa das bereits genannte *Prediction Machines* von Ajay Agrawal, Joshua Gans und Avi Goldfarb.

148 Der französische Philosoph Bernard Stiegler verteidigte eine entsprechende »negentropische« Haltung gegenüber der Maschine.

149 Dieses Argument wurde vor kurzem wieder von dem Mathematiker Nicolas Gisin aufgenommen, namentlich in seinem Aufsatz *Time Really Passes, Sciences Can't Deny That*. In: Renato Renner / Sandra Stupar (Hg.), *Time in Physics,* Birkhäuser 2017.

150 Vgl. *Les Passions de l'âme,* § 41: Von der Macht der Seele über den Körper.

151 Vgl. Jean-Paul Sartre, *L'Être et le Néant*. Gallimard 1943, vor allem das Kapitel »Freiheit und Verantwortlichkeit«, wo es heißt: »Es ist die Eigenart der menschlichen Realität, daß sie ohne Entschuldigung ist.«

152 Dominique Cardon, *À quoi rêvent les algorithmes. Nos vies à l'heure des big data*. Seuil, 2015.

153 *Essais de Théodicée,* Erster Teil, § 55.

154 Gemeinsam mit Richard Dawkins, Sam Harris und Christopher Hitchens, mit denen er das Buch *The Four Horsemen,* mit einem Vorwort von Stephen Fry. Bantam Press 2019, veröffentlicht hat.

155 Ich stütze mich auf zwei Texte Dennetts: das neuere *Von den Bakterien zu Bach – und zurück. Die Evolution des Geistes* (Suhrkamp 2018) sowie das ältere *Brainstorms. Philosophical Essays on Mind and Psychology* (Bradford 1978), besonders das Kapitel »On Giving Libertarians What They Say They Want«.

156 Vgl. Andrea Lavazza, *Free Will And Neuroscience. From Explaining Freedom Away to New Ways of Operationalizing and Measuring It*. In: *Frontiers in Human Neuroscience,* Vol. 10, No. 262, 2016.

157 Alexander Prescott et al., *Readiness Potentials Driven by Non-Motoric Processes*. In: *Consciousness and Cognition,* No. 39, 2016.

158 Matthias Schultze-Kraft et al., *The Point of No Return in Vetoing Self-initiated Movements*. In: *Proceedings of the National Academy of Sciences,* Vol. 113, No. 4, 2016.

159 Sheng Li / Stephen D. Mayhew / Zoe Kourtzi, *Learning Shapes the Representation of Behavioral Choice in the Human Brain*. In: *Neuron,* Vol. 62, No. 3, 2009.

160 Marc Wittmann / Martin P. Paulus, *Decision Making, Impulsivity and Time Perception*. In: *Trends in Cognitive Sciences,* Vol. 12, No. 1, 2008.

161 Shaun Larcom / Ferdinand Rauch / Tim Willems, *The Benefits of Forced Experimentation: Striking Evidence From the London Underground Network*. In: *The Quarterly Journal of Economics,* Vol. 132, No. 4, 2017. »Ein Nutzer von zwanzig bleibt bei der neu gewählten Route, weil seine alte Route suboptimal gewesen ist.«

162 Jonah Lehrer, *The Decisive Moment. How the Brain Makes Up Its Mind,* Canongate Books 2009.

163 Angefangen bei einem bedingungslosen Grundeinkommen, das einem jeden die konkrete Chance einräumt, seine Entscheidungen zu treffen. Um sich in diese leidenschaftliche Debatte zu stürzen und alle ihre Facetten zu erfassen, vgl. Philippe Van Parijs / Yannick Vanderborght, *Ein Grundeinkommen für alle? Geschichte und Zukunft eines radikalen Vorschlags*. Campus 2005.

164 Toru Ishikawa et al., *Wayfinding with a GPS-based Mobile Navigation System. A Comparison With Maps and Direct Experience*. In: *Journal of Environmental Psychology,* Vol. 28, No. 1, 2008. Diese ja-

panische Studie zeigt bei GPS-Nutzern eine Atrophie des Hippocampus sowie eine einschlägige Reduktion der Orientierungsfähigkeit in einem neuen Gelände.

165 Das »right to err«, in Isaiah Berlin, *Freiheit. Vier Versuche*. Fischer 2006, Kapitel 4 »John Stuart Mill und die Ziele des Lebens«.

166 Finn Brunton / Helen Nissenbaum, *Obfuscation. A User's Guide for Privacy and Protest*. MIT Press 2016.

167 Stop the LAPD Spying Coalition, *Before the Bullets Hit the Body. Dismantling Predictive Policing in Los Angeles*, Mai 2018.

168 Vgl. Matthieu Ricard / Wolf Singer, *Jenseits des Selbst. Dialoge zwischen einem Hirnforscher und einem buddhistischen Mönch*. Suhrkamp 2017.

169 Vgl. Barbara Sahakian / Jamie Nicole LaBuzetta, *Bad Moves. How Decision Making Goes Wrong, and the Ethics of Smart Drugs*. Oxford University Press 2013.

170 In diesem Fall ist der englische Ausdruck sehr viel bequemer: »frontloading the free will«.

171 Vgl. Gary Marcus (der uns bereits am MIT zur Frage der Kausalität begegnet ist), *Innateness, AlphaZero, and Artificial Intelligence*. New York University 2018.

172 Andreas Holzinger et al., *Towards Interactive Machine Learning (iML). Applying Ant Colony Algorithms to Solve the Traveling Salesman Problem With the Human-in-the-loop Approach*. In: *Proceedings of the International Conference on Availability, Reliability, and Security*, Springer 2016.

173 Robert J. Jasper / Leslie M. Blaha, *Interface Metaphors for Interactive Machine Learning*. In: *Proceedings of the International Conference on Augmented Cognition*, Springer 2017.

174 Saleema Amershi et al., *Power to the People. The Role of Humans in Interactive Machine Learning*. In: *AI Magazine*, Vol. 35, No. 4, 2014.

175 Für den technischen Aspekt vgl. Leo Iaquinta et al., *Introducing Serendipity in a Content-based Recommender System*. In: *Eighth International Conference on Hybrid Intelligent Systems*, IEEE 2008.

176 Vgl. Evgeny Morozov, *Smarte neue Welt. Digitale Technik und die Freiheit des Menschen*. Blessing 2013.

177 Vgl. sein bereits genanntes Buch *Wem gehört die Zukunft?* Hoffmann und Campe 2014.

178 Vgl. den grundlegenden Forschungsaufsatz *Should We Treat Data as Labor? Moving Beyond Free,* American Economic Association Papers 2017, von Glen Weyl, Jaron Lanier und drei weiteren Forschern von der Stanford und der Columbia University.

179 Vgl. Brittany Kaisers in der Financial Times veröffentlichte Kolumne *Facebook Should Pay its 2bn Users for Their Personal Data,* 9. April 2018.

180 Fall Carpenter v. United States, *Justice Gorsuch, dissenting,* Juni 2018.

181 Gouverneur Gavin Newsom, *State of the State Address,* 12. Februar 2019.

182 Ich habe diese Option bereits en détail in einem älteren Buch verteidigt (das bereits genannte *Les Aventuriers de la liberté,* im Kapitel über die Hacker) und ebenso in den Veröffentlichungen meines Think-Tanks GenerationLibre (*Mes data sont à moi,* Januar 2018) behandelt.

183 Ganz besonders *L'Économie rurale et la vie des campagnes dans l'Occident médiéval.* Aubier 1962.

184 Thomas Hobbes, *Leviathan,* Kapitel 13, »Zustand des Menschen, in Bezug auf Glückseligkeit des Erdenlebens«.

185 Michael Crosby et al., *Blockchain Technology. Beyond Bitcoin.* In: *Applied Innovation,* No. 2, 2016.

186 Für die philosophischen Grundlagen vgl. das bereits erwähte *Voyages d'un philosophe aux pays des libertés* (Kapitel über Brasilien) und für die technische Konzeption vgl. den gemeinsam mit Marc de Basquiat verfassten Bericht *LIBER* (GénérationLibre 2014).

187 Vgl. Mark Zuckerbergs Kolumne in der Washington Post, *The Internet Needs New Rules,* 30. März 2019.

188 In diesem Sinne stellen die *Principles on Artificial Intelligence* der OECD, die im Mai 2019 von 42 Ländern unterzeichnet wurden, eine Keimzelle einer kollektiven *governance* dar.

VERZEICHNIS DER GESPRÄCHSPARTNER

PROFESSOREN

Wang, Hongwei / Tsinghua, School of Life Sciences / Professor and Dean S. 81–83

Wooldridge, Mike / Hertford College, Oxford / Head of Department of Computer Science S. 71, 245

Zhu, Jun / Tsinghua Lab of Brain and Intelligence / Assistant Director S. 246 f.

Zhu, Mingzhe / China University of Political Science and Law / Associate Professor

Zou, James / Stanford, Biomedical Data Science / Assistant Professor S. 207

UNTERNEHMER

Baer, Anne / iKare / Founder S. 363

Bark, Charles / Hi Nounou / Founder

Brown, Ramsey / Boundless AI / Founder S. 137–141, 155

Clark, Nicole / Trellis / Founder S. 196

Ding, Xiaowei / VoxelCloud / Founder S. 39 f.

Elias, Alex / Qloo / Founder S. 338

Geller, Omri / Run:AI / Founder

Gong, Kathy / Wafa Games / Founder S. 177–179

Guo, Allen / Chunlong / 2048 Capital / Founder S. 67–70, 122, 363

Henen, Jonathan / Trendlines / VP Agtech

Jacquier, Matthieu / Meetic / Chief Product Officer

Jean, Aurélie / In Silico Veritas / Founder S. 10 f., 153

Kim, Taemie / Humanyze / Founder S. 158 f.

Kloor, Harry / X-Prize, Star Trek S. 331–334

Kuyda, Eugenia / Replika / Founder S. 54–57, 229

Levinson, Jesse / Zoox / Founder S. 198, 322

Ma, Zheng/Martin / Happy Universe Studios / CEO

Mor, Yuval / Beyond Verbal / Founder S. 21

Puylaert, Kevin / Sophia Genetics / General Manager

INVESTOREN

GAFA / BATX

UNTERNEHMEN

INTELLEKTUELLE

THINK-TANKS

POLITIKER

Araud, Gérard / Diplomat / Französischer Botschafter in den USA S. 100–102

Avan, Salem / UNO / Chief, Knowledge Management Service S. 218

Bonaguro, Joy / San Francisco Municipality / Chief Data Officer S. 284 f.

Clouvel, Matthieu / Diplomat / Stellvertretender Generalkonsul

Klynge, Casper / Danish Tech Ambassador / Botschafter S. 216 f.

Lagarde, Christine / IMF / MD

Lebrun-Damiens, Emmanuel / Diplomat / Generalkonsul

Vestager, Margrethe / EU Commission / Commissioner for Competition S. 354–359

Villani, Cédric / Assemblée nationale / MP, Mathematiker S. 188, 269–273

Walker, Tristan / IMF / Innovation Lab

KÜNSTLER

Cope, David / Komponist S. 181–184

Gaughan, John / Magier S. 27–29

Mankoff, Bob / Esquire / Zeichner S. 97–99

SONSTIGE

Friedman, Patri / Seasteading Institute S. 169–171

Khan, Hamid / Stop LAPD Spying Coalition / Aktivist

Wei, Li / Caijing / Journalist S. 238

Yoffe, Adi / Business Futurist S. 323

AUSWAHLBIBLIOGRAPHIE

Die zahlreichen Anmerkungen ermöglichen dem neugierigen Leser, die wissenschaftliche Forschung zu durchforsten, die zu diesem Thema extrem umfangreich ist. Ich begnüge mich damit, auf ein gutes Dutzend Bücher hinzuweisen, die in meinen Augen besonders wichtig sind, ob sie nun direkt die KI behandeln oder angemessene Begriffe prägen, um sie zu verstehen.

Jerry Kaplan, *Artificial Intelligence: What Everyone Needs to Know*

- Eine gute Einführung, um die wichtigsten Probleme zu erfassen. (Jerry Kaplan, *Künstliche Intelligenz. Eine Einführung*. Übersetzt von Guido Lenz. MITP, Frechen 2017)

Dominique Cardon, *À quoi rêvent les algorithmes?*

- Zum Verständnis der gezielten, personalisierten Werbung (französische Originalausgabe: Seuil, Paris 2015)

Yuval Harari, *Homo deus*

- Mein Ausgangspunkt: Die KI läutet die Totenglocke der individuellen Autonomie –
  (Yuval Harari, *Homo deus. Eine Geschichte von Morgen*. Übersetzt von Andreas Wirthensohn. C. H. Beck, München 2017)

Daniel Kahneman, *Thinking, Fast and Slow*

- – eine Autonomie, die von der zeitgenössischen Forschung stark angezweifelt wird.
  (Daniel Kahneman, *Schnelles Denken, langsames Denken*. Übersetzt von Thorsten Schmidt. Siedler, München 2012)

Gilles Deleuze, *Mille Plateaux*

- »Rhizom«. So würde eine Gesellschaft aus vernetzten »Dividuen« aussehen.
  (Gilles Deleuze und Félix Guattari, *Tausend Plateaus. Kapitalismus und Schizophrenie*. Übersetzt von Gabriele Ricke und Ronald Voullié. Merve, Berlin 1992)

Nick Bostrom, *Superintelligence*

- Der Traum einer starken KI –
  (Nick Bostrom, *Superintelligenz. Szenarien einer kommenden Revolution.* Übersetzt von Jan-Erik Strasser. Suhrkamp, Berlin 2014)

Antonio Damasio, *The Strange Order of Things*

- – und warum der Körper immer unabdingbar für die Intelligenz sein wird.
  (Antonio Damasio, *Im Anfang war das Gefühl. Der biologische Ursprung der menschlichen Kultur.* Übersetzt von Sebastian Vogel. Siedler, München 2017)

Jaron Lanier, *Who Owns the Future?*

- Die KI nährt sich (gratis) von unserer Arbeit –
  (Jaron Lanier, *Wem gehört die Zukunft? Du bist nicht der Kunde der Internetkonzerne. Du bist ihr Produkt.* Übersetzt von Dagmar Mallett und Heike Schlatterer. Hoffmann und Campe, Hamburg 2014)

David Graeber, *Bullshit Jobs*

- – aber die Zukunft der Arbeit hängt von uns ab, nicht von der KI.
  (David Graeber, *Bullshit Jobs: Vom wahren Sinn der Arbeit.* Übersetzt von Sebastian Vogel. Klett-Cotta, Stuttgart 2018)

Kai-Fu Lee, *AI Superpowers*

- Wie China vorhat, die Welt zu beherrschen.
  (Kai-Fu Lee, *AI Superpowers: China, Silicon Valley und die neue Weltordnung*. Übersetzt von Jan W. Haas. Campus, Frankfurt a. M. 2019)

Nassim Taleb, *Antifragile*

- Ein Gegengift gegen Neomanie, den bedingungslosen Glauben an die Modernität
  (Nassim Taleb, *Antifragilität: Anleitung für eine Welt, die wir nicht verstehen*. Übersetzt von Susanne Held. Knaus, München 2013)

PERSONENREGISTER